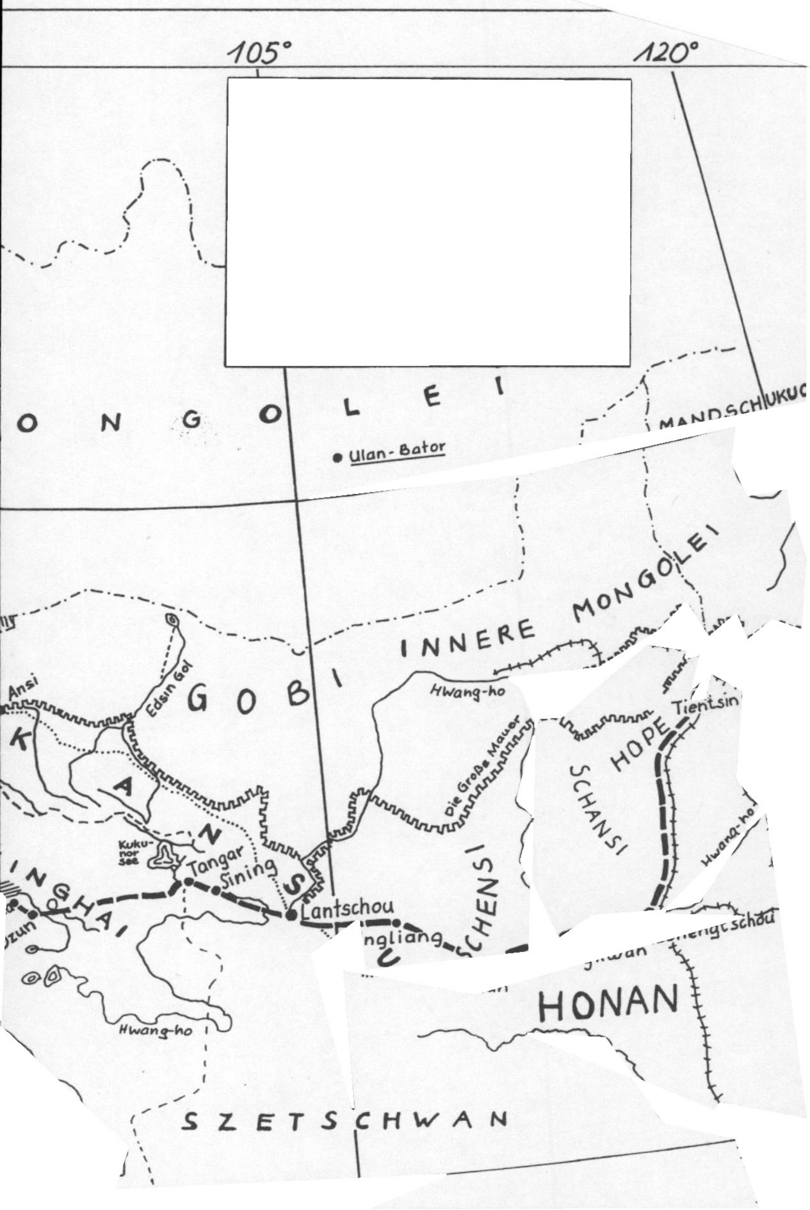
105°
120°
O N G O L E I
MANDSCHUKUO
Ulan-Bator
INNERE MONGOLEI
G O B I
Hwang-ho
Die Große Mauer
Tientsin
HOPE
SCHANSI
SCHENSI
Ansi
Edsin Gol
K A N S
Kuku-nor See
Tangar
Sining
Lantschou
NGHAI
ngliang
HONAN
Hwang-ho
S Z E T S C H W A N

Peter Fleming
Tataren-Nachrichten

DIE ANDERE BIBLIOTHEK

Herausgegeben

von

Hans Magnus Enzensberger

Peter Fleming
Tataren-Nachrichten
Ein Spaziergang von Peking nach Kaschmir

Aus dem Englischen
von Reinhard Kaiser

Eichborn Verlag
Frankfurt am Main 1996

Für V. F.
Gefallen am 20. Mai 1917

Inhalt

Teil VII: Das Dach der Welt

Vorwort

Einleitend gibt es über dieses Buch wenig zu sagen. Es schildert einen unverdient erfolgreichen Versuch, auf dem Landweg von Peking in China nach Kaschmir in Indien zu gelangen. Die Reise dauerte sieben Monate, in denen wir ungefähr dreitausendfünfhundert Meilen zurücklegten.

Jedem, der die Gegenden, die wir durchquerten, auch nur vom Hörensagen kennt, wird auffallen, wie unzulänglich mein Bericht ist. Über weite Strecken reisten wir durch kaum bekanntes Land — durch Gebiete, in denen sogar die geballte Weisheit unserer Karten manchmal versagte und selten erschöpfend war; obwohl wir uns an so gut wie keinem Punkt unserer Route für Pioniere halten durften, gab es doch kaum einen Abschnitt, der Experten nicht mannigfache Chancen geboten hätte — Chancen, die Erkenntnisse ihrer wenigen namhaften Vorgänger zu erweitern, zu bestätigen oder zu widerlegen.

Wir nutzten diese Chancen nicht; wir waren keine Experten. Der Vorrat der Welt an geographischem, ethnologischem, meteorologischem und sonstigem Wissen wurde durch unsere Reise nicht vermehrt. Es lag dies auch gar nicht in unserer Absicht. So gern wir unsere Existenz durch Funde und Befunde gerechtfertigt hätten, die geeignet wären, den Bienenkorb der Gelehrten in staunendes oder selbstgefälliges Summen zu versetzen, waren wir hierzu doch nicht befähigt. Wir maßen keine Schädel und lasen keine Barometerstände ab; wir hätten gar nicht gewußt, wie. Wir reisten nur aus zwei Gründen.

Einer ist im Titel dieses Buches angedeutet. Wir wollten (das gehörte zu unserem Auftrag, selbst wenn es nicht unserem Naturell entsprochen hätte) herausfinden, was in Sinkiang oder Chinesisch-Turkestan vor sich ging.

Acht Jahre zuvor hatte zum letzten Mal ein Reisender diese abgelegene, unruhige Provinz durchquert und von Peking auf dem Landweg Indien erreicht. Inzwischen war ein Bürgerkrieg aufgeflammt und (so hofften wir jedenfalls) wieder erloschen. Dunkle Gerüchte behaupteten, eine fremde Macht sei dabei, sich dieses Gebiet von der Größe Frankreichs anzueignen. Niemand kam hinein. Niemand kam heraus. Setzt man die politischen Schwierigkeiten mit denen des Geländes in eins, so teilten sich im Jahre 1935 Sinkiang und der Gipfel des Everest das Blaue Band der Unzugänglichkeit.

Das Problem mit dem Reisen besteht heute darin, daß man Reisen zwar leicht machen, aber schwer rechtfertigen kann. Die Erde, die einst verlockend wie ein Tischtennisball auf dem Springbrunnen einer Schießbude vor uns tanzte, ist ein leichtes, langweiliges Ziel geworden; und bei einem Treffer bekommen wir nicht mehr das Etui mit Nagelschere und Feile oder die Packung Zuckerstangen, die dem guten Schützen früherer Tage zum Lohn wurden. Wohin wir uns wenden, überall sind andere vor uns gewesen — bessere Leute, als wir es sind. Nur der eingefleischte Tourist — glücklich, glotzend, wiederkäuend — kann ihren Pfaden noch in der Überzeugung folgen, seine Zeit nicht zu vertun.

Aber Sinkiang im Jahre 1935 war ein besonderer Fall; und die, wie es schien, unmögliche Reise dorthin konnte immerhin als politische, wenn auch nicht als geographische Entdeckungsreise durchgehen. Für die Außenwelt herrschte in dieser Provinz ein Dunkel wie im dunkelsten Afrika zu jener Zeit, als dieser viktorianische Superlativ noch im Schwange war. Obwohl wir also statt neuer Erkenntnisse nur Tataren-Nachrichten mitbrachten, hatten wir doch wenigstens einen Vorwand für unsere Reise — Deckmantel für unseren Egoismus und Ausgleich für unsere Laienhaftigkeit.

Die wirklich treibende Kraft war natürlich unser Egoismus. Ich habe gesagt, daß wir nur aus zwei Gründen reisten, und einen habe ich zu erläutern versucht. Der zweite, der viel triftiger war als der erste, bestand darin, daß wir reisen *wollten* — weil wir nämlich aufgrund früherer Erfahrungen glaubten, daß es uns Spaß machen würde. Wir sollten recht behalten. Es machte uns sogar großen Spaß.

Nur eine Bemerkung noch. Sie werden in diesem Buch, sofern Sie weiterlesen, eine ganze Reihe von Feststellungen finden, die man — wenn sie sich nicht auf einen Teil Asiens bezögen, der von den Schlagzeilen genauso weit entfernt ist wie vom Meer — als »Enthüllungen« bezeichnen würde. Die Mehrzahl von ihnen zeigt die Regierung der Sowjetunion in einem sehr ungünstigen Licht. Alle diese Aussagen, auch jene, die ziemlich ungesichert scheinen, beruhen auf soliden Zeugnissen zumindest aus zweiter Hand, das heißt auf Erklärungen zuverlässiger Leute, die selbst Zeugen der mitgeteilten Geschehnisse und Entwicklungen gewesen sind. Ich sollte vielleicht hinzufügen, daß diese Aussagen immer konkret sind. Von politischer Theorie verstehe ich nichts, und ich interessiere mich auch nicht für sie; politische Schurkenstücke, Unterdrückung und staatliche Inkompetenz interessieren mich nur in ihren konkreten Erscheinungsformen, in ihrer Wirkung auf die Menschen, nicht in ihren nebulös doktrinären Ursprüngen.

Ich bin im »kommunistischen« Rußland ziemlich weit herumgekommen (auch diese Anführungszeichen habe ich von dort mitgebracht) und habe vom japanischen Imperialismus auf dem asiatischen Festland viel gesehen. Mir sind die Russen und die Japaner außerordentlich sympathisch, und doch bin ich mit beiden Völkern gleichermaßen hart ins Gericht gegangen. Ich sage das, weil ich weiß: Das Buch eines Propagandisten, eines Mannes mit intellektuellen Parteiinteressen zu lesen ist genauso langweilig, wie wenn man mit einem Vegetarier essen geht.

Nichts von all dem, was ich geschrieben habe, erschien mir je bewundernswert, und selten hat es mich erbaut; ich kann nur hoffen, daß es Ihnen mit diesem Buch anders ergeht als mir. Aber zumindest in seiner Absicht ist es aufrichtig. Ich habe mich nach Kräften bemüht — und das war bei dem abgeschiedenen Leben, das wir führten, schwierig genug —, die Reise unverfälscht zu beschreiben, die Stimmungen von damals getreulich zu schildern und ein wahres Bild von einem eintönigen, unheroischen und dennoch merkwürdigen Dasein zu entwerfen. Auf dem Papier wirkt unsere Reise spektakulär, aber ich habe versucht, sie in ihren wahren Dimensionen darzustellen. Die Schwierigkeiten schienen gewaltig, aber letztlich türmten sie sich nirgendwo sehr hoch. Wir waren nie krank, schwebten nie in direkter Gefahr und litten nie ernsthaft Hunger. Recht besehen, hatten wir eine angenehme Zeit.

Einigen Personen, die uns geholfen haben, wird auf den folgenden Seiten gedankt. Anderen möchte ich an dieser Stelle meinen Dank bekunden: Erik Norin für unschätzbaren Beistand in Peking; Nancy und Harold Caccia, unter deren gastfreundlichem Dach in der Gesandtschaft ich meine Vorbereitungen, soweit sie diesen Namen verdienen, treffen konnte; Owen und Eleanor Lattimore für Anregung und Rat sowie für eine Dose Lederseife, die wir nie benutzten; Sir Eric Teichman dafür, daß er mir die Vierundvierziger ausgeliehen hat; John und Tony Keswick, die mir die Krähenflinte besorgten; und Geoffrey Dawson*, der mir freie Hand gab, in Asien herumzureisen.

Schließlich möchte ich Kini Maillart danken. Es ist üblich, daß die Mitglieder einer Expedition einander in Büchern und Berichten ausgiebige Komplimente machen**, auch wenn sie unterwegs vielleicht das Gegenteil getan haben; aber unsere Reise war eher eine Eskapade als eine Expedition, und in dieser wie in mancher anderen Hinsicht habe ich mich nicht allzu streng an die Gepflogenheiten gehalten. Ein ausgiebiges Lob ihres Mutes, ihrer Ausdauer, ihrer Gutmütigkeit und ihrer Umsicht würde — wenn es ihr gerecht werden wollte — am Anfang dieses nüchternen, formlosen Berichts einen allzu

* Der damalige Chefredakteur der *Times*. (Anmerkung des Übersetzers)

** Auch »Kini« hat einen Bericht über ihre Reise mit Peter Fleming von Peking nach Kaschmir verfaßt: Ella Maillart, *Oasis interdites*, Paris 1937, dt.: *Verbotene Reise. Eine Frau reist durch Zentralasien*, übers. von Hans Reisiger, zuerst Berlin: Rowohlt 1938; Neuausgabe mit einem Vorwort von Romy Pabel, Stuttgart, Wien: Edition Erdmann in K. Thienemanns Verlag 1988. (A. d. Ü.)

konventionellen und gleichzeitig allzu hohen Ton anschlagen müssen. Im Text habe ich ihr hier und da, wo ich mich nicht zurückhalten konnte, meine Hochachtung bezeugt; aber im großen und ganzen möchte ich es Ihnen überlassen, sich selbst eine Meinung über dieses Mädchen zu bilden, das Hunderte von Meilen durch Gegenden reiste, in denen noch nie eine weiße Frau gewesen war. Ich zweifle nicht daran, daß Sie in ihr, genau wie ich, eine tapfere Reisende und eine gute Gefährtin sehen werden.

Peter Fleming

London
Mai 1936

Anmerkung

»Tatarei« ist kein präziser geographischer Begriff, genausowenig wie »Abendland«. Die Tatarei ist die Gegend, aus der die Tataren kamen, die Europa und Asien verwüsteten; und es gibt so viele verschiedene Arten von Tataren, daß der Name zeitweise fast alle Länder außerhalb der Großen Mauer vom Kaspischen Meer bis Korea bezeichnete. Heute wird er, wenn überhaupt, vor allem auf Sinkiang (oder Chinesisch-Turkestan) und die angrenzenden Bergregionen angewendet; und dorthin führte uns unsere Reise.

Teil I
Ärger voraus

Stunde Null

Die meisten Reisen beginnen weniger abrupt, als sie enden, und ich will gar nicht erst versuchen, den eigentlichen Beginn dieser Reise zeitlich oder räumlich zu bestimmen. Statt dessen möchte ich mit meinem Bericht in dem Augenblick einsetzen, da mir mit einem kleinen Schock aus Freude und Überraschung klar wurde, daß sie tatsächlich begonnen hatte.

Ich saß allein in einem Speisewagen auf der Strecke Peking–Hankau am späten Nachmittag des 16. Februar 1935. Wir rollten nicht sehr schnell durch die Provinz Hopeh nach Süden. Draußen dehnte sich im hellen, sanften Sonnenlicht eine braune, von kleinen Feldern karierte Ebene bis zu einer gezackten Bergkette in der Ferne. Obwohl die Felder noch unbestellt und die Bäume kahl waren, lag eine zartgrüne Frühlingspatina über dem Boden; nirgendwo war mehr Eis. Hoch oben am blauen Himmel flogen Schwärme von Wildgänsen nach Osten. Hier und da pflügte ein Bauer in dicken, gepolsterten Winterkleidern hinter einem Gespann wolliger Ponys mit gedrungenen Köpfen, die an junge Hunde erinnerten, einen Acker. Karren mit großen, klobigen Rädern ruckten auf tiefgefurchten Straßen dahin. Hinter der Lehmmauer eines Bauernhofes schleuderten unsichtbare Worfler in gleichmäßigem Rhythmus einen goldenen Schwall in die Höhe, der in einem schimmernden Gestöber langsam wieder niedersank. Dunkle Baumsilhouetten auf einem mit Gräbern übersäten Hügel beschirmten den müden Staub vergangener Generationen. Alte, regelmäßig angelegte Mauern umschlossen eine kleine Stadt. *»Sifflez!«* forderte (vergebens) ein Hinweisschild, als wir uns einer Kurve näherten; die Strecke Peking–Hankau ist von französischen Ingenieuren gebaut worden. Die

Sonne sank dem Horizont entgegen und hüllte sich in diffusen gelben Dunst.

In diesem Augenblick, an den ich mich sehr deutlich erinnere, war mir, als würde ich erwachen. Die Vorbereitungen in letzter Stunde, die nicht nur meine Kräfte, sondern auch meine Phantasie ganz in Anspruch genommen hatten, waren entweder beendet oder für immer aufgeschoben. Die letzte Stunde war abgelaufen. Wir waren unterwegs.

Es war an der Zeit, die Lage zu überdenken, und das tat ich — mit einer Art genüßlicher Ungläubigkeit. Diese Lage war einigermaßen unwahrscheinlich. Ich war der Anführer einer vierköpfigen Gruppe, die Peking am Abend zuvor in der geheimgehaltenen Absicht verlassen hatte, auf dem Landweg durch Nordtibet und Sinkiang nach Indien zu gelangen (eine Strecke von drei- oder viertausend Meilen). Für Sinkiang, das bis vor kurzem von einem Bürgerkrieg erschüttert worden und für fremde Reisende noch immer so gut wie geschlossen war, besaßen wir keine Pässe. Von einer Krähenflinte, sechs Flaschen Kognak und Macaulays *History of England* abgesehen, verfügten wir über keinerlei nennenswerte Ausrüstung oder Vorräte. Zwei von uns waren Frauen, und unsere einzige gemeinsame Sprache war Russisch. Trotzdem war ich bester Laune.

Keiner von uns schätzte unsere Chancen durchzukommen auf mehr als eins zu zwanzig; aber seit einem Jahr wollte ich diese Reise wenigstens versuchen, seit einem Jahr wollte ich wenigstens aufbrechen. Deshalb war ich zum dritten Mal aus England nach China gekommen, und um mit ruhigem Gewissen aufbrechen zu können, war ich auf Umwegen gekommen, die derart verschlungen waren, daß ich mich unterwegs meiner Pflichten gegenüber der *Times* (für die ich als Sonderkorrespondent tätig war) entledigen konnte, ehe ich mich zuletzt auf ein hoffnungsloses Unterfangen einließ, das journalistisch nur durch einen Erfolg gerechtfertigt werden konnte.

Ich war seit sechs Monaten auf Reisen. Krippen in der Ukraine und Keiler im Kaukasus; das blau gekachelte Grabmal des Tamerlan in Samarkand und die legendär langsame Turksib-Eisenbahn; Gruppen von Zwangsarbeitern hinter der Amur-Grenze, die hungrig zu den Fenstern des Zuges heraufstarrten, und das Drunter und Drüber der Garnisonsstadt Wladiwostok; Opiumgeruch in mandschurischen Gasthöfen; japanische Soldaten, die zwischen den Rädern eines Zuges auf unsichtbare Banditen feuerten; kleine Pferde und große Fröste in der Mongolei; eine weihnachtliche Schnepfenjagd am Jangtse und Squash in der Tokioter Botschaft ... Dieser sonderbaren Expedition war ein langes Präludium vorangegangen, das aber genügend weithergeholte Verallgemeinerungen in dreifach verwebter, feuerfester Presseprosa erbracht hatte, um dem Auslandsteil der *Times* das gierige Maul zu stopfen; mir war, als dürfte ich jetzt einmal scheitern.

Es folgte die kurze — viel zu kurze — Zeit der eigentlichen Vorbereitung. Eine wirre Zeit. Zahnärzte aufsuchen, Gewehröl organisieren, neugierige Fragen in bezug auf unsere Pläne abwehren, Filme kaufen, Arzneimittel kaufen, Landkarten kaufen ... In meiner Erinnerung wird das Hin und Her jener Tage voll großer Entscheidungen und kleiner Taten, voller Begegnungen und Ausflüchte von den Gestalten dreier schweigsamer alter Männer überragt. Dünn waren sie, runzlig und schicksalsergeben — von Beruf Bettler. Sie saßen auf drei harten Stühlen in einem kleinen Raum voller Meerschweinchen in Drahtkäfigen neben einem Labor. Sie hatten ihre zerlumpten Hosen bis über die Knie hochgerollt, und an ihren schmächtigen Waden waren mehrere kleine flache Schachteln befestigt. Die Seite der Schachteln, die an der Haut lag, bestand aus Gaze oder etwas Ähnlichem, und jede Schachtel enthielt fünfhundert Läuse. Zwei Stunden am Tag ließen die drei alten Männer für einen Monatslohn von zwölf chinesischen Dollar ungefähr achtzehntausend Läuse an sich weiden.

Wozu? Zu unserer persönlichen Sicherheit. Die solchermaßen üppig verköstigten Läuse lieferten ein Anti-Typhus-Serum, und während unserer drei Besuche bei den alten Männern wurden wir jedesmal mit der Essenz von nicht weniger als dreißig dieser Tierchen geimpft. Demütig, teilnahmslos, nicht einmal verwundert — angestellt zu einem kleinen Martyrium, dessen Zweck ihnen verborgen blieb — standen diese Rätselgestalten am Tor zu unserem Vorhaben. In ihren glanz- und blicklosen Augen spiegelte sich die Gleichgültigkeit eines ganzen Kontinents: des Kontinents, den wir jetzt durchqueren sollten.

Peking hatte sich zu unserem Abschied verkleidet; Peking — das in dieser und mancher anderen Hinsicht Oxford merkwürdig ähnelt — findet bei fast jedem Anlaß den richtigen Ton. Ein halbes Dutzend Harlekine und Ganoven in Pelzmänteln und mit geschwärzten Gesichtern machte unsere unsolide Abreise im Mitternachtszug zu einem phantastischen Schauspiel. Ein Journalistenkollege, der schon über eine ganze Porträtsammlung von Missionaren verfügte, die auf banditengefährdeten Stationen tätig waren, fotografierte uns unter allerlei makabrem Mummenschanz. Vor den dicken Magnesiumrauchwolken schienen die gar nicht unwahrscheinlichen Schlagzeilen zu flimmern: »Die letzte Aufnahme von ... dieses tollkühne Unterfangen ... Dem Bericht des Provinzgouverneurs zufolge ... besteht keinerlei Hoffnung mehr ... weitere Bemühungen, die Leichen zu bergen ...«

Doch bald verflog der Rauch.

»Viel Glück!«

»Das können wir brauchen.«

»*Good-bye! Good-bye* und viel Glück ...«

Der Zug ruckte in eine ungewisse Nacht hinaus. Die Gesichter im Lampenschein, die fröhlichen Stimmen der Bekannten blieben zurück und waren bald verschwunden. Zumindest einem von uns fiel ein, als besänne er sich zum erstenmal darauf: daß es bis Indien wirklich sehr weit war.

Heldin

Draußen war es stockfinster. Elektrische Glühlampen tauchten das Innere des Speisewagens in fahles, ungewisses Licht. Ein dicker General, der wie ein Moslem aus dem Nordwesten aussah, soupierte weithin hörbar mit zwei Leuten seines Stabes. Ein junger Mann aus Peking, den jeder Zoll seiner europäischen Kleidung als ein Mitglied des Y. M. C. A. auswies, stocherte unfroh in einem fremdartigen Gericht; seine Arroganz hatte ihm nur die Verachtung des Kellners eingetragen. Ein englisches Ehepaar klagte über Länge und Unbequemlichkeit der Reise nach Hankau. »Jetzt nur noch einmal vierundzwanzig Stunden.« — »Liebling, ich glaube, ich an deiner Stelle würde den Fisch da nicht essen. Es ist wirklich sicherer, wenn man sich in diesen Zügen an die gekochten Sachen hält. Du weißt, wie es Elsie ergangen ist . . .« — »Schon gut, Liebes. Oho!«

Die Tür ging auf, und Kini kam herein.

»Ich habe achtzehn Stunden geschlafen«, sagte sie. »Laß uns was essen.«

Zum erstenmal war ich Kini im Sommer zuvor in London begegnet. Wir waren beide Gäste eines bekannten Orientalisten gewesen und hatten nachher in einem Nachtclub noch ein Bier getrunken. »Wie komme ich an die Kommunisten in Südchina heran?« fragte Kini. — »An die kommen Sie überhaupt nicht heran«, erwiderte ich und erklärte ihr, warum; damals spielte ich gern den Fachmann für chinesischen Kommunismus. Wir trennten uns mit einer Redensart der Weltenbummler, die die Menschen sofort wieder vergessen, an die sich das Schicksal jedoch bisweilen erinnert. »Wir sehen uns in China!« — »Ja, in China.« Kini war wütend auf mich, als sie ging. Mir gefiel sie, ich ahnte schon etwas von ihrer Tüchtigkeit.

Unsere nächste Begegnung fand unter weniger alltäglichen Umständen statt — an einem Abend Anfang November in Charbin.

Das Büro des Chefs der Eisenbahnpolizei war überfüllt. Drei Ausländer in Pelzmänteln, unter ihnen ein Konsulatsbeamter, saßen auf einer Holzbank. Ich, weniger vornehm gekleidet, lehnte neben ihnen an der Wand. Uns gegenüber, hinter einem großen, unaufgeräumten Schreibtisch hatten sich zwei uniformierte Exilrussen und ein Chinese versammelt, die den farbigen Stern von Mandschukuo auf ihren Pelzmützen trugen, außerdem ein mürrisch dreinblickender japanischer Unteroffizier, der sich immerzu auf die Lippen biß, und ein schwargekleideter japanischer Zivilist, ein Mitarbeiter der auffälligsten Geheimpolizei, die es gibt. In dem Niemandsland zwischen uns — wo, gelegentlich fast mit Händen greifbar, der Rassendünkel wie elektrische Spannung knisterte — standen die Klägerin und ihr Hauptbelastungszeuge, ein verängstigt dreinblickender russischer Schlafwagenschaffner.

Kini — groß, gutaussehend, mit gebräuntem Gesicht und blondem Haar — war weniger schick angezogen als damals im Nachtclub; aber hier schien sie sich wohler zu fühlen. Die Eisenbahnpolizei nahm ihre Aussage zu Protokoll. Kini sprach in einem ruhigen, klaren Russisch, das sie mit allerlei Pantomimen ergänzte, die einen Sinn für Humor und Schauspielerei verrieten.

»Name?«

»Ella Maillart.«

»Staatsangehörigkeit?«

»Schweizerisch.«

»Wohnhaft?«

»Genf.«

»Alter?«

»Einunddreißig. Aber das steht doch alles in meinem Paß . . .«

»Ja, gewiß. Beruf?«

»Journalistin. Ich bin Sonderkorrespondentin einer Pariser Tageszeitung.«

»Wann kamen Sie in Charbin an?«

»Aber das wissen Sie doch! Mit dem Zug, vor zehn Minuten.«

»Woher kamen Sie?«

»Aus Hailin.«

»Wie kamen Sie nach Hailin.«

»Ich fuhr auf der Strecke Charbin – Lafa bis an die koreanische Grenze und von dort auf der unvollendeten Strecke nach Ninguta in den Norden.«

»Und worum geht es nun?«

»Heute morgen bestieg ich in Hailin den Zug. So gegen acht Uhr. Ich hatte mehr als eine Woche in kleinen Gasthöfen gewohnt, Sie können sich vorstellen, daß ich hungrig war. Ich fragte den *prowodnik* ... diesen Mann hier ..., wo der Speisewagen sei. Er sagte es mir. Ich verließ mein Abteil und machte mich auf den Weg. Zwischen meinem Abteil und dem Speisewagen war ein Wagen voller japanischer Soldaten. An der Tür hielt man mich auf. Ich kann kein Japanisch, aber ich lächelte und deutete auf meinen Mund und zeigte ihnen, daß ich zum Speisewagen wollte. Die Soldaten an der Tür stießen mich zurück. Zu diesem Zeitpunkt waren sie noch munter und fröhlich, nur eben ziemlich grob.

Ich kehrte in mein Abteil zurück und suchte den *prowodnik.* Er begleitete mich, und diesmal ließen uns die Soldaten an der Tür durch. Ich hatte ungefähr ein Drittel des Weges durch ihren Waggon hinter mir. Im Gang drängten sich viele Soldaten, und plötzlich schoben sie mich zurück und fingen an zu schreien. Sie wurden sehr wütend. Ich wußte nicht, was das sollte, aber ich versuchte, weiter und in den Speisewagen zu kommen. Ich sah nicht ein, warum das verboten sein sollte.

Plötzlich spielten alle verrückt. Sie schlugen mich ins Gesicht, und einer trat mir in den Bauch. Der *prowodnik* war hinter mir, sie begannen, auch ihn zu schlagen. Ich mußte nachgeben. Ich schützte mich, so gut ich konnte, aber als ich wieder bei der Tür war, wurde ich zweimal von hinten getreten, und zwar kräftig. Das machte mich wütend; ich schlug zurück ... ungefähr so ... und einem schlug ich die Mütze vom Kopf, sie fiel auf die Schienen. Dann sah ich, wie einer von ihnen sein Bajonett zückte; erschrocken sprang ich hinüber zum Eingang meines Abteils und schloß die Tür hinter mir ab ... Das ist alles.«

Die Atmosphäre war gespannt. Die Pelzmäntel neben mir raschelten in gerechtem Zorn. Die Exilrussen blickten bekümmert drein, der Chinese bestürzt; die Japaner berieten sich aufgeregt; jetzt sah ich, daß die Hände des *prowodnik* zitterten. Der einzige Mensch, der nicht nur gelassen, sondern sogar belustigt zu sein schien, war Kini.

Die Situation hatte tatsächlich ihre amüsante Seite, auch wenn wenige Frauen (oder Männer) an Kinis Stelle diese Seite in einem solchen Augenblick erkannt hätten. Das Benehmen des japanischen Militärs in Mandschukuo war zu der Zeit, über die ich hier schreibe, nicht das beste. Die Rekruten — ungehobelte, sehr junge Männer, denen der Alkohol lächerlich rasch zu Kopf stieg — verhielten sich Ausländern gegenüber immer aufsässiger und Chinesen gegenüber immer brutaler. (Ich sage nicht, daß alle oder auch nur die meisten von ihnen sich derart gehenließen; aber die Zwischenfälle häuften sich.)

Diesmal jedoch hatten die Japaner einen Fehler gemacht. Die Soldaten im Zug hatten Kini, die einen Seesack mit sich herumschleppte und Nagelschuhe trug, verzeihlicherweise für eine Exilrussin gehalten, und Exilrussen kann man schlagen, bis man ins Schwitzen kommt, denn Exilrussen sind Menschen ohne Ansehen, Bürger aus dem Nirgendwo. Kini aber gehörte, wie sich nun peinlicherweise herausstellte, keinem toten Zarenreich an, sondern einer quicklebendigen Republik; hinter ihr standen Konsulate und hinter diesen ein Außenministerium. Schlimmer noch: Sie war Journalistin. Kein Wunder, daß von jenseits des Schreibtisches verlegenes Getuschel herüberdrang und daß man sich diesseits rachsüchtig die Lippen leckte.

Nun war die Obrigkeit am Zuge, doch die Obrigkeit steckte offensichtlich in der Klemme. Kini machte den zaghaften Entschuldigungen (»... offenbar ein Versehen ... Die Angelegenheit wird den zuständigen Stellen gemeldet ...«) ein Ende, indem sie eine Erklärung verlangte. Mandschukuo, so sagte sie, sei in mancher Hinsicht ein verwirrendes Land, und sie sei noch neu hier. Es mache ihr nicht allzuviel aus, von einfachen Soldaten getreten zu werden, aber es mache ihr sehr wohl etwas aus, von einfachen Soldaten getreten zu werden und nicht zu wissen, warum. Ob man ihr das nun bitte erklären könne?

Der japanische Unteroffizier hörte auf, an seinen Lippen zu nagen, und ging hinaus, um den Kommandanten der Schutztruppe, die den Zug begleitet hatte, zu suchen. Nach kurzer Zeit war er wieder da und mit ihm der beunruhigt dreinblickende Kommandant. Was geschehen sei, tue ihm leid, sagte er; beim letzten Halt vor Hailin seien im Zug zwei Männer festgenommen worden, die verdächtigt würden, für die Banditen zu arbeiten, und er habe (warum, sagte er nicht) angeordnet, die Zugreisenden dürften die Korridore der Wagen nicht passieren.

»Warum hat man dann diese Anordnung den Reisenden und selbst dem Zugpersonal nicht mitgeteilt?« Durch zwei Dolmetscher gefiltert, wiederholte der Kommandant, was geschehen sei, tue ihm leid.

»Lassen wir's dabei«, sagte Kini. »Ich habe Hunger.«

Im Taxi, das Kini bei ihrem Hotel absetzen sollte, schäumten wir — die Hinterbänkler und ich — noch immer vor rechtschaffener, primitiver Empörung.

»Erpressen Sie diese Leute!« sagten wir. »Reichen Sie einen Protest bei Ihrem Konsul ein. Schreiben Sie einen Artikel darüber, und schicken Sie ein Exemplar an das Außenministerium in Hsinking; die verstehen sich nicht mit den Behörden hier, und dann ist der Teufel los. Holen Sie sich, was Ihnen zusteht.«

Kini war klüger. Sie erklärte, sie habe noch zwei Monate in der Mandschurei zu tun; sie wolle keinen Rachefeldzug gegen sich entfesseln, der nur ihre Chancen gefährden würde, sich ungehindert zu bewegen und das zu sehen, was sie sehen wolle. Sie betrachtete den Fall als abgeschlossen.

Es war offenkundig, daß sie so leicht nicht aus der Ruhe zu bringen war.

Zu zweit?

Es ergab sich, daß Kini und ich während der nächsten beiden Monate mehrmals gemeinsam in der Mandschurei herumreisten. Mit dicken Pelzen und hohen Filzstiefeln gegen die Kälte gewappnet, unternahmen wir ein paar leichte und trotzdem ziemlich unbequeme Touren. In durchräucherten Jurten* an der Grenze zur Äußeren Mongolei beobachteten wir, wie mongolische Zurückhaltung

* Eine Jurte ist ein rundes Zelt mit einem flach kuppelförmigen Dach. Wände und Dach sind aus Filzstoff, der über ein zusammenlegbares Holzgerüst gespannt wird.

die plumpen, nur scheinbar selbstlosen Annäherungsversuche der Japaner ins Leere laufen ließ; wir folgten der Trasse einer neuen strategischen Eisenbahnlinie in die frostigen, fasanenreichen Tiefen des Chingan-Gebirges; in klapprigen Bussen unternahmen wir einen Ausflug nach Jehol. Der Winter – wolkenlos und windstill – hatte das gelbe Land fest in seinem Griff und schmückte es hier und da mit dem Silberband eines vereisten Flusses. Rauch stieg bedächtig in die glitzernde Luft. Nachts klangen Schritte auf dem gefrorenen Boden sonderbar dumpf. Für ein paar Pennys am Tag wohnten wir in einfachen Gasthöfen und erfuhren auf diese Weise fast unmerklich ein wenig über das Land.

Wir kamen gut miteinander aus, obwohl jeder von uns immer wieder die vielleicht nicht ganz gerechtfertigte Überzeugung kundtat, daß er allein noch besser zurechtkommen würde. Ich hatte keinerlei Erfahrungen mit weiblichen Weltreisenden, aber Kini war das Gegenteil von dem, was man sich gewöhnlich unter dieser beunruhigenden Spezies vorstellt. Die Qualitäten jedoch, mit denen sich diese Geschöpfe in ihren eigenen Büchern ausstatten, besaß sie in reichem Maße. Sie war mutig, unternehmungslustig, findig; an Ausdauer übertraf sie die meisten Männer. Auch kam sie, wie man so sagt, »gut mit den Eingeborenen zurecht« und wußte im Umgang mit einem stolzen, einfachen Volk, dessen Sprache sie nicht sprach, sehr genau, wann sie die Form wahren und den Mund halten mußte und wann sie den Schelm hervorblicken lassen durfte. Sie konnte alles essen und überall schlafen. Der einzige Schwachpunkt war ihr empfindlicher Geruchssinn; nur in dieser Hinsicht war ich, der ich keinen besitze, besser gerüstet als sie.

Bei allen Unterschieden in Charakter und Temperament hatten wir eines gemeinsam: eine bestimmte Einstellung zu unserem Beruf (oder unserer Berufung oder wie immer man es nennen mag). Es stieß uns beide ab, wie sehr das, was heute unter dem stolzen Titel Abenteuer daherkommt, von den »Abenteurern« selbst wie auch von der Allgemeinheit verzerrt und entstellt wird. Weniger aus ethischen als aus ästhetischen Gründen verabscheuten wir die moderne Tendenz, die Enden der Welt und die in ihrer Nähe vollbrachten Taten erst zu dramatisieren und nachher bis zur Unkenntlichkeit zu banalisieren. Dies war allerdings auch so ziemlich der einzige Punkt, in dem wir übereinstimmten.

Kini hatte schon ein bewegtes Leben hinter sich. Sie war noch keine zwanzig gewesen, als die Wirtschaftskrise sie von Genf nach Wales verschlug. Dort unterrichtete sie an einer Schule Französisch, was ihr durch ihre (damals) noch vollständige Unkenntnis des Englischen kaum erleichtert worden sein kann. Andere Tätigkeiten folgten in bunter Reihe. Als erfahrener Seglerin wurde ihr schon in sehr jungen Jahren die Ehre zuteil, bei den Olympischen Spielen für die Schweiz zu starten; nachher bekam sie mehrmals Aufträge, fremde Jachten zu steuern. In Paris trat sie in einem Theaterstück auf, war eine Zeitlang Mannschaftsführerin der schweizerischen Hockeydamen und schrieb gelegentlich für Zeitungen. Als Skiläuferin von internationalem Rang berichtete sie für eine Schweizer Tageszeitung über die wichtigsten Rennen, und als Fanks *Weiße Hölle am Piz Palü* Furore machte, übernahm sie die Hauptrolle in einem Skifilm. In einem winzigen Boot machte sie mit einer aus drei Mädchen bestehenden Mannschaft eine weite Fahrt im Mittelmeer und half bei Ausgrabungen auf Kreta.

Dann ging sie — wie immer ohne einen Pfennig Geld — für ein Jahr nach Berlin, lernte Deutsch, unterrichtete Französisch, spielte kleine Rollen beim Film und lebte von einer Mahlzeit am Tag. Jemand lieh ihr fünfzig Dollar, und sie ging nach Rußland. Fünf Monate blieb sie in Moskau, studierte Filmproduktion und ruderte im »Achter der Nahrungsmittelarbeiterinnen«, wie sie ihn nannte. Danach schloß sie sich einer russischen Expedition an und durchquerte von Norden nach Süden durch Swanetien den Kaukasus; auf halber Strecke fügte ihr ein Hund eine gefährliche Bißwunde zu, aber sie ließ sich nicht vom Weg abbringen, erreichte die Krim und kehrte zum Skifahren in ihre Heimat zurück.

Sie veröffentlichte ein Buch über diese Reise, das ein Flop wurde. 1932 fuhr sie noch einmal nach Moskau und weiter nach Russisch-Turkestan. Sie wollte durch Sinkiang nach China, aber die sowjetischen Grenzposten auf den Pässen des Himmelsgebirges stellten sich quer; so kehrte sie in die Ebene zurück, trieb sich in Samarkand, Taschkent und Buchara herum und beschloß ihre strapazenreiche Reise mit einem Kamelritt durch die Wüste Kysyl-Kum — im Dezember und, abgesehen von ihren Führern, deren Sprache sie nicht verstand, allein.

Das Buch, das sie diesmal schrieb, wurde kein Flop. Kini ließ sich in Paris so lange feiern, wie sie es ertrug (nicht lange), und reiste dann mit so vielen Aufträgen für Artikel, daß ihre Auslagen gedeckt sein würden, nach China. Sie schrieb nicht gern und war keine geborene Journalistin. Aber sie hatte manches ausprobiert, und nur der Journalismus verschaffte ihr die Möglichkeit, das zu tun, was sie wirklich tun wollte; deshalb akzeptierte sie mit einer gewissen Belustigung die Rolle der Sonderkorrespondentin.

Schon bald stellte sich heraus, daß wir mit dem gleichen Plan nach China gekommen waren — auf dem Landweg nach Indien zu reisen. Diese Entdeckung rief zunächst eine gewisse Verlegenheit hervor. Gern waren wir gemeinsam in dem relativ zivilisierten Hinterland der Mandschurei umhergestreift; aber keiner von uns wollte sich auf eine gemeinsame Reise einlassen, die nicht nur sehr lang und angeblich gefährlich war, sondern wohl auch für jeden von uns eine besondere persönliche Bedeutung besaß.

Die Lage entspannte sich jedoch wieder, als wir feststellten, daß Kini eine Route ins Auge gefaßt hatte, die sie durch Szetschwan in das östliche Tibet und von dort Gott weiß wohin führen würde, während ich durch die Mongolei nach Urumtschi und Kaschgar wollte. Von nun an besprachen wir das wenige, was wir über unsere jeweiligen Routen wußten, sehr gelassen. Wir wußten noch nicht, daß beide Wege damals unpassierbar waren.

Wir erfuhren es, als wir nach Peking kamen.

In Peking wurde uns sofort klar, daß die Chancen, Indien auf dem Landweg zu erreichen, verschwindend gering waren. Die Route, die Kini ins Auge gefaßt hatte, kam überhaupt nicht in Frage; die aus der südlichen Provinz Kiangsi vertriebenen Rotarmisten operierten in Szetschwan und anderswo (aber vor allem in Szetschwan), zogen mit erstaunlicher Geschwindigkeit kreuz und quer durchs Land, legten legendäre Nachtmärsche zurück und erlitten Niederlagen nur in den Spalten der Presse. Dieser Weg war versperrt.

Auf meiner Route waren die Aussichten kaum besser. Für die meisten Reisenden und alle Händler führt der Weg von China nach Indien seit Jahrhunderten durch Sinkiang*, auf der uralten »Seidenstraße«, dem abenteuerlichsten und kulturell wichtigsten Handelsweg der Weltgeschichte. Die Seidenstraße führt — oder führte — auf zwei möglichen Wegen durch Sinkiang nach Kaschgar und zu den Pässen des Himalaja; der erste (eine Straße, die heute auch mit Räderfahrzeugen bewältigt werden kann) verläuft am Fuße des Tienschan oder Himmelsgebirges durch eine Kette von Oasen am Nordrand der Wüste Takla Makan; der zweite (sandigere und mit Wasser weniger gut versehene) Weg umgeht die Takla Makan im Süden und führt am Fuß des Kuënlun entlang, des sechstausend Meter hohen Gebirgswalls, der das tibetanische Hochland nach Norden abriegelt.

Die erste, nördlichere Route erreicht man am besten auf einem der mongolischen Karawanenwege; Owen Lattimore, damals der letzte Reisende, der von China nach Indien gelangt war, benutzte sie 1926–27 und ebenso

* Die korrekte Transskription der beiden chinesischen Schriftzeichen, die »Neues Reich« bedeuten (wie der offizielle Name der Provinz Chinesisch- oder Ost-Turkestan lautet), ist Hsin Xiang. Aber in diesem Buch, das sich nicht ernster geben will, als die Reise war, die es schildert, werde ich Eigennamen in der Form schreiben, die mir am geläufigsten und daher auch außerhalb Chinas am leichtesten erkennbar erscheint.

Eric Teichman im weiteren Verlauf des Jahres 1935. (Die Unternehmen dieser beiden Reisenden hatten eine ganz andere Dimension als das unsere.) Die Route durch das südliche Sinkiang, als deren östlichen Ausgangspunkt man Tunhwang und die Höhle der Tausend Buddhas bezeichnen könnte, erreicht man am bequemsten auf der alten Kaiserstraße, die durch Kansu nach Chami führt.

Im Frühjahr 1935 wäre es jedoch nicht ratsam gewesen, auf einer dieser beiden Routen nach Sinkiang gelangen zu wollen. Der blutige Bürgerkrieg, der 1933 und 1934 in dieser Provinz gewütet hatte, war zwar, so vermutete man, abgeflaut. Die Hauptstadt Urumtschi und mit ihr die selbsternannte Provinzregierung waren im Januar 1934 von sowjetischen Truppen und sowjetischen Flugzeugen, die heimlich und unrechtmäßig auf chinesischem Territorium operierten, vor dem Ansturm der aufständischen Dunganen gerettet worden; und die gefürchtete Dunganen-Armee, die, abgesehen von den Kommunisten, über die besten Kämpfer in China verfügte, hatte sich angeblich in jene Kette von Oasen zurückgezogen, die durch die südlich verlaufende Straße verbunden werden und deren Zentrum Khotan ist. Aber auch nachdem sie die Macht über den größeren Teil ihres Territoriums zurückerlangt hatte, war die Provinzregierung für Besucher nicht zu sprechen. Der Gouverneur, General Scheng Schi-tsai, bekundete zwar seine Treue zu Nanking und wurde notgedrungen von Nanking auch in seinem Amt bestätigt, aber auf telegraphische Proteste der Zentralregierung gegen seine russischen Verbindungen reagierte er selten und fügte sich ihnen nicht. Seine wirklichen Gebieter waren die zivilen und militärischen sowjetischen »Berater«; die Geschicke der Provinz wurden mit Methoden gesteuert und auf Ziele gelenkt, an deren Offenlegung die Drahtzieher nicht im mindesten interessiert waren.

Peking war voller Gerüchte, aber seit zwei Jahren war Sinkiang vom übrigen China so gut wie abgeschnitten. Die wenigen verläßlichen Informationen, die man bekam, waren fast immer mehrere Monate alt, und die Neuigkeiten, die es gab, waren allesamt schlecht. Zwei Deutsche — außer ein paar Missionaren die letzten nichtrussischen

Ausländer in Urumtschi — hatte man grundlos für mehr als ein Jahr eingesperrt, ohne ihnen den Prozeß zu machen oder auch nur Anklage gegen sie zu erheben. Einem von ihnen hatte man die Ketten selbst dann nicht abgenommen, als er schwer an Typhus erkrankte. Einen Schweden, der ebenfalls mehr gesehen hatte, als seiner Gesundheit zuträglich war, hatte man unter Hausarrest gestellt. Die Fluggesellschaft Eurasia (deren örtlicher Leiter einer der Deutschen war) hatte ihre Flüge nach Urumtschi 1933 auf unbestimmte Zeit einstellen müssen. Im Frühjahr war Mrs. Thomson-Glover, die Frau des britischen Generalkonsuls in Kaschgar, durch die Schulter geschossen worden, während sie auf der Terrasse des Konsulats stand, und ein Arzt, der für das Konsulat arbeitete, war getötet worden. Das alles klang nicht ermutigend.

Zu den wenigen Ausländern, die seit 1933 versucht hatten, nach Sinkiang zu gelangen, gehörte auch ein junger Deutscher, der einer angesehenen Familie entstammte und aus Abenteuerlust reiste. Er verschwand in der Umgebung von Chami und ist nach allem, was wir unterwegs erfuhren, wahrscheinlich ermordet worden. Ein Italiener, den die Presse schon als »zweiten Marco Polo« gefeiert hatte, war durch die Mongolei nach Sinkiang gekommen, aber man hatte ihn sofort verhaftet und wieder ausgewiesen. Selbst Sven Hedin, der kurz vor seinem siebzigsten Geburtstag im Auftrag der Zentralregierung in Sinkiang Geländeerkundungen für den Bau einer Straße abgeschlossen hatte, war trotz seines Ansehens und seines halboffiziellen Status von den Dunganen und anscheinend auch von den Provinzbehörden ziemlich unfreundlich behandelt worden.

Es schien uns, als würden wir angesichts des russischen Einflusses, der sich auf beide bekannten Routen durch Sinkiang nach Indien auswirkte, schon viel Glück brauchen, um überhaupt in die Provinz hineinzukommen, und noch mehr Glück, um wieder herauszukommen.

Unter diesen Umständen lag es nahe, nach einer Route zu suchen, die nicht allgemein in Betracht kam: von der Flanke an einem Punkt nach Sinkiang vorzudringen, wo der Einfluß der sowjetisch dominierten, auf Abschottung bedachten Provinzregierung aller Wahrscheinlichkeit nach schwach sein würde. Die Karte zeigte, daß unsere beste, eigentlich unsere einzige Chance darin bestand, nach Lantschou zu fahren und von dort nicht der Kaiserstraße in nordwestlicher Richtung nach Chami zu folgen, wo man uns verhaften und zurückschicken oder auf eine noch demütigendere oder noch endgültigere Weise von unserem Weg abbringen würde — sondern genau in westlicher Richtung weiterzugehen, durch die (salopp gesprochen) rechte obere Ecke der tibetanischen Hochebene. Diese Route würde uns durch die entlegenen und nur dem Namen nach chinesischen Teile der Provinz Tsinghai führen, durch die Berge um den See Kuku-nor, durch das dreitausend Meter über dem Meer liegende Tsaidam-Becken bis zu den östlichen Ketten des Kuënlun. Diese würden wir, wenn sich unsere Aussichten an Ort und Stelle als gut erweisen sollten, irgendwie überwinden und dann zu einer der Oasen im Süden der Takla Makan absteigen, wo wir uns schon tief in Sinkiang und auf dem direkten Weg nach Kaschgar befanden. Mit dieser Strategie würden wir, wenn alles gutging und die Gerüchte zutrafen, Sinkiang an einem Punkt erreichen, wo die gegen den sowjetischen Einfluß und angeblich gegen alle fremden Mächte kämpfende Armee der rebellischen Dunganen die Kontrolle übernommen hatte, wo man auf Reisende nicht gefaßt war und sie schwerlich zurückschicken konnte und wo das Fehlen eines Passes der Zentralregierung möglicherweise alles andere als ein Handicap war — kurzum, wo das Ganze auf nichts weiter als einen Bluff hinauslief.

Aber dieser Plan, der sich auf dem Papier so übersichtlich und einfach liest, wurde uns natürlich nicht durch eine plötzliche Eingebung zuteil und auch nicht durch abstraktes Kartenstudium. Er entstand nach und nach, als ein Stückwerk aus Zufall, Opportunismus und ein bißchen Phantasie. Es geschah, kurz gesagt, folgendes:

Kini lernte Dr. Norin kennen, den Geologen der Expedition von Sven Hedin. Später machte auch ich seine Bekanntschaft. Beim Ausbruch des Bürgerkriegs in Sinkiang im Jahre 1933 war Norin durch das Tsaidam entkommen. Er war dort einem russischen Ehepaar begegnet, den Smigunows, die sich ebenfalls auf der Flucht befanden, und zu dritt waren sie in die Zivilisation zurückgekehrt. Norin sprach in hohen Tönen von den Smigunows. Sie hatten mehrere Jahre im Tsaidam gelebt und mit den Mongolen Handel getrieben. Sie sprachen Mongolisch, Turki und etwas Chinesisch, kannten das Land sehr gut und wurden von den Menschen dort geliebt und geachtet. Zur Zeit lebten sie in Tientsin, wo der Mann als Kellner in einem russischen Club arbeitete. Aber sie wollten ins Tsaidam zurück. Wenn jemand (so sagte Norin) auf der anscheinend einzig möglichen Route nach Indien wolle, sei er gut beraten, die Smigunows als Führer zu engagieren.

So nahmen Reiseplan und Reisegruppe langsam Gestalt an. Ich war zwischen verschiedenen Ausflügen nach Schanghai, Tokio und in die Mongolei nur zeitweise in Peking; und Kini, die als erste von den Smigunows gehört hatte, durfte auch als erste Anspruch auf ihre Dienste erheben. Noch immer hegten wir eine vielleicht unbegründete Abneigung gegen die Vorstellung, gemeinsam zu reisen; aber diese Abneigung fiel fast nicht ins Gewicht gegenüber unserem ebenso unbegründeten Wunsch, die Reise auf jeden Fall zu machen. Und zuletzt taten wir uns — widerstrebend und voller Bedenken — zusammen.

Es war gegen unsere Prinzipien. Kinis letztes Buch hieß *Turkestan Solo,* und mein letztes Buch hieß *Mit mir allein.* Wenn uns schon beim gemeinsamen Aufbruch nicht ganz geheuer war, wie würden wir uns erst auf dem Rückweg fühlen?

Weggefährten und Waffen

Die Smigunows, die der Zug aus Tientsin herbeischaffte, nahmen unsere Vorschläge begeistert an. In den letzten beiden Jahren hatten sie, wie neun Zehntel der Exilrussen in China, ein hartes, freudloses Leben geführt, aber ganz ohne Hoffnung waren sie nicht. Während sich die meisten ihrer Landsleute nach Orten zurücksehnten, die sie niemals wiedersehen würden, nach einem Leben, das es nicht mehr gab, träumten die Smigunows von einem Utopia, das nicht unwiderruflich von der Landkarte verschwunden war. Im Tsaidam (von dem sie allerdings ein allzu idyllisches Bild zeichneten) besaßen sie ein Zelt, ein paar Tiere und ein einfaches, aber einträgliches Gewerbe, außerdem Freunde und Ansehen und die Chance, so zu leben, wie es ihnen gefiel. In Tientsin waren sie Fremde und doppelt Verbannte, und das Leben war dort erbärmlicher und unsicherer, als es im zentralasiatischen Hochland je gewesen war. Wir boten ihnen, was sie sich mehr als alles andere wünschten: die kostenlose Rückreise ins Tsaidam. Sie freuten sich wie die Kinder.

In vielem waren sie wirklich wie Kinder. Stepan Iwanowitsch hatte während des Krieges eine Giftgaskompanie an der Westfront befehligt und war nach der Revolution mit den versprengten Überresten einer der Weißen Armeen nach China verschlagen worden. Er war ein großer, stämmiger Mann mit rotem Gesicht, schwarzem Schnurrbart und grimmiger Miene, die sich im Umgang mit den Chinesen nur selten aufhellte. Wie die meisten Russen war er ein Optimist; aber hinter seinem Optimismus standen wirklicher Schneid und Tatkraft.

Seine Frau Nina war eine noch größere Optimistin — immer überzeugt, alles werde gut ausgehen. Sie war die Tochter eines angesehenen Arztes in Urumtschi und hatte für ein Mädchen Anfang Zwanzig schon ein erstaunlich wechselvolles Leben hinter sich. Es hatte sie findig und völlig unempfindlich gegen irgendwelche Unannehmlichkeiten gemacht. In ihren Urteilen — vor allem über Menschen — war sie besonnener und scharfsinniger als Smigunow, und obwohl sie oft in Aufregung geriet, geschah dies doch nie ohne Ziel und Zweck. Sie war rundlich und hübsch; aber am anziehendsten wirkte ihr Elan. Nie wollte sie sich geschlagen geben oder auch nur die Möglichkeit einer Niederlage einräumen. Man hatte bei ihr das Gefühl, sie habe ihr Glück wirklich verdient, und trotzdem war ihr das Glück nicht hold.

Die Smigunows hatten sich bereit erklärt, uns bis in den äußersten Westen des Tsaidam zu führen und von dort auf der Straße nach Indien so weit, wie die politischen Verhältnisse es erlaubten. Wir brachen, wie gesagt, mit einem Minimum an Ausrüstung und Vorräten auf, weil wir — mit Recht, wie sich herausstellte — annahmen, daß das voluminöse Drumherum, das zur Bequemlichkeit und zum Erfolg einer richtigen Expedition beiträgt, für die unsere der Tod gewesen wäre. Außer ein paar Freunden in Peking wußte in China niemand, was wir vorhatten; mehr als eine Leidenschaft für Jagd und Fotografie, der wir auf einer kurzen Reise um den Kuku-nor-See frönen wollten, gaben wir nicht preis. Pässe für Sinkiang waren nur von der Zentralregierung zu bekommen, und das bedeutete in Wirklichkeit, sie waren nicht zu bekommen. Man konnte von der Nanking-Regierung kaum erwarten, daß sie Pässe für einen Teil ihres Territoriums ausstellte, in dem sie die Verantwortung für die Sicherheit der Reisenden nicht zu übernehmen vermochte und in dem das, was diese Reisenden zu Gesicht bekamen, ihrem Ansehen wahrscheinlich nur schaden konnte. Es war sogar zweifelhaft, ob — in Anbetracht der Beziehungen zwischen Nanking, Urumtschi und den Dunganen — ein Paß der Zentralregierung bei den Behörden in Sinkiang überhaupt eine Empfehlung sein würde. Deshalb hatten wir Papiere bei uns, die uns bis in die Provinz Kansu bringen würden, und hofften im übrigen auf unser Glück.

Kini und ich zogen es aus grundsätzlichen Erwägungen und aufgrund früherer Erfahrungen vor, mit leichtem Gepäck zu reisen. Außerdem hätten große Mengen von Gepäck, Vorräten und Zelten bei der geringen Reichweite unserer angeblichen Reisepläne in gefährlicher Weise die Neugier der Behörden erregt (von ihrer Habgier ganz zu schweigen); und wie sich herausstellen sollte, hätten wir oft genug nicht einmal die Tiere für den Transport dieser Lasten auftreiben können. Wir wußten, daß wir unsere wichtigsten Nahrungsmittel unterwegs kaufen und Zelte und Schlafsäcke in Sining am Rande der tibetanischen Hochebene für uns anfertigen lassen konnten. So nahmen wir von Peking außer alten Kleidern, ein paar Büchern, zwei Kompassen und zwei Reiseschreibmaschinen nur die folgenden Artikel mit: zwei Pfund Marmelade, vier Dosen Kakao, sechs Flaschen Kognak, eine Flasche Worcestersoße, ein Pfund Kaffee, drei kleine Tafeln Schokolade, etwas Seife, reichlich Tabak, außerdem einen kleinen Vorrat an Messern, Perlen, Spielsachen usw. für Geschenkzwecke und ein ziemlich willkürliches Sortiment von Arzneimitteln. Vielleicht habe ich die eine oder andere Kleinigkeit vergessen, aber dies waren die wichtigsten Gegenstände.

Unsere Kleidung war ein Sammelsurium, über das wenig zu sagen ist. Neben einer ordentlich herausgeputzten Expedition hätten wir uns sehr unprofessionell ausgenommen, aber unsere Garderobe überstand die Reise recht gut. Wir hatten nur zwei ungewöhnliche Kleidungsstücke bei uns — einen russischen Kavalleriemantel, den ich in Samarkand gekauft hatte und der mir mit seinen langen Rockschößen beim Reiten und Schlafen in großer Kälte unschätzbare Dienste leistete, und eine weiße Flanellhose, die Smigunow mitgenommen hatte, weil er nicht wußte, wo er sie lassen sollte. Kini war ähnlich angezogen wie ich, nur besser.

Beide hatten wir Leica-Kameras dabei; Kini besaß sogar zwei. Sie ist eine ziemlich erfahrene Fotografin, weiß um den Unterschied zwischen Isochrome und Superpan und andere Rätsel und veranstaltet hin und wieder sogar Ausstellungen in Paris. Die Leicas erwiesen sich als sehr brauchbar. Einer ihrer Vorzüge für uns bestand darin, daß man sie mit einer Hand bedienen kann. Einen großen Teil unserer Fotos haben wir aus dem Sattel gemacht; da ist es sehr praktisch, wenn man mit einer Hand das Pferd halten kann, während man mit der anderen die Kamera scharfstellt.

Sodann erhob sich die Rüstungsfrage, die im Winter 1935 in Großbritannien sonderbarerweise zu einer Frage von fast nationaler Bedeutung anschwellen sollte. Im ersten einer nicht endenden Serie von Artikeln über unsere Reise, die die *Times* nach meiner Rückkehr veröffentlichte, schrieb ich: »Unsere Bewaffnung bestand aus einer Winchesterbüchse, Kaliber 44, mit dreihundert Schuß

Vorkriegsmunition minderer Qualität, die das Abdrücken nicht lohnte, und einer Krähenflinte, Kaliber 22, aus zweiter Hand, die sich selbst übertraf, indem sie uns während der drei Monate, in denen es überhaupt etwas zu schießen gab, auf das beste mit Fleisch versorgte.«

Am Tag nach dem Erscheinen dieses Artikels bekundete ein Herr in einem freundlichen Leserbrief »leichten Verdruß« angesichts meiner »Untüchtigkeit«, die darin bestanden habe, im Schutz einer derart armseligen Sammlung von Waffen zu einer Durchquerung Zentralasiens aufzubrechen, und wies darauf hin, daß in Asien, wie auch schon in Brasilien, »nur eine Krähenflinte zwischen Mr. Fleming und einem unzeitigen Tod stand«.

Irgendwie ärgerte mich dieser letzte Satz, in dem sich die Ansicht kundtat, in fernen Weltgegenden trage man Waffen, um sich, wenn man in der Klemme steckt, den Weg freizuschießen. Ich selbst habe nie in einer Klemme gesteckt; aber mein Instinkt und mein gesunder Menschenverstand sagen mir, daß es zwei mögliche Erklärungen dafür gibt, daß man in eine Lage gerät, in der man den Einsatz von Feuerwaffen zur Selbstverteidigung für nötig hält: eigene Dummheit oder Pech, und es ist sehr gut möglich, daß man, indem man nun schießt, eine noch größere Dummheit begeht oder noch mehr Pech auf sich zieht. Melodramatische Methoden münden leicht in sehr unschönen Szenen. Und wenn man die unschöne Szene schließlich überstanden hat, ist die Rettungsmannschaft immer noch fern und der Vorhang nach dem dritten Akt mit *»God Save the King«* noch ferner; wenn man nun obendrein (wie es bei uns sehr bald der Fall war) im Hinblick auf Futter, Führer und Fortkommen, also im Hinblick auf das Überleben selbst, ganz und gar vom guten Willen der einheimischen Bevölkerung abhängig wird, tut man gut daran, diese nicht zu dezimieren. Und selbst wenn man, weil man sein Feuer bei sich hält, das Leben verlöre, würde man nach einem kurzen Blick aus dem Himmel auf die unfreundlichen Wüsten, die man noch vor sich hatte, sich in den meisten Fällen wohl zu der klugen Wahl zwischen einem raschen und einem langsamen Tod beglückwünschen.

Meinem Kritiker antwortete ich jedenfalls mit einer, wie mir damals schien, durchaus vernünftigen, wenn auch etwas hastig abgefaßten Verteidigung der Wahl meiner Waffen (die darauf hinauslief, daß ich keine besseren hatte auftreiben können) und einem höflichen, wenn auch ironischen Hinweis auf den Trugschluß, der den Wörtern »unzeitiger Tod« zugrunde lag. Als die *Times* meine Antwort druckte, zeigte sich, daß sie ungefähr so höflich und so ironisch war wie eine Klapperschlange. Zu meinem Bedauern mußte ich feststellen, daß ich den freundlichen Herrn mit einem Schwall hemmungslosen, anmaßenden Spotts übergossen hatte. Ich schämte mich und hätte den ganzen Fall am liebsten vergessen, wäre nicht *post* und *propter hoc* in den Spalten der *Times* eine so langwierige, so grimmige, so sonderbare Kontroverse entbrannt, daß ich eine Minderheit — aber, wie sich zeigte, eine sehr artikulierte Minderheit — meiner Leser beleidigen würde, wenn ich diese Kontroverse hier mit Schweigen überginge.

Manche der abgedruckten Briefe waren *für,* andere *gegen* mich, aber fast alle zeichneten sich durch eine großartige, geradezu olympische Belanglosigkeit aus, die in einem merkwürdigen Kontrast zu der Aufmerksamkeit stand, die ihnen zuteil wurde. Jemand holte tief Luft und nannte mich »hybridistisch«; ein anderer schilderte liebevoll eine primitive Präzisionswaffe, die sich in dem Internat, das wir gemeinsam besucht hatten, großer Beliebtheit erfreute; ein dritter führte, um mich zu unterstützen, seine Erfahrungen beim Jagen für den Kochtopf in der Arktis an; ein vierter wartete mit widersprechenden Zeugnissen aus derselben Gegend auf. Aber am besten gefiel mir der Brief einer Dame. Sie schrieb: »Mr. Peter Fleming spricht in seinem Bericht davon, wie eine Frau zwischen den Vorder- und Hinterbeinen eines kräftig gebauten Kamels hindurchkriecht, in der Überzeugung, dies werde ihren Nachkommen Kraft verleihen. Ich selbst habe gesehen, wie man ein Kind unter dem Körper eines Elefanten durchschob, um seine Bauchschmerzen (die des Elefanten oder die des Kindes?) zu heilen. Dies geschah in der Nähe von Kandy, aber Jahre vorher sah ich in der Nähe von Cork, wie man ein Kind unter einem Esel hin- und herschob, um es von Keuchhusten zu heilen.« Niemand wird bestreiten, daß dies ein interessanter Brief ist; aber für mich ist das Interessanteste an ihm, daß ich nicht nur niemals eine Frau zwischen den Beinen eines Kamels (ob kräftig oder sonstwie gebaut) hindurchkriechen sah, sondern auch nie behauptet habe, ich hätte dergleichen gesehen. Bei diesem Brief hatte ich das Gefühl, mir wäre der Seiltrick gelungen.

Ich beteiligte mich nicht weiter an der Kontroverse um meine Waffen, obgleich jene Sorte von Leuten (sie sind an sich schon schlimm genug), die einem in Buchhandlungen auf die Schulter klopfen und fragen, wohin denn die nächste Reise geht, in meiner Krähenflinte noch wochenlang eine gottgesandte Krücke für ihre lahmenden Gespräche fanden; so daß ich schließlich ziemlich gehetzt aussah und am eigenen Leibe erfuhr, was es heißt, vor einem Witz in Deckung gehen zu müssen, wie ein Vater von Vierlingen. Aber in seinem ersten Brief hatte mein Kritiker auch vorgeschlagen, die *Times* möge mir ein gutes Jagdgewehr schenken, und ich sowie mehrere meiner Anhänger hatten diesen Vorschlag unterstützt. Als ich dann kurz vor Weihnachten eine Person, die selbst im Licht der Öffentlichkeit steht, heiratete, ohne daß die Öffentlichkeit davon erfuhr, enthüllte die *Times* in einer Erklärung, die selbst wieder ein Knüller war, daß die Herausgeber uns zur Hochzeit ein Gewehr schenken würden. Ein großzügiger Unbekannter steuerte hundert Schuß Munition bei, und eine Familie aus der Nähe von Bristol spendierte uns eine halbe Krone für den Erwerb des Waffenscheins. So ging denn zuletzt doch noch alles gut aus.

Um noch einmal (kurz) auf die Frage der Waffen zurückzukommen: Ich hätte, wenn es möglich gewesen wäre, gern ein gutes Hochgeschwindigkeitsjagdgewehr und eine Zweiundzwanziger bei mir gehabt; das erstere für Jaks, Bären und anderes Großwild, das wir, wie man uns sagte, reichlich antreffen würden; letztere für Wildgänse, Enten und was sich sonst an kleinem Getier zeigen würde. Hätte ich zwischen den beiden Waffen wählen müssen, hätte ich mich ohne Zögern für die kleinere entschieden. Meine Erfahrungen in Brasilien, auch wenn sie nur begrenzt waren, hatten mir die Möglichkeiten einer Zweiundzwanziger in einem Land gezeigt, in dem Menschen so selten sind, daß Wildtiere sie nicht als ernste Bedrohung ansehen. Mit einem großen Gewehr läuft man Gefahr, das Wild in der ganzen Umgebung zu verscheuchen, das Fleisch von Vögeln und Niederwild zu verderben und die unliebsame Neugier der Einheimischen zu wecken. Für eine Schrotflinte gelten der erste und der dritte dieser Einwände, während Gewicht und Umfang der erforderlichen Munition einen weiteren Nachteil darstellen. Außerdem macht es in der Wildnis fast immer mehr Spaß, mit einer Zweiundzwanziger zu schießen als mit einer Schrotflinte.

Die Ereignisse sollten meine Theorien bestätigen. Jagdgewehre und Munition sind in China so gut wie nicht zu bekommen. Smigunow und ich klapperten ganz Peking danach ab, ohne Erfolg. Dann bot mir Eric Teichman, Legationsrat bei der britischen Gesandtschaft (wie sie damals hieß), freundlicherweise eine Winchester, Kaliber 44, die fünfzehn Jahre zuvor ehrenvolle Dienste in Osttibet geleistet hatte, als Dauerleihgabe an. (Er wußte weder, daß ich mich über Land auf den Weg nach Indien machen wollte, noch, daß er selbst wenige Monate später das gleiche tun würde.) Bei der Vierundvierziger waren dreihundert Schuß Munition, die ihre beste Zeit hinter sich hatten. Ich probierte die Büchse auf dem Schießstand der Gesandtschaft aus und stellte fest, daß sie auf fünfzig Meter einigermaßen genau traf, aber für mehr nicht taugte. Trotzdem, jedes Gewehr war besser als gar keines, und die Vierundvierziger sah immerhin noch gut aus; ich nahm sie vor allem wegen des Eindrucks mit, den sie machte.

In Peking war der Markt für Krähenflinten äußerst flau. Verzweifelt telegraphierte ich in vorletzter Stunde einem findigen Freund in Schanghai, der daraufhin die Küstenverteidigung der chinesischen Republik untergrub, indem er einem Leuchtturmwärter seine unentbehrliche Waffe abkaufte. Sie wurde an den Zug nach Peking gebracht;

aber der Zug nach Peking sprang in Tsinan aus den Schienen, und so kam es, daß unsere Expedition erst am allerletzten Tag vor ihrem Aufbruch das bekam, was sich als das vielleicht wichtigste Stück ihrer Ausrüstung erweisen sollte.

Soviel zu den Waffen.

Alptraumzug

In Tschengtschou sollte der »Expreß« Peking – Hankau Anschluß an einen anderen Zug haben, der unter dem gleichen und gleichermaßen falschen Namen auf der Lunghai-Strecke unterwegs war. Man hatte uns gewarnt, es sei bei der ersten Linie Ehrensache, diesen Anschluß um wenige Minuten zu verpassen, und wir stellten fest, daß man dieser Tradition die Treue hielt.

Schimpfend stapften wir um Mitternacht auf einem schlechtbeleuchteten Bahnsteig herum. Die Kulis, die unser Gepäck beschlagnahmt und geschultert hatten, beteuerten, der Zug nach Sian sei schon abgefahren. Es stimmte nicht, wir hätten ihn mit knapper Not erreichen können. Aber als wir das herausgefunden und begriffen hatten, daß die Kulis uns belogen, weil sie als Schlepper für die Gastwirte von Tschengtschou arbeiteten, war es zu spät. »Schlafen heute nacht hier«, sagten die Kulis grinsend.

Das wollten wir auf keinen Fall; wir wollten den Elan, mit dem wir aufgebrochen waren, nicht schon so früh durch einen Tag Aufenthalt dämpfen. Sorgfältige Erkundigungen ergaben, daß ein oder zwei Stunden später ein langsamer Zug eintreffen sollte, der nur Wagen der dritten Klasse führte. Wir beschlossen, mit ihm nach Sian zu fahren.

Gegen halb zwei schleppte sich dieser Zug in den Bahnhof — eine lange Kette jener Sorte von Güterwagen, deren Rauminhalt gewöhnlich mit *hommes 40, chevaux 8* angegeben wird, und wie es so vielen beweglichen Teilen am öffentlichen Eigentum Chinas ergeht, waren auch hier alle

Wagentüren abmontiert. Aber wir waren so müde und zur Weiterfahrt so fest entschlossen, daß wir uns über diese Mißachtung der Ansprüche von Reisenden der dritten Wagenklasse nicht lange aufregten. Unser Problem bestand darin, daß der Zug zum Bersten voll war. Während wir in der Dunkelheit verzweifelt hin und her liefen, stieß ich auf einen Polizisten in schwarzer Uniform, der viel Aufhebens von seiner elektrischen Taschenlampe machte. Kaum hatte er meine außerordentlich höfliche Anrede vernommen und (wie er glaubte) einen einzelnen Fremden erblickt, da bahnte er sich auch schon einen Weg in einen längst überfüllten Wagen und schuf in einer Ecke Platz für mich.

Wie ihm das gelang, weiß ich nicht. Ich weiß nur, daß er skrupellos vorging. Aber zehn Minuten später war aus den mir zugeteilten fünfzig Zentimetern Holzbank eine große Insel aus Koffern und Seesäcken geworden, an denen wir vier keuchend lehnten. Durch unsere Ankunft erhöhte sich die Zahl der Reisenden in diesem Wagen auf zweiundsiebzig; alle waren geweckt, die Hälfte von ihnen ernsthaft behelligt worden, und mehrere hatten Tritte abbekommen. Beliebt waren wir nicht, aber den Zug hatten wir bekommen. Um zwei Uhr ging es los. Zum erstenmal fuhren wir geradewegs nach Westen.

Und zum erstenmal wurde es unbequem. Lampen gab es in unserem Wagen nicht, und da der eisige Fahrtwind in Abwesenheit der Türen auf einem Drittel der beiden Seitenwände freien Zugang hatte, vermochte der hinfällige, kleine Ofen in der Mitte keinen spürbaren Einfluß auf die Durchschnittstemperatur zu nehmen. Der andere Zug war überheizt gewesen. Für eine Nacht im Freien waren wir nicht richtig angezogen. Aber unsere warmen Sachen konnten wir nicht erreichen. Erstarrt, verrenkt, verkrümmt lagen wir da, während der Zug seines Weges schlingerte. Nicht selten fuhr er durch Tunnel, so daß sich der Wagen eine Zeitlang mit dem stinkenden, körnigen Rauch schlechter Kohle füllte. Ein Baby schrie ohne Unterlaß . . .

Sobald es so hell war, daß man etwas sehen konnte, tauchten wir nur zu gern aus jener an Ohnmacht grenzenden Betäubung auf, in der man solche Nächte verbringt, und wühlten in unseren Seesäcken nach Pullovern. Bald ging die Sonne auf. Das Baby hörte auf zu schreien. Auf einem kleinen Bahnhof kauften wir uns Schalen voll bedenklich aussehender Hafergrütze mit Erdnüssen darin, die uns jedoch sehr erquickte.

Wir fuhren durch eine Gegend, die den Gelehrten zufolge die eigentliche Heimat der Chinesen ist, ein gelbes Land, mit roten Einsprengseln hier und da. Überall ragten seltsam gestufte Lößberge auf. Sie waren bizarrer geformt als die sonderbarsten Ameisenhügel, und ihre Silhouetten wirkten so symmetrisch, daß man sie für künstliche Gebilde hätte halten können. Die ockerfarbene Erde schien für eine so urwüchsige Gegend merkwürdig porös und wurde tatsächlich sehr leicht weggeschwemmt. Die kleinsten Bäche hatten sich unverhältnismäßig tiefe Rinnen gegraben, und auf den Straßen war dies den Rädern der Wagen nicht schwerer gefallen als anderswo dem Wasser, so daß jede vielbefahrene Straße eine kleine Schlucht war, die man oft nur an einer tanzenden Peitschenschnur oder an dem dunkelblauen Elefantenrücken des Verdecks eines Pekingwagens erkennen konnte.

Etwas Prähistorisches lag über diesem Land, durch das der Zug mühsam schnaubend wie ein vorsintflutliches Ungeheuer vorwärts kroch. Es gab nur wenige Häuser, aber viele Behausungen. Die Terrassen über uns und die Schluchten unter uns waren in regelmäßigen Abständen mit von Menschenhand gegrabenen Höhlen durchlöchert — Höhlen mit Türen und Fenstern aus zerfetztem Papier, über denen ein spitz zulaufender Rußfleck auf dem gelben Sandstein von den Herdfeuern vieler Generationen zeugte. Die Männer und Frauen, die aus diesen Katakomben traten, um uns vorüberfahren zu sehen, waren meist mager und zerlumpt; Sonne und Rauch hatten ihre Gesichter gebräunt, und sie wirkten seltsam unchinesisch, wie sie da gestikulierend auf den schmalen Felssimsen standen.

An den übrigen Mitreisenden hingegen war ganz und gar nichts Unchinesisches. Sie alle besaßen die Gabe (die die Chinesen brauchen und besitzen, die die Russen ebenfalls brauchen, aber nicht besitzen), aus einem halben Kubikmeter einen ganzen zu machen und das »Schwarze Loch«* in Kalkutta in einen allenfalls leicht überfüllten Debattierclub zu verwandeln. Achtundsechzig der zweiundsiebzig Anwesenden waren unempfindlich gegen den Mangel an Bewegungsspielraum, und außer in unserer Ecke wies das verschlungene Menschenmuster eine Oberfläche auf, die glatt und harmonisch wie ein vollendetes Puzzle wirkte. Schlafend, essend, redend, ihre Babys stillend, in ihren wattierten Winterkleidern nach Läusen jagend, nahmen sie die Aussicht auf den bevorstehenden Reisetag vollkommen gleichmütig hin. Der Tag würde lang werden, die Nacht war kalt gewesen und fast schlaflos verstrichen, die Luft war von Staub erfüllt, der Zug fuhr langsam — diese Erwägungen, die in ihrer quälenden Geringfügigkeit für uns so viel bedeuteten, hatten auf ihre Gemütsverfassung keine sichtbare Wirkung. Heute war heute; es drohte kein Unglück und keine Verantwortung; heute war heute.

Im Zug waren viele Soldaten, abkommandiert zu den Einheiten, die an der Grenze zwischen Schensi und Kansu im Süden gegen die Kommunisten kämpften. Als ich bei einer Station am Zug entlangging, stieß ich auf einen großen Soldaten mit komisch verzerrten Gesichtszügen, der nichts weiter als eine schicke Garnitur ausländischer Unterwäsche am Leib trug und sich in der offenen Tür eines Wagens gerade heftig die Zähne putzte. Überrascht von dieser ausgiebigen Huldigung an die Regeln der persönlichen Hygiene, machte ich ein Foto von ihm. Jemand lachte. Der Soldat blickte hoch, sah, was da vor sich ging, und schleuderte mir verzeihlicherweise (ich hätte an seiner Stelle das gleiche getan) mit einem Fluch den Inhalt seines Zahnputzbechers entgegen.

Ich lächelte (er hatte mich verfehlt) und sagte: »So etwas gehört sich aber *wirklich* nicht.« Mehr konnte ich

* Die berüchtigte Gefängniszelle (5,5 × 4 m), in die ein indischer Radscha 146 britische Gefangene, unter ihnen eine Frau, in der Nacht vom 20. auf den 21. Juni 1756 einsperren ließ. Nur 22 Männer und die Frau erstickten nicht. (A. d. Ü.)

nicht tun, um mein Gesicht zu wahren. Aber ich fürchte, ich hatte es verloren — verdientermaßen.

Der Tag schleppte sich dahin. Hin und wieder aßen wir einen Happen oder versuchten, ein wenig Schlaf zu finden. Für Abwechslung sorgten nur einige sehr kleine, sehr zerlumpte Jungen, die von Zeit zu Zeit auf den Zug sprangen und sich an die Kupplungen zwischen den Wagen klammerten, bis sie von einem der mit Mauserpistole und entschiedenem Auftreten gerüsteten Zugbewacher entdeckt und verjagt wurden. Einer dieser Jungen erwies sich als ein Meister seiner Kunst. Als er zum erstenmal erwischt wurde, setzte er ein entwaffnendes und entschuldigendes Grinsen auf und machte die Wächter glauben, er habe es nur spaßeshalber ausprobiert. Beim nächsten Halt warfen sie ihn aus dem Zug, stellten aber eine Stunde später fest, daß er immer noch mitfuhr. Der Wächter, der sein Gesicht verloren hatte, mußte bei einem lautstarken Auftritt den Zornigen spielen. Aber der Junge antwortete ihm mit einer noch besseren Vorstellung und spielte das arme, obdachlose Kind, dessen Verwandte sich etwas weiter westlich die größten Sorgen machten; er weinte, sank auf die Knie und umschlang die Wickelgamaschenbeine der Amtsgewalt. Vergeblich, sie verjagten ihn aufs neue. Aber er hatte schon eine halbe Provinz kostenlos durchquert, als man ihn zum dritten Mal entdeckte, diesmal auf dem Dach unseres Wagens. Was danach mit ihm geschah, weiß ich nicht; er war jedenfalls ein sehr selbstbewußter kleiner Junge.

Es wurde dunkel. Die inzwischen vertrauten Gesichter unserer nächsten Nachbarn glitten, obwohl wir noch längst nicht auseinandergegangen waren, in das erste Stadium der Vergessenheit. Es wurde wieder kalt. Gegen zehn Uhr, mit zwei Stunden Verspätung, hielt der Zug außerhalb der Stadtmauern von Tungkwan. Erfüllt von dem trüben Gedanken, daß wir schon seit Stunden in (dem noch immer eine halbe Tagereise entfernten) Sian sein könnten, wenn wir unseren Anschluß nicht verpaßt hätten, stiegen wir schwerfällig aus, fanden einen Bahnhofsvorsteher, der Französisch sprach, ließen unser Gepäck in seinem Büro einschließen und nahmen Rikschas in die

Stadt, wo das China Travel Bureau ein kleines Hotel unterhält, das außerordentlich luxuriös, nämlich mit Betten ausgestattet ist.

Wir wuschen uns kurz und schliefen lang.

Endstation

Zumindest die anderen schliefen lang.

Ich dagegen stand im Morgengrauen widerwillig auf, marschierte zum Bahnhof und nahm den Frühzug nach Sian. Es war ein langsamer, unbequemer Zug wie der von gestern. In Sian kam er nur zwei oder drei Stunden früher an als der »Expreß«, der um die Mittagszeit in Tungkwan abfuhr — mit einem Speisewagen und all den anderen Annehmlichkeiten, auf die wir laut unseren Fahrkarten Anrecht hatten. Aber ich hatte ein Empfehlungsschreiben an zwei englische Missionare im Baptistischen Missionshospital von Sian bei mir und fand es nicht fair, ohne Vorwarnung mit diesem Brief bei ihnen aufzutauchen und ihre Gastfreundschaft auf diese Weise beinahe zu erpressen; nicht jedem, ob Missionar oder nicht, würde es gefallen, von einer Reisegesellschaft überrumpelt zu werden, die in ihrem Erscheinungsbild so wunderlich und in ihrer Zusammensetzung so international und unkonventionell daherkam wie die unsere. Deshalb nahm ich den Frühzug.

Ich bekam einen Platz im Wagen der Wachmannschaft, den ich mit einem Offizier und einem halben Dutzend seiner Leute teilte. Es wurde eine sonnige Bummelfahrt durch flacheres Land. Auf den Bergen im Süden sah man Schnee, und am Himmel flogen die Gänse immer noch nach Osten. Zum Mittagessen wie schon zum Frühstück gab es grauen Haferbrei.

Am Nachmittag hielt der Zug im Schatten der wuchtigen Mauern von Sian, der Hauptstadt von Schensi, damals auch die Endstation der Lunghai-Strecke. Es war nicht zu übersehen, daß man die kommunistische Gefahr im südlichen Teil der Provinz ernst nahm. Nicht nur der isoliert stehende Bahnhof, auch die Stadtmauern waren auf ihrer ganzen Länge mit Stacheldrahtverhauen umstellt. Die großen Tore wurden streng bewacht und nur einen Spaltbreit geöffnet, so daß immer nur eine Person passieren konnte. Niemand durfte die Stadt ohne Passierschein betreten oder verlassen. Auf einem brachliegenden Gelände innerhalb der Mauern exerzierten und trainierten gutbewaffnete und disziplinierte Regierungstruppen mit ungewohntem Ernst und ungewohnter Entschlossenheit. Die Eisenbahn hatte Sian zu dem zweifelhaften Vorzug strategischer Bedeutung verholfen.

Ich nahm eine Rikscha und machte mich in den breiten, charakterlosen Straßen auf die Suche nach dem Baptistischen Missionshospital. Ich wußte, was »protestantische Mission« und »katholische Mission« auf chinesisch hieß, aber die Baptisten überstiegen meine Sprachkenntnisse. Wir waren tatsächlich in die falsche Richtung gefahren, wie sich herausstellte, als wir zwei Ausländern begegneten, die zu Fuß unterwegs waren, zwei Deutschen, die als Repräsentanten verschiedener ausländischer Firmen in Sian lebten. Auch sie wollten zu dem Hospital, deshalb bezahlte ich meinen Rikschamann und schloß mich ihnen an. Ich war froh, als sie sagten, es werde uns nicht schwerfallen, einen Lastwagen nach Lantschou zu finden.

Die Missionare waren sehr freundlich. Sie sagten, zwei von uns könnten sie leicht beherbergen, die beiden anderen würden in einem Gasthof unterkommen. Mit einem Sonderausweis versehen (denn nach Einbruch der Dunkelheit wurden die Paßvorschriften am Tor noch verschärft), ging ich zum Bahnhof zurück und wartete auf den Expreßzug.

Er war pünktlich. Als unsere kleine Rikscha-Flotte durch die Dunkelheit, die immer wieder von den grellen Scheinwerfern der Militärlastwagen durchschnitten wurde, zum Hospital zurückschaukelte, sagte Kini: »Möchte wissen, wo wir unsere nächste Eisenbahn sehen werden.«

»Weiß der Himmel«, sagte ich, denn ich wollte das Schicksal nicht herausfordern, indem ich unsere Hoffnungen zu hoch schraubte, und dachte doch insgeheim, daß es wohl hier in Sian sein würde, auf dem enttäuschten und enttäuschenden Rückweg nach Peking.

Unsere nächste Eisenbahn sahen wir in Lahor.

Den nächsten Tag verbrachten wir in Sian, und alles schien gutzugehen. Zwar verlängerten sich die höchstens vier Tage, die, wie man uns in Peking versichert hatte, für die Fahrt nach Lantschou ausreichen würden, auf mindestens fünf; aber ich war als Reisender inzwischen so abgehärtet, daß ich es ungewöhnlich und fast bedenklich gefunden hätte, wenn es anders gekommen wäre. Wir hatten mit einem Aufenthalt von drei oder vier Tagen in Sian gerechnet, der uns sogar erspart blieb. Zusammen mit Smigunow machte ich mich zu früher Stunde auf die Suche nach Lastwagen mit Ziel Lantschou, und noch vor Mittag hatten wir einen Konvoi von drei Wagen gefunden, die am nächsten Tag abfahren sollten. Sie sahen nicht so aus, als würden sie am nächsten Tag abfahren; sie sahen so aus, als würden sie überhaupt nie wieder abfahren. Die Ladungen türmten sich zwar schon berghoch, und eine stattliche Zahl von Passagieren mit weiterem Gepäck wurde erwartet, aber in den Ecken des Hofes, auf dem die Wagen standen, wurden die weniger entbehrlichen Teile ihrer Motoren von den Fahrern und deren Angehörigen mit Hämmern traktiert, durch kräftiges Blasen gesäubert oder mit Draht zusammengeflickt.

Und doch offenbarten diskret eingezogene Erkundigungen, daß der Eigentümer des Konvois tatsächlich beabsichtigte, am nächsten Tag abzufahren. Für einhundertvierzig (mexikanische) Dollar oder umgerechnet etwa zehn Pfund (zur Hälfte im voraus zahlbar) buchten wir Plätze und schlossen gleichzeitig einen Sondervertrag ab, der uns garantierte, daß wir innerhalb von sechs Tagen nach Lantschou befördert würden. Dieses Dokument war natürlich völlig wertlos, aber während der zänkischen Tage, die nun folgten, verschaffte es uns bisweilen einen gewissen taktischen Vorteil. Wir waren zufrieden damit, daß wir die Dinge so rasch geklärt hatten.

Nachmittags wurde Kini und mir unter der Obhut der freundlichen Missionare die Ehre eines Empfangs beim Provinzgouverneur zuteil. Der Jamen des General Schao Li-tse ist Teil der Palastanlagen, in denen die Kaiserinwitwe nach dem Boxeraufstand und der Belagerung der Gesandtschaften Zuflucht vor der Rache der ausländischen Mächte suchte. General Schao, ein älterer, lebhafter Herr mit grauem Stoppelhaar und perfekten Manieren, bewirtete uns im innersten von vielen Höfen mit Gebäck, Obst und Tee. Bei ihm war seine junge attraktive Frau, einst eine in Moskau geschulte Kommunistin, die (angeblich) durch ihre Heirat im letzten Augenblick vor der Hinrichtung bewahrt worden war. Einer der Missionare betätigte sich als Dolmetscher, so daß ein ausführliches Gespräch zustande kam, bei dem wir jene Art von Fragen stellten (und jene Art von Antworten erhielten), von denen Unterredungen mit amtlichen Würdenträgern in China leben. Aber aus irgendeinem Grund war diese Unterredung weniger blutleer als die meisten; der Gouverneur und seine Frau waren so charmant, so munter, so gastfreundlich und so klug, daß wir uns wie auf einem gelungenen Fest amüsierten, während der Nachmittag ebensogut leer und förmlich hätte verlaufen können. Als wir fragten, ob für die Reise nach Lantschou ein spezieller Paß erforderlich sei, brach General Schao alle Rekorde der fernöstlichen Bürokratie, indem er binnen zehn Minuten einen solchen für uns ausfertigen ließ; und zum Abschied begleiteten er und seine Frau uns bis zum äußersten Tor, eine besondere Ehre, die unser Ansehen bei den wartenden Rikschakulis so erhöhte, daß wir ihnen schließlich unserem neuen Status angemessene, nämlich fürstliche Trinkgelder zahlen mußten.

Wir besuchten auch die Deutschen, und hier hörten wir Gerüchte aus Sinkiang. Sven Hedin und Georg Söderbom waren vor einigen Tagen auf ihrem Weg von Urumtschi zur Küste durch Sian gekommen, und obwohl beide nicht sehr gesprächig gewesen waren, konnten wir das, was wir in Peking gehört hatten, ein wenig ergänzen. Dunkle Geschichten über die Methoden, mit denen der sowjetische Einfluß in Urumtschi verstärkt wurde, hörten wir mit wachem, aber eher theoretischem Interesse an. Die Nachrichten von den Dunganen-Rebellen betrafen uns direkter, schließlich waren wir auf dem Weg in ihr Territorium. Sie hatten die Gruppe um Sven Hedin aufgehalten; hatten deren beide Lastwagen mehrere Wochen für militärische Zwecke verwendet und Söderbom und einen anderen

Schweden gezwungen, als Chauffeure für sie zu arbeiten; standen jetzt im Süden der Provinz und planten für den Sommer einen neuen Aufstand; Ma Tschung-jing, ihr angeblich jenseits der russischen Grenze internierter Führer, sei wieder in Kaschgar, so hieß es.

Wir vernahmen es eher resigniert als bestürzt. Für unsere Pläne war dies die denkbar schlechteste Nachricht (wenn sie denn zutraf); aber inzwischen schien uns Sinkiang noch viel weiter weg als in Peking. Wir waren schon wie die Hühner, die, hypnotisiert von dem Kreidestrich vor ihnen, immer nur an den nächsten Schritt denken und blind für alles weitere sind. Es war viel zu früh, über Zielorte zu sprechen.

General Tschiang Kai-schek, der sich neben seinen Obliegenheiten als Oberkommandierender zusammen mit seiner Frau auch die gesellschaftliche Erneuerung Chinas durch die Bewegung »Neues Leben« zur Pflicht gemacht hatte, war kürzlich mit dem Flugzeug zu einem Besuch nach Sian gekommen. Die neuen Lehren waren hier auf fruchtbaren Boden gefallen. Auf dem Rückweg zum Hospital wurde ich zum zweiten Mal an diesem Tag wegen Pfeiferauchens auf offener Straße von einem Polizisten gemaßregelt.

An diesem Abend schrieb ich in mein Tagebuch: »Wir brechen morgen früh um acht auf, ich glaube es nicht.«

Mit Hängen und Würgen

»Ich glaube es nicht« war richtig.

Allerdings tauchte zu früher Stunde unser Lastwagen auf — einer aus einem Konvoi von dreien — und ergänzte seine ohnedies schon gewaltige Ladung durch unsere Effekten. Wir verabschiedeten uns von den Missionaren, die uns überaus liebenswürdige Gastgeber gewesen waren. Mein Aufenthalt unter ihrem Dach entbehrte nicht einer gewissen Peinlichkeit, denn einer von ihnen hatte, wie ich zufällig mitbekam, gehört, ich sei »dieser junge Mann, der herumläuft und sich über Missionare lustig macht«, und je harmloser und freundlicher ich mich gab, desto mehr (so schien mir) wurde ich zur Schlange, die man am eigenen Busen nährt. Aber die Missionare behielten ihre Bedenken für sich und ich die meinen für mich — so hoffe ich jedenfalls.

Kurz nach acht Uhr nahm Kini ihren Platz neben dem Fahrer ein, die Russen und ich kletterten auf die Ladung, und ungläubig fuhren wir los. Dieses Manöver wurde mit immer längeren Zwischenpausen während des ganzen Morgens mehrfach wiederholt. Wir fuhren zu einer Art Kontrollbüro, um einen Passierschein zu besorgen; wir fuhren anderswohin, um Benzin zu besorgen; wir fuhren zum Haus des Besitzers der Lastwagen; wir fuhren zu einem Gasthaus, um weitere Passagiere aufzulesen; wir fuhren zu einem Restaurant, wo der Fahrer etwas aß; wir fuhren zu einer Stelle, wo nichts Besonderes war, und blieben einfach dort, bis Kini und ich irgendwann feststellten, daß alle verschwunden waren — der Fahrer, der Besitzer, der Freund des Besitzers, der meistens wußte, wo der Besitzer war, und sämtliche Passagiere außer uns.

Wir trennten uns und machten uns auf eine ziellose Suche; aber Sian ist eine Großstadt, und unsere Suche war von Anfang an aussichtslos. Gelegentlich tauchte einer der anderen Passagiere auf, erklärte, wir würden gleich losfahren, und verschwand wieder. Langsam wurde ich wütend.

Am Tag vorher hatte ich einen jungen Mann aus Nanking kennengelernt, auf dessen Karte »Powers A. Lay, Beauftragter für Wiederaufbau« zu lesen stand und der als direkter Vertreter der Zentralregierung offensichtlich über einen gewissen Einfluß verfügte: ein bekümmert dreinblickender junger Mann mit Fliege und amerikanischer Ausbildung, ohne große Illusionen, aber (so vermutete ich) sehr tüchtig. Ich wendete mich an ihn; er brachte seinen Einfluß zur Geltung, und am Ende eines strapazenreichen Nachmittags fuhren wir mit acht Stunden Verspätung ab. Schuld an der Verzögerung waren, wie wir herausfanden, die Gläubiger eines Mannes, der eine Warensendung mit einem der Lastwagen transportieren ließ; sie wollten den Wagen nicht fahren lassen, ehe er nicht seine Schulden bezahlt hätte.

Eigentlich war es ein nutzloser Sieg für mich, denn wir hatten kaum noch Tageslicht und hätten die Abreise ebensogut auf den nächsten Morgen verschieben können. Aber ich wußte, wie rasch die Bohnenranke der Verschleppung aus dem Boden Asiens in den Himmel schießt und wie leicht ein weiterer Tag oder auch zwei und drei im chinesischen Labyrinth der Verspätungen verlorengehen konnten. Deshalb war ich sehr froh, als wir endlich, wenn auch spät, durch die Straßen zum Westtor holperten; und die Russen waren entzückt, sie hatten gesehen, wie ein Schwarzbär an einer Kette vorübergeführt wurde, und nun stand unweigerlich fest, daß das Glück auf unserer Seite war.

Wir fuhren zur Stadt hinaus durch flache Felder, die in der Dämmerung sumpfig und verkommen aussahen. Auf diesem Streckenabschnitt hockten nur sieben Passagiere oben auf der Ladung; Kini teilte sich den Platz neben dem Fahrer mit einem mysteriösen kleinen Kantonesen, der Gamaschen trug und Pfeife rauchte, aber kein Wort in irgendeiner Fremdsprache sprach. Er erklärte, er sei ein Freund des Gouverneurs von Sinkiang, er werde von Lantschou nach Urumtschi fliegen, von dort nach Moskau reisen und später nach London. Anfangs fragten wir uns nicht etwa, ob er ein Geheimagent sei oder nicht, sondern nur, für welchen Geheimdienst er wohl arbeiten mochte; aber mit der Zeit erwies er sich als ein solcher Trottel, daß es uns nicht überraschte, daß er über Lantschou nie hinauskam. Er hatte ein Feldbett bei sich — wir nicht.

Wir waren Indien knappe zwanzig Meilen näher gekommen, als wir in einem armseligen Dörfchen für die Nacht haltmachten. Es gab kein Gasthaus und kein Eßlokal. Zu viert sicherten wir uns eine Zelle von drei mal drei Metern mit einem K'ang, auf dem wir schlafen konnten, und verteidigten sie gegen alle anderen. Es war sehr kalt. Wir kochten Tee und plauderten mit einer Antibanditenpatrouille, die plötzlich auftauchte und mit Taschenlampen sehr tapfer herumleuchtete. Dann legten wir uns schlafen.

Im Morgengrauen waren wir wieder auf den Beinen, aber es kam — wie von nun an regelmäßig — zu einer entnervenden, grundlosen Verzögerung, ehe der Konvoi abfuhr. Der Himmel war trüb und die Landschaft nicht minder. Zu Fuß gingen wir hinter den Lastwagen über eine Brücke, deren Stabilität anscheinend aus einer Wechselwirkung zwischen Lehm und Massenhypnose resultierte. Einer der Lastwagen hatte einen Motorschaden, und wir warteten außerhalb eines kleinen Dorfes lange auf ihn. Sehr deutlich erinnere ich mich an meine wuterfüllte Verzweiflung, an das Gefühl, wir würden nie weiterkommen, das von meiner ungeduldigen Seele Besitz ergriff, während aus fünfundzwanzig Minuten eine halbe Stunde und aus einer halben eine dreiviertel Stunde wurde; und an den beschwipsten, ebenso irrationalen Jubel, der nachher in mir aufstieg, als der letzte Lastwagen holpernd und stotternd schließlich doch in Sicht kam. Solche Gefühlsumbrüche wurden in den nächsten Tagen zur Gewohnheit.

Wir kletterten nun in die kahlen Stufenberge hinauf. Die Russen plauderten fröhlich und ohne Ende über die Freuden, die im Tsaidam auf sie warteten. Gelegentlich tauschten wir ein paar scherzhafte Bemerkungen von der einfachen Art mit den Chinesen. Wir hielten bei einem Gasthaus, um rasch etwas zu essen, und fuhren dann weiter, bis wir lange nach Einbruch der Dunkelheit das Dorf Pintschau erreichten. Immerhin waren wir ein gutes Stück vorangekommen.

Im Innenhof stand knöcheltief der Matsch. Wir waren steif vor Kälte, aber als wir versuchten, unsere winzige Kammer mit einem Holzkohlefeuer unter dem K'ang zu wärmen, wären wir fast erstickt. Noch bevor sich der Rauch verzogen hatte, bekamen wir Besuch von einem katholischen Mönch, einem Italiener, dessen Orden in Pintschau eine Missionsstation betrieb. Stockend unterhielten wir uns mit ihm in verschiedenen Sprachen. Er brachte uns freundlicherweise eine Dose Butter mit, die die Nonnen eines Klosters in Honan zubereitet hatten. Als wir uns gerade schlafen legen wollten, erschien der Mann, der den Konvoi leitete, ein unangenehmer Bursche in einem langen Mantel mit Samtkragen, und teilte uns mit, daß wir morgen besonders früh aufbrechen würden.

Die fahle Frühe fand uns abfahrbereit, aber einer der Motoren war eingefroren, und es dauerte drei Stunden, bis wir die Straße gewannen. Bald schon führte sie uns durch eine Furt, wo schmutzige Eisblöcke auf dem Wasser tanzten und unser Lastwagen eine Reifenpanne erlitt; wieder stand der Konvoi still. Kini und ich gingen zu Fuß weiter, um warm zu bleiben, und folgten den Zickzackwindungen der Straße, die in einem tiefen Einschnitt an einer Kette niedriger Lößberge hinaufführte. Große Rebhühner schnalzten uns von den Galerien mißtrauisch nach, und kleine Schwärme von Felsentauben glitten auf glänzenden Flügeln den Feldern in der Tiefe zu. Hin und wieder blieben wir stehen und sahen zurück. Die Lastwagen — kaum größer als Käfer, die Besatzung klein wie Ameisen — standen immer noch unten an der Furt; es dauerte anderthalb Stunden, ehe sie uns einholten.

Nachher kamen wir auf einer Hochebene eine Zeitlang gut voran und freuten uns wie die Kinder, als wir durch ein großes, von Mauern umgebenes Dorf fuhren, das die Grenze zwischen Schensi und Kansu markierte. Anfangs schien der Unterschied zwischen den beiden Provinzen nicht sehr groß; doch dann fuhren wir in ein Flußtal hinunter und stellten fest, daß Kansu matschiger war. Viel matschiger. Die Lastwagen schaukelten und schlingerten wie wild, und einer unserer weniger liebenswürdigen Reisegefährten, der auf der bockenden Ladung den Halt verlor, flog wie eine Bombe in den Morast.

Dieser amüsante Zwischenfall war der einzige Lichtblick an einem schwarzen Nachmittag. Die Lastwagen — von denen zwei sehr schlecht gelenkt wurden — blieben einer nach dem anderen stecken. Sie wurden abgeladen; wir gruben und schoben und zogen; Motoren heulten; Matsch flog in die Höhe; die Wagen ruckten ein paar Meter vorwärts und saßen wieder fest. Es fing an zu regnen.

Schließlich hatten wir das schlimmste Stück hinter uns und erreichten gegen halb vier das kleine Dorf Tschingtschau. Wir wurden wütend, als man beschloß, bis zum nächsten Tag hier zu bleiben (kein Chinese unternimmt irgend etwas, solange es regnet). Wieder kauerten wir eine kalte Nacht lang auf einem K'ang, aber für angenehme Abwechslung sorgte diesmal ein Abendessen bei einem alten norwegischen Missionar und seiner Frau, die uns tragikomische Geschichten über Banditen erzählten und uns wie Könige bewirteten.

Der nächste Morgen war nicht besonders lustig. Samtkragen, der Leiter des Konvois, mußte *likin* für seine Waren bezahlen — er hatte versprochen, diesen zeitraubenden Vorgang am Abend des Vortages zu erledigen, doch davon konnte keine Rede sein. Drachen hingen trübsinnig im schiefergrauen Himmel. Ein Halbkreis skrofulöser Kinder kreischte voller Entzücken vor einem Fleischerladen, während drinnen einem Schaf die Gurgel durchgeschnitten wurde. Auf dem Gipfel eines Felsens über dem Dorf wurde von einer kleinen Gruppe vermutlich frommer Menschen so monoton wie rätselhaft ein Gong geschlagen. Gerüchte machten die Runde, wir würden erst am nächsten Tag weiterfahren.

Aber schließlich war das *likin* bezahlt (es belief sich, wie wir mit Vergnügen erfuhren, auf die stolze Summe von dreihundertsechzig Dollar, und Samtkragen machte ein finsteres Gesicht). Wir nahmen unsere Plätze ein, und die Lastwagen schlitterten die steilen Straßen hinunter und fuhren nun wieder nach Westen. Wir durchquerten eine weitere Furt, überlebten eine Geröllawine, die an dem Berg über uns durch Hupen ausgelöst worden war, und kamen an einem Sandsteinfelsen vorbei, der einen Tempel trug und in den ein — nach Rockhill* vierzehn Meter hoher — Buddha eingemeißelt ist. Es gab mehrere sumpfige Stellen auf unserer Strecke, aber es war eine Panne, die uns schließlich noch einmal aufhielt. Wieder gingen Kini und ich voraus, bis wir ein hübsches Dörfchen erreichten, wo wir uns unter einen Baum setzten, gewaltige Mengen Brot vertilgten und darüber nachdachten, wie deprimierend es wäre, wenn wir auf dieser Straße zurückkehren müßten.

* Amerikanischer Reisender des 19. Jahrhunderts, Verfasser des Buches *The Land of the Lamas.* (A. d. Ü.)

Bald holten uns die Lastwagen ein, aber einer von ihnen blieb, bloß weil der Fahrer nicht aufgepaßt hatte, in einem Sumpfloch am Dorfeingang stecken und konnte nur mit tatkräftiger Unterstützung der gesamten Bevölkerung wieder flottgemacht werden. Wir fuhren uns noch drei- oder viermal fest, ehe wir nach Einbruch der Dunkelheit die große, verfallene Marktstadt Pingliang erreichten — voller Zorn über Samtkragen und seine Fahrer.

Verglichen mit dem, was wir in den letzten Tagen erlebt hatten, war der Gasthof in Pingliang geradezu luxuriös: hölzerne K'angs mit Feuer darunter, Papierfenster, Stühle, Tische und eine Art Beleuchtung. Aber draußen gingen dunkle Gerüchte um, und Samtkragen reagierte ausweichend, als wir ihn fragten, wann wir am nächsten Morgen abfahren würden.

Im Lastwagen über den Liu Pan Schan

Am nächsten Tag bestätigten sich natürlich unsere schlimmsten Befürchtungen. Einer der Lastwagen mußte repariert werden, ein zweiter mußte auf einen Ersatzreifen aus Sian warten; der Konvoi würde zwei oder drei Tage in Pingliang bleiben, vielleicht auch länger. Wütend stellten wir Samtkragen zur Rede und bekamen von ihm nur das wertlose Versprechen, am nächsten Tag würden wir weiterfahren. Unser sonderbarer Spezialvertrag garantierte uns jedoch nicht nur die Beförderung nach Lantschou binnen sechs Tagen, was inzwischen schon gar nicht mehr möglich war, er enthielt auch die Bestimmung, daß, wenn ein oder zwei Wagen ausfielen, der dritte dadurch nicht aufgehalten werden sollte; da diese Klausel nun außerordentlich relevant geworden war, machte ich mich mit Smigunow auf die Suche nach dem örtlichen Richter.

Pingliang ist ein schmaler, langgestreckter Ort, und wir waren mehr als eine Meile gelaufen, ehe wir den Jamen des Richters erreichten. Der Richter war nicht zu Hause. Während wir mit finsterer Miene zum Gasthof zurückkehrten, setzte starker Schneefall ein. Der schlimmste

Teil der Strecke, auch die dreitausend Meter hohen Pässe des Liu Pan Schan lagen noch vor uns, und wenn es so weiterschneite, würde die Straße bald unpassierbar sein. Indien? Ach, ja, Indien!

Als wir zum Gasthof kamen, stürzte das Gebäude nebenan — ein Speiselokal, in dem wir morgens noch gefrühstückt hatten — still und ziemlich traurig inmitten einer Staubwolke zusammen. Es war einer dieser Tage.

Daß wir einen Tag verloren hatten, daß wir möglicherweise noch weitere verlieren und durch den Schnee auf unbestimmte Zeit aufgehalten werden würden, machte uns rasend. Auf der Suche nach Zerstreuung für unsere geplagten Gemüter wanderten Kini und ich noch einmal die endlose Hauptstraße hinunter. Die 61. Division, eine reorganisierte Neuauflage von Tschiang Kai-scheks 19. Infanteriearmee, die sich in Schanghai gegen die Japaner so tapfer geschlagen hatte, war in Pingliang einquartiert und wartete hier auf ihre Verlegung an die antikommunistische Front im südlichen Kansu und Schensi. Die Stadt war voll grauer Uniformen, und überall hörte man den sonderbaren Dialekt des Südens.

Der Tag verlief dann doch noch so angenehm, daß wir unsere Besorgnis und unseren Ärger fast vergaßen. Beim Westtor begegneten wir einem amerikanischen Missionar. Er schien sehr besorgt, und seine Miene hellte sich nur auf, als er davon sprach, daß die Pässe über den Liu Pan Schan möglicherweise bald geschlossen werden würden. Wir besuchten dann auf irgendwelchen Umwegen, die ich vergessen habe, einen kleinen chinesischen Arzt, der Französisch sprach und uns, nachdem er Kini ein Mittel gegen ein Nasenleiden verabreicht hatte, zu einem Besuch bei den katholischen Patern begleitete. Die katholischen Pater bereiteten uns einen stürmischen Empfang. Es waren neun riesige Spanier, von denen die Jüngeren mit ihren großen, frischen Bärten und ihren mittelalterlichen Gewändern aussahen wie Statisten bei einer Shakespeare-Aufführung. Sie bewirteten uns mit Kuchen und Schokolade und brachen bei allem, was wir sagten, in schallendes Gelächter aus. Wir hatten uns prächtig amüsiert, als eine Ordonnanz mit der Einladung zu einem Besuch bei

General Jang Pu-fei, dem Befehlshaber der 61. Division, erschien.

Im Hauptquartier wurden wir ebenfalls freundlich empfangen. Der General und sein Stabschef sprachen — während der kleine Arzt dolmetschte — mit ungewöhnlicher Offenheit über die Truppenbewegungen beim Feldzug gegen die Kommunisten. Alles, was sie sagten, bestätigte den Eindruck, den wir schon in Sian gewonnen hatten: daß die Operationen in West- und Nordwestchina mit großem Ernst betrieben wurden und daß die Autorität der Nanking-Regierung — wenn auch nur durch die Anwesenheit ihrer Truppen, durch ihre Währung und einige Beamte — in Gegenden, um die sie sich kaum gekümmert haben würde, wenn die Kommunisten nicht gewesen wären, merklich gestärkt worden war.

Als wir abends zu unserem Gasthof zurückkehrten, fiel kein Schnee mehr; trotzdem wagten wir nicht zu hoffen, daß irgendein Wunder geschehen wäre und wir am nächsten Morgen weiterfahren könnten. Doch dieses Wunder war geschehen. Stolz verkündeten uns die strahlenden Smigunows, vor kurzem sei ein anderer Lastwagen eingetroffen — ein guter Wagen mit einem großartigen Fahrer; sie hatten schon vereinbart, daß wir auf diesen Wagen umsteigen würden; wir würden im Morgengrauen losfahren und Lantschou vielleicht in drei Tagen erreichen. Es war nicht die Zeit für jene Skepsis, die bei russisch-chinesischen Voraussagen im allgemeinen geboten ist. Kini und ich waren überglücklich. Wir lachten über Samtkragen, der sein Gesicht verloren hatte und die Hälfte unserer Dollars dazu; wir lachten über den mysteriösen Kantonesen, der den vollen Fahrpreis im voraus bezahlt hatte und sich jetzt nicht dazu durchringen konnte, ihn durch Umsteigen in den Kamin zu schreiben; die geringfügige Erhöhung unserer Erfolgschancen begeisterte uns über alle Maßen.

Um halb zehn am nächsten Morgen war aller Überschwang verebbt. Unser neuer Wagen stand, wie die anderen vor ihm, ohne erkennbare Ursache unbeweglich da; und wie zum Spott hatte Samtkragens Konvoi sich hochgerappelt und auf den Weg gemacht. Uns plagten die schlimmsten Befürchtungen, während wir uns die Beine in den Bauch standen.

Aber plötzlich war alles in Ordnung, und das Zeichen zur Abfahrt wurde gegeben. Ich hatte mich schon darüber gewundert, daß sich zu unserer Verabschiedung eine große Menschenmenge versammelt hatte; erst jetzt begriff ich, daß diese Menschenmenge mitkommen würde. Wir waren siebenundzwanzig Seelen an Bord, als wir losfuhren. Ihr Gepäck und unseres ergab eine Ladung, die sich so hoch türmte wie die Ladungen von Samtkragen, und bald zeigte sich, daß Komfort auch hier nicht aus Sitzen bestand, sondern aus einem Halt für die Füße. Aber wir waren unterwegs, und darauf kam es an.

Die Sonne schien. Wir holperten zum Westtor hinaus und über eine glitschige Ebene; dann ging es bergauf. Der Motor lief gut, und Frühlingsstimmung lag in der Luft. Fasane stolzierten unerschütterlich neben der Straße einher. Wir waren in den Vorgebirgen des Liu Pan Schan. Einen nach dem anderen überholten wir die drei Wagen von Samtkragens Konvoi, und es hatte den Anschein, als strahlte und wärmte die Sonne mehr denn je. (Wir sahen keinen dieser Wagen wieder. Einer kam von der Straße ab und rollte einen Steilhang hinunter einem Totalschaden entgegen; niemand wurde getötet. Die beiden anderen kamen in neun, beziehungsweise zwölf Tagen an ihr Ziel.)

Um die Mitte des Tages begann der Aufstieg zum Hauptpaß, der dreitausend Meter über dem Meeresspiegel liegt. Die Straße führte in großen Zickzackwindungen gleichbleibend steil in die Höhe. Anfangs erwarteten wir jeden Augenblick den vertrauten Ruf »Hsia! Hsia!«, der bedeutet, daß die Passagiere absteigen, zu Fuß gehen und meistens auch schieben müssen. Aber der Motor ließ sich nicht unterkriegen, und anstandslos erreichten wir die Paßhöhe, von wo aus wir einen weiten Blick über das Gewoge der kahlen, braunen, mit waagerechten Terrassen gerippten Bergrücken hatten.

Der Abstieg ging weniger glatt vonstatten. Ohne Zweifel war unser Fahrer ein sehr guter Fahrer; und ohne Zweifel war dies ein großes Glück. Der Wagen fegte ins

Tal hinab, schleuderte durch die Haarnadelkurven und rutschte durch matschige Stellen auf den geraden Strekken, daß einem übel davon wurde. Bei der allgemeinen Abschüssigkeit der unmittelbaren Umgebung wäre unser Tempo auch unter gewöhnlichen Bedingungen nicht sehr angenehm gewesen; aber angesichts der Tatsache, daß zumindest die Hälfte der siebenundzwanzig Fahrgäste schon beträchtliche Schwierigkeiten hatte, sich auf den Plätzen zu halten, wenn unser Fahrzeug auf ebener Strecke dahinrollte, waren die schwindelerregenden, stürmischen Abwärtswindungen mehr als irritierend. Es dauerte nicht lange, bis sich der Mann neben mir erbrach. Ich konnte ihm keinen Vorwurf machen.

Die ausländischen Ingenieure, die für den Bau der Straße von Sian nach Lantschou verantwortlich gewesen waren, hatten ihren chinesischen Untergebenen wohl klargemacht, daß es wünschenswert sei, schwierige oder gefährliche Stellen mit den in Europa geläufigen Verkehrsschildern zu markieren: zum Beispiel eine S-Kurve mit einem »S«. Die Chinesen aber, weil sie von der allgemein üblichen Verkehrszeichensprache entweder nichts wußten oder nichts wissen wollten, hatten auf ihren Schildern das Wesen der Gefahr, die dem Automobilisten bevorstand, nicht näher bezeichnet, sondern nur eindrucksvolle, fette Ausrufezeichen in die Landschaft gesetzt. Mit seiner Unzulänglichkeit als Warnung versöhnte dieses ständig wiederkehrende »!«, indem es sich als trefflicher Kommentar zu unserer halsbrecherischen Talfahrt erwies.

Als wir schließlich ziemlich atemlos den Fuß des Passes erreichten, brachen auf einem kleinen Bauwerk, das sich als Brücke maskiert hatte, die Hinterräder des Lastwagens ein, und wir waren froh, unsere bebenden Glieder ein wenig recken und strecken zu können, während der Fahrer Stricke an der Achse befestigte, mit denen wir den Wagen schließlich herauszogen. Um vier Uhr erreichten wir Tsingningtschou, einen kleinen, hübschen Ort, wo wir uns etwas vom Staub der Straße aus dem Gesicht kratzten, eine gewaltige Mahlzeit zu uns nahmen und die Nacht über blieben.

Am nächsten Tag fuhren wir wirklich frühmorgens los. Unsere Zahl hatte sich auf achtundzwanzig erhöht, und die Fahrt wurde recht strapaziös. Die Sonne schien zwar noch, aber um uns erhob sich der Staub in großen Wolken, und dank eines leichten Rückenwindes blieben diese Wolken nicht ohne weiteres hinter uns zurück. Alle hockten, klammerten und krümmten sich dicht an dicht; die geringste Veränderung der Körperhaltung hatte Folgen für ein rundes Dutzend Nachbarn. Nichts führte mir den Grad von Überfüllung, dem wir ausgesetzt waren, deutlicher vor Augen als der Anblick einer großen Laus, die ungefähr zehn Zentimeter vor meiner Nase majestätisch am Rücken eines kleinen Beamten hochkroch. Der kleine Beamte war viel zu sehr eingekeilt, als daß er nach ihr hätte greifen können; mein einziger freier Arm wiederum, war vollauf damit beschäftigt, mich vor einem Sturz vom Lastwagen zu bewahren; und ein Außenseiter, ein Mann aus einem ganz anderen Menschenknäuel, mußte gebeten werden, den Vormarsch der Laus zu stoppen und sie zu vernichten.

Eine Frau mußte sich mit erstaunlicher Regelmäßigkeit den ganzen Tag über immer wieder erbrechen; und auch mein Nachbar vom Liu Pan Schan konnte nicht immer an sich halten. Sehnsuchtsvoll sahen wir den seltenen Fahrtpausen entgegen; aber nachher war jedesmal ein kurzer Nahkampf zu bestehen, ehe alle wieder ihre Plätze eingenommen hatten. Während eines dieser Kämpfe schlug Gereiztheit in Wut um, und es kam zu einer regelrechten Prügelei zwischen dem kleinen Beamten und einem flegelhaften Soldaten, dessen Nase bedauerlicherweise heftig zu bluten anfing. Die Feindseligkeiten wurden nie formell beendet, statt dessen flammte die Vendetta zu jedermanns Verdruß während des ganzen Tages immer wieder auf.

Wir waren dankbar, als wir abends bei einem Gasthaus außerhalb einer kleinen befestigten Stadt anhielten. Es wurde gerade dunkel, und als wir auf der Suche nach einem Speiselokal zum Stadttor gingen, verweigerten uns die Soldaten den Zutritt; als sie jedoch erkannten, daß wir Ausländer waren, baten sie uns plötzlich inständig, an einem von ihnen jene zahnärztlichen Fertigkeiten zu erproben, die wir nach ihrer durch nichts zu erschütternden Überzeugung besitzen mußten. Voller Mitleid spähten wir in einen großen Mund, der kürzlich Knoblauch verspeist hatte, und versicherten seinem Besitzer, morgen werde es ihm wieder bessergehen, kehrten um und aßen in einem Lokal in der Nähe des Gasthauses. Wir waren ziemlich müde, und Smigunow hatte seine Stimme verloren.

Aber die Tortur im Lastwagen war nun fast überstanden. Am nächsten Tag sollten wir in Lantschou ankommen. Wieder fuhren wir bei Tagesanbruch los, einen langgestreckten Kamm zwischen graubraunen, unterschiedslosen Bergen hinauf. Dichter Schneefall setzte ein, was uns nur recht war, weil sich dadurch der Staub legte. Bei einer Ansammlung ärmlicher Häuser hielt uns ein kleiner Haufen aufgeregter, mit irgendwelchen Gewehren bewaffneter Milizmänner an, um uns mitzuteilen, daß sich im weiteren Verlauf der Straße Banditen herumtrieben; unser Fahrer, ein ebenso skeptischer wie entschlossener Mann, kümmerte sich nicht um die Warnung und fuhr weiter, woraufhin die Passagiere zum erstenmal ein lebhaftes Interesse an der Landschaft bekundeten. Die Banditen zeigten sich nicht (nach meiner Erfahrung tun sie es nie), und bald fuhren wir ein langes Tal hinab. Es hörte auf zu schneien, und die Sonne kam heraus. Wir nahmen eine hastige, aber köstliche Mahlzeit aus Reis und Eiern in einem kleinen Dorf zu uns, während eine Kamelkarawane in Richtung Osten durch den Matsch vorüberschwankte und ein Bandit in Ketten, die Augen voller Wut und Angst, von zwei Soldaten eskortiert, vielleicht zum letzten Mal in seinem Leben auf einem Esel ritt.

Die Sonne schien warm, die saubere Luft prickelte. Wir waren sehr aufgeregt und malten uns Lantschou nach dem elenden Gerüttel und Geholper der letzten Tage als einen Hort der Sicherheit und Bequemlichkeit aus. Als wir gegen drei Uhr aus einer engen Schlucht in das Tal des Gelben Flusses eintauchten, sahen wir vor uns die Pagoden und Zinnen einer großen, von Mauern umgebenen Stadt. Wir fuhren an einem Flugplatz vorüber; es gab noch einen kurzen Aufenthalt, nachdem eine Ladung Rohrstühle von unserem Wagen gefallen war; aber schließlich schaukelten wir durch die matschigen Straßen dem Herzen der Provinzhauptstadt zu.

Es war der 27. Februar. Die Reise von Sian hatte acht Tage gedauert. So weit, so gut, dachten wir.

Wir wußten noch nicht, was uns bevorstand.

Unter Arrest

Dunkle Ahnungen befielen uns bald.

»Bei der Ankunft ein Hin und Her wegen der Pässe«, heißt es in meinem Tagebuch noch ziemlich unbesorgt; aber die Eintragung für diesen Tag schließt mit den Worten: »Es kommen Schwierigkeiten auf uns zu.«

Überall auf der Welt neigt die Bürokratie zu Methoden, die ebenso geheimnisvoll wie undramatisch sind, und das »Hin und Her wegen der Pässe« läßt sich im einzelnen kaum nacherzählen. Deshalb überspringe ich die Stunden, die unmittelbar auf unsere Ankunft in Lantschou folgten (teile nur mit, daß sie uns mit Besorgnis erfüllten), und setze in jenem Augenblick nach Einbruch der Dunkelheit wieder ein, da wir unter einer Bewachung von sechs bewaffneten Soldaten durch eine enge Gasse zum Hauptquartier der Innerchinesischen Mission stapften: Zwei Pekingwagen mit unserer Habe fuhren voraus, und vor ihnen her marschierte ein Polizist mit einer Papierlaterne. Wir gingen schweigend, nur die Wagenachsen kreischten.

Mr. Keeble, der örtliche Sekretär der Mission, hatte von unserer Ankunft schon gehört und bot uns seine Gastfreundschaft an; und als wir die Mission erreichten, trugen sein diplomatisches Geschick und sein Prestige viel dazu bei, die Strenge zu mildern, mit der die Soldaten unsere Habseligkeiten durchsuchten.

»Sie brauchen sich keine Sorgen zu machen«, sagte er, während die Soldaten halbherzig in unseren Sachen kramten. »Für Ausländer herrscht hier Kriegsrecht. Sie haben eine ungünstige Zeit erwischt.«

»Aber wonach suchen sie?«

»Nach kommunistischer Literatur. Sie halten Sie für bolschewistische Agenten. Vor kurzem haben sie hier einen festgenommen, und nun sind alle Fremden verdächtig. Vor allem Russen«, fügte er mit einem Blick auf die Smigunows hinzu.

Beim Abendessen erläuterte er seine Theorie. Der Süden der Provinz sei von Szetschwan her durch die Rote Armee ernsthaft bedroht; nach Nordwesten sei der sowjetrussische Einfluß in Sinkiang vorherrschend. Die abstrakte Theorie, von der in Peking soviel die Rede gewesen war: daß die kommunistischen Streitkräfte versuchen würden, den nächstgelegenen marxistischen Stützpunkt in Chinesisch-Turkestan zu erreichen, war plötzlich zu einem konkreten Hindernis für unsere Pläne geworden. In letzter Zeit hatten sich mehrere zwielichtige Gestalten in Lantschou herumgetrieben (der Mann, den sie verhaftet hatten, war ein echter Sowjetagent aus Schanghai gewesen; er war mit dem »Christlichen General« verbündet gewesen, als Feng von Rußland gesteuert wurde); und vor drei Monaten hatte Nanking die Provinzregierungen von Kansu, Tschinghai und Ningsia telegraphisch angewiesen, keine Ausländer in den Nordwesten reisen zu lassen. Zwei Polen und mehrere Exilrussen — lauter harmlose, ehrenwerte Leute — waren kürzlich unter Arrest von Lantschou an die Küste zurückgeschickt worden. Für unser Trüppchen sah es finster aus.

Für eine Hälfte von uns sogar sehr finster. Die Smigunows hatten wie viele andere Exilrussen auch die chinesische Staatsangehörigkeit angenommen. Die Pässe der beiden waren zehn Jahre alt; der von Nina war verdächtigerweise in Urumtschi ausgestellt, und der ihres Mannes war dort mit einem Visum versehen worden. Beide hätten in Peking neue Pässe bekommen können, und ich machte mir den Vorwurf, daß ich mich vor unserer Abreise nicht darum gekümmert hatte; andererseits waren die Smigunows auch früher schon ohne Schwierigkeiten auf dieser Route gereist, und keiner von uns hatte voraussehen können, daß Kansu plötzlich so sehr in die Schlagzeilen geraten würde. Sicher war, daß uns ein mehrtägiger Aufenthalt bevorstand, und wahrscheinlich würden wir über Lantschou hinaus Indien keinen Schritt näher kommen. In düsterer Stimmung begaben wir uns — inzwischen ein ungewohnter Luxus — zu Bett.

Sechs Tage gingen schleppend dahin. Nachdem die erste Begeisterung darüber, daß uns nicht mehr den ganzen Tag mehrere Chinesen auf den Füßen standen oder saßen, verflogen war, hatte uns das Leben in Lantschou trotz der Freundlichkeit von Mr. und Mrs. Keeble wenig zu bieten. In der durch nichts begründeten Annahme, daß wir die Erlaubnis zur Weiterfahrt schließlich doch erhalten würden, begannen wir nach Lastwagen für die nächste Etappe unserer Reise zu suchen, die uns nach Sining, der Hauptstadt von Tschinghai, führen sollte. Es gab mehrere Wagen, die in diese Richtung wollten, und ihre Abfahrt (so hieß es) stand unmittelbar bevor; wir hörten auf, sie anzuflehen, auf uns zu warten, als wir erfuhren, daß ihre Abfahrt schon seit mehreren Wochen unmittelbar bevorstand. Schnee und Regen hatten die Straße für den Autoverkehr praktisch gesperrt; und obwohl wir sechs statt nur anderthalb Tage unterwegs sein würden, war es besser, Maultiere zu nehmen. Die Lastwagen waren wir ohnehin leid.

Die Straßen in Lantschou sind romantisch. Die Frauen hoppeln auf Wickelfüßen um die Teiche, und ihr glattes Haar glänzt wie die Flügeldecken von Käfern. Die Gesichter der Moslems — die hier, wie in Sian, sehr einflußreich sind, obwohl sie nur zehn Prozent der Bevölkerung ausmachen — sind dunkel und grimmig, fast raubvogelartig; die meisten Moslems tragen weiße Kappen oder Turbane. Hin und wieder sieht man einen Turki aus Sinkiang, eine bärtige Gestalt mit Stiefeln an den Füßen in einem langen *tschapan,* mit so arischen, unmongolischen Gesichtszügen, daß man glauben könnte, er stammte aus dem Kaukasus. Nur wenige Chinesen sind europäisch gekleidet. Es gibt einen Basar, dessen Atmosphäre eher an die Basare Zentralasiens als an die Märkte in Peking erinnert. Alles unterscheidet sich sehr von dem China, das man von den Vertragshäfen aus zu sehen bekommt; es ist so, als hätte man die Grenze zu einem anderen Land und beinahe das Ende von China erreicht. Und so ist es ja auch.

Aber Lantschou hätte ebensogut Leeds sein können — so wenig Freude machte uns seine romantische Atmosphäre. Wir konnten keinen Gefallen an einem Ort finden, an dem unsere liebsten Pläne wahrscheinlich Schiffbruch erleiden würden. Die Polizei hatte uns die Pässe abgenommen; es hieß, sie würden dem Provinzgouverneur mit der Bitte um die Erteilung von Visa unterbreitet, die uns die Reise nach Tschinghai gestatteten. (Natürlich nannten wir als Reisemotiv noch immer die Jagd und als Ziel immer noch den Kuku-nor.) Auf dem eindrucksvollen Briefpapier des »Foreign and Imperial Department« der *Times* schrieb ich einen blumigen Brief an den Gouverneur, in dem ich die Lauterkeit unserer Absichten hervorhob und um eine Unterredung bat; mindestens zwei Leute aus seiner Umgebung, so hatten wir gehört, lasen Englisch, aber eine Antwort bekam ich nie. Persönliche Erkundigungen bei seinem Jamen, wo wir vorsprachen und unsere Karten abgaben, wurden höflich ins Leere gelenkt. Das alles war sehr untypisch für ein Land, in dem die Unannehmlichkeiten, die einen im Umgang mit den Behörden ereilen, gewöhnlich direkt proportional zur Freundlichkeit dieser Behörden sind.

Je klarer uns wurde, daß wir nichts tun konnten, um unsere Chancen zu verbessern, desto mehr lag uns daran, zu erfahren, wie es um diese Chancen stand. Der Erziehungsminister suchte uns auf und versicherte in wolkigen Tönen, er sei sicher, daß alles gutgehen werde. Sehr bekümmert war er über das kleine Budget, das der Provinzhaushalt für sein Ministerium vorsah, und ich versuchte, mir seine Unterstützung bei Hof zu sichern, indem ich versprach, seine Klagen in der *Times* zur Sprache zu bringen, wenn sich Gelegenheit dazu bot. Der Informationsminister erklärte sich bereit, uns zu empfangen, war aber sonderbarerweise abwesend, als wir kamen. Ein Mr. Wang von der Polizei war einmal bei Ninas Vater in Urumtschi in Behandlung gewesen und geheilt worden und garantierte uns nun — mehrmals —, wir würden binnen vierundzwanzig Stunden unsere Pässe bekommen.

Ein anderer Mr. Wang vom Außenministerium (ein sehr umgänglicher Mann) berichtete, der Gouverneur habe unser Gesuch nach Nanking weitergeleitet und es sei nur eine Frage von ein paar Tagen, bis wir Antwort erhielten. Ein dritter Mr. Wang, dessen Amtsstellung ich vergessen habe, von dem es aber hieß, er kenne sich aus, teilte Smigunow vertraulich mit, ihm und seiner Frau würden die Pässe verweigert, und obgleich Kini und mir die Weiterreise gestattet werden würde, seien schon telegraphische Anweisungen an die Grenze von Tschinghai geschickt worden, uns dort zu verhaften. Weiter kompliziert wurde die Lage durch einige offizielle Feiertage, an denen sämtliche Amtsgeschäfte ruhten.

Gereizt spazierten wir durch die Straßen, immer auf der Suche nach solchen widersprüchlichen Gerüchten. Kini fand im Büro der Fluggesellschaft Eurasia etwas Post vor und las mir Auszüge aus dem Brief einer an ihren Schreibtisch gefesselten Freundin vor, die der Meinung war, es müsse herrlich sein, zu reisen und sich frei zu bewegen. Schöne Freiheit! Um uns die Zeit zu vertreiben, besuchten wir die deutschen katholischen Missionare, die außerhalb der Stadtmauern ein palastartiges Haus besitzen. Wir besuchten das baptistische Krankenhaus. Wir besuchten eine Party, bei der praktisch die gesamte weltliche Ausländerkolonie versammelt war; sie bestand aus einem lebhaften jungen Deutschen, seiner russischen Frau, einem Armenier und einem Tschechen. Mit Interesse stellten wir fest, daß dank dem Radio eine Rede von Sir John Simon* schon einen Tag nachdem er sie gehalten hatte, in der örtlichen Kuomintang-Zeitung zitiert werden konnte. Bescheidenen Trost schöpften wir aus dem Anblick eines Papageis, der vor einem Laden hing und möglicherweise aus Indien gekommen war. Aber die meiste Zeit über langweilten wir uns, waren unruhig und fürchteten das Schlimmste.

Das Schlimmste geschah am sechsten Tag. Oder fast das Schlimmste. Uns wurde mitgeteilt, der Gouverneur habe Ma und Fu (also Kini und mir) die Erlaubnis erteilt,

* John Simon war zu dieser Zeit britischer Außenminister. (A. d. Ü.)

nach Tschinghai weiterzureisen; die russischen Personen jedoch würden unter Arrest gestellt und nach Tientsin zurückgeschickt.

Wütend ging ich zum Polizeihauptquartier, Smigunow nahm ich mit. Der Polizeichef war ein zäher, glatter, unsympathischer Moslem namens Pai. Er besaß nicht nur Macht, er strahlte sie auch aus, und seine Untergebenen fürchteten sich vor ihm. Der einzige, der Englisch sprach, war durchaus unwillig, den Dolmetscher zu spielen, und zitterte während der ganzen Unterredung. Sie verlief tatsächlich unerfreulich stürmisch. Ich war sehr wütend, denn abgesehen von dem Schlamassel, in das Kini und ich geraten würden, fühlte ich mich für die Smigunows verantwortlich, für die das Scheitern ihrer Pläne ein harter Schlag sein würde. Ich bestürmte Pai so weit, wie ich mich vorwagte. Was den Russen denn vorgeworfen werde? Ob sie etwa keine ganz und gar ehrenwerten Leute seien? Hatte uns denn nicht auch der Gouverneur von Schensi Pässe ausgestellt? Inwiefern unsere Papiere nicht in Ordnung seien? Ich sei schon in fast allen Provinzen gewesen, aber noch nie sei ich so behandelt worden wie in dieser; wenn ich über meine Reise in der *Times* berichten würde, könnte ich die Unhöflichkeit und Ungerechtigkeit, die mir in Kansu widerfahren sei, nicht unerwähnt lassen.

Das alles und noch mehr war vergeblich. Immerhin hatte ich die Genugtuung, daß ich Pai (ein wenig) nervös gemacht hatte, so daß er sich schließlich genötigt fühlte, den Gouverneur anzurufen und ihn in unserem Beisein um eine Bestätigung seines Urteils zu bitten. Der Abschied war sehr kühl.

Die Expedition war lahmgelegt. Aber was bedeutete schon die Expedition? Plötzlich wurde mir klar, wie absurd und belanglos dieser unverantwortliche Vorstoß in das Herz eines Kontinents, diese Eskapade in die Tatarei eigentlich war. Wir hatten doch von Anfang an gewußt, daß wir scheitern würden. Daß sich unsere Chancen zu scheitern durch den Verlust der Russen verzehnfachen würden, war, wenn man es recht betrachtete, völlig unwichtig.

Aber für die Smigunows lagen die Dinge anders. Sie hatten alles darauf gesetzt, ins Tsaidam zu gelangen. Der Gedanke daran war für sie wie Speise und Trank gewesen. Wenn der Gasthof schmutzig war oder der Wagen steckenblieb oder der Treibstoff knapp wurde, seufzte Nina: »Ach ja, im Tsaidam ist das anders« — und ihre Augen glänzten wie die Augen eines glücklichen Kindes. Auf den Lastwagen hatten sie ganze Tage lang erörtert, was sie tun würden, wenn sie dort wären, ob sie mit ihrem Zelt umziehen sollten und was ihre mongolischen Freunde beim Wiedersehen sagen würden und wieviel Jakschwänze dieses Jahr erbringen werde. Jetzt zerstob diese strahlende Vision. Sie würden in die trostlose Ungewißheit von Tientsin (wo Smigunow seine Stelle aufgegeben hatte) zurückkehren müssen; und sie würden unter polizeilicher Bewachung zurückkehren. Sie taten mir schrecklich leid.

Auch für Kini und mich war es ein Unglück. Nüchtern und im Licht der Vernunft betrachtet, war das frühe, beschämende Scheitern unserer Pläne neben dem Unglück der Smigunows nichts; aber zu jener Zeit fiel es uns schwer, nüchtern zu sein, und das Licht der Vernunft hatte nie besonders gleichmäßig über unserem Unternehmen geleuchtet. Ohne die Smigunows konnten wir kaum hoffen, sehr viel weiter zu gelangen. Wenigstens drei Sprachen brauchten wir, um nach Sinkiang zu kommen — Chinesisch, Mongolisch und Turki (Tibetanisch wäre ebenfalls nützlich gewesen); ich aber sprach nur ein paar Wörter Chinesisch. Wir wußten nichts über den Weg, nichts über die Menschen und nichts über ihre Sitten. Für den unwahrscheinlichen Fall, daß wir an den Beamten in Sining vorbeikamen, hatten wir nur sehr vage Vorstellungen davon, wie man eine Karawane organisiert, welche Tiere man am besten nimmt, welche Vorräte nötig und welche Zahlungsmittel gebräuchlich sind. Wir waren auf dem besten Weg ins Fiasko.

Trotzdem war es undenkbar umzukehren — allein schon weil die Behörden genau hierauf hofften. Wir bestellten uns drei Maultiere für den nächsten Morgen und begannen zu packen.

Um zehn Uhr (am 6. März) brachen wir auf. Ein unterwürfig dreinblickender Mann mit einem Hundegesicht lud unsere (lächerlich armselig wirkende) Habe auf die Maultiere; er hieß, was niemanden verwundern wird, Wang. Die Russen und Mr. Keeble wollten uns bis zum Westtor begleiten. Wir folgten den Tieren, vorbei an dem vertrauten und verhaßten Tor des Gouverneursjamens (wie lange würde es dauern, bis wir die steinernen Wappenlöwen und die Gewehrpyramiden der Wache wiedersehen würden?), durch die lauten, sonnendurchfluteten Straßen hinunter zum Gelben Fluß. Als wir unter dem Trommelturm hindurchgingen, kam uns im Menschengewühl ein kleiner Trupp Kavalleristen entgegen. Sie waren mit Karabinern und Henkersschwertern bewaffnet, und ihre großen schwarzen Pelzmützen verliehen ihnen ein dämonisches Aussehen. In ihrer Mitte, auf seinem Sattel kauernd, ritt ein Gefangener, ein stämmiger Europäer mit blondem Bart. Als sie an uns vorüberritten, hob er die Augen; von Gleichmut war in ihnen nichts zu lesen. »Kaputt!« sagte er und zog eine Grimasse, während er unter Pferdegetrappel aus unserem Gesichtskreis verschwand.

Ich fragte mich, wie bald wir ihm dies wohl nachsprechen würden.

Teil II

Mit knapper Not

Die Gebirgsstraße

Wir waren allein. Die Maultiere trotteten in einer kleinen Staubwolke den Pfad am bröckelnden Ufer des Gelben Flusses entlang. Ein Gänsesäger fischte im seichten Wasser nahe dem Ufer. Vor uns nach Westen erstreckten sich die kahlen, zerklüfteten Berge ins Unabsehbare, rot und gelb unter einem strahlend blauen Himmel. Wang — vielleicht in Gedanken an die sonderbare Gesellschaft, in die er da geraten war, oder aber, was wahrscheinlich war, in Gedanken an seine letzte Mahlzeit oder seine nächste — stapfte neben den Tieren her und sang ein rauhes Lied vor sich hin. Auf dem Kopf trug er einen dunkelblauen Turban, den er bisweilen auch als Schärpe benutzte, um seine Hose hochzuhalten. Kini ritt auf einer der Lasten. Ich ging zu Fuß. Die Sonne schien, aber es war nicht sehr heiß.

Es kam uns beiden seltsam vor, daß wir nun allein waren. Von Anfang an waren die Russen eine feste Größe in unseren Plänen gewesen (»Smigunow sagt . . . Smigunow wird schon wissen . . .«). Während der vergangenen drei Wochen hatten wir mit ihnen zusammengelebt, und nun fiel es uns schwer zu glauben, daß sie wirklich von der Bildfläche verschwunden sein sollten, daß sie für uns kein Faktor in Gegenwart und Zukunft mehr waren, daß wir sie wahrscheinlich nie wiedersehen würden. Sie waren stets munter und tapfer und tüchtig gewesen; der Abschied von ihnen fiel uns sehr schwer.

Aber für sie war er noch trauriger als für uns. Wir gingen immer noch vorwärts, waren immer noch auf dem Weg nach Indien; wir hatten, wenn auch nur auf Zeit, die Niederlage hinausgezögert. Deswegen und weil wir soeben eine Phase der verzweifelten Befürchtungen und des erzwungenen Stillstands hinter uns gebracht hatten, erfüllte uns ein unbändiger Übermut. Wir waren jetzt auf uns selbst gestellt; unsere Chancen hatten sich zwar drastisch verringert, aber von nun an würde jede Etappe, jede List, jede Idee, die uns weiter nach Westen brachte, ein Triumph sein. Und allein schon die Tatsache, daß sich unsere Chancen verringert hatten, erfüllte uns mit einem Gefühl von Freiheit, mit der unsinnigen, beschwipsten Überzeugung, wir seien unbesiegbar. Immer war das Glück der wichtigste Faktor für unser Durchkommen gewesen; jetzt, da es der einzige Faktor war, verlor die Reise auch den letzten Rest von Ernsthaftigkeit, den sie bis dahin noch gehabt haben mochte. Zur Feier des Tages eröffneten wir Wang, wir gedächten die sechs Etappen nach Sining in fünf Tagen zurückzulegen.

Und das schafften wir. Es waren gute Tage. Am ersten machten wir unsere Mittagsrast unterhalb eines Tempels von märchenhaftem Aussehen, der in die Flanke eines Berges gebaut war. Das Mittagessen und überhaupt jede Mahlzeit, bis wir nach Sining kamen, bestand aus *kua mien,* einer Art Spaghetti, die mit rotem Pfeffer scharf gewürzt werden und die man hier und da am Weg kaufen kann. Ich, der ich kein Feinschmecker bin, fand sie köstlich, aber Kini verging der Appetit schon bald. Wang kam mit einem Fuhrmann ins Gespräch, der einen reichverzierten Sarg transportierte, und so zogen wir einen Teil des Nachmittags hinter diesem protzigen Kasten her, in Gesellschaft eines kleinen Jungen, der auf einem Esel ritt und ein weißes Kaninchen in den Armen hielt. Alles war wie im Märchen.

Wir waren spät aufgebrochen und erreichten unseren Gasthof erst nach Einbruch der Dunkelheit. Sobald die Sonne untergegangen war, wurde es kalt (wir befanden uns immerhin achtzehnhundert Meter über dem Meeresspiegel), und um munter zu bleiben, stimmten wir die Schweizer Nationalhymne an, die merkwürdigerweise die gleiche Melodie wie *Rule Britannia* hat. Unsichtbare, aber stimmkräftige Hunde bellten uns aus den Schatten der Häuser entgegen, als wir in ein kleines Dorf ritten, in dem kein Kochfeuer mehr brannte, so daß der Tee und das *Mien,* mit dem wir uns verköstigten, nur lauwarm waren. Wir hatten zwanzig Meilen hinter uns, und weder die rauhe Oberfläche des K'ang noch das Geschrei eines kranken Kindes konnten uns wach halten.

Noch vor dem Morgengrauen weckte uns der würdevoll gleichmäßige (und doch irgendwie vorwärtsdrängende) Klang von Kamelglocken; eine Karawane auf dem Nachtmarsch. Es war bitter kalt, bis die Sonne die Talsohle erreichte. Zusammen mit einer Bootsladung anderer Reisender und vielen Tieren, die sich sträubten und schrien, während sie an Bord gezerrt wurden, überquerten wir in einer großen, flachen Fähre den Gelben Fluß. Dann ging es hinauf in die Schluchten des Sining Ho. Die meisten der wenigen Felder waren mit runden Steinen aus dem Flußbett bedeckt, damit der Boden sich nicht in Staub verwandeln und der Wind ihn nicht davontragen konnte; andere wurden mit Eggen bearbeitet, auf denen jeweils ein Mann wie ein Wagenlenker stand. Ein paar Lehmhäuser duckten sich in einem schmalen Pappelgehölz; die Bäume wirkten zart, hübsch, farblos. Der Sining Ho war klarer und floß rascher als der Gelbe Fluß, aber sein Tal war so eng und so wenig kultiviert, daß es die aufwendigen, dreißig Meter hohen Wasserräder hier nicht mehr gab, die wir tags zuvor gesehen hatten und deren Besitzer Wasser zur Bewässerung der Felder an die Bauern verkaufen.

Ein heftiger Wind erhob sich, als wir zum Essen anhielten, und nachher mußten wir schwer gegen einen schneidenden Staubsturm ankämpfen, um die Maultiere wieder einzuholen. In dem voreiligen Bestreben, in Form zu kommen, ging ich den ganzen Tag und beinahe die ganze Strecke bis Sining zu Fuß. Wir waren zehn Stunden unterwegs, ehe wir ein kleines Dorf erreichten, wo die Menschen noch ärmer und noch kränklicher als gewöhnlich zu sein schienen. Sie waren so arm, daß, als wir ein paar Eier kauften und eines von ihnen zu Boden fiel, ein Wettrennen um die Errettung des unversehrten Eigelbs einsetzte, bei dem der anscheinend Vornehmste unter den Anwesenden den Sieg davontrug. Überall an dieser Straße ist der Lebensstandard elend niedrig, und ein erheblicher Teil der Bevölkerung lebt nur für (und zum großen Teil auch von) Opium. Es heißt, daß in Kansu vierzig Prozent der Kinder sterben, bevor sie ein Jahr alt werden.

Am nächsten und den beiden darauffolgenden Tagen setzten wir unsere Reise fort. Das Leben war für uns sehr einfach und sehr angenehm geworden: so angenehm, daß wir unsere verwickelten Ambitionen und die vor uns liegenden Schwierigkeiten vergaßen. Es genügte uns, in der klaren, sauberen Bergluft westwärts zu kriechen. Essen und Schlafen schienen das einzige, worauf es ankam. Gelegentlich überholten wir eine Karawane von Eseln, die unter unmäßigen Lasten zierlich dahintrippelten; vornehme Leute, die in Sänften reisten oder in Wagen, die von den berühmten Kansu-Maultieren gezogen wurden; einmal begegnete uns eine Abteilung der 100. Division, Provinztruppen aus Sining, auf dem Weg in den Kampf gegen die Kommunisten, die Soldaten mit Pelzmützen, ihre Offiziere auf tibetanischen Ponys, die Ausrüstung auf Kamelen und die beiden uralten Kanonen von Kulis gezogen. (Wir begegneten ihnen im Zwielicht des frühen Morgens. Eines ihrer Kamele hatte sich hingekniet und wollte nicht wieder aufstehen. Ich versuchte zu helfen, indem ich ihm brennendes Papier unter den Leib hielt. Als das Licht der Flamme zeigte, was für ein sonderbares Wesen ich war, machten die Soldaten verblüffte Gesichter; zu dieser frostig ungewissen Stunde wäre ich bei ihnen wohl auch als Dämon durchgegangen.) Auf den rasch dahineilenden Fluten des Sining Ho wurden große Flöße aus zahlreichen aufgeblasenen Rinderbälgen mit viel Geschick durch die Stromschnellen gelenkt. Sie waren mit Wolle und Häuten beladen und befanden sich auf der ersten Etappe der weiten Reise von den Weidegründen des Kuku-nor nach Tientsin. Am Ufer hockten hier und da Männer und wuschen Gold; und Gold, in winzigen Sprenkeln, glänzte bisweilen auch im Staub unter unseren Füßen. Durch die Lücken in den Steilwänden des Flußtales konnte man im Südwesten Schneegipfel erkennen.

Bald weckte der Anblick eines einzelnen Telegraphendrahts böse Vorahnungen; wir erinnerten uns an die düstersten Gerüchte aus Lantschou, die uns Verhaftung an der Provinzgrenze prophezeit hatten; und als wir gegen Ende unseres dritten Tages auf einem schmalen Serpentinenpfad zu der überdachten, in leuchtenden Farben bemalten Brücke über den Tatung Ho hinabstiegen, die die beiden Provinzen Kansu und Tschinghai miteinander verband, überkam uns Neugier und Erregung. Auf der Brücke gab es keinen Wachposten. Das Getrappel der Maultiere klang hohl; ihre Augen (meine ebenfalls) blickten sehnsüchtig zu dem herrlichen dunkelgrünen Wasser hinab, das sechzig Meter unter uns dahinstrudelte. Jenseits der Brücke gelangten wir bald nach Hsiangtang, dem ersten Dorf in Tschinghai, und erwarteten jeden Augenblick graue Uniformen, alte Gewehre, ein barsches »Nali Lai?« und die Warterei, bis in irgendeinem inneren Zimmer ein Offizier geweckt worden wäre. Aber nicht einmal die räudigen Hunde kümmerten sich um uns. Es gab hier weder Soldaten noch Beamte; wir atmeten freier.

Am nächsten Tag unternahmen wir einen Gewaltmarsch von dreizehn Stunden. Das Tal weitete sich, es gab Felder und Obstbäume. Gegen Abend kamen wir nach Nienpai, einer kleinen befestigten Stadt, die in dieser Gegend für ihren Tabak berühmt ist. Mehrere Kamelkarawanen hatten die dürftigen Gasthöfe unterhalb der Befestigungsanlagen belegt, und infolge irgendwelcher unbegreiflichen Sperrstundenvorschriften wurden wir am Tor abgewiesen; deshalb zogen wir noch eine Stunde weiter, um dann bei einem armseligen Haus haltzumachen, wo wir inmitten von Opiumgestank halbgares Mien aßen und ein paar Stunden Schlaf fanden. Der Tag war lang gewesen.

Der nächste Tag wurde noch länger. Wir wurden um eins geweckt, kamen aber erst nach drei Uhr los. Steif stapften Maultiere und Menschen einem leichten, schneidend kalten Wind entgegen; aber irgendwann ging die Sonne auf, und um die Mittagszeit wurde es heiß. Wir überquerten den Fluß auf einer Brücke, unter der eine kleine Flotte Rinderbalgflöße vertäut lag, und sichteten gegen drei Uhr am Ende eines flachen, breiten Tales die

Mauern von Sining. Sie waren noch weiter entfernt, als es den Anschein hatte, und es dämmerte, als wir das Stadttor erreichten. Auf den Bastionen über dem Tor zeichneten sich vor dem feurigen Westhimmel die Silhouetten kleiner, mit gedrungenen Selbstladegewehren bewaffneter Wachposten ab. Verzagtes Hörnerschmettern drang von irgendwo herüber. Wie staubige Gespenster zogen wir durch die Straßen, wo schwere Speisedünste in der frostigen Luft hingen und Papierlaternen goldenes Licht in die Dunkelheit sandten, bis wir zu einem enttäuschenden Gasthof kamen, von dem Wang behauptete, er sei der beste am Ort.

Es gab nur ein Stockwerk. Wir bekamen ein Zimmer, das wie alle anderen auf einen langen Hof hinausging, deponierten darin unser Gepäck und machten uns auf die Suche nach etwas Eßbarem (im Norden und Westen Chinas bekommt man Kost und Logis selten unter demselben Dach). Nicht weit entfernt fanden wir ein großes Speiselokal, protzig zwar, aber warm und behaglich, von Moslems geführt; hier schlugen wir uns mit verschiedenen köstlichen Gerichten, geschnetzeltem Fleisch und Gemüse, den Bauch voll und ließen uns von den Moslems ein Quantum von dem Schnaps der Gegend besorgen, den man heiß und unverdünnt in kleinen Schlucken trinkt.

Wir waren hundemüde, aber froh. Froh, weil wir eine weitere Etappe hinter uns gebracht hatten — die letzte oder beinahe die letzte, ehe Straßen und Häuser aufhörten und die Wildnis begann; froh, weil wir sie in fünf, statt in sechs Tagen geschafft hatten; froh, weil wir noch immer ungeschlagen waren.

Es war ein guter Augenblick: der letzte seiner Art für lange Zeit.

Geschlagen?

Samuel Johnson hat einmal eine Liste von sechs Maximen für den Reisenden aufgestellt. Nummer fünf lautet: »Lege dir, wenn du kannst, eine ordentliche Seekrankheit zu.« Und Nummer sechs: »Laß alle Sorgen fahren und bewahre dir deine Gemütsruhe.«

In Sining konnten wir die letztere Regel genausowenig befolgen wie die erstere. Vierundzwanzig Stunden nach unserer Ankunft war es fast sicher, daß wir nicht weiter nach Westen kommen würden. Aber ganz sicher war es nicht; wir baumelten an einem dünnen Hoffnungsfaden über dem schwarzen Abgrund der Verzweiflung, und Gemütsruhe war unter diesen Umständen so unerreichbar wie Gänseleberpastete.

Wieder gab es Ärger wegen der Pässe. In Lantschou hatte uns die Behörde versichert, sie seien für Tschinghai gültig. Aber das waren sie nicht; bevor man uns von Lantschou nach Sining weiterschickte, hätte man uns dort einen Sonderausweis ausstellen müssen. Das war nicht geschehen, statt dessen hatte Lantschou die lästige Pflicht, uns aufzuhalten, den Nachbarn zugeschoben und obendrein die Wahrscheinlichkeit und die Rechtmäßigkeit einer solchen Maßnahme noch erhöht — ein prächtiges chinesisches Gambit in der besten Tradition des passiven Widerstands. So wie es aussah, waren wir erledigt.

Doch in China versetzt niemand gern den Gnadenstoß, solange er einen anderen findet, der es an seiner Stelle tun könnte. Deshalb wurde die ganze Angelegenheit, wie wir nach zwei oder drei Tagen gespannten Wartens erfuhren, nach Nanking zurückverwiesen. (Das gleiche hatte man uns in Lantschou gesagt; aber diesmal traf es zu, wie wir durch den Freund eines Freundes des Funkers erfuhren.) Ich schickte ein Telegramm an Tommy Chao, der in der Hauptstadt als Korrespondent für *Reuter* arbeitete und uns aus seinem Fundus an Kulissenklatsch gewiß einen Rat geben konnte; ich fragte ihn, wie groß unsere Chancen seien, ein Visum für die Reise in das Innere Tschinghais zu bekommen, und faßte kurz zusammen, was zu unseren Gunsten sprach.

Die Antwort kam am nächsten Tag. »Visa äußerst zweifelhaft«, erklärte Tommy Chao.

»Visa äußerst zweifelhaft.« Trotz meines unheilbaren Optimismus, in dem ich mich oft noch dadurch bestärkt fühlte, daß Kini bisweilen in die entgegengesetzte Stimmungslage verfiel, konnte man unsere Chancen schwerlich als sehr hoch veranschlagen. Nanking hatte in jenem Rundschreiben vor drei Monaten insbesondere Reisen in den Nordwesten untersagt, und wie sich herausstellte, hatten unsere wenigen Vorgänger in diesem Teil des Landes wenig dazu beigetragen, das Ansehen ausländischer Touristen zu erhöhen. Ein paar Jahre zuvor waren zwei Franzosen ins Tsaidam gereist und waren dort ermordet worden — ein Schicksal, das sie durch die Art ihres Auftretens gegenüber den Einheimischen selbst provoziert hatten. In jüngerer Zeit war ein britischer Armeeoffizier auf Urlaub mit den Behörden in Sining aneinandergeraten und mit Schimpf und Schande in Begleitung einer Kavallerieeskorte nach Lantschou zurückgeschickt worden. Und vor ein oder zwei Jahren war ein Trüppchen englischer Möchtegernbuddhisten unter Führung einer sehr alten, sehr energischen Dame in Lastwagen und mit der erklärten Absicht eingetroffen, den Rest ihrer Tage in einem der Lamaklöster der Umgebung zu verbringen. Aus verschiedenen Gründen hatten sie ihre Pläne geändert und waren vorzeitig nach Peking zurückgekehrt, aber während ihres Aufenthalts in Tschinghai hatten sie die örtlichen Beamten durch ihre Gegenwart nicht nur in amüsiertes Staunen versetzt, sondern ihnen auch manche Peinlichkeit bereitet. Je mehr wir darüber nachdachten, desto weniger sprach dafür, daß man in Sining oder auch in der Hauptstadt eine Ausnahme zugunsten von zwei Reisenden machen werde, die nicht nur in einem Stil reisten, der darauf schließen ließ, daß sie unwichtige Leute waren, sondern auch die falschen Papiere bei sich hatten und obendrein verrückt zu sein schienen.

Das Leben wurde unter solchen Umständen zu einer jammervollen Angelegenheit. Morgens erwachten wir steif vor Kälte; der K'ang, von dem uns nur eine schmutzige Filzdecke trennte, war hart, und die Glut im Kohlebecken erloschen. Hastig zogen wir jene Kleider wieder an, die abzulegen wir am Abend zuvor den Mut gefunden hatten, riefen nach heißem Wasser und ließen uns Brot und Butter bringen. Das Brot hatte die Form großer Brötchen, goldbraun in der Farbe und lehmig in der

Konsistenz; die Butter war dunkelgrün geädert, wie Gorgonzola, und enthielt eine großzügige Beimischung von Jak- sowohl wie Menschenhaar. Dies alles frühstückten wir mit großem Appetit und spülten mit Tee ohne Milch in großen Bechern nach.

Tagsüber bestand die Hauptbeschäftigung darin, Gerüchte über unser Schicksal zu sammeln; aus Erfahrung wußten wir jedoch, daß es falsch war, allzu früh damit zu beginnen und auf diese Weise den kleinen Tagesvorrat an Hoffnung vorzeitig zu verbrauchen und nachher noch viele Stunden auf andere Weise totschlagen zu müssen. Deshalb legte ich zunächst endlose Patiencen auf dem K'ang, während Kini las oder nähte oder an ihrem Tagebuch schrieb. Aber nach und nach, während die Wärme des Frühstücks in unseren Bäuchen langsam verging, wurden wir unruhig.

»Komm, wir gehen zu Lu.«

»Laß mich noch dieses Kapitel zu Ende lesen.«

»Wieviel hast du denn noch?«

»Zehn Seiten.«

»Das ist zuviel. Los, komm. Ich gehe jetzt.«

»Na schön . . .«

Also zogen wir los und gaben auf dem langen Weg die Hauptstraße hinunter unsere inzwischen allgemein bekannte Vorstellung: die Tiger im Käfig. Die Sonne schien, die Luft war frisch. Über den Dächern zeichneten sich die schroffen Gipfel der Berge jenseits des Flusses sehr klar und qualvoll lockend ab. Gegen Mittag verschwammen sie meistens oder verschwanden hinter dem Staubdunst; nur morgens und abends traten sie hervor und prägten das Bild der Stadt. Überall in den offenen Läden um uns bestimmte das unermüdliche Fauchen und Klappern der Blasebälge den Pulsschlag des städtischen Lebens. Wollgebirge krochen auf Handkarren mit quietschenden Achsen zum Osttor. In den Innenhöfen ließen Kamele das urbane Zwischenspiel mit glasiger Hochnäsigkeit über sich ergehen.

Die Hauptstraße war immer überfüllt und die Menschenmenge immer pittoresk. Aber nicht die Einwohner der Stadt, sondern die Menschen von außerhalb machten

Sining in unseren Augen zu einer aufregenden Verheißung ferner Gegenden. Mongolen aus dem Tsaidam, Tibeter aus Labrang oder sogar aus Lhasa lungerten an den Straßenecken herum und konnten dem Hang zum Gaffen nicht widerstehen. Beide Volksstämme waren tibetanisch gekleidet. Gewaltige Gewänder aus Schaffell, die Wolle nach innen gewendet, wurden mit einer Schärpe um die Taille geschnürt. In weiten Falten herabhängend, verdeckten sie die Schärpen und bildeten zugleich eine Art Tasche, in der alle persönliche Habe, von der unvermeidlichen Holzschale bis zu einem Wurf junger Bulldoggen, verstaut werden konnte. Unterhalb der Taille hing das Gewand wie ein Kilt, dessen Falten ähnlich einem Ballettrock anmutig nach außen schwangen, wenn der Träger sein Pferd oder sein Kamel bestieg. An den Füßen trugen sie grobe Stiefel mit aufwärts gebogenen Spitzen, in deren Schaft die lange Pfeife mit kleinem Metallkopf und schwerem Jademundstück steckte. Außer bei bitterster Kälte wurde das Gewand zurückgestreift getragen, so daß ein brauner Arm und eine Schulter frei waren. In Sining wurde diese urwüchsige Ausstattung meist von einem billigen Homburg gekrönt, der ersten Errungenschaft einer Einkaufstour, für die sie monatelang unterwegs gewesen waren; diese Hüte verstärkten noch den Anflug von Unbedarftheit und Verwirrtheit, der diese Vettern vom Lande trotz ihrer Zähigkeit umgab. An ihrem Gürtel baumelten ein mit Metallbeschlägen verzierter Beutel, der Feuerstein und Zunder enthielt, und ein billiger Dolch in einer Scheide; viele von ihnen trugen auch Breitschwerter, die aussahen, als stammten sie aus dem Antiquitätengroßhandel, und fast alle trugen ein massives Amulett mit einem Buddhabildnis um den Hals. Diese Amulette kamen über Lhasa aus Indien, und ihr Anblick erfüllte uns, wie schon der Papagei in Lantschou, mit vager, durch nichts gerechtfertigter Zuversicht.

Kasernenarrest

Am späteren Vormittag hatten wir für gewöhnlich im Hinterzimmer eines Fotoateliers Platz genommen, das nicht weit vom Jamen des Gouverneurs entfernt lag. Dieses Atelier gehörte Lu Hwa-pu, einem großen, bärenhaften Mann, der während der Kaiserzeit Beamter in Urumtschi gewesen war und ein undeutliches, aber fließendes Russisch sprach. Er war ein Freund der Smigunows und begegnete uns mit herzlicher Freundlichkeit.

Wie viele Stunden haben wir in dem dunklen Kämmerchen zwischen Schriftrollen, Spucknäpfen und wackligen Stühlen zugebracht? Obwohl die Geschäfte des Fotografen offensichtlich florierten, wurde anscheinend doch nur wenig fotografiert. Gelegentlich brachte ein vornehmer Mongole oder Tibetaner seine Frau, die dann halb kichernd, halb erschrocken vor einem verschossenen, fadenscheinigen Stoffhintergrund posieren mußte, auf dem allerlei merkwürdiges Buschwerk von Elementen einer unbegreiflichen Palastarchitektur umrahmt wurde. Die Damen, deren traditionelle Prachtgewänder unweigerlich und nicht zu ihrem Vorteil in einem europäischen Filzhut gipfelten, präsentierten der Kamera zunächst ihre Vorderseite und dann ihre rückwärtige Ansicht: letzteres, um die Fülle von Tschankmuscheln und schwerem Silberschmuck im Bild festzuhalten, mit denen ihr Haar, das ihnen in langen, fettsteifen Strähnen fast bis auf die Knöchel reichte, verziert war. Die Tibetanerinnen sahen besser aus als die Mongolinnen.

Wir tranken eine Tasse Tee nach der anderen und besprachen den Klatsch, den eine nicht abreißende Kette von Besuchern anschleppte. Dieser oder jener mächtige Mongole sei in der Stadt und werde in Kürze nach dem Tsaidam zurückkehren. Diese oder jene uns betreffende Meldung sei nach Nanking gefunkt worden. General Ma Bu-fang, der junge selbstherrliche Militärgouverneur, derzeit zu einem Jagdausflug unterwegs, werde in zwei Tagen, in vier Tagen, nicht innerhalb der nächsten Woche zurückkehren. Der alte, analphabetische Zivilgouverneur wolle uns zurückschicken, könne aber ohne Ma Bu-fang nichts entscheiden. Der Polizeichef sei uns wohlgesinnt. Eine Antwort aus Nanking werde für morgen, für morgen oder übermorgen, für übermorgen oder überübermorgen erwartet ...

So ging das immer weiter. Der freundliche Lu Hwa-pu, sein Freund, der Polizeisergeant mit dem roten Gesicht, der zappelige Funker mit seiner lauten Stimme, der kleine Bucklige mit seinem bezaubernden Lächeln — sie alle und andere mehr kamen und gingen, säten Samen der Hoffnung und rissen die vorzeitig keimende, schwache Saat wenig später wieder aus. Wir blieben immer so lange wie irgend möglich in dem Atelier, teils weil wir nichts anderes zu tun hatten, teils auch weil wir festgestellt hatten, daß es günstig war, die Hauptmahlzeit des Tages möglichst lange hinauszuzögern. Wir benutzten den Hunger dazu, unsere Besorgnisse angesichts der erwarteten Niederlage eine Zeitlang zu betäuben. Wir spielten das Fleisch gegen den Geist aus, versuchten jeden Tag, unsere Schwierigkeiten über dem begierigen, wenn auch tierischen Genuß der Vorfreude auf eine Mahlzeit und ihres schließlichen Verzehrs wenigstens für eine Stunde zu vergessen. Es war ein erbärmlicher Trick, aber er wirkte.

Lu Hwa-pu war der eine unserer beiden wichtigsten Verbündeten in Sining. Der andere war Generalleutnant C. C. Ku vom Generalstab in Nanking. Wie es der Zufall wollte, hatte ich ein Empfehlungsschreiben an Ku von seinem Bruder bei mir, den ich 1933 in der Mandschurei kennengelernt hatte. Ku war ein junger Mann von einunddreißig Jahren. Er hatte an der Cornell University studiert und in Amerika auch seine Militärausbildung erhalten; jetzt leitete er irgendwelche undurchschaubaren Operationen des militärischen Geheimdienstes an der Nordwestgrenze Chinas und befehligte ungefähr fünfzehn junge Offiziere, die entlang der tibetanischen Hochebene verteilt waren. Er war intelligent, charmant, ein ziemlich nüchterner Kopf und trug eine außerordentlich gut sitzende Khakiuniform, dazu eine schicke Pelzmütze. Er wußte von den Smigunows und unseren Schwierigkeiten in Lantschou, aber ich glaube, wir konnten die Bedenken, die ihm deswegen vielleicht gekommen waren, zerstreuen.

Jedenfalls nutzte er, obwohl er Sining leider kurz nach unserer Ankunft verließ, seinen beträchtlichen Einfluß zu unseren Gunsten, schickte einen vertrauenerweckenden Funkspruch über uns nach Nanking und gab uns manchen guten Rat.

Weder ihm noch Lu Hwa-pu offenbarten wir unsere transkontinentalen Ambitionen. Wir wurden zwar manchmal gefragt, ob wir nach Lhasa wollten, aber niemand kam hier auf die Idee, daß sich unsere Pläne auf Sinkiang richten könnten, denn es ist nicht allgemein bekannt, daß die Route, die von Sining dorthin führt, gangbar ist.

Wir machten noch andere Bekanntschaften in der Stadt, aber keine, die uns so sehr zustatten kamen. Da war zunächst unser Gastwirt, ein kleiner, höflicher Mann mit einem Augenleiden, das zur Folge hatte, daß seine Augen ständig tränten. Er sah einem Literaturprofessor, bei dem ich in Oxford studiert hatte, sehr ähnlich und empfahl sich überdies durch die Art, wie er mit uns sprach. Wenn Europäer mit einem Ausländer sprechen, der ihre Sprache offenkundig kaum versteht, heben sie meistens die Stimme und stoßen auf eine einschüchternde Weise allerlei kurze Sätze hervor; die Chinesen tun dies nach meiner Erfahrung nie. Unser Gastwirt *sang* mir etwas vor. Auf einer Kiste in unserem Zimmer sitzend, gurrte er langsame, höfliche, einschmeichelnde Fragen, hob die verschiedenen Stimmhöhen deutlich hervor und skandierte seine Rede wie jemand, der ein fremdartiges, frommes Ritual zelebriert. Dies hatte zur Folge, daß er leicht zu verstehen war, und eines Tages führten wir eine ziemlich lange philosophische Debatte (im Diskant) über die Nachteile einer Republik im Vergleich mit einem Kaiserreich. Er war ein sehr altmodischer kleiner Mann.

Außerdem waren da die Missionare. Der erste, dem wir begegneten, gehörte eigentlich nicht nach Sining. Er war Amerikaner und arbeitete für irgendeine Sekte, von der ich noch nie gehört hatte, in Tangar, dem letzten Dorf in China, eine Tagereise weiter westlich. Getrieben von der plötzlichen und etwas voreiligen Befürchtung, die kommunistische Armee könnte ihm den Weg abschneiden, hatte er sich nach Sining zurückgezogen und spielte mit dem Gedanken, nach Lantschou zu gehen. Wir bemühten uns nach Kräften, seine Befürchtungen, die damals völlig unbegründet waren, zu zerstreuen, und er zeigte sich durch unsere Auskünfte zunächst auch beruhigt; aber nach mehrtägigem Zögern trat er doch heimlich den Rückzug nach Lantschou an, und wir hörten nie wieder von ihm. Er war ein großer, bärtiger Mann, gekleidet wie eine Art nonkonformistischer Holzfäller; er hatte viel Sinn für melodramatische Auftritte, sah ständig hinter sich, riß urplötzlich irgendwelche Türen auf und wollte uns davon überzeugen, daß viel mehr von »diesen Kerlen« Englisch verstanden, als wir uns träumen ließen. Was unsere Chancen betraf, ins Innere zu gelangen, so erklärte er, wir würden auf ein »Netz von Spionen« treffen, aber wenn wir denen entwischten, wären wir fein heraus. In seiner Begleitung waren ein unglücklicher junger Mann mit Zahnschmerzen und zwei Damen, die, nach den basiliskenhaften Blicken zu urteilen, die sie mir und Kini zuwarfen, unserer Verbindung eine romantischere Deutung gaben, als durch die Tatsachen gedeckt war, und Kini wahrscheinlich für eine zweite Jezabel* hielten.

Wir machten auch der katholischen Mission einen Besuch, wo uns ein munterer, zwergenhafter deutscher Pater mit Kaffee und gutem Rat versah und wo Kini eine der Schwestern dazu bewegen konnte, ihr eine herausgefallene Zahnplombe wieder einzusetzen. Man erlaubte ihr freundlicherweise auch, ein Bad zu nehmen, da Frauen im öffentlichen Bad nicht zugelassen waren — einem unappetitlichen Institut, das ich gelegentlich aufsuchte, um mich neben Offizieren der Provinzstreitkräfte in warmem, gänzlich undurchsichtigem Wasser zu suhlen.

Es gab auch eine protestantische Missionsstation, die mit Engländern und Amerikanern besetzt war. Die Missionare waren sehr freundlich, als wir ihnen zum erstenmal begegneten, und einer von ihnen lieh uns ein paar englische Zeitungen; aber obwohl wir mehrmals bei ihnen vorsprechen mußten (sie hatten uns erlaubt, ihre Adresse

* Vgl. 1. Könige, 16,31. (A. d. Ü.)

als Postanschrift zu benutzen), baten sie uns nie herein. Damals kam uns das seltsam vor, aber später erfuhren wir, daß man sie aus Lantschou gewarnt hatte, wir seien den Behörden verdächtig und würden uns noch mancherlei Ärger einhandeln. Die Stellung eines Missionars ist in hohem Maße von seinem Verhältnis zu den örtlichen Beamten abhängig. Deshalb wäre es unvorsichtig gewesen, sich mit Leuten einzulassen, die den örtlichen Beamten möglicherweise unerwünscht waren. Und trotzdem, wenn ich an ihrer Stelle gewesen wäre, wohnhaft hinter dem Ende der Welt, wo man höchstens ein-, zweimal im Jahr ein neues Gesicht aus der Außenwelt sieht — ich glaube, ich hätte das Risiko auf mich genommen und uns zum Essen eingeladen.

Mit dem Nachtleben ist es in Sining nicht weit her. Abends kehrten wir in unseren Gasthof zurück, flickten die neuen Löcher, die die Zeigefinger der Neugierigen in unsere Papierfenster gebohrt hatten, und saßen dann lesend oder schreibend auf dem K'ang, die Kohlepfanne zwischen uns. Um diese Tageszeit kam oft ein Gefühl von Verlorenheit und sogar Wehleidigkeit auf. Die Welten, die wir kannten, schienen sehr weit weg, und wir hatten sie anscheinend ohne Ziel und Zweck verlassen. Unser Einsatz hatte sich nicht ausgezahlt. Nach Sining konnte jeder kommen; wenn man ein Flugzeug nahm und die Autostraße offen war, ließ sich die Reise von Peking in weniger als einer Woche bewältigen. Wir hatten uns mehr als einen Monat lang quer durch China geschlagen. Wenn unsere Reise sich nun hier totlaufen sollte, so war sie nichts weiter als eine Verschwendung von Zeit und Geld gewesen, wie sie sich eigentlich keiner von uns leisten konnte. Kein Wunder, daß sich Kini nach der Skisaison sehnte und daß ich wehmütig und schuldbewußt an den attraktiven Posten dachte, der mir drei Monate zuvor telegraphisch angeboten worden war und dessen Annahme ich wegen dieser Reise leichtfertig hinausgezögert hatte. Wir waren die ständige Anspannung leid; wir waren das nutzlose Zusammentragen von Gerüchten leid; wir waren das Gestrüpp der Bürokratie leid, in dem wir uns verirrt hatten.

Aber zum Glück war keiner von uns den anderen leid, und immer wieder gelang es mir oder ihr, den anderen durch eine besonders düstere oder besonders alberne Bemerkung plötzlich zum Lachen zu bringen. Dann schrumpften die Meditationen, das Bedauern, die Klagen um ferne, verflossene Dinge sehr rasch, und zurück blieb das Bewußtsein von dem, was um uns war: das Kerzenlicht, die Kohlenglut, der Wasserkessel. Wir sahen das Leben, unser Vorhaben und uns selbst wieder in den richtigen, nämlich lächerlichen Proportionen. Was machte das alles denn schon aus? Es hätte längst viel schlimmer kommen können. Wir hatten noch eine Chance. Komm, wir machen Tee.

Und bald packte uns eine neue Besessenheit, diesmal von der ausgelassenen Art, und wir schmiedeten phantastische Pläne, die zum Erfolg führen mußten. Wenn es zum Äußersten käme, würden wir einfach durchbrennen, nach Kumbum gehen (das konnten sie uns nicht verbieten), den größten Teil unseres Gepäcks über Bord werfen, querfeldein weiterziehen und uns irgendwo westlich von Tangar in den Bergen eine Karawane suchen. Hätten wir doch nur einen Führer gehabt, jemanden, dem wir vertrauen konnten . . .

So redeten wir, hitzig und töricht, bis die Kerzen niedergebrannt waren. Dann zogen wir die Stiefel aus, hüllten uns in die Mäntel und legten uns zum Schlafen auf den K'ang. Wenn tagsüber ein Wind geweht hatte, waren der K'ang und alles andere im Zimmer mit einer ein Zentimeter dicken Schicht aus feinem Staub bedeckt.

Meistens hatte ein Wind geweht.

Das große Lamakloster

Ich habe vergessen, wie und wann genau wir erfuhren, daß wir unsere Visa bekommen würden. Ich erinnere mich nur noch an unsere ungläubige, zaghafte Freude. Nanking hatte sich offenbar geweigert, die Sache auszubaden. Man hatte die ganze Angelegenheit in das Ermessen der örtlichen Behörden gestellt, und wir hatten uns inzwischen mit solchem Erfolg als Unschuldslämmer aufgeführt, daß die örtlichen Behörden keinen Grund sahen, uns den Ausflug an den Kuku-nor zu verweigern; unsere Pässe würden binnen weniger Tage fertig sein.

Binnen weniger Tage? Ich witterte neues Ungemach. Unsere Urlaubszeit, so drängte ich, sei kurz; wir hätten schon mehr als eine Woche in Sining verloren. Ob sich die Formalitäten nicht ausnahmsweise und uns zuliebe beschleunigen ließen?

Sie ließen sich anscheinend nicht sehr beschleunigen. Aber wir hätten doch den Wunsch geäußert, Kumbum zu besuchen. Die Behörden würden sich glücklich schätzen, für unsere Beförderung und den nötigen Begleitschutz zu sorgen. Bei unserer Rückkehr würden die Pässe bereitliegen.

Die Beförderung bestand aus einem Pekingwagen. Den Begleitschutz bildete ein nicht sehr wehrhafter Greis mit spindeldürren Beinen, eine Vogelscheuche in Uniform mit einem runzligen Pergamentgesicht. Er wirkte alarmierend zerbrechlich, und wir hofften aufrichtig, es möge sich kein heftiger Wind erheben, da er uns dann gewiß abhanden kommen würde. Er hatte ein weißes, ebenfalls betagtes Pony bei sich, und auf dessen Rücken, in einen fadenscheinigen Mantel gehüllt, kauerte er nun wie im Koma und beschützte uns.

Am frühen Morgen des 18. März zogen wir durch das Südtor und holperten in südwestlicher Richtung ein kleines Flußtal entlang. Man sollte meinen, wir wären überglücklich gewesen, der Stadt den Rücken zu kehren, die, so kam es uns vor, lange Zeit wie ein Gefängnis für uns gewesen war. Aber die rechte Erleichterung wollte sich nicht einstellen, weil uns plötzlich die Panik befiel, man werde uns bei unserer Rückkehr die Pässe unter irgendeinem Vorwand doch nicht aushändigen. Der Tag war heiß und der Weg staubig. Ein leicht beladener Pekingwagen fährt etwas zu schnell, als daß die Passagiere noch nebenherlaufen könnten; ich bedauerte das, denn er ist ungefedert und wird sehr bald zu einer Folterkammer auf Rädern.

Trotzdem war es aufregend, wenn wir gelegentlich kleinen Gruppen von Tibetanern begegneten. Die wilden, dunkelhäutigen Gesichter unter den Fuchspelzmützen von lebhafter Neugier erfüllt, die Scheiden ihrer Schwerter quer über dem Sattel, trabten sie auf ihren struppigen Ponys munter dahin. Gegen ein Uhr sahen wir von einer kleinen Anhöhe aus unter uns das große Kloster Kumbum. Seine farbigen Dächer, eines davon mit vergoldeten Ziegeln gedeckt, drängten sich an den steilen Abhängen einer engen, spärlich bewaldeten Schlucht; die Tempel auf der einen Seite, die niedrigen Schlafhäuser der Lamas mit ihren weißen Wänden auf der anderen. Überall auf den schmalen, steilen Wegen zwischen den Gebäuden waren aus der Entfernung winzig klein wirkende Gestalten in dunkelroten Gewändern unterwegs. Anhaltend dröhnte ein Gong.

Kumbum bedeutet »hunderttausend Bildnisse«. Die Legende bringt dieses Kloster, das eines der reichsten und wichtigsten in ganz Tibet ist, mit Tsong-ka-pa in Verbindung, der die Gelbe Kirche der Lamas gründete (so genannt nach ihrem zeremoniellen Kopfschmuck, der gelb statt rot ist) und auf diese Weise eine Reform der damals rasch in Verruf geratenden Priesterschaft einleitete. Um das Jahr 1360 wurde Tsong-ka-pa irgendwo in der näheren Umgebung des heutigen Kumbum geboren. Mit sieben Jahren wurde ihm der Kopf geschoren, ein wesentlicher Schritt bei der Vorbereitung auf die kirchliche Laufbahn; seine Mutter verstreute das Haar auf der Erde, wo es Wurzeln schlug und nach einiger Zeit in Gestalt eines Sandelholzbaums wieder emporwuchs. Auf den Blättern dieses Baumes war wunderbarerweise das Bild Tsong-ka-pas eingeprägt, und begreiflicherweise entstand in seiner Nähe ein Kloster. Gelehrtere Reisende als ich haben widersprüchliche Berichte über diese fotografischen Blätter mitgebracht; zweifelsfrei festzustehen scheint indessen nur, worauf man auch ohne Augenschein hätte kommen können: daß die Lamas diese Blätter verkaufen. Als wir Kumbum besuchten, gab es allerdings keine.

Während wir zu den farbenfrohen, bizarren Gebäuden hinabstiegen, glaubte ich plötzlich zu wissen, daß wir, auch wenn die politische Landkarte Asiens etwas anderes sagte, China endgültig hinter uns gelassen hatten. Es war nicht so sehr der offenkundige Unterschied in der Architektur als vielmehr ein schwerer faßbarer Unterschied in der Atmosphäre. Es herrschte hier eine Strenge, eine Selbstgenügsamkeit, eine Zurückhaltung, wie sie dem fügsamen, versöhnlichen, verantwortungsscheuen China fremd war; es gab da etwas, das von der Zeit kaum und vom Abendland noch gar nicht berührt worden war, etwas, das noch nicht genötigt gewesen war und vielleicht auch nie genötigt sein würde, sich als anpassungsfähig zu erweisen und zu verändern — etwas, ob im Guten oder Schlechten, Unwandelbares. Wahrscheinlich weckte das Wenige, was ich über China wußte und was ich über Tibet gelesen oder mir zusammengereimt hatte, diesen Eindruck in mir; aber es gab einen Unterschied, auch wenn ich ihn wegen meiner vorgefaßten Ansichten vielleicht nicht richtig umrissen habe.

Wenn man sich Kumbum nähert, erblickt man zunächst acht weiße »Tschorten«. Soviel ich weiß, sind sie dem Andenken von acht Lamas gewidmet, die von den Chinesen getötet wurden (vielleicht während des Moslem-Aufstands in den sechziger Jahren des 19. Jahrhunderts, als viele von ihnen niedergemetzelt und ihre Tempel zum Teil geplündert wurden). Wir überquerten eine kleine Brücke, fuhren an den Tschorten vorbei und wendeten uns dann nach links, in ein Labyrinth von Gebäuden, deren trapezförmige, sich nach oben verbreiternde Fensterchen uns wie unter gesenkten Lidern und gerunzelter Stirn anzustarren schienen. Von den zittrigen Weisungen unseres betagten Begleitschutzes geleitet, hielt der Wagen vor dem Tor eines großen, sauberen, rosa getünchten Gebäudes, durch das wir auf den Haupthof gelangten. Er war von einer mit Holzschnitzereien verzierten Galerie umgeben, von der die oberen Räume abgingen. In einer Ecke waren zwei Kamele mit ihren Halftern angebunden. Mehrere Lamas in dunkelroten Gewändern, deren verschmitzte, fröhliche, irdische Mienen durch nichts an die gewaltigen Mysterien erinnerten, mit denen man ihren Beruf gewöhnlich in Verbindung bringt, kamen aus verschiedenen Türen auf uns zu und begrüßten uns kichernd. Anscheinend waren wir in eine der eher weltlichen Abteilungen des Klosters geraten, wo Amtsgeschäfte abgewikkelt und offizielle Gäste empfangen wurden.

Der Oberlama, ein alter Mann mit einem prachtvollen Römerkopf, führte uns in ein kleines getäfeltes, von tiefen Schatten erfülltes Zimmer, wo wir eine Zeitlang saßen und einander gelegentlich nichtssagend anstrahlten. Dann wurde Tee hereingebracht und mit ihm, von Butterscheiben flankiert, eine Pyramide aus einer schmutziggrauen pulvrigen Substanz. In dem schummrigen Licht konnten wir nur raten, was es war. Zuerst glaubten wir, es sei Zucker, dann hielten wir es für Salz, und schließlich kamen wir zu dem Schluß, es handele sich um sehr feine graue Asche, wie man sie in den tragbaren Kohlepfannen in japanischen Gasthöfen sieht. Wir kosteten davon und einigten uns darauf, daß es Sägemehl war, möglicherweise von dem heiligen Baum. Erst mit der Zeit dämmerte uns, daß wir *tsamba* vor uns hatten, geröstetes Gerstenmehl: *tsamba,* das während der nächsten Monate unser Hauptnahrungsmittel sein sollte; *tsamba,* von dem noch ausführlich die Rede sein wird. Wir waren noch sehr unerfahren.

Nachher wurden wir im Kloster herumgeführt. Die wenigen Wörter Chinesisch, die mir zu Gebote standen, waren leider kein Schlüssel zu seinen Geheimnissen, und uns war schmerzlich bewußt, daß wir uns in einem Nebel aus Ahnungslosigkeit bewegten, der die Bedeutung von allem, was wir sahen, verhüllte. Überall in den Höfen liefen oder hockten Lamas mit geschorenen Köpfen in roten oder gelben Gewändern herum. Andere saßen in langen Reihen im Halbdunkel der Tempel, intonierten unablässig ihre Gebete, die in rhythmischen, hypnotisierenden Klangwellen zu den dunkelroten Pfeilern und hängenden Teppichen aufstiegen, zwischen denen ein matter Glanz den lächelnden, riesigen Gott verriet. Hier, im größten Tempel, während ich von der Empore auf die dicht gedrängt sitzenden Gestalten hinuntersah, begriff ich für einen Augenblick und zum erstenmal etwas von dem dunklen, mächtigen Zauber, den der abendländische

Aberglaube so gern in den heiligen Stätten des Orients ansiedelt. Ich hatte, wie jeder Reisende, schon viele Tempel besucht; aber noch nie war ich in einem gewesen, wo mich, wie hier, jenes gespannte, prickelnde Frösteln befiel, das wohl eine Mischung aus spiritueller Ehrfurcht und körperlicher Angst ist.

Außerhalb des Haupttempels drehten Pilger, die mit ihren Schaffellen und ihren Pelzmützen fremdartig wirkten, in der Sonne glänzende Gebetsmühlen oder wanderten langsam um das Gebäude, das sie, wie es der Brauch verlangte, stets auf ihrer rechten Seite behielten. Andere warfen sich mechanisch, fast geistesabwesend immer wieder vor den großen Toren, die den Buddha verbargen, zu Boden und schoben sich in tiefen Mulden, die Generationen von Vorfahren in den Holzfußboden gescheuert hatten, hin und her; in der Art, wie sie uns Seitenblicke zuwarfen, wie sie verstohlen ihre Lippen bewegten, wie sie sich schlaff zu Boden sinken ließen und wieder aufrafften, erinnerten sie mich an eine Klasse kleiner Jungen, die in Abwesenheit des Lehrers weiterhin Gymnastik treibt.

Dann betraten wir ein Labyrinth von Galerien und kleinen Kammern, auf deren Wandtäfelungen Zwerge und Dämonen, halb Tier, halb Mensch, dabei waren, Sünder zu zerstückeln oder sonstwie zu behelligen, deren Angst sehr anschaulich dargestellt war; die Dämonenwelt wirkte auf diesen Wandbildern so kraftvoll und eindringlich, wie ich es in China nirgendwo gesehen hatte. Ausgestopfte Tiger, Bären und Jaks mit glänzenden Flanken, die von rituell angewendeter geschmolzener Butter trieften, glotzten mit angemalten Augen von hölzernen Balkonen herunter. In der Klosterküche standen drei große Kupferkessel zur Zubereitung des Tees für das Butterfest, das wichtigste Fest des Jahres. Es gab viel Sonderbares in Kumbum; wir sahen es, aber wir konnten es nicht verstehen, und der Leser möge mir (hier wie anderswo) meine dürre, oberflächliche Schilderung von vielem verzeihen, was seine Neugier wecken mag. Er findet hier keine Daten, keine Zahlen und kaum Tatsachen; aber da uns Dolmetscher und Handbuch fehlten, müssen wir um so mehr nach Wahrheit und Objektivität streben und es dabei belassen.

Eine knappe Meile von Kumbum entfernt ist in jüngerer Zeit (vor Rockhill, aber nach Huc*) der kleine chinesische Handelsposten Lusar entstanden; wir hatten Grund zu der Annahme, daß wir dort einen reichen, mächtigen moslemischen Kaufmann namens Ma Schin-te antreffen würden. Smigunow, der mit ihm Geschäfte gemacht und Freundschaft geschlossen hatte, hatte ihn uns als den Mann empfohlen, der uns die besten Ratschläge für unsere Reise ins Tsaidam geben könne, wo er viel mit den Mongolen zu tun habe; er sei ein braver, freundlicher Mann, hatte Smigunow gesagt, und verfüge über eine der wichtigsten Voraussetzungen für den geschäftlichen Erfolg in China — er sei durch Heirat mit dem Militärgouverneur der Provinz verwandt. Deshalb wanderten wir am Abend, schon ganz steif von unserer Besichtigungstour, noch nach Lusar hinüber. Unseren unglücklichen Begleitschutz, der offenbar kurz vor dem Zusammenbruch stand, ließen wir zurück.

Die flachen Lehmdächer von Lusar zogen sich in Stufen an den Hängen einer flachen Schlucht hinauf. Kamele wurden von den Weiden heruntergetrieben und strömten von allen Seiten auf das Dorf zu. Es war ein ermutigender Anblick, denn es bedeutete (vielleicht), daß eine Karawane zusammengestellt wurde und bald nach Westen aufbrechen würde. Am Hause Ma Schin-tes gab uns eine Auswahl seiner zahlreichen Nachkommenschaft zu verstehen, der Vater sei bei der Abendandacht, und wir erklärten uns bereit, am nächsten Tag noch einmal vorzusprechen.

Auf dem Rückweg nach Kumbum entdeckten wir an der Wand eines Heiligtums überraschenderweise ein antiimperialistisches Plakat. Es richtete sich vor allem gegen Japan, das als dicker, dummer Angler dargestellt war, der gerade dabei war, einen Fisch (die Mongolei) von seinem Angelhaken in einen Korb zu stecken, der schon ein

* Evariste Regis Huc (1813–1860), französischer Missionar, seit 1839 in China. Zu Rockhill vgl. Fn. S. 55. (A.d.Ü.)

schwammiges Gebilde in der Form von Mandschukuc enthielt; es hing noch ein zweites Plakat da, auf dem Sinkiang, Tschinghai und Lhasa aus westlicher Richtung von einem Löwen (der die kommunistischen Truppen aus Szetschwan darstellte) und aus östlicher Richtung von einem Tiger bedroht wurden, der, wie ich zu meiner Beschämung erfuhr, Großbritannien versinnbildlichte.* Obwohl kaum einer von fünfzig, die das Plakat sahen, chinesische Schriftzeichen lesen konnte oder auch nur die leiseste Ahnung davon hatte, was es bedeutete, war es doch seltsam, Anzeichen von politischem Bewußtsein in einem so abgelegenen Winkel Asiens zu finden.

Der Obrigkeit entronnen

Nicht alle Lamaklöster sind schmutzig. Das getäfelte Zimmer im Oberstock, in dem wir in dieser Nacht schliefen, war die sauberste Unterkunft, die uns seit langem zuteil wurde, und auf dem hölzernen K'ang lagen sogar Teppiche. Ein freundlicher, aufgeweckter junger Klostergehilfe servierte uns ein Abendessen aus halbgarem Mien, außerdem brachte er Waschwasser und kümmerte sich um die Kohlepfanne. Eine gegen Wind und Staub geschützte Bleibe war inzwischen ein großer Luxus. Wir schliefen tief und fest.

Morgens erwachten wir im Widerstreit zweier Geräusche. In den kahlen Bäumen nahe unserem Fenster veranstalteten Krähen und kleine Dohlen ein Geschrei, das mich im Halbschlaf an das frühmorgendliche Krakelen einer Krähenkolonie in Oxfordshire erinnerte, während durch ihr Gekrächz von dem Berg hinter den Tempeln die urtümlichen Klänge von Muschelhörnern, Trommeln und Gongs herüberdrangen. Für einen Augenblick befand ich mich in einem Niemandsland, war weder hier noch dort; dann öffnete ich die Augen, sah die dicken Decken-

* Der Löwe war schneller. Im Herbst 1935 berichtete der *North China Herald*, mongolische und tibetanische Truppen würden in der Umgebung von Sining gegen die Kommunisten kämpfen.

balken über mir sowie das bräunlich karierte Rechteck des Papierfensters und fühlte meinen zusammengerollten Mantel unter dem Kopf. Ich war also hier, na, schön.

Mit ungeschickten Fingern aßen wir zum Frühstück etwas *tsamba,* wozu einige Übung beim Mischen und Kneten erforderlich ist; dann gingen wir nach Lusar, vorbei an den Tschorten und einem Markt am Straßenrand, wo Männer auf dem Boden hockten und allerlei Plunder feilboten: Breitschwerter aus zweiter Hand, von Grünspan bedeckte Gewehrpatronen, Päckchen japanischer Nadeln, Stoffe und verschiedene zu armseligen Häufchen aufgetürmte, lokale Heilmittel.

Bei Ma Schin-tes Haus gaben wir unsere Visitenkarten ab, dazu auch die von Smigunow, und saßen schon bald in einem kleinen ausgeschmückten Zimmer, in dem nicht weniger als acht keineswegs übereinstimmende Uhren standen. Ma, ein typischer Moslem — mit Adlernase, bärtig, kräftig, eine Samtkappe auf dem Kopf —, war überaus freundlich und nötigte uns zu Tee mit Zucker und Brot. Ein halbes Dutzend seiner Söhne, alle mit leicht levantinischem Einschlag, waren ebenfalls zugegen, und die ganze Familie beratschlagte, wenn mir eine chinesische Einlassung nicht recht gelungen war. Gegen Ende unserer Reise sprach ich soviel schlechtes Chinesisch, wie wir unterwegs brauchten. Aber in diesem Stadium war mein Wortschatz sehr knapp bemessen, und ich frage mich noch heute, wie es mir gelang, diese entscheidende Unterredung erfolgreich zu bestehen.

Schon unsere Anwesenheit in dieser Gegend und unsere Identität erforderten ausführliche Erklärungen, aber das ließ sich mit einer Kette von Ortsnamen, verbunden durch einfachere Verben der Bewegung, noch bewerkstelligen. Es war auch nicht viel schwieriger, das Schicksal der Smigunows zu erklären, denn die Wörter für »Paß« und »nicht in Ordnung« waren uns inzwischen schmerzlich vertraut. Wirklich schwierig wurde es, als ich unser Anliegen zu erläutern versuchte und um Unterstützung bat.

Doch irgendwie gelang auch das, sogar mit denkbar glücklichem Ausgang. Denn Ma verstand unsere Bedürfnisse (auch wenn er, wie sich noch zeigen wird, mein Gestotter in einem wichtigen Punkt falsch deutete) und war bereit, sie zu befriedigen. Soweit wir verstanden — und ich betete darum, daß wir uns nicht getäuscht hatten —, sollte einer seiner Handelsagenten, ein gewisser Li, in acht oder neun Tagen mit einer mongolischen Karawane nach dem Tsaidam aufbrechen; wir konnten mit Li reisen, er würde für uns kochen, sich um die Tiere kümmern und ganz allgemein unsere Interessen schützen. Li wurde herbeigerufen — ein schüchterner, liebenswürdiger junger Mann mit wettergegerbtem Gesicht und sehr schmalen Schlitzaugen. Wir verabredeten, daß wir uns am 23. des chinesischen Monats, also am 27. März, in Tangar treffen würden.

Aber Ma, obgleich gerne bereit, zwei Verrückten ihre Launen zu lassen, war doch um unsere Sicherheit besorgt. Der Weg sei schwierig, sagte er, und es gebe in der Gobi viele böse Leute. Es wäre doch *überaus* ungut, wenn ... Er fuhr mit der flachen Hand an seiner Kehle entlang und lachte entschuldigend.

Ich lachte auch und tat unbesorgt. Wir seien, so versicherte ich ihm wahrheitswidrig, schwer bewaffnet, mit zwei großen, ausländischen Gewehren, und zwar sehr guten. »Übel Leute keine Bedeutung«, erklärte ich.

Ma stimmte zu. »Große Feuerwaffen haben, dann übel Leute gar keine Bedeutung.« Er fügte jedoch hinzu: »Klein Herz, Tag zu Tag, klein Herz!«, was bedeutete, daß wir die ganze Zeit über gut aufpassen sollten. Ich setzte eine wachsame Miene auf und gab mir alle Mühe, ihm zu verdeutlichen, daß wir vorsichtige Leute seien. Schließlich sagte ich, denn es war schon von einem militärischen Begleitschutz die Rede gewesen, wir seien keine Leute von Rang und hätten weder Anspruch auf eine Eskorte, noch seien wir erpicht darauf; unsere Sicherheit werde uns ganz und gar dadurch garantiert, daß wir unter der Schirmherrschaft Ma Schin-tes reisten. Ob er uns nicht an den Sekretär des Gouverneurs einen Brief schreiben könne, den wir dann nach Sining mitnehmen würden, als Beweis dafür, daß wir unsere Reisevorkehrungen getroffen hätten und offizieller Beistand nicht vonnöten sei?

Das alles wurde natürlich in einer wüsten Mischung aus Pidgin und Pantomime übermittelt; aber Ma verstand, was ich sagen wollte, und versprach, einen Brief zu schreiben und ihn mir vor unserer Abreise von Kumbum zu übergeben. Vor Dankbarkeit und Triumphgefühl strahlend nahmen wir Abschied und kehrten zum Kloster zurück.

Nach zwei Stunden fieberhaftem Rätselraten war ich körperlich erschöpft. Einige meiner Mutmaßungen waren ziemlich verwegen gewesen; später, bei einem zweiten Besuch in Lusar, erfuhr ich, daß ich, als sich Ma nach einem Blick auf Kini und dann auf mich nach ihrem Alter erkundigte, ohne zu zögern, geantwortet hatte: »Nein. Nur Freunde!« Wir müssen ihnen ziemlich sonderbar vorgekommen sein.

In Kumbum riefen wir den Fuhrmann und unseren vogelscheuchenhaften Leibwächter herbei, schenkten den entzückten Lamas vier Silberdollar und einen Füllfederhalter, ließen Mas beschwichtigenden Brief holen und machten uns auf den Weg nach Sining. Bevor wir aufbrachen, veranlaßten wir den Oberlama, unsere chinesischen Pässe mit dem offiziellen Siegel des Klosters zu versehen, für den Fall, daß uns die Macht der Umstände nach Süden in das eigentliche Tibet verschlagen sollte. Die Rückreise war unbequem, denn es wehte ein scharfer Wind. Als wir nach Einbruch der Dunkelheit in Sining ankamen, waren wir starr vor Kälte, und der schmuddelige Gasthof bot uns willkommene Zuflucht.

Früh am nächsten Morgen suchten wir den Jamen des Gouverneurs auf. Aber der Sekretär, der uns zu der Unterredung mit dem Gouverneur begleiten sollte, hütete mit Bauchschmerzen das Bett, und als er sich schließlich erhob, entstand weitere Verwirrung um unser Treffen; zuletzt bekamen wir Ma Bu-fang gar nicht zu Gesicht, der nach allem, was zu hören war, ein energischer junger Autokrat sein muß und seine Untergebenen in Angst und Schrecken versetzen kann. Unsere Pässe, so hieß es, seien noch nicht ganz fertig; um die Mittagszeit würden wir sie bekommen. Um die Mittagszeit wurden wir noch einmal auf den Abend vertröstet, und böse Vorahnungen beschlichen mich. Sie halten uns zum Narren, dachte ich; hier kommen wir nie weg.

Trotzdem taten Kini und ich voreinander so, als stände die Abreise kurz bevor. Deshalb hatten wir alle Hände voll zu tun. Die Vorräte und Ausrüstungsgegenstände, die Lu Hwa-pu prophylaktisch für uns bestellt hatte, mußten abgeholt und bezahlt werden: Mehl, Reis, Teeziegel und farbige Stoffe für Tauschgeschäfte, ein Kochtopf und ein Gerät, das von fern an eine Bratpfanne erinnerte, ein langes Stück Draht zum Reinigen der Krähenflinte, Zucker, Mien und vieles andere. Außerdem war da noch das Zelt, ein sehr kleines Zelt, von Kini selbst nach dem windfesten Modell entworfen, das sie in Russisch-Turkestan benutzt hatte. Es war hier vor Ort aus Baumwolle angefertigt worden und kostete fünfzehn Shilling. Als wir es im Hinterhof von Lu aufstellten, sah es aus wie ein fauler Witz.

Um fünf Uhr ging ich noch einmal zum Jamen: vorbei an den herumlungernden Posten, vorbei an dem Wandbild, das Japan als Bauchredner mit der Puppe Mandschukuo auf den Knien darstellte, in das längst vertraute kleine Vorzimmer, in dem Wächter und Untergebene Tee tranken und plauderten. Ich gab meine Karte ab. Minuten vergingen. Endlich kam jemand heraus und sagte, der Sekretär des Gouverneurs sei bereit, mich zu empfangen.

Der Sekretär hatte wieder Bauchschmerzen. Er blickte mürrisch drein, zerfallen mit der Welt und dem Leben, und seine Stimmung machte mir angst. Aber alles war gut; er überreichte mir ein großes, dünnes Blatt Papier, auf dem ein rechteckiger dunkelroter Stempel die tanzenden Schriftzeichen beglaubigte. Am liebsten hätte ich einen Freudenschrei ausgestoßen. (Es war allerdings, wie sich später herausstellte, doch kein richtiger Paß; ein richtiger Paß hätte in Tibetisch und in Chinesisch ausgestellt sein müssen, unserer hingegen war nur in Chinesisch ausgestellt. Aber darauf kam es schließlich dann doch nicht an.)

An diesem Abend verließen wir den verhaßten Gasthof und schliefen bei Lu Hwa-pu in einem Durcheinander von

Kisten und Ballen wie am letzten Tag vor den Ferien in einem Internat. Im Morgengrauen wurden zwei Pekingwagen, die uns die Behörden für die Tagereise nach Tangar zur Verfügung stellten, unter den neugierigen Blicken einer großen Zahl von Menschen beladen. In ihrer Mehrzahl, so bildete ich mir ein, hatten diese Leute in bezug auf uns jenen vorübergehenden Besitzerstolz empfunden, den Zirkuselefanten während ihres einwöchigen Aufenthalts in einem Landstädtchen den dortigen Kindern einflößen. Wieder hatte man uns einen Begleitschutz mitgegeben; aber der stattliche Bursche war überglücklich, als ich ihm meine Visitenkarte überreichte, die er — nach zweitägigem, ausgiebigem Opiumgenuß daheim — den Behörden vorlegen würde, zum Zeichen dessen, daß er seine Mission nach Tangar pflichtgemäß erfüllt hatte.

Schließlich war alles bereit. Ich schlich noch einmal in das kleine Zimmer hinauf, in dem wir so oft Pläne für diesen Augenblick geschmiedet hatten, und ließ etwas Silbergeld zurück; Lu hatte sehr viel für uns getan, aber er hatte sich voller Empörung gesträubt, als wir uns dafür erkenntlich zeigen wollten. Wir verabschiedeten uns. Peitschen knallten, und die kleinen, mit einer Plane gedeckten Karren krochen die Straße hinunter dem Westtor zu.

Schon bald waren die Mauern von Sining, die uns für zehn bedrückend lange Tage eingeschlossen hatten, nichts weiter als ein graubrauner, zinnengezackter Streifen quer durch das Tal, in dem wir langsam westwärts zogen. Es war der 21. März.

Die guten Samariter

Frierend, durchgerüttelt, staubbedeckt erreichten wir nach Einbruch der Dunkelheit Tangar. Eine enge Schlucht zwischen schroffen Felsenbergen, die unter einem tief hängenden Himmel an das schottische Hochland erinnerte, hatte sich in der Dämmerung geöffnet, und vor uns am Ufer des Flusses lag ein befestigtes Dorf. Der

Gasthof, den unsere Fuhrleute als den besten bezeichneten, war belegt. Es dauerte eine Weile und bedurfte vielen Geschreis und Fackelleuchtens, bis wir in einem anderen weiter unten an der Straße ein dürftiges Quartier gefunden hatten. Wir besorgten uns etwas zu essen und begaben uns dann zur Ruhe, wobei wir zum erstenmal die geräumigen Schlafsäcke benutzten, die wir uns in Sining aus schwarzen und weißen Schaffellen hatten anfertigen lassen. Zum erstenmal wären wir ohne sie ausgekommen; unter dem K'ang brannte ein Feuer, und um Mitternacht wußten wir, wie man sich als Rostbraten fühlt.

Oft sprachen wir über das Glück. Je weiter wir nach Westen kamen, desto wichtiger wurde es. In Sining zum Beispiel hatten wir Glück gehabt, als wir Lu Hwa-pu und General Ku fanden, die Freunde und Dolmetscher, die uns bei den dortigen Verhandlungen unentbehrlich gewesen waren; ohne Glück wären wir in Sining wahrscheinlich gescheitert. Hier in Tangar kam es nun noch einmal darauf an, daß wir auf die Füße fielen. Ich halte nicht viel von ausgefeilten Plänen und sorgfältigen Vorbereitungen von langer Hand (obgleich natürlich der Abstand, in dem sie ihr Ziel schließlich verfehlen, oft die beste Pointe der ganzen Reise ist). Vor allem für so ahnungslose und unerfahrene Reisende wie uns gab es auf die Frage »Was sollen wir tun, wenn wir hinkommen?« nur eine Antwort: »Erst mal hinkommen und dann sehen, was sich ergibt.«

Nun, hingekommen waren wir. Wir hatten den Punkt erreicht, an dem tausend Meilen ödes, kaum bereistes Land vor uns lagen, das wir durchqueren mußten, ehe wir, wenn wir Glück hatten, auf den nächsten Ort treffen würden, wo Menschen in Häusern lebten, wo es Läden gab, in denen man etwas kaufen konnte (und auch dieser Ort war nur eine kleine Oase am Rand der tückischsten Wüste der Welt und obendrein von aufständischen Truppen besetzt). Es war klar: Irgend etwas würde sich ergeben müssen; eine ordentliche Portion Glück hatten wir bitter nötig.

Meiner Meinung nach stand sie uns auch zu. Ich hege die abergläubische Überzeugung, daß jedes unwahrscheinliche Unterfangen, solange man es nur vernünftig und maßvoll vorantreibt, von Zeit zu Zeit eine Art heiliges Anrecht auf eine Portion Glück hat. Alles andere mag schlimmstes Pech sein, aber hin und wieder darf man eine unmißverständliche Manifestation von Glück, und sei sie noch so geringfügig, erwarten — und sogar einfordern, wenn man weiß, an wen man sich mit seiner Forderung wenden muß. Seit wir Peking fünf Wochen zuvor verlassen hatten, war das Glück immer gegen uns gewesen; vom Verlust der Smigunows abgesehen, hatte uns das Schicksal zwar keine spektakulären Treffer versetzt, aber wir hatten die ganze Zeit über nach Punkten verloren. Seit dem Augenblick, als wir den Anschluß auf der Lunghai-Bahn verpaßt hatten, war alles unauffällig, aber beharrlich gegen uns gelaufen. Es gab nichts, wovon wir dankbar hätten sagen können: »Da hatten wir aber mal Glück.« Nicht einmal auf den Beistand von Lu Hwa-pu traf das zu, denn von ihm hatten wir im voraus gewußt. Ich fand, dieser Zustand habe nun lange genug angedauert.

Das Schicksal war offenbar der gleichen Ansicht. In Tangar hatten wir Glück. Hilfe kam aus einer Richtung, aus der wir sie nicht erwarten durften: von den Missionaren. Sie gehörten der gleichen protestantischen Mission an, deren Vertreter in Sining vorsichtigen Abstand zu uns gewahrt hatten. Sie hießen Mr. und Mrs. Marcel Urech; er war Schweizer, sie Schottin. Wir besuchten sie an unserem ersten Morgen in Tangar.

Wir besuchten sie einerseits aus Höflichkeit, denn mehr als ein paar freundliche Ratschläge erhofften wir uns nicht, und andererseits, weil wir ihre Adresse als Postanschrift verwendet hatten. Nicht, daß wir Post bekommen oder auch nur erwartet hätten — auf diesen Luxus mußten wir für sieben Monate verzichten; aber Kini hatte in Lantschou — ob in einem Anfall von Unerschrokkenheit oder aus Vergeßlichkeit, will ich hier nicht erörtern — eine Pistole und etwas Unterwäsche, an der ihr viel lag, zurückgelassen, und wir hatten brieflich darum gebeten, man möge uns die Sachen nachsenden. Kini hatte diese Pistole auf meinen Rat von einem Diplomaten in Peking erworben und behauptete, sie habe auf dem Gelände der französischen Gesandtschaft zahllose Flaschen mit ihr zertrümmert. Ich konnte mir kein Urteil darüber bilden, was es mit dieser Prahlerei auf sich hatte, denn die Pistole hat uns nie erreicht. Die Behörden in Lantschou weigerten sich, ihre Versendung auf dem Postweg zu genehmigen. Die boshafte Bemerkung, die sie uns auf diese Weise noch nachriefen, schien uns ihrer nicht würdig.

Jedenfalls betrachteten wir unseren Besuch bei den Missionaren nur als Nebensache. Sie waren freundlich, wie die in Sining; aber anders als in Sining wurden wir auch mit großen Mengen Tee und Kuchen bewirtet. Wo wir denn wohnten? In einem Gasthof. War das nicht sehr unbequem? Nein, es war so gut wie anderswo auch. Aber warum wir denn nicht zu ihnen kämen und in der Missionsstation wohnten?

Wir lehnten diese überraschende Einladung zunächst halbherzig ab und nahmen sie dann unter Druck dankbar an. Wir würden ihnen gewiß zur Last fallen; aber sie waren die einzigen Ausländer am Ort und schienen wirklich froh, ein paar neue, wenn auch von der Reise leicht schmuddelige Gesichter zu sehen, die etwas Abwechslung in die Monotonie ihrer Abgeschiedenheit brachten. Wie ich später erfuhr, hatten auch sie aus Sining eine vertrauliche Warnung vor uns bekommen, hatten aber beschlossen, sie zu ignorieren. Diese freundlichen, humorvollen Leute sahen keinen Sinn darin, uns wegen eines drei Wochen alten Gerüchts wie Aussätzige zu behandeln.

Wir blieben eine Woche bei ihnen, aßen gut und reichlich und stellten fest, daß es uns schon seltsam vorkam, in Betten zu schlafen. Die Urechs waren entzückende Gastgeber. Sie hatten einen Artikel in ihrem Haus, den ich vor Zeiten einmal für eine amerikanische Zeitschrift geschrieben hatte, und obwohl es ein sehr schlechter Artikel war, gefiel er ihnen und schien in gewisser Weise für mich zu bürgen. (Es gibt Augenblicke, in denen dieses niedere Handwerk, das Herumschieben eines Stifts auf einem Blatt Papier, plötzlich gerechtfertigt dasteht.) Unser Äußeres empfahl uns als Gäste nicht; wir hatten nur sehr grobe Kleider, und unsere Haut war schon so vom Wetter gegerbt, daß der kleine Sohn der Urechs, der in seinem Leben nur wenige Ausländer gesehen hatte, uns immer als »Mongolen« bezeichnete. Seine Eltern hatten jedoch schon Erfahrungen mit Expeditionen gemacht. Als sie in Tatsienlu an der Grenze zwischen Szetschwan und Tibet stationiert waren, hatten sie eine Zeitlang eine amerikanische Expedition bei sich einquartiert — aber eine richtige Expedition, mit Feldbetten und Whiskykisten, zwei Köchen, Dienern und einer gewaltigen Ausrüstung. Der Kontrast zwischen den Amerikanern und uns bot Stoff für so manchen Witz.

Sosehr wir ihre Gastfreundschaft schätzten — noch mehr schätzten wir ihren Beistand. Daß wir Leute gefunden hatten, denen wir trauen konnten, die unsere Bedürfnisse verstanden und unseren Bestrebungen freundlich gesinnt waren, die uns obendrein in jeder unserer beiden Sprachen erklären konnten, was wir wissen wollten, war ein enormer Vorteil. Wir trafen unsere Vorbereitungen in einer Stimmung beschwingten Selbstvertrauens. Wir kauften zwei tibetanische Ponys*: ein linkisch gutmütiges braunes für Kini und ein rotbraunes, kräftiges Tier, das Mr. Urech gehörte, für mich. Zu meinem gehörte auch ein ziemlich mitgenommener europäischer Sattel, Kini hingegen zog es vor, einen chinesischen Sattel zu kaufen, ein rot und blau gepolstertes, hölzernes Gerät mit Bug und Heck.

Wir mußten noch manches kaufen: Fußfesseln für die Pferde, Ersatzhufeisen, Kupferkessel zum Wasserholen, weiche Schaffellschuhe für das Lager, einen kleinen Kasten für unsere Medikamente, einen kleinen runden Eisenherd — kurz, eine Menge von wichtigem Krimskrams. Teils aus dem Basar, teils (so fürchte ich) aus der

* Diese Tiere bezeichne ich im folgenden als Pferde, wie es die Chinesen und die Mongolen, die nie etwas Größeres zu Gesicht bekommen haben, auch tun. Tatsächlich entsprachen sie in Größe und Statur ungefähr den sogenannten China-Ponys in der Mongolei; der auffälligste Unterschied bestand darin, daß man weniger graue als in der Mongolei sah und daß die Köpfe weniger markant und charakteristisch waren. Ich vermute, daß die tibetanischen Ponys robuster sind.

Missionsküche ergänzten wir unsere Lebensmittelvorräte. Immer war etwas zu tun, und die Tage vergingen angenehm.

Unterdessen kamen jedoch keine Nachrichten von Ma Schin-te in Lusar, und eine mongolische Karawane zeigte sich nicht. Ich wurde unruhig und begann zu zweifeln, ob er und ich einander überhaupt verstanden hatten und ob die Vereinbarung, die ich getroffen zu haben glaubte, wirklich getroffen war. Deshalb ritt ich am 25. März nach Lusar hinunter. Mit mir kam ein gewisser Ngan, ein überaus freundlicher und verständiger Konvertit der Urechs. Wir ritten schnell und brachten die Strecke in sieben Stunden hinter uns, eine ziemliche Leistung. Mein Rotbrauner erwies sich als kräftig, aber auch als schwerfällig und charakterlos; mir schien, daß er auf dem Gelände der Mission ein allzu geruhsames Leben gehabt hatte und kein ideales Tier für das Tsaidam war. Während wir zwischen gelben Bergen in der Sonne dahintrotteten, sah ich zwei Elstern, die Zweige in eine Baumkrone trugen. Ich beobachtete sie vielleicht drei Minuten lang, und diese drei Minuten schlossen, was ich damals noch nicht wußte, eine ganze Jahreszeit in sich. Diese Anfänge eines Elsternnests waren alles, was ich vom Frühling des Jahres 1935 zu sehen bekam.

In Lusar fanden wir einen Gasthof. Steif und erschöpft stiegen wir von unseren Pferden und erfuhren im nächsten Augenblick zu unserer Bestürzung, daß Ma Schin-te am Morgen nach Sining gereist war. Aber wenig später, während wir in einem Speiselokal unseren Mien verschlangen, erschien ein Bruder jenes Li, der unser Führer und Beschützer sein sollte, und brachte größtenteils gute Nachrichten. Li werde morgen nach Tangar aufbrechen. Die mongolische Karawane, die dem Fürsten von Dzun gehörte, sammele sich schon, wie es Sitte sei, im offenen Land, zwei oder drei Tagemärsche weiter westlich. Es sei eine sehr große Karawane.

Und was sei mit unseren Kamelen? Lis Bruder erbleichte: Welche Kamele? Meine Hoffnungen, die schon wieder an Höhe gewonnen hatten, sackten erneut in die Tiefe. Es hatte offenbar ein Mißverständnis gegeben.

Ngan klärte die Sache auf; er war ein gebildeter Mann und sorgte dafür, daß ich mit meinem bißchen Chinesisch sehr weit kam. Ma Schin-te hatte mich so verstanden, daß wir nicht vier Kamele haben wollten, sondern vier Kamele hatten. Hätte mich meine Ungeduld nicht zum zweitenmal nach Lusar getrieben, wäre Li in der Erwartung nach Tangar (das die Karawane auf ihrem Weg nicht berühren sollte) gekommen, unsere Reisevorbereitungen seien abgeschlossen. In Tangar wäre es wohl unmöglich gewesen, im letzten Augenblick noch Tiere aufzutreiben. Hier aber war dies kein Problem. Viele Kamele des Fürsten von Dzun seien noch in Lusar, erklärte uns Lis Bruder, und wir könnten vier von ihnen mieten. So ging denn alles gut aus, und bevor es dunkel wurde, hatte ich vier Kamele für eine Reise von sechzehn oder achtzehn Tagen zu dem gleichen Preis gemietet, den man für vier Taxis von Hyde Park Corner nach Hampstead und zurück bezahlen müßte. Im vergangenen Monat hatten wir nur sechs Tagemärsche hinter uns gebracht; jetzt sah es so aus, als würden wir endlich wirklich aufbrechen.

In dieser Nacht schliefen wir im Haus von Lis Familie. Ich war zufrieden damit, wie sich die Dinge entwickelten, und es machte Spaß, neben Ngan auf dem Haupt-K'ang zu hocken und, wenn auch bruchstückhaft, etwas von der Atmosphäre eines armen, aber respektablen chinesischen Hauses mitzubekommen. Die runzlige, liebenswürdige Mutter, die auf ihre vier Söhne sehr stolz war; die schüchterne, hübsche Schwiegertochter; die Kinder, die uns belauerten oder kreischten; das frische, eigens herbeigeholte Brot und die Schalen mit heißem Mien; der in einer irdenen Schale voller Öl schwimmende Docht, der uns Licht spendete; der Stolz, mit dem die ganze Familie den jüngsten Sohn betrachtete, der als einziger von allen ein »Schriftzeichenkenner« war, d. h. lesen und schreiben konnte; das Gelächter und die Komplimente, die mein Chinesisch auslöste; und besonders charakteristisch die ewige, unermüdlich gestellte Frage: »Mr. Fu, wieviel hat das gekostet?« Meine Schuhe, meine Hose, meine Uhr, mein Messer, meine Kamera — von allem mußte ich den

Preis nennen. Dann hielt Ngan einen kurzen Vortrag über T'ai Wu Schi Pao, die »Zeitung für den erleuchteten Verstand der Gelehrten«, als deren außerordentlicher Sonderkorrespondent meine Visitenkarte mich auswies; der jüngste Sohn, der gebildete, nickte heftig, wiederholte die eindrucksvollsten Formulierungen von Ngan und tat so, als wüßte er über alles Bescheid. Es dauerte lange, bis wir zum Schlafen kamen.

Um zwei Uhr standen wir auf, nahmen einige Schluck Tee und traten hinaus in die mondlose Nacht. Wir entschieden uns für eine Abkürzung über die Anhöhe hinter dem Dorf, und als wir unsere Pferde an einer steilen Stelle auf der Rückseite des Hügels am Zügel führten, schlug plötzlich in der Dunkelheit ein Hund an. Mein Pferd scheute, schleuderte mich herum, da ich die Zügel festhielt, versetzte mir einen heftigen Tritt ins Kreuz und war im nächsten Augenblick verschwunden. Der Sattelgurt lockerte sich, der Sattel rutschte ihm nach unten auf den Bauch, und als wir es wieder eingefangen hatten, war alles Zerbrechliche in meinen Satteltaschen zerbrochen. Unter den Trümmern befand sich auch ein Fläschchen Kognak, und als mir einfiel, wie viele Dutzend Male ich mich mühsam zurückgehalten hatte, es ganz zu leeren, beschloß ich, nie wieder mit irgend etwas hauszuhalten.

Wir ritten weiter. Bald dämmerte ein grauer, bitterkalter Tag herauf, und ich war nicht warm genug angezogen. Bei einem Halt auf halber Strecke gab es nichts zu essen, und der siebenstündige Ritt wurde zu einer wirklichen Qual. Aber schließlich ging er doch zu Ende. Ich brachte gute Neuigkeiten mit und fand ein warmes Zimmer. Alles schien in bester Ordnung.

In dieser Nacht klapperten, noch lange nachdem die Missionare zu Bett gegangen waren, unsere Schreibmaschinen im Wohnzimmer. »Wahrscheinlich letzte Chance, einen Brief aufzugeben . . . erwarten nicht ernstlich, durchzukommen, haben es uns aber doch in den Kopf gesetzt . . . Wahrscheinlichkeit, daß wir früher oder später zurückgeschickt werden, sehr groß . . . absolut keine Gefahr . . . dreitausend Meter über dem Meer und ziemlich gesundes Klima . . . im Herbst sind wir zurück, so oder so ...« Letzte Briefe in einem verhaltenen Abschiedston. Während ich sie schrieb, kehrte ich in Gedanken in die Zeit vor zweieinhalb Jahren und an einen Ort auf der anderen Seite der Erdkugel zurück. Deutlich erinnerte ich mich an die aufgespannten Hängematten, an den fast lautlosen Fluß, den tröpfelnden Urwald, die Indianer, die um das Feuer lagen, den Stift, der sich klebrig im kostbaren Licht einer Fackel bewegte. Wahrscheinlich hatte ich sogar die gleichen Wörter benutzt: »Wahrscheinlichkeit, daß wir früher oder später zurückgeschickt werden, sehr groß.« Damals war es früher gewesen; ich schwor mir, daß es nicht an mir liegen würde, wenn sich dies wiederholen sollte.

Der nächste Tag, der 28. März, verlief wie viele andere, die ihm vorausgegangen waren. Wir standen morgens früh auf und brachen nachmittags ziemlich spät auf. Die Stunden dazwischen waren ausgefüllt mit den üblichen Widersprüchen und Mutmaßungen. Mal dehnte sich in den Berichten des Volksmundes die vor uns liegende Strecke, mal verkürzte sie sich, die Karawane schwoll an und schrumpfte wieder. Die Stunde des Aufbruchs, das geschätzte Gewicht unserer Ausrüstung, die Zahl der Mitreisenden — sie wurden genannt und mit verblüffender Geschwindigkeit gleich darauf widerrufen. Aber zuletzt trotteten vier zottige, hochnäsige Kamele in den kleinen Hof und knieten eins nach dem anderen nieder, um sich beladen zu lassen. Mongolen, die Li herbeigezaubert hatte, verteilten die Lasten auf die einzelnen Tiere und verschnürten sie. Gegen drei Uhr war alles fertig.

»Sie könnten eigentlich noch zum Tee bleiben«, erklärte Mrs. Urech. Die Einladung klang widersinnig. Aber noch widersinniger klang ihre Ablehnung. »Ich glaube nicht. Ganz herzlichen Dank, aber wir müssen nun wirklich gehen ...« Diese Formel (bei der nur die Erklärung fehlte »Wir müssen uns nämlich noch zum Dinner umziehen«) hallte uns in ihrer Lächerlichkeit während der kommenden Monate auf dem Weg quer durch Asien nach.

Aber wir gingen. Wir folgten den Kamelen durch die engen Straßen und zum Südtor hinaus. Wir tränkten unsere Pferde im letzten dem Meer zufließenden Fluß, den wir während der nächsten viereinhalb Monate sehen würden. An der Brücke verabschiedeten wir uns von den Missionaren und wünschten von ganzem Herzen, daß wir wenigstens ein Zehntel unserer Dankbarkeit zum Ausdruck bringen könnten; sie waren sehr freundlich zu uns gewesen.

Freudig erregt und ungläubig zugleich bestiegen wir wieder unsere Pferde, drehten ihre Köpfe in die Richtung, in der Indien liegen mußte, und kanterten den Kamelen hinterdrein.

Teil III

Ins Blaue

Mit leichtem Gepäck

Wer sich auf einen Ritt von zwei- oder dreitausend Meilen begibt, den können beim Aufbruch ganz unterschiedliche Gefühle bewegen. Vielleicht verspürt er Aufregung, Sentimentalität, Bangigkeit, Sorglosigkeit, vielleicht fühlt er sich wie ein Held, ein Draufgänger, ein Abenteurer, oder er wird besinnlich. Vor allem aber wird und muß er sich wie ein Narr vorkommen. Es ist so, als wollte man sich hinsetzen, um eine Schwarte wie Spensers *Faerie Queene* von vorn bis hinten durchlesen, nur noch schlimmer. Da er an das würdevoll gemächliche Tempo der Karawanen und den Rhythmus des Nomadenlebens noch nicht gewöhnt ist, erscheint ihm der Gegensatz zwischen der Langsamkeit der ersten kurzen Etappe und den riesigen Entfernungen, die vor ihm liegen, überaus lächerlich. Seine Phantasie und sein Sinn für Dramatik sträuben sich dagegen, daß ein so gewaltiges Unterfangen derart kümmerlich beginnt. Sein Geist ist erfüllt von der Größe seines Vorhabens, aber sein Körper im Sattel tut den ersten Schritt zur Verwirklichung dieses Vorhabens in einem Tempo, das von einer alten Dame im Rollstuhl leicht überboten werden könnte. Er kommt sich vor wie ein Narr.

Mir jedenfalls erging es so, der stoischer veranlagten Kini vielleicht nicht. Das zweihöckrige Kamel legt beladen gewöhnlich ungefähr zweieinhalb Meilen in der Stunde zurück. Unsere vier Tiere, angeführt von einem silberhaarigen Mongolen, der etwas von einem Bischof an sich hatte, trotteten mit einer mir schier unerträglichen Bedächtigkeit aus Tangar hinaus und ein enges Tal zwischen düsteren Bergen hinauf. Heftiger Wind blies uns ins Gesicht. Der Himmel war bleigrau. Noch einmal erinnerten mich die Umrisse der kahlen Berge, das struppige Tier unter mir und das Gewehr auf meinem Rücken an Schottland, wenn man am Ende der Jagdzeit von der Pirsch heimkehrt.

Die Kamellasten verdienen hier eine eingehendere Betrachtung. Wir reisten mit leichtem Gepäck, und von unseren eigenen Habseligkeiten und den wenigen auf Seite 36 aufgezählten Luxusartikeln abgesehen, trugen die Kamele genau das, was sie getragen hätten, wenn wir Mongolen oder Chinesen gewesen wären. Die wichtigsten Posten waren: zwei große Säcke Korn (Gerste) für die Pferde, Mehl, Reis, Mien (zwei Sorten), Tsamba, Zucker, ein paar Zwiebeln und Kartoffeln, einige kleine unverwüstliche, nach Kinis Rezept gebackene Zwiebackwürfel, die uns als Brotersatz dienten, etwas Knoblauch, ein paar ziemlich lepröse Dörräpfel, ein Beutel Turfan-Rosinen, ein Fäßchen mit chinesischem Schnaps, der scheußlich roch, ein Kochtopf, den wir unterwegs gekauft hatten, und ein winziges Zelt.

Ein Artikel in dieser Liste, die unsere Lebensmittelvorräte, soweit ich mich erinnere (und diese Reise schärfte mein Gedächtnis für Speisen), vollständig aufführt, bedarf der Erklärung: Tsamba. Tsamba, das Reisende in Nordchina und in der Mongolei unter dem Namen *tso mien* kennen, ist in Tibet das Hauptnahrungsmittel — geröstetes Gerstenmehl, das selbst bei gutem Licht leicht mit feinem Sägemehl zu verwechseln ist. Man ißt es mit Tee und Butter, wenn man Butter hat, oder mit zerlassenem Hammelfett, wenn man keine Butter hat, oder mit keinem von beiden, wenn man keines von beiden hat. Man füllt eine flache Holzschale mit Tee und läßt die Butter in dem Tee schmelzen (meistens ist die Butter ranzig und hat einen kräftigen Käsegeschmack); dann gibt man eine Handvoll Tsamba hinzu. Zuerst schwimmt es, dann beginnt die Flüssigkeit daran zu nagen wie an den Fundamenten einer Kindersandburg. Man hilft mit dem Finger so lange nach, bis sich das Mehl einigermaßen vollgesogen hat und zu einem Brei geworden ist; den knetet man, bis man einen teigigen Kuchen erhält, während die Schale nun wieder leer und sauber ist. Dann ist das Frühstück fertig.

Tsamba hat viele Vorzüge, und wenn ich Dichter wäre, würde ich eine Ode auf das Tsamba schreiben. Es ist nahrhaft, bekömmlich und billig. Fast drei Monate lang aßen wir es zum Frühstück und zum Mittagessen, und diese Ernährungsweise war weder so reizlos noch so eintönig, wie es klingt. Einer der großen Vorzüge von Tsamba besteht darin, daß man den Geschmack und die Konsistenz beliebig verändern kann. Man kann einen Kuchen daraus machen oder ein Porridge; und beides kann man mit Zucker, Salz, Pfeffer, Essig oder (bei besonderen Anlässen, denn man hat natürlich nur eine Flasche dabei) mit Worcestersoße würzen. Und wem das noch nicht genügt, der kann Tsamba auch mit Kakao statt mit Tee zubereiten. Ich will nicht behaupten, daß man Tsamba nie leid wird, aber alles andere würde man viel schneller leid werden.

Die Kamele trugen noch etwas anderes: Zahlungsmittel verschiedener Art. Das Währungsproblem war kein geringes. Dank der bewundernswerten Chinesischen Post hatte ich den größten Teil unseres Kapitals von Peking nach Westen transferieren können, indem ich in der Pekinger Zweigstelle einen Scheck einzahlte und die Dollars in Lantschou und Sining abhob. Der in China gebräuchliche mexikanische Silberdollar ist jedoch eine große Münze, und das Land, durch das wir reisen würden, stand im Ruf der Gesetzlosigkeit. Man konnte sich nicht darauf verlassen, daß ein schwerer Koffer voller Silber immer ein Aktivposten bleiben würde. Sehr leicht konnte er auf die Seite der Passiva wandern. Deshalb nahmen wir so wenig Bargeld wie möglich mit — sechs- oder siebenhundert Dollar, die wir an verschiedenen Stellen unserer Ausrüstung versteckten. Mit dem übrigen Kapital — etwas mehr als tausend Dollar — hatte ich in Lantschou einen Goldbarren von zwölf Unzen gekauft, der sich nicht nur leicht verstecken ließ, sondern obendrein auch den Vorteil hatte, daß man überall, wo eine Feile und eine Waage zur Hand waren, mit ihm bezahlen konnte. Für die abgelegeneren mongolischen Orte, die für Gold oder Silber oft keine Verwendung haben, nahmen wir acht Teeziegel und reichlich billigen bunten

Stoff mit, denn eines von beiden taugt als gesetzliches Zahlungsmittel immer.

Unsere Vorräte und unsere Ausrüstung hätten zwar jede respektable moderne Expedition in wieherndes Gelächter versetzt, aber unseren Bedürfnissen und den Verhältnissen unterwegs waren sie, wie sich herausstellte, durchaus angemessen. Das Verdienst hieran kommt Kini zu, die die Lebensmittelversorgung mit unermüdlicher Umsicht organisierte und deren Haushaltsinstinkte, wenn man höchste Maßstäbe anlegt, vielleicht nur rudimentär entwickelt waren, aber dennoch einen willkommenen Ausgleich zu meinem gänzlichen Mangel an Voraussicht in diesen Dingen bildeten. Wir hatten nichts vergessen, was uns später ernstlich gefehlt hätte. Ein Gaskocher wäre vielleicht nützlich gewesen, und es war gewiß auch bedauerlich, daß wir keine Schüssel mitgenommen hatten und uns deshalb in der Bratpfanne waschen mußten, sofern wir uns überhaupt wuschen. Aber wir schleppten kein einziges Ding mit uns herum, das sich als überflüssig erwies oder angesichts dessen wir uns im Laufe der Reise mit wachsender Wut gefragt hätten, warum zum Teufel wir es überhaupt mitgenommen hatten. Ich bilde mir ein, in der Geschichte der Forschungsreisen ist das ein Rekord.

An diesem ersten Tag schafften wir eine knappe halbe Tagereise. Die Dämmerung holte uns kaum sechs Meilen von Tangar entfernt ein, und doch waren wir froh, als wir anhielten, denn der kalte Wind war sehr kalt geworden, und es hatte angefangen zu frieren. Li erklärte, es gebe Banditen in dieser Gegend, und riet uns dringend, in Häusern zu schlafen, solange es noch Häuser gab; so fanden wir uns denn bald auf einem fast schon luxuriösen K'ang wieder, während Li, der die eigene Verlegenheit hinter seinem auftrumpfenden Gebaren nicht ganz verbergen konnte, einer halb mongolischen, halb chinesischen Familie erklärte, wer wir seien. Die Wände des Zimmers waren mit einfachen, altmodischen Bildern aus dem Russisch-Japanischen Krieg in grellen Farben geschmückt (die Bildunterschriften in Russisch). Vielleicht waren sie vor langer Zeit aus Urumtschi oder Urga hierher gelangt. Wir aßen mehrere Schüsseln Mien und tranken Tee. Alles wirkte sonderbar unwirklich. Es war schwer zu glauben, daß wir nun wirklich unterwegs waren, und wir konnten uns nicht ausmalen, was für sonderbare Dinge vor uns lagen. Die Gegenwart war wie ein Traum. Kini wandte der Tatarei den Rücken und nahm Zuflucht in der festeren Wirklichkeit eines Arsène-Lupin-Romans.

Als wir am nächsten Morgen aufwachten, schneite es. Wir zogen uns wärmer an, frühstückten und setzten, sobald die Kamele beladen waren, unseren Weg fort, durch das schmale Tal nach Südwesten. Zweimal begegneten wir Jakherden, unterwegs nach Tangar — es waren struppige, grimmig dreinblickende, schwarze oder graue Tiere, die, nachdenklich mit den Zähnen knirschend, ihres Weges zogen. Die in ihren Schaffellen seltsam unförmig wirkenden, tibetanischen Hirten trieben sie mit Pfiffen vorwärts. Jeder Mann trug über dem Rücken eine Steinschloß- oder eine Luntenschloßmuskete, bei denen die Gabelstütze urtümlich über die Mündung hinausragte. Gegen Mittag verließen wir den Hauptweg (vermutlich, um einen chinesischen Zollposten zu umgehen) und bogen nach Westen in ein kleineres, einsameres, wilderes Tal ab. Felsentauben kreisten vor den Steilwänden. Andere Anzeichen von Leben gab es nicht. Aber bald erblickten wir am nördlichen Hang des Tales die prunkvollen, stufenförmig angeordneten Dächer eines großen Lamaklosters und erfuhren zu unserem durch die extreme Kälte stark abgeschwächten Bedauern, daß wir an diesem Tag nicht weiterziehen würden.

Der Fürst von Dzun

Während wir vor den Kamelen auf das Hauptgebäude des Klosters zuritten, flatterten Lamas wie dunkelrote Fledermäuse daraus hervor. Li verhandelte, und sie ließen uns herein. Die Mönche grinsten neugierig, wie Kinder, und wir grinsten zurück. Es war herrlich, aus der Kälte in ein kleines getäfeltes Zimmer zu treten, wo der

K'ang unter den Teppichen an manchen Stellen so heiß war, daß man ihn kaum berühren konnte. Sie brachten uns Tee und Tsamba und Mien mit viel rotem Pfeffer, und wir verfielen in genußsüchtige Trägheit. An den Wänden hingen Plakate der protestantischen Mission, die mit chinesischen Texten und grellen, unglaubwürdigen Bildern Reklame für das Christentum machten. Den Lamas war die Ideologie gleichgültig, sie fanden die Plakate dekorativ.

Der Oberlama war ein energischer, freundlicher junger Mann. Er wollte einen Rappen, den er besaß, gegen meinen Fuchs tauschen, und der ganze Nachmittag verging mit Feilschen, wobei Li den Vermittler machte. Ich ging hinaus und probierte den Rappen aus. Es war ein kleiner Tangutenhengst (die Tanguten, die nach Meinung der Gelehrten fälschlich so genannt werden, sind ein scheues, ungebärdiges Volk tibetanischer Herkunft, das die Gebiete um den Kuku-nor unsicher macht). Das Tier war kleiner und besaß einen viel hübscheren Kopf als das gewöhnliche tibetanische Pony. Offensichtlich war es auch schneller und hatte mehr Feuer als mein Pferd. Schließlich, nachdem die gehörige Anzahl von Ultimaten gestellt und die Verhandlungen oft genug abgebrochen worden waren, nachdem Li und der Lama einander wiederholt in den Ärmel gegriffen hatten, um durch Fingerdruck die Höhe des jeweils neuesten Gebots mitzuteilen, bekam ich den Rappen im Tausch gegen meinen Fuchs (der achtzig Dollar gekostet hatte) und vierundzwanzig Dollar zusätzlich. Wir tauften ihn Greys, nach dem Haus in Oxfordshire, zu dem er mich bringen sollte. Wie sich bald zeigen sollte, hatte er den Teufel im Leib.

Neben dem Pferdehandel war das wichtigste Gesprächsthema die bevorstehende Ankunft des Pantschen-Lama, der aus der Mongolei nach Lhasa reisen sollte und dessen Kamele sich bereits bei Kumbum und Lusar versammelten. Der Pantschen-(oder Taschi-)Lama ist in Tibet der zweithöchste Würdenträger nach dem Dalai-Lama; und da dieser im Jahr zuvor gestorben und sein kindlicher Nachfolger noch nicht gewählt war, würde die Rückkehr des Pantschen-Lama aus dem Ausland für die unübersichtliche politische Lage in seinem Heimatland wahrscheinlich wichtige, wenngleich unvorhersehbare Auswirkungen haben. Während ich dies schreibe, ist der Pantschen-Lama noch immer unterwegs. Aus Kumbum hat er dem britischen Botschafter in Peking ein Beileidstelegramm zum Tod König Georgs V. geschickt.

Dies war für zweieinhalb Monate unsere letzte Nacht im Luxus und (mit einer Ausnahme) das letzte Dach, unter dem wir schliefen. Am nächsten Tag lag viel Schnee, aber der Wind war abgeflaut. Die Welt war still, aber nicht allzu kalt. Wir verabschiedeten uns und schenkten dem Oberlama eine gerahmte Fotografie des Dalai-Lama (von denen die weitsichtige Kini bei Lu Hwa-pu mehrere Abzüge gekauft hatte); nach der Reaktion zu urteilen, hatten wir dem Kloster seine Gastfreundschaft damit mehr als vergolten. Durch das Tal und über einen niedrigen Paß ritten wir in die weißen Berge. Die Chinesen nennen diese Stelle Tung ku su.

An diesem Tag schafften wir eine längere Strecke, obwohl wir nur sechs Stunden unterwegs waren. Eine breite, von Tierhufen getretene, aber kaum erkennbare Spur führte uns über eine Anzahl kleiner Pässe, und am Nachmittag stiegen wir in ein Gebiet mit Sanddünen und üppig wachsendem Gras hinab. Es gab ein paar Hasen, und einen verfehlte ich mit meiner Zweiundzwanziger nur knapp. Um drei Uhr erblickten wir Zelte und ungefähr zwanzig Kamele. Es war eine Gruppe von Mongolen, die, genau wie wir, die Karawane des Fürsten von Dzun erreichen wollten, und wir kampierten mit ihnen an einer flachen Stelle neben einem Flüßchen. In der Nähe stand eines der geduckten schwarzen tibetanischen Zelte, die Huc so treffend mit Spinnen verglichen hat und die auf den ersten Blick Beduinenzelten nicht unähnlich sind. Die Leute, denen es gehörte, kamen mit ihren riesigen Bulldoggen näher und spähten scheu zu uns herüber.

Hier stellten wir zum erstenmal unser eigenes Zelt auf. Es war ungefähr zwei Meter siebzig lang, einen Meter fünfzig breit und einen Meter zwanzig hoch, und als es stand, sah es so klein und hinfällig aus, daß wir lachen mußten. Es war aus dünnem Stoff, der den Regen keine fünf Minuten abgehalten hätte; aber da wir während der sechseinhalb Monate zwischen Lantschou und Kaschmir nur zwei leichte Schauer erlebten, kam es darauf nicht an. Das Zelt war nahezu windundurchlässig und wog fast nichts; der einzige Nachteil bestand darin, daß es so klein war. Aber es mußte klein sein; Tag für Tag bauten wir es ohne fremde Hilfe auf, meistens bei Sturm. Ein größeres Zelt hätten wir gar nicht handhaben können. Außerdem hatten seine geringen Ausmaße noch andere Vorteile; wir konnten drinnen zwar kein Feuer anzünden (was von Nachteil war), wir konnten aber auch nicht mehr als zwei Besucher gleichzeitig empfangen (was von Vorteil war, denn keine bärtige Frau ist es je so leid geworden, wie wir es bald waren, die eigenen Besonderheiten zur Schau zu stellen). Es war ein gutes Zelt, und nie ist es uns davongeflogen.

Dieses erste Lager glich in vielem einem Picknick. Li sammelte Dung und machte Feuer, wobei er mit viel Geschick den landesüblichen Blasebalg handhabte. Ein solcher Blasebalg besteht aus einer trichterförmigen Eisentülle, an deren breitem Ende ein Fellsack befestigt ist; man bläst ihn auf, indem man ihn mit einer kompliziert verschränkten Bewegung der Unterarme öffnet und schließt, was ohne Übung nicht gelingt. Kini kochte, und wir aßen bei Kerzenlicht, hockten mit Li im Eingang des Zeltes, während eine Bulldogge im tibetanischen Lager den Mond anbellte und unsere Pferde in der Nähe ihre Gerste mampften.

Der nächste Tag war der letzte Märztag. Wir wachten auf, als es hell wurde. Die Mongolen waren schon unterwegs, und auch wir brachen hastig auf. Wir waren gereizt, weil die Kamele beladen werden mußten, ehe wir zu Ende gefrühstückt hatten. Das Wetter war schön, wenn auch leicht neblig und anfangs sehr kalt. Wir ritten unterhalb einer kleinen Bergkette durch gelbe Steppe nach Westen, vorbei an einem Sumpfgebiet, das nur zum Teil zugefroren war. Als wir kurz vor Mittag eine Anhöhe erreichten, erblickten wir in dem Kessel unter uns fünfzehn oder mehr graubraune, dicht beieinander stehende

Kegel, die Zelte der Hauptkarawane; meilenweit war das Land mit grasenden Kamelen und Pferden gesprenkelt.

Wir überquerten einen Bach, folgten Li zu einer freien Stelle am Rand des Lagers, stiegen ab und warteten auf die Kamele. In kurzer Zeit hatte sich eine Menschenmenge, wie man sie sich wilder nicht wünschen würde, um uns versammelt — Mongolen in ihren großen, unförmigen Schaffellen, eine Schulter frei, eine Hand auf dem Knauf eines tibetanischen Breitschwerts; chinesische Moslems in besser geschnittenen und dennoch urwüchsigen Gewändern mit harten, hinterhältigen, grausamen Gesichtern, den grausamsten Gesichtern der Welt. Li wehrte ein babylonisches Fragengewirr ab. Wir machten freundliche Gesichter und sagten immer wieder: Nein, wir sind keine Missionare. Missionare waren die einzige Sorte von Ausländern, die sie kannten.

Wir waren noch beim Abladen, als der Fürst uns zu sich rufen ließ. Ich weiß, man erwartet nun den Auftritt einer romantischen Gestalt, eines waschechten Nachfahren des Dschingis-Khan mit blitzenden Augen und einem Falken auf der Faust, mit stolzem, abweisendem Gebaren und einer Vorliebe, sich vor weiten Horizonten im Profil zu zeigen. Aber der liebe Gott und nicht Metro-Goldwyn-Mayer hatte den Fürsten geschaffen, und ich muß hier berichten, was ich sah, nicht, was Sie selbst sehen werden, wenn eines Tages Hollywood in die Tatarei einfällt.

Durch ein eingewebtes blaues Muster unterschied sich das Zelt des Fürsten äußerlich ein wenig von den übrigen; drinnen aber wurde Pracht weder entfaltet noch angestrebt. Schmutzige Filzteppiche bedeckten den Boden; ringsherum waren Bündel und Kisten gestapelt. Ein halbes Dutzend Männer hockte um ein Dungfeuer. Sie räumten uns den Ehrenplatz ein, der sich dem Eingang gegenüber auf der linken Seite befand.

Der Fürst begrüßte uns zurückhaltend; Anzeichen von Überraschung oder Neugier wären unter seiner Würde gewesen. Er erinnerte mich an eine Katze. Anfangs lag das an der Art, wie er die Augen im Kopf bewegte, wie er saß und uns ansah. Später, als ich ihn gehen sah, glaubte ich auch in seinem Gang etwas Katzenhaftes zu erkennen.

Er war ein junger Mann, wahrscheinlich Anfang Dreißig, obwohl sich das bei diesen Leuten oft schwer beurteilen läßt. Er trug eine mit Eichhörnchenfell gefütterte Kappe und ein weites, dunkelrotes, ebenfalls pelzgefüttertes Gewand. An Förmlichkeiten war ihm offenbar nicht viel gelegen. Aber auch wenn ihm von seinen Gefolgsleuten nur wenige äußerliche Respektsbezeugungen zuteil wurden, schien doch alles auf seinen Befehl zu hören, und während wir mit ihm reisten, war jederzeit spürbar, daß sein Wille die Karawane lenkte. Wovon genau er der Fürst war — über wie viele Menschen, wieviel Land er herrschte —, haben wir nie herausgefunden. Das Tsaidam ist (soviel ich weiß) von Ausländern weniger studiert und auch weniger besucht worden als jedes andere bewohnte Gebiet vergleichbarer Größe in Asien. Über die Stammesorganisation der dort lebenden Mongolen weiß ich nur, daß sie sich in vier *hoschuns* teilen: Dzun und Barun im Osten, Teijinar im Süden und Westen und Korugu* (angeblich das größte) im Norden.

Li, der zehn Jahre lang kreuz und quer durch das Tsaidam gereist war, sprach gut Mongolisch, und wir übermittelten durch ihn unbeholfene Artigkeiten. Als der Fürst uns fragte, wohin wir reisen würden, sagte ich »Nach Teijinar« (das war der nächste wichtige Ort nach dem Hauptquartier des Fürsten in Dzuntschia); und von dort aus, so sagte ich, wüßten wir noch nicht, wohin. Wir hatten ihm unsere Karten übergeben und zeigten ihm nun auch unsere verschiedenen chinesischen Pässe, die weder er noch Li lesen konnten, die aber gut aussahen und immerhin mit unseren Fotos versehen waren. Wir zeigten uns von unserer besten Seite.

Schließlich galt es noch, unser Geschenk zu präsentieren. Es handelte sich um ein kleines Fernrohr aus zweiter Hand. Ich überreichte es mit einer tiefen Verbeugung

* Die Schreibung dieses Namens, den ich auf einer Karte nie gefunden habe, gibt die Art, wie die Mongolen ihn aussprechen, so genau wie möglich wieder. Der Name wird auch auf die Berge nördlich der Marschgebiete des Tsaidam angewendet. Früher gab es fünf *hoschuns*, und vielleicht gibt es sie noch immer; aber ich habe nur von vier gehört.

über das Feuer hinweg auf flachen Handtellern, wie es die Sitte verlangte. Dazu gehörte noch ein *katag,* ein leichtes, hellblaues Tuch, von dem alle Geschenke begleitet sein müssen. Der Fürst hatte noch nie ein Fernrohr gesehen (und das war auch besser so, denn dieses war nicht das solideste seiner Art). Er und sein Gefolge spähten eine Zeitlang mit verzerrten Gesichtern hindurch und gaben sich große Mühe, ein Auge geschlossen zu halten. Anfangs schien die Sicht jedoch eher schlecht zu sein. Wir standen all die Ängste aus, die einen befallen, wenn man einem Kind ein Spielzeug schenkt und dieses Spielzeug allem zum Trotz, was man im Geschäft gesagt bekam, nicht funktionieren will. Doch zuletzt stellte jemand die Schärfe richtig ein, und nun erhob sich erstauntes, entzücktes Grunzen angesichts eines fernen Kamels, das wie durch Zauber nahe gerückt war. Mit dem Gefühl, daß wir bei Hofe Aufnahme gefunden hatten, zogen wir uns von der Audienz zurück.

Während der ersten Tage im Lager waren neugierige Besucher eine wirkliche Plage. Immerzu drängte sich eine Menschenmenge um unser Zelt. Jeder Schritt, den wir taten, und alle unsere Habseligkeiten wurden beäugt — von den Mongolen mit geistesabwesendem Ernst, von den Chinesen mit schlecht verhohlener Belustigung und einer elsternhaften Neugier. »Wieviel hat das gekostet, Mr. Fu? Und wieviel dies hier?« Nun kam es uns lächerlich vor, daß wir ein winziges tragbares Grammophon (und drei Schallplatten) mitgenommen hatten, weil wir glaubten, es werde uns nützlich sein, die Eingeborenen anzulocken. Statt dessen gab es Augenblicke, in denen wir das Grammophon liebend gern gegen ein paar Tränengaspatronen getauscht hätten.

Nach unserem Besuch beim Fürsten ließ ich Kini allein das Kalb mit den zwei Köpfen spielen und zog mit der Krähenflinte los. Ich hatte ein paar Mandarinenten hinter einem kleinen Berg gegenüber dem Lager niedergehen sehen. Ich folgte ihnen und verbrachte einen herrlichen Nachmittag damit, in einem kleinen sumpfigen, von einem Flüßchen durchzogenen Tal herumzustrolchen. Es gab viele Gänse mit gestreiften Köpfen. Sie waren noch nie beschossen worden und ließen mich meistens ohne Deckung auf weniger als hundert Meter herankommen. Ich gab nur wenige Schüsse ab, kehrte aber mit dreien ins Lager zurück. Eine wollte ich dem Fürsten schenken, denn ich hielt dies für eine angemessene, liebenswürdige Geste. Li hielt mich noch gerade rechtzeitig davon ab. Der Buddhismus, so wie er in diesen Gegenden gedeutet wird, verbietet es den Mongolen, das Fleisch von Gänsen, Enten und Hasen zu essen, erlaubt ihnen aber Antilopen und Fasane. Das Gänsegeschenk wäre ein schlimmer Fauxpas gewesen.

Die Chinesen hatten weniger Skrupel. Als Moslems hätten sie Fleisch, das nicht durch ein Messer getötet wurde, gar nicht anrühren dürfen. Aber es gibt ein Sprichwort über die chinesischen Moslems, das eine Vorstellung von ihrer Haltung zum Koran vermittelt: »Drei Moslems sind ein Moslem; zwei Moslems sind ein halber Moslem; ein Moslem ist kein Moslem.« Mit anderen Worten: Wichtiger als das, was Gott sieht, ist das, was die Menschen sehen. So begnügten sich denn auch unsere Reisegefährten damit, den beiden toten Vögeln, die wir ihnen schenkten, noch nachträglich die Kehle durchzuschneiden, und machten sich dann ohne Gewissensbisse ans Rupfen. Wir kochten unsere Gans — oder soviel, wie wir von ihr in den Topf bekamen — und aßen sie mit Reis. Sie schmeckte köstlich. Wir kamen uns vor wie der schweizerische Robinson und seine Familie.

Der Geistersee

Früh am nächsten Morgen setzte sich die Karawane in Bewegung, und nun begann unsere Reise wirklich. Das Datum paßte: Es war der 1. April. Im frostigen Morgengrauen wurden Zelte abgebrochen und Lasten festgezurrt, und bald wand sich eine Prozession von zweihundertfünfzig Kamelen in Koppeln zwischen vier und zehn Tieren durch die stille winterliche Einöde nach Westen.

Am späten Vormittag erblickten wir den großen See, der so lange ein entscheidender Orientierungspunkt für unsere Pläne gewesen war. Der Kuku-nor erstreckt sich über eine Fläche von viertausendzweihundertzwanzig Quadratkilometern und liegt dreitausend Meter über dem Meer. Es gibt verschiedene Legenden über ihn. Die bekannteste berichtet, es habe an seiner Stelle einst ein fruchtbares Tal gelegen, das von einem bösen Geist mit Hilfe eines unterirdischen Tunnels von Lhasa her überschwemmt wurde. Der ganzen Umgebung drohte eine Katastrophe, denn es war nicht abzusehen, wozu eine böse Macht, der eine solche Wasserleitung zu Gebote stand, noch imstande war. Glücklicherweise ließ ein Gott in Gestalt eines vermutlich sehr großen Vogels aus großer Höhe einen Felsen auf die Öffnung des Tunnels fallen und rettete so die Lage. Die Spitze dieses Felsens ragt noch immer aus dem Wasser, und es gibt ein Lamakloster auf dieser Insel, die man vom Nordufer aus angeblich sehen kann. Aus irgendeinem Grund gibt es hier keine Boote, und die Mönche können Vorräte nur im Winter entgegennehmen, wenn die Frommen ihnen Opfergaben über das Eis bringen. Der See ist natürlich salzig, aber es gibt Fische darin. Ich sah am Ufer das Gerippe eines nicht identifizierbaren Fünfpfünders.

Der See war zugefroren. Ungebrochen und makellos erstreckte sich, so weit das Auge reichte, glitzerndes Eis. Mir kam es vor wie vergessene Pracht und vergeudete Schönheit. Jahr für Jahr erstarrten diese Gewässer unbewundert zu Kristall, bedeckten sich mit Schnee und wurden vom Wind heimgesucht. Jahr für Jahr wurden sie wieder blau und begannen von neuem zu tanzen. Niemand schenkte ihrer Majestät Beachtung, niemand bemerkte ihre Launen, ihre Wut und ihre Ruhe. Die Bosheit des Geistes und die Findigkeit des Gottes waren gleichermaßen vergeblich gewesen. Der Kuku-nor hätte ebensogut nicht da sein können.

Wir waren mit den vornehmeren Chinesen der Karawane vorausgeritten. In einer Senke stiegen wir von den Pferden und flämmten das Gras ab, um uns die Füße zu wärmen. Als wir weiterreiten wollten, spielte mir Greys einen üblen Streich. Ich hatte schon einen Fuß im Steigbügel und wollte mich gerade in den Sattel schwingen, als er anfing zu bocken. Der Gurt rutschte zur Seite, und ich schlug mit dem Kopf auf. Der Boden war steinhart, aber es wäre nichts weiter geschehen, wenn Greys, der immer noch wie ein Besessener bockte, mir nicht mit beiden Hinterhufen gleich oberhalb des Knöchels auf das rechte Bein getreten wäre. Danach ging er durch. Es sah nicht gut für mich aus, denn mit dem linken Fuß hing ich noch im Steigbügel. Zum Glück bekam ich ihn frei, ehe mich Greys weit geschleift hatte und dann allein weiterlief.

Kini berichtete später, mein Gesicht habe die Farbe eines Salatblattes angenommen, und ich glaubte, mein Bein wäre gebrochen. Aber der Schmerz ließ bald nach, und ich stellte fest, daß ich das Bein benutzen konnte. Gegen Abend nahm ich die Krähenflinte und machte einen langen Spaziergang. Ich glaubte, so könnte ich verhindern, daß das Bein steif wurde — und obwohl mein Schienbein wochenlang eine sonderbare Form und monatelang eine sonderbare Farbe aufwies, hat es mich doch nie behindert. Viel schwerer wog, daß Greys eine Tube Zahnpasta in meiner Satteltasche zerstört hatte; nun mußte ich mit meiner letzten Tube vorliebnehmen, einem chinesischen Fabrikat mit unbeschreiblichem Beigeschmack.

Greys war ein merkwürdiges Tier. Ich glaube, sein Problem war akute Fremdenfeindlichkeit, denn wenn ein Chinese oder Mongole ihn bestieg, stand er wie ein Fels. Bei mir jedoch bockte er fast jedesmal wie verrückt, bis ich im Sattel saß, während er sich nachher vorbildlich benahm. Diese Angewohnheit war sehr lästig, denn ich wollte natürlich immer wieder mal absteigen, um irgend etwas zu schießen, und dann rasch wieder aufsitzen. Aber wenn Greys einen seiner schlimmen Tage hatte, war es unmöglich, ohne die Hilfe von zwei kräftigen Männern aufzusitzen. Im übrigen war er ein gutes Pferd und wurde in der Karawane allgemein bewundert.

Kinis Pferd war sechs Jahre alt, zwei Jahre älter als Greys, wirkte aber noch viel älter. Es hatte etwas Ehrwürdiges, fast schon Überlebtes an sich, mit seinem traurigen, knochigen Gesicht und seinem plumpen Leib. Sein Gang wirkte schwerfällig, aber Kini kam gut mit ihm zurecht, auch wenn es, wie es bisweilen seine Art war, in ein leidenschaftsloses, sonderbar hüpfendes Schaukelpferd-Kantern fiel. Es war geduldig und sehr brav. Zuerst war es nur ein Witz, aber zuletzt erkannten wir in ihm einen treuen, tapferen Freund, und sein Verlust warf für einige Zeit einen tragischen Schatten auf unser törichtes Unternehmen. Wir nannten es Slalom.

Früh schlugen wir unser Lager an einem Bach in der Nähe des Sees auf, nachdem wir nur vierzig *li* (drei *li* sind eine Meile) hinter uns gebracht hatten. Ich unternahm eine ergebnislose Pirsch am Ufer entlang, wo es außer ein paar Möwen mit schwarzen Köpfen nichts zu sehen gab; aber wir hatten noch reichlich Gans vom Vortag, und sie schmeckte keineswegs schlechter, nachdem sie zum zweitenmal gekocht war. Li entschuldigte sich zwar für seine Schwarzseherei, bestand aber trotzdem darauf, daß wir in der Nacht unsere gesamte Ausrüstung im Zelt verstauten, weil es in den Bergen oberhalb des Sees »übel Leute« gab. Die Enge war beträchtlich; aber alle anderen schienen es genauso zu machen. Ich schlief sogar mit meiner Vierundvierziger neben mir — nicht weil ich sie zur Selbstverteidigung nutzen, sondern weil ich sichergehen wollte, daß Li sie nicht zu diesem Zweck gebrauchte. Die ganze Nacht über wanderte ein Wächter durch das Lager und erfüllte die frostige Finsternis von Zeit zu Zeit mit einem schreckenerregenden Geheul. Die tangutische Banditengefahr wurde anscheinend ernst genommen.

Am nächsten Morgen fiel dichter Schnee, und es war bitter kalt. Unsere vier Kamele wurden auf vier verschiedene Koppeln verteilt. Das bedeutete: Sie wurden zu verschiedenen Zeiten beladen, was sehr lästig war, da es uns beim Frühstück störte, der letzten Mahlzeit vor den nächsten acht oder mehr Stunden. Während wir schimpfend aus dem Zelt krochen und feststellten, daß ein Kamel den Kessel umgestoßen hatte, daß es noch kälter war als befürchtet und daß sich eine unserer Kisten nicht richtig schließen ließ — oh, wie beneideten wir da die klugen Leute daheim um ihren behaglichen, pünktlichen Acht-Uhr-Fünfzehn, der sie, nachdem sie sich an

Schinken und Eiern gelabt hatten, in warme, windgeschützte Büros brachte!

Tags zuvor hatte die Karawane, die im fahlen Sonnenlicht langsam durch die graubraune Wüstenei zog, (meinem Tagebuch zufolge) ausgesehen, als entstammte sie einem »Kapitel aus dem Exodus«. Heute erinnerte sie an den Rückzug von Moskau, wobei der Fürst im dunkelroten Gewand auf seinem sahnefarbenen Pony als Napoleon herhalten mußte. Schnee setzte sich in die Mähnen der Kamele und bedeckte die Lasten. Ein stürmischer Wind trieb uns die Flocken ins Gesicht, so daß wir nur noch mit gesenktem Kopf und halbgeschlossenen Augen zu Fuß marschieren konnten (zum Reiten war es zu kalt). Das Unwetter verhüllte die bleiche Unermeßlichkeit des Sees und die zerklüfteten Bergwände auf unserer Linken. Die Pferde stemmten sich ihm genauso widerwillig entgegen wie wir und ließen die Köpfe im Schutz unserer Körper tief hängen. Wir fluchten auf die Fachleute, die uns versichert hatten, im März und April komme der Frühling an den Kuku-nor.

Gegen Mittag ließ der Wind nach, der Schnee verflog, See und Berge nahmen wieder Gestalt an. Die Sonne schien, als wir zwei Stunden später an einem Flüßchen unser Lager aufschlugen. Wir stellten das Zelt auf und veranstalteten nach der ersten ausgewachsenen Etappe ein fröhliches Tsamba-Essen. Ich hatte gehört, aber wieder vergessen, daß sich Entfernungen auf der tibetanischen Hochebene sehr schwer abschätzen lassen, und als ich mich auf den Weg zum Seeufer machte, hätte ich schwören können, daß es kaum mehr als eine halbe Meile entfernt sei. Ich brauchte jedoch eine ganze Stunde, um hinzukommen, und dabei ging ich schnell. Die Gänse, auf die ich gehofft hatte, waren nicht da, doch als ich bekümmert zurückschlich, entdeckte ich eine Meile entfernt eine kleine Herde Antilopen. Sie standen im Wind, und die Deckung hätte selbst für einen Hirschkäfer nicht gereicht. Ich setzte darauf, daß ihre Neugier größer sein würde als ihre Angst, und ging langsam auf sie zu. Sie ließen mich den halben Weg herankommen, spähten mit erhobenen Köpfen herüber und warfen einander zweifelnde Blicke zu. Dann wurde die Warnung, die ihnen ihre Witterung zutrug, so dringlich, daß sie kehrtmachten und davongaloppierten. Aber sie befanden sich zwischen mir und dem See, und ihr Weg landeinwärts brachte sie mir noch etwas näher. Auf einem niedrigen Felskamm, der sich vor dem Himmel deutlich abhob, blieben sie noch einmal stehen und sahen sich nach mir um. Meine Zweiundzwanziger war für eine Entfernung bis zu hundert Metern gedacht. Der Abstand zu ihnen war mehr als dreimal so groß. Aber uns war das Fleisch ausgegangen. Ich legte mich hin, suchte mir das größte Tier aus und zielte in die Luft zwei Fuß über seiner Schulter. Piff. Bei dem zaghaften Knall nahm die Herde wie ein Tier Reißaus, wobei sie eine Staubwolke aufwirbelte, die sich im Sonnenlicht langsam wieder legte ...

Sich sehr langsam legte — oder gar nicht legte, sondern von neuem anschwoll. Ich konnte kaum glauben, daß an der Stelle, wo sie gestanden hatten, auf dem Boden etwas um sich trat. Es war der größte Glücksschuß aller Zeiten. Ich lief zu der Stelle hinüber, an der der Bock zuckend, mit zerschmettertem Rückgrat lag; es waren vierhundertdrei Schritte. Ich tötete ihn mit einem Schuß in den Nacken.

Diese Antilopen sind kleine Tiere, ungefähr so groß wie ein Rehbock; aber ich brauchte zwei Stunden, um ihn ins Lager zu schleppen. Die Höhe machte Kini und mir wenig zu schaffen; aber dreitausend Meter über dem Meer spürt man doch jede ungewohnte Anstrengung. Die Antilope machte großen Eindruck bei der Karawane; unter Ausrufen des Erstaunens wanderten die winzigen Zweiundzwanzigerpatronen von Hand zu Hand, und plötzlich war ich ein Teufelskerl. Was man mit meinem kleinen Gewehr noch alles schießen könne? Jaks? Wildpferde? »Banditen«, antwortete ich und erntete Gelächter.

Wir zogen die Antilope ab, verschenkten die Vorderviertel, und Kini richtete auf dem Putzstab des Gewehrs einen Schaschlik her, während die Leber vor sich hin kochte. An diesem Abend tafelten wir üppig. Die klugen Leute daheim schienen uns viel weniger beneidenswert als am Morgen.

Siebzehn Tage lang waren wir mit dem Fürsten von Dzun unterwegs. Wir hatten ein friedliches, angenehmes und — verglichen mit manchen Etappen, die noch folgen sollten — geradezu luxuriöses Leben. Eine große Karawane hat etwas sehr Beruhigendes an sich. Die Dampfer und Luxuszüge, die man uns zu bestaunen gelehrt hat, sind, verglichen mit einem solchen, eine Meile langen Kamelzug, nichts als geistreiche technische Spielereien; und leistungsfähiger sind sie auch nicht. Weit verstreute Tiere im Dunkeln erkennen, die eigenen zusammensuchen und vor dem Morgengrauen ins Lager bringen, mit eiskalten Fingern die komplizierten Knoten beim Verschnüren der Lasten knüpfen, ohne größeren Tumult beim ersten Tageslicht aufbrechen — das alles gehörte zur täglichen Routine der Mongolen, und es erscheint mir genauso bewundernswert wie das Stenographenabteil im *Business Man's Special* oder die byzantinische Cocktailbar auf der R. M. S. *Scorbutic*.

Li weckte uns morgens bei grausigem Zwielicht, indem er uns unter der Zeltklappe »Augenwaschwasser«, wie er es treffend nannte, hereinschob. Steif vom Liegen und fluchend schälten wir uns aus unseren Schlafsäcken, taten so, als würden wir uns über der Bratpfanne waschen, putzten die Zähne und zogen die Stiefel an. (Es war viel zu kalt, als daß wir uns nachts groß hätten ausziehen können.) »O Gott, ich sehe ja schrecklich aus.« — »Wo, zum Teufel, hast du meinen Becher versteckt?« — »Steh auf, Mensch, du sitzt auf meinem Pullover.« Meistens waren wir auf freundliche Weise schlecht gelaunt.

Dann brachte Li den Tee. Wir tranken ihn (genehmigten uns dabei jeder eine Tasse mit Zucker, dazu drei oder vier kleine Würfel Zwieback), mischten unser Tsamba und versuchten obendrein, mit dem Packen fertig zu werden, bevor die Kamele kamen. Die größte Kiste war die, in der wir Teller, Becher und andere Geräte des täglichen Gebrauchs aufbewahrten, und Kini, die viel auf kleinen Booten gelebt hatte und beim Aufräumen eine Matrosenordentlichkeit an den Tag legte, kümmerte sich um sie, so daß ihr Los zu dieser unfreundlichen, unbequemen Stunde immer das härteste war. Tsamba ißt sich frühmorgens nicht so leicht mit gutem Appetit, und Kini aß obendrein langsamer als ich. Ich sehe noch deutlich vor mir, wie sie unter lauten Protesten, einen Klumpen Tsamba zwischen den Zähnen und einen Spiegel auf den Knien balancierend, ihr Haar kämmt, während ich über ihr das Zelt abdecke und Mongolen die Kiste wegzerren, an die sie sich gelehnt hat.

Unsere Kamele gehörten immer zu den letzten, die beladen wurden. Das gemütliche Zeltdorf vom Vorabend war mit der Dunkelheit verschwunden, und während Li unsere Pferde einfing, stampften wir mürrisch in den Aschehaufen herum, die als einzige Spuren unseres Marsches zurückbleiben würden. Dann saßen wir unter deutlichen Mißfallensäußerungen von Greys auf und galoppierten der Karawane nach.

Dort zog sie durch das kahle, leere Land, feierlich methodisch, zweihundertfünfzig Kamele hintereinander. An der Spitze, die erste Koppel führend, ritt meistens eine alte Frau auf einem weißen Pony, ein knorriges, verwittertes Weib, dessen kegelförmiger Pelzhut ihre Ähnlichkeit mit einer Hexe noch unterstrich. Nebenher ritten weit verstreut vierzig oder fünfzig Vorreiter. Chinesen und Mongolen trugen tibetanische Kleidung. Ich vermute, für die Mongolen war dies ursprünglich eine Art Mimikry, denn sie sind ein sanftmütigerer, weniger furchteinflößender Menschenschlag als die kriegerischen Tibeter. Die Ponys wirkten unter den klobigen Schafpelzen, in denen ihre Herren steckten, noch kleiner, als sie ohnehin waren. Jeder trug über dem Rücken eine alte Muskete mit Stützgabel. Einige Chinesen besaßen auch Repetiergewehre. Die meisten davon stammten aus dem Arsenal in Taijuanfu, und allesamt sahen sie sehr unzuverlässig aus. Einige Männer trugen außerdem Breitschwerter.

So marschierten wir. Während der ersten zwei oder drei Stunden war es immer kalt, und wir liefen zu Fuß, um die Blutzirkulation in unseren Füßen in Gang zu bringen. Früher oder später kam an jedem Tag Wind auf, gnadenloser Gegenwind aus Westen, der einen in den

Wahnsinn treiben konnte. Rauchen war unmöglich, Sprechen war unmöglich (weil niemand den anderen verstehen konnte), und nach einiger Zeit konnte man auch nicht mehr klar denken. Der Wind war der Fluch über unserem Dasein. Allgegenwärtig und unausweichlich, spielte er auf der tibetanischen Hochebene eine ähnliche Rolle wie die Insekten im Tropendschungel. Er fügte uns keinen Schaden zu (außer daß er unsere Gesichter rissig machte), aber er plagte uns und ging uns auf die Nerven.

Der Wind wehte jedoch nie den ganzen Tag. Es gab Zeiten, da schien die Sonne, und der Marsch war ein reines Vergnügen. Die Männer bestiegen die leichtbeladenen Kamele und machten in riskanten Stellungen ein Nickerchen. Zwischen Mongolen und Chinesen kam es immer wieder zu Sticheleien. Vor dem Hintergrund eines uralten, tiefen Hasses, so schien es mir, spielten sie ein einfaches Spiel, das darin bestand, den Gegner und sein Pferd so lange mit der Reitpeitsche zu traktieren, bis er oder man selbst in die Flucht geschlagen war. Die Peitschen waren leicht, und die Schaffelle boten reichlich Schutz, trotzdem war es ein rauhes Spiel. Manchmal wurde ein Hase gesichtet und gehetzt. Manchmal ritten ein paar von uns voraus, um im Schutz einer Senke zu rauchen; die Pfeifen mit ihren langen Stielen und kleinen Köpfen wanderten von Hand zu Hand, und meine wanderte mit, wenn es verlangt wurde, denn ich sah keinen Grund, in diesen Dingen den Hochnäsigen oder Heiklen zu spielen. Wenn Menschen nur die eigenen Gebräuche kennen und diese Gebräuche wegen der Beschränktheit ihres Lebens nur gering an Zahl sind, dann ist es nichts weiter als höflich, sie, soweit man kann, zu respektieren. Außerdem war meine Pfeife für diese Leute ein kleines Wunder. Sie hatten wenig Umgang mit Holz (viele von ihnen würden erst bei der Rückkehr in die Marktstädte am Rand der Hochebene wieder einen Baum zu Gesicht bekommen) und waren an Pfeifen mit Metallköpfen gewöhnt; sie konnten nicht begreifen, wie ich die meine rauchen konnte, ohne sie in Brand zu stecken. Die Mongolen sind zwar überhaupt nicht geschäftstüchtig, aber was gut ist, wissen sie zu schätzen, und meine Pfeife gefiel ihnen, genau wie meine Krähenflinte und mein Feldstecher.

Die Stunden vergingen unterschiedlich schnell. Wenn es warm und windstill war, konnte man manchmal in einen Zustand der Entrückung verfallen, der ganze Abschnitte des Weges auslöschte, so daß man sich, wenn man aus den Fernen zurückkehrte, durch die man im Geiste geschweift war, an das eben durchquerte Land nur noch wie an einen Traum erinnerte. Aber wenn der Wind wehte, half kein Betäubungsmittel; da hatte man auf Schritt und Tritt alle fünf Sinne nur zu gut beisammen, und das Fortkommen war eine langsame, schier endlose Tortur.

Gegen Ende der siebenten Stunde begannen wir, wie alle anderen auch, den Fürsten zu beobachten, der auf seinem blaßbraunen Pferd mit drei oder vier Gefolgsleuten in der Nähe der Spitze ritt. Sobald er vom Weg abbog und absaß, fiel jeder, der ein Pferd hatte, in wilden Galopp. Von überallher aus der meilenlangen Kolonne schossen Ponys mit wehenden Mähnen und Schwänzen über die Steppe, während ihre Reiter sie mit lauten Schreien zu einem stürmischen (aber völlig nutzlosen) Wettlauf um die Zeltplätze antrieben. Wir suchten uns auf Einladung des Fürsten immer einen in seiner Nähe. Während wir auf die Kamele warteten, sattelten wir die Pferde ab (was hierzulande keineswegs jeder tat) und legten ihnen Fußfesseln an. Sogar Greys ließ sich Fußfesseln an beiden Hinterbeinen und einem Vorderbein gefallen. Ich habe nie gesehen, daß sich ein tibetanisches Pony gewehrt hätte, wenn man sich an seinen Beinen zu schaffen machte.

Bald trafen auch, Koppel nach Koppel, die Kamele ein, wurden von ihren Besitzern abgeholt und voneinander getrennt; brüllend knieten sie zum Entladen nieder. Für kurze Zeit herrschte ein großes Durcheinander, aber erstaunlich rasch wurde daraus eine friedliche Ansammlung von Zelten. Außer unserem waren alle Zelte rund. Sie wurden mit der Rückseite zum Wind gestellt, und in diesem hinteren Teil wurden die Ladungen als niedriger Schutzwall aufgestapelt. Die Männer liefen herum und sammelten in den weiten Schößen ihrer Schaffelle Dung; andere schleppten in großen Kesseln Wasser vom Bach herbei, und bald drang aus allen Zelteingängen, vom Wind zu Boden gedrückt, der Rauch der Kochfeuer. Der Prinz jedoch war ein frommer Mann und betete vor dem Kochen. Leises, rhythmisches Gemurmel drang aus seinem Zelt nach draußen, während ein Mann aus seinem Gefolge, mechanisch die Lippen bewegend, das Zelt umkreiste und aus einer Holzschale Wasser versprengte.

Es war immer einer der schönsten Augenblicke des Tages, wenn wir das Zelt aufgebaut und alles darin verstaut hatten und nun hineinkriechen und uns auf unseren Schlafsäcken genüßlich ausstrecken konnten — geschützt vor dem Wind. Wieviel das ausmachte! Draußen dröhnten die Lüfte, und die dünnen Zeltwände bauschten sich nach innen; aber hier drinnen konnten wir reden und rauchen, konnten unsere rissigen, brennenden Gesichter mit Butter eincremen und hatten unsere Ruhe. Bald würde es Tee mit rotem Pfeffer geben (zu Mittag wurde keine Zuckerration ausgegeben), dazu Tsamba, um das Knurren unserer Mägen zu besänftigen. Das Wohlbehagen, das uns erfüllte, läßt sich wirklich nicht beschreiben.

In der Regel waren wir von sechs Uhr morgens bis zwei Uhr mittags unterwegs, so daß uns noch mehrere Stunden Tageslicht blieben. Nach dem Mittagessen zog ich immer mit der Zweiundzwanziger los, streifte am See entlang oder, nachdem wir den See hinter uns gelassen hatten, in den Bergen umher, gedachte mit dem Vergnügen eines Verbannten der vielen Abende, die ich anderswo auf ähnliche Weise verbracht hatte, und kehrte schließlich mit einer Gans, einer Ente, einem Hasen oder mit gar nichts ins Lager zurück. Kini indessen nahm sich nachmittags nie frei, außer zum Fotografieren, denn für sie gab es sonst nichts, was sie außerhalb des Lagers hätte tun können. Sie las oder schrieb oder stopfte oder schlief; aber was sie auch tat, über kurz oder lang wurde sie von jemandem gestört, der eine Medizin von ihr wollte. Die Mongolen belästigten uns selten, aber alle Chinesen, die gerade krank waren, früher mal krank gewesen waren oder glaubten, sie könnten krank werden, kamen regelmäßig. Sie ließen sich in drei Gruppen einteilen: solche, die gar nichts hatten; solche, die seit vielen Jahren etwas hatten; und solche, denen wir helfen konnten. Die dritte Gruppe war die kleinste.

Wegen meines schlechten Chinesisch und ihrer festen Entschlossenheit, das eigene Leiden gehörig ins Licht zu setzen, dauerte es oft lange, bis wir das Wesen ihrer Beschwerden auch nur annähernd bestimmt hatten. Am besten kamen wir mit Schnittwunden und wunden Stellen zurecht, die Kini desinfizierte und mit Geschick und Sorgfalt verband (sie hatte mal einen Kursus beim Roten Kreuz mitgemacht, weil sie Skilehrerin werden wollte). Bei inneren Beschwerden war es schwieriger, aber im Zweifelsfall verordneten wir Rizinusöl, ein Verfahren, mit dem wir mehrere medizinische Triumphe und die Dankbarkeit des wichtigsten Chinesen errangen, den wir von fürchterlichen Bauchschmerzen kurierten. Ein netter, ungewöhnlich intelligenter Junge hatte einen alten Abszeß am Oberschenkel und wollte, daß wir ihn aufschnitten. Wir weigerten uns, aber Kini behandelte den Abszeß mit warmen Umschlägen so erfolgreich, daß er den Jungen am Ende kaum noch störte. Stinkende Wunden an ungewaschenen Körpern sind so ziemlich das Letzte, was man nach einem langen, mühevollen Tag sehen will, aber Kini blieb immer munter und gab sich ungeheure Mühe; während der ganzen Reise erledigte sie, nicht ich, die Drecksarbeit.

Sie war es zum Beispiel, die in die Kälte hinaustrat und sich um das Abendessen kümmerte, während ich im warmen Zelt hockte, das Gewehr reinigte, mein Tagebuch schrieb oder auf einem Koffer Patiencen legte und in regelmäßigen Abständen fragte, wann das Essen fertig sei. Wenn es soweit war, holten wir den großen schwarzen Topf einfach ins Zelt, Li brachte seine Schale mit, wir kramten unsere Emailteller hervor, und dann wurde das Dinner serviert: Reis oder Mien oder eine Art von Nudeln, die wir nach ihrem russischen Namen Lapscha nannten, dazu das Fleisch, das gerade vorrätig war. Wie wir aßen! Wir redeten nicht. Wir schaufelten das Essen in uns hinein, bis der Topf leer war und wir fast platzten. Ich hatte zum Schaufeln leider nur einen Teelöffel, denn drei oder vier größere Löffel, die ich in Sining gekauft hatte, waren auf Anhieb zerbrochen; aber es ist wunderbar, was man mit einem Teelöffel alles ausrichten kann, wenn man in der richtigen Stimmung ist. Außerdem war hier die ausgleichende Gerechtigkeit am Werke, denn Kini aß langsamer als ich, hatte dafür aber den einzigen größeren Löffel. Es waren köstliche Mahlzeiten.

Sobald wir mit dem Essen fertig waren, wurden wir schläfrig. Das Geschirrspülen machte keine Mühe, denn jeder von uns hatte nur einen Teller und einen Becher; trotzdem ließen wir es meistens ausfallen. Wir zogen die weichen Schaffellschuhe von den Füßen, die ich uns in Tangar für das Lager hatte machen lassen, kuschelten uns in unsere Schlafsäcke und deckten uns mit den Mänteln zu. Kopfkissen erbauten wir aus zusammengerollten Pullovern auf einem Fundament aus Stiefeln und Feldstechern; das von Kini war immer sehr ordentlich, meines war immer ein wuseliges Durcheinander. Draußen vor dem Zelt mampften unsere Pferde ihre Gerste, ein Geräusch, das so angenehm und einschläfernd ist wie das Geräusch von fließendem Wasser oder Wellengeplätscher am Strand. Das winzige Zelt wirkte bei Kerzenlicht sehr warm und gemütlich, und oft wurde einer von uns plötzlich noch mal gesprächig, erging sich in Mutmaßungen über die Zukunft oder Erinnerungen an die Vergangenheit. Aber die Unterhaltung wurde zusehends einseitiger; auf Einsilbigkeiten folgte Schnaufen und auf Schnaufen tiefe, teilnahmslose Stille. Derjenige, der gesprochen hatte, brach sein Selbstgespräch ab und blies die Kerze aus.

Nachts legte sich der Wind. Unter dem Mondlicht draußen erstarrte das lautlose Land in Kälte. Die silbrigen Zelte standen still da. Geduckt, wie ein Kobold, schlich der Wächter zwischen ihnen umher (woran denkend, welche Ängste unterdrückend?). Ein Wolf heulte. Ein Stern fiel aus dem ungeheuren Himmel in die Tiefe. Das Lager schlief.

Wind und wilde Esel

Wir hatten den Kuku-nor an dem Tag erblickt, als wir mit dem Fürsten von Dzun aufbrachen, am 1. April; drei Tage zogen wir an seinem südlichen Ufer dahin.

Die ersten beiden habe ich geschildert. Am dritten herrschte gutes Wetter, allerdings verdorben durch einen Wind, der gegen Mittag noch schneidender wehte als gewöhnlich. Wir waren dicht am See, und ich blamierte mich, als ich unter den Augen der ganzen Karawane ein paar schlechte Schüsse in einen Schwarm Gänse abgab. Eine traf ich, außerdem auch eine Mandarinente, aber beide kamen noch einmal hoch und fielen dann nicht weit entfernt aufs Eis, das am Ufer schon aufgebrochen war, so daß wir sie nicht holen konnten. In meinen Bemühungen wurde ich von einem alten Moslem behindert, der mir überallhin folgte und ein riesiges Messer schwang, mit dem er allem, was ich erlegen würde, die Kehle durchschneiden wollte. Seine religiösen Grundsätze ehrten ihn, aber mir war er im Weg. Wir nannten ihn Bosun. In seinem Gang und (weniger deutlich) durch seinen Filzhut ähnelte er einem Seemann, und sein freundliches Schurkengesicht erinnerte uns an den Bosun oder Bootsmann in *Der Sturm,* von dem es heißt: »Er hat ein echtes Galgengesicht.«

Der Wind wurde schrecklich, als wir unser Lager aufschlugen. Aus einem der Chinesenzelte wurde ein Funke davongetrieben und entzündete das verdorrte Gras. Die Flammen züngelten durch das Lager wie eine dahinschnellende Schlange. Sie wanderten aber so rasch und wurden vom Wind so sehr getrieben, daß ihnen keine Zeit blieb, sich auszubreiten, und das einzige Zelt, das genau auf ihrem Weg stand, wurde abgebaut, ehe sie es erreichten. Alle stürzten schreiend herbei, wir schlugen die Flammen mit Filzdecken und Schaffellen nieder, während über dem Weg, der vor ihnen lag, Wasserkessel entleert wurden. Nach fünf aufregenden Minuten erinnerte nur noch eine schwarze Narbe auf der gelben Ebene an die überstandene Krise. Nachher stellte ich, seitlich gegen den Wind geneigt, meinen Ruf mit einem Fernschuß auf die einzige Gans, die es im Umkreis von vielen Meilen zu geben schien, wieder her. In dieser Nacht krochen an den Bergen oberhalb des Sees wütende Feuerwirbel vor dem Wind nach Osten. Wir fragten uns, ob sie von einem Tangutenlager ihren Ausgang genommen hatten.

Am nächsten Tag, dem 4. April, setzten wir unseren Weg noch vier Stunden entlang dem Seeufer fort und schwenkten dann nach links in Richtung der Berge ab. Wir brachten eine lange Etappe hinter uns, bei der wir immer höher stiegen, bis in ein enges, zerklüftetes Tal etwas unterhalb des Hauptpasses. Hier schlugen wir, wiederum bei stürmischem Wind, unser Lager auf, und diesmal war es unser Feuer (es brannte draußen vor dem Zelt und war deshalb besonders schwer unter Kontrolle zu halten), das den Ärger verursachte. Wieder huschten Flammen über den Boden, wieder schlugen wir sie aus; aber da unser Zelt im Lee der anderen stand, war das Lager nicht gefährdet. Der Wind oder das grelle Licht oder beides zusammen hatte meinem rechten Auge eine Art Schneeblindheit beschert; es schmerzte und machte mir das Schießen unmöglich, doch nach zwei oder drei Tagen war die Sache ausgestanden. In diesem Lager gab es kein Wasser, aber die Männer hatten das im voraus gewußt und die Kamele mit Eisblöcken beladen; so mußten nur die Tiere leiden.

Im Morgengrauen ging es weiter. Es war kälter denn je. Der Paß stieg sehr steil an, und wegen der Höhe mußten wir die Tiere in kurzen Abständen ausruhen lassen; der Paß heißt Tsakassu und liegt nach unseren Karten ungefähr viertausend Meter über dem Meeresspiegel. Von der Höhe warfen wir einen letzten Blick auf den riesigen, schimmernden, einsam daliegenden Kukunor. Nach Süden erstreckte sich eine Bergwildnis. Der Wind hier oben war schlimm, und den ganzen Tag über trotteten wir geduckt und steif, mit schmerzenden Gesichtern. »Ach, wäre ich doch eine Debütantin und säße jetzt im Warmen«, sagte Kini. Nach einer langen Etappe schlugen wir auf einer kahlen, abweisenden Ebene unser Lager auf. In einiger Entfernung sah man ein niedriges Gebäude aus Lehm. Es war die einzige Behausung (wenn es denn eine war), die wir während mehrerer Tage zu Gesicht bekamen. Am Seeufer hatten noch hier und da, in eine Mulde geduckt, schwarze Nomadenzelte gestanden, aber in diesen Bergen gab es nichts.

Am nächsten Tag ging es mit meinem Auge wieder besser, und wir waren kaum aufgebrochen, als ich mich schon ohne Erfolg auf eine Jagd nach drei Wildeseln einließ. Diese Tiere, die wir hier zum erstenmal sahen, waren auf dieser und vielen weiteren Etappen der einzige Schmuck der kahlen Landschaft, ein sehr hübscher Schmuck übrigens. Sie sind so groß wie Maultiere, dunkelbraun, mit fahlbraunem Bauch, und sie galoppierten mit erhobenen Köpfen und wehenden kurzen Schwänzen in mittlerer Entfernung vor uns her. Sie bildeten Herden bis zu fünfzehn Tieren und erreichten in ihren Drehungen und Wendungen jene unheimlich anmutende Einmütigkeit, die man zuweilen bei einem Schwarm Rebhühner oder Krickenten sieht; eine Reitertruppe könnte bei ihren Manövern nicht mehr Präzision und Geschlossenheit an den Tag legen. In Tibet und Ladakh kennt man sie unter dem Namen *kjang,* die Turkis aus Sinkiang nennen sie *kula,* die Chinesen (die in naturgeschichtlichen Dingen immer eine liebenswürdige Unbestimmtheit walten lassen) sprechen von »wilden Pferden« und die Wissenschaft vom *Equus hemionus.* Ihr Fleisch ist eßbar, aber man kann sie in der Regel nicht zähmen. Allerdings ist mir mal jemand begegnet, der in Ladakh einen Wildesel gesehen hat, der als Reittier diente. Ihnen zuzusehen machte großen Spaß.

Gegen Mittag gerieten wir auf der Ebene, die wir durchquerten, an sumpfiges Gebiet. Die Karawane machte einen Umweg um den salzüberkrusteten Morast und lagerte dann auf ausgebleichtem Gras neben einem ungefähr drei Meilen langen zugefrorenen Salzsee. Ich zog mit meiner Vierundvierziger los und hielt nach Wildeseln Ausschau, aber obwohl ich eine weite Strecke ging, sah ich keinen. Die Landschaft war unbeschreiblich wüst und einsam. Ich schoß einen Hasen, der sich unbeobachtet glaubte, aus fünf Meter Entfernung, und der Bosun, der mir trotz meiner Drohungen wie ein Schakal in einiger

Entfernung folgte, kam, vor Freude hüpfend, herbei und schnitt ihm die Kehle durch. Dieser Hase war das einzige, was ich jemals mit der Vierundvierziger geschossen habe.

Am nächsten Tag ließen wir den Salzsee hinter uns, stiegen wieder in die Höhe und lagerten kurz vor einem zweiten Paß. Wieder gab es kein Wasser, statt dessen wurden die Zelte in zwei Abteilungen in der Nähe von zwei Schneefeldern errichtet, die uns gerade recht waren. In einem Teil von einem dieser Felder wurde der Hase zum Abendessen gekocht.

Kurz nach Tagesanbruch am 8. April überquerten wir den zweiten Paß, der leichter war als der erste, und stiegen dann in ein abschüssiges Tafelland hinunter. Es war kalt, aber die Sonne schien, und die Karawane, wie sie da aus der zerklüfteten Enge des Passes auftauchte, bot einen prächtigen Anblick. Um die Mitte des Tages vernahmen wir vor uns einen ohrenbetäubenden Knall. Ein alter Chinese mit einem verschlagenen Gesicht und einem langen Zopf war vorausgeritten und hatte einem Wildesel mit seiner Muskete das Bein zerschossen. Wie von Sinnen galoppierten alle herbei, und nun kam es zu einem empörenden Auftritt. Sie fingen das Tier ein, legten ihm ein Halfter an und sahen unter schallendem Gelächter zehn Minuten lang zu, wie es sich quälte, ehe sie ihm die Kehle durchschnitten. Ihnen fehlte jede Vorstellung davon, daß dies grausam war, und ich konnte nichts dagegen tun.

Wenig später kamen wir an einen Fluß namens Tsara. Kini hielt mit ein paar anderen an, um ihr Pferd zu tränken. Slalom geriet mit seinen Vorderbeinen auf Treibsand und sackte ein. Kini stürzte in das eiskalte Wasser, und bevor die Männer Slalom befreit hatten, war der Schlafsack, den Kini zusammengefaltet als Sattelunterlage benutzte, zum Teil durchnäßt — ein großes Pech, denn es dauerte lange, bis das Schaffell getrocknet war, und nachher war es geschrumpft und steif geworden. Wir lagerten am Fuß eines Steilhangs in einer engen Felsenschlucht, durch die der Wind fegte, und aßen Wildeselfleisch zu Abend, das uns einer unserer Patienten geschenkt hatte. Es war zäh und nicht so gut wie erwartet. Wir hatten einen Marsch von neun Stunden hinter uns, bis dahin unsere längste Etappe.

Am nächsten Morgen um vier waren wir wieder auf den Beinen. Als die letzten Kamele gerade beladen wurden, ritten drei Tibetaner auf Ponys durch das Lager. Sie trugen Musketen und hatten keine Packtiere bei sich. Eine unbehagliche Stille breitete sich aus. »Übel Leute«, flüsterte Li. »Banditen.«

Ich zweifle daran, aber alle schienen an diesem Tag etwas nervös. In einer kleinen Gruppe, unter Führung des vornehmen Moslem, den wir Rizinus getauft hatten, verließen wir die Kamele, die ihren Weg durch die Schlucht am Fluß entlang fortsetzten, und wählten eine Abkürzung über die Berge. Die Chinesen nahmen die Lappen ab, mit denen sie die Verschlüsse ihrer Flinten schützten, und ließen von Zeit zu Zeit sonderbare Schlachtrufe ertönen. Es war ein strahlender Tag, und bald gelangten wir in ein hübsches Hochtal, in dem es Bäume gab und der Boden mit Gras bedeckt war. Die Bäume sahen aus wie ein Mittelding zwischen Zypresse und Eibe, und Li zufolge war irgend etwas an ihnen (wir verstanden nicht, was) viel Geld wert. Erst als wir sie erblickten, fiel uns auf, wie sehr uns die Bäume gefehlt hatten. Auf einer Strecke von tausend Meilen waren dies die einzigen, die wir zu Gesicht bekamen. Am Ende des Tales machten wir ein großes Feuer und setzten uns ringsum, genossen die Sonne und schimpften auf den Wind. Dann ritten wir weiter, in eine andere Hochebene hinab, die nach drei Seiten von fernen Bergen umgeben, aber nach Westen hin offen war. Noch einmal lagerten wir eine Stunde in einer windgeschützten Senke und warteten auf den Haupttrupp. Es war warm und angenehm, und wir redeten Unsinn. Wir stritten darüber, was das Angenehmste wäre, das in diesem Augenblick passieren könnte. Kini meinte, wir seien doch gut dran, aber ich erklärte ihr, daß es noch besser wäre, wenn wir jetzt einen kräftigen Butler mit einem Tablett voller Spiegeleier auf uns zukommen sähen. Wir waren immerzu hungrig.

Bald kam die Karawane. Lang und bedächtig fraß sie sich durch die Ferne wie eine Raupe durch ihr Blatt, und am frühen Nachmittag sichteten wir Behausungen, schwarze Zelte und einige niedrige Lehmhäuser. Über ihnen wehten Gebetsfahnen, und in der Nähe wurde auf einigen Feldern Gerste angebaut. Wir zogen noch etwas weiter und lagerten dann an einer Straße, die die Chinesen von Sining nach einem Ort namens Schang gebaut hatten und die angeblich für Lastwagen befahrbar war. Uns mißfiel der schwache Geruch der Zivilisation. Unser Gerstevorrat war stark geschrumpft, deshalb ritten Li und ich am Abend zwei Meilen flußabwärts zu einem niedrigen Bauernhaus, das einem Tibetaner gehörte. Wir tranken Tee, spielten mit den Kindern (deren Mutter ein überraschend schönes Madonnengesicht hatte) und feilschten mit Erfolg. Als wir uns verabschiedeten, hielten uns die Bewohner des Hauses mit viel Mühe ihre Doggen vom Leib, indem sie mit gefrorenem Dung nach ihnen warfen.

Am nächsten Tag, dem 10. April, legten wir eine doppelte Etappe zurück. Wir verließen die Lastwagenstraße und stiegen an einem sanften Hang zu einem niedrigen Paß hinauf, hinter dem keine weiteren Berge zu sehen waren. Unseren Sinn für das Pittoreske beleidigte der Anblick zweier Pfosten auf der Paßhöhe, die wir für Telegraphenstangen hielten. Aber als wir näher kamen, zeigte sich, daß zwischen ihnen Girlanden aus Knochen hingen, meist Kiefer- und Schulterknochen von Hasen und Schafen (jedenfalls sahen sie so aus). Außerdem sahen wir Gebetsfahnen und viele *obos,* Türmchen aus aufgeschichteten Steinen mit allerlei magischen Bedeutungen. Auf dem Paß kamen uns mehrere kleine tibetanische Karawanen von Süden entgegen, auf einer Straße, deren Endstation Lhasa war. Manchmal waren Kinder mit farbenprächtigen Hauben auf die Lasten geschnallt. Ihre Köpfe nickten schläfrig zum Gang von Jak oder Kamel. Die Männer grinsten dunkel unter ihren großen Pelzmützen hervor. Die Haarflechten der Frauen waren mit Silberzeug überladen wie ein viktorianisches Büffet. Nur wenige erkannten, daß wir Europäer waren. Aber so, wie uns Sonne und Wind zugerichtet hatten, war das nicht verwunderlich.

Jenseits des Passes gelangten wir in das Tsaidam-Becken. Die Berge traten in den Hintergrund und blieben dort während der nächsten fünf Wochen. Wir ließen die Zelte und Lehmmauern einer kleinen Siedlung namens Kharakhoto rechts liegen und zogen weiter in ein einsames Dünengelände. In der Umgebung von Kharakhoto gab es ein primitives Bewässerungssystem, und die Überquerung eines der Kanäle machte uns Schwierigkeiten. Die Kamele gerieten ins Schwanken und gefährdeten die Lasten; auf den Gesichtern der zuschauenden Chinesen wechselten Belustigung und äußerste Besorgnis, und man konnte leicht erkennen, wessen Waren von welchen Tieren getragen wurden. Mittags machten wir auf einer von Grasbüscheln bedeckten Ebene halt, schlugen aber kein Lager auf.

Hier befanden wir uns in einer Höhe von kaum mehr als dreitausend Metern. Es war warm und fast windstill. Während wir ausruhten und die Tiere grasten, soweit es etwas zu grasen gab, wurde eine Gerichtsverhandlung abgehalten. Am Morgen hatten der Fürst von Dzun und einer seiner Leute einen undurchsichtigen Streit um ein Pferd beendet, indem sie den Kläger mit ihren Reitpeitschen verprügelt hatten. Der Kläger war ein unsympathischer Chinese, und der Kaufmann, zu dessen Troß er gehörte, legte Beschwerde ein. Im Lager schlugen die Wellen hoch. Es gab viel Geschrei und Gefuchtel mit Zeltstangen. Schließlich wurde die Ordnung wiederhergestellt, und die Kontrahenten mit ihren jeweiligen Anhängern setzten sich in einem Kreis auf den Boden. Rizinus trat als Anwalt des Klägers auf. Es war amüsant, zu beobachten, wie er redegewandt, einnehmend, weltmännisch den mürrisch dreinblickenden Vertreter des Fürsten mit einem Schwall wohlgesetzter Worte überschüttete. (Der Fürst selbst nahm an der Verhandlung nicht teil.) Der Mongole saß mit niedergeschlagenen Augen da, die wohl — mal kindlich schmollend, mal ausweichend — undurchschaubar wirken sollten, aber nicht wirkten. Seine Hände spielten mit einer Pfeife. Wenn er ausspuckte, schien er verlegen. Hilflos, aus uralter Erfahrung wissend, daß er seinem Gegner nicht gewachsen war und ihm in seiner Kasuistik nicht folgen konnte, hockte der stolze, bedauernswerte Mongole in seinem Schaffell da, Sinnbild einer einst unbesiegbaren Rasse — so, wie Rizinus, der mit seinem Scharfsinn über die Schwerfälligkeit eines Barbaren triumphierte, ganz in der Tradition des chinesischen Imperialismus, der Eroberung durch Schläue, stand. Der Fürst mußte am Ende zwei Ballen Tuch als Entschädigung zahlen.

Dabei war er in der Karawane allmächtig. Seine Leute wären, wenn es hart auf hart gegangen wäre, den Chinesen überlegen gewesen. Doch die Chinesen beherrschten seinen einzigen Absatzmarkt, und im nächsten Jahr, wenn er nach Sining zurückkehrte, hätten sich Rizinus und die anderen rächen können. Entweder mit Hilfe der Behörden oder auf eine eher der chinesischen Mentalität entsprechende Art: indem sie andere Kaufleute dazu brachten, Kredite zu verweigern oder auf der Rückzahlung von Schulden zu bestehen. Es war ein Risiko, das der Fürst nicht eingehen wollte.

Nachtmarsch ans Ende der Welt

Kurz vor Einbruch der Dunkelheit luden wir wieder auf und marschierten in die untergehende Sonne. Riesige Sanddünen schoben sich von den Seiten heran. Die Hufe der Kamele und Pferde machten kein Geräusch. Der Sonnenuntergang vergoldete den Staubdunst, den wir aufwirbelten. Es war windstill. Als das Licht schwand, verstummten auch die Männer. Hier und da in der langen, langsamen Kette der Tiere begann ein Reiter ein rauhes, wehmütig schleppendes Lied; aber niemand stimmte mit ein.

Bald ging der Mond auf. Aus dürren, schütteren Tamariskenbüschen wurden schwarze, unförmige Klumpen. Der Sand war wie Silber, und der Staub, den wir einatmeten, hing wie eine Ausdünstung, wie Dampf, um die Karawane. Deren Flanken waren, wo Männer ihre Pfeifen rauchten, mit kleinen roten Augen abgesteckt. Weiße Pferde schimmerten wie Gespenster, die Kamele ragten wie Ungetüme in die Höhe. Stunde um Stunde zog die Kette der Tiere mit lautlosem, schwerfälligem Schritt nach Westen. Nur der Mond schien in dieser Traumwelt wirklich zu sein und verband uns mit einem Leben, das wir kannten.

Gegen elf machten wir an einer Stelle ohne Wasser halt, zündeten Feuer an, legten uns im Schutz der aufgestapelten Lasten zur Ruhe und glitten rasch aus der unirdischen, schwarzsilbernen Einöde in andere Weiten. Wir waren sehr müde.

Sechs Stunden später waren wir schon wieder unterwegs. Es herrschte klirrende Kälte, und unsere Mägen waren leer, aber Dzuntschia lag nur noch zwei Tagemärsche entfernt, und eine Art verhaltener Freude breitete sich in der Karawane aus. Bald ging die Sonne auf und vertrieb den Frost. Wir tauten auf. Die durstigen, erschöpften Pferde bewegten sich wie leblos vorwärts, aber wir kamen nun in eine Landschaft, wo die Tamarisken größer wurden, wo hier und da eine mosaikartig aufgerissene Lehmmulde Wasser in der richtigen Jahreszeit verhieß. In einer dieser Mulden sah ich die Spur eines Bären, spachtelförmig, mit scharfen Krallen, aber irgendwie menschlich. Nach ungefähr vier Stunden hielten wir an und frühstückten. Diese neue Welt mochte flach und eintönig sein, aber in ihr war es zumindest warm. Wir aßen und lasen und sonnten uns genüßlich.

Mittags zogen wir weiter. Zunächst Schafherden, dann Jurten kündigten das Ende der Einsamkeit und den Beginn von besiedeltem Gebiet an. Es war ein Schock, als wir erkannten, daß der Fürst uns nicht mehr führte. Seine eigenen Zelte standen in einiger Entfernung von Dzuntschia, und die halbe Karawane zog in diese Richtung. Kummer überkam mich, als ich mich nach unserer gestutzten Kolonne umsah. Ihre Majestät war dahin, ihre zerschlissene, unbefangene Pracht beschnitten; ich hatte sie in ihrer ganzen Kraft gesehen, deshalb kam sie mir jetzt armselig vor, und der Stolz, mit dem ein meilenlanger, geordneter Zug von Tieren den Mitreitenden erfüllt, war für immer dahin. Wenn wir einen Ozeandampfer oder einen Luxuszug verlassen, geht uns das nicht zu Herzen; die Karawane, die sich nun aufzulösen begann, erfüllte mich mit einer seltsamen Wehmut.

Mehr Dünen, mehr verstreut liegende Jurten, dann glattes, mit salzüberkrusteten Sumpflöchern durchsetztes Flachland. Der harte, holprige Boden war mit einer dünnen grauen Schlammschicht bedeckt; Kamele und Pferde gerieten ins Rutschen und strauchelten. Wir durchquerten ein Flüßchen namens Bajan und zogen im Zickzack, die übelsten Stellen umgehend, durch schweres Geläuf. Dies also war die Wirklichkeit hinter den oft betrachteten Symbolen auf unserer Karte, den Dreiergruppen aus kleinen explosiven Ausrufezeichen, mit denen Kartographen Sumpfgebiete markieren. Hier war die Tsaidam-Marsch. Zum ersten (und wohl einzigen) Mal auf unserer Reise entsprach ein Merkmal der Geographie im großen und ganzen dem, was wir erwartet hatten.

Spät schlugen wir unser Lager auf einer Insel trockenen Bodens auf. Ich schoß aus großer Entfernung eine Mandarinente, aber sie war nur verwundet und ging im Gras verloren. Überall waren Wildvögel unterwegs. Ich vergaß die Tatarei und ging an diesem grauen, stillen Abend, der mich an die Hebriden erinnerte und nur wegen einiger riesiger Reiher exotisch und ungewöhnlich wirkte, erfolglos auf Gänsejagd. Am nächsten Tag (dem 12. April) erreichten wir Dzuntschia nach einem langen, langweiligen, rutschigen Ritt.

Imposant konnte man den Ort nicht nennen; auch in der romantischsten Stimmung vermochte man nichts Anziehendes an ihm zu entdecken. Und doch begeisterte uns der erste Anblick von Dzuntschia so, wie das Taj Mahal den größten Einfaltspinsel aus dem Mittleren Westen begeistern würde. Weit vor uns, noch zwei Wegstunden entfernt, unterbrach ein kaum wahrnehmbarer rechteckiger Höcker den endlos flachen, leeren Horizont. Langsam näherten wir uns, ungeduldig, erwartungsvoll, wie Schiffbrüchige im Ruderboot sich einer Insel nähern. Geduckt, isoliert, irgendwie wachsam, ähnelte der Höcker mehr und mehr einem Fort oder einem Blockhaus. Aufgeregt stellten wir lächerliche Mutmaßungen über ihn an: es sei das Opernhaus des Ortes oder ein Luxushotel. Die

Verständigungsschwierigkeiten, die uns immer wieder daran hinderten, zu verstehen, was uns widerfuhr, solange es nicht wirklich geschehen war, verliehen unserem Leben bisweilen eine gewisse Würze.

Das Fort war kein Fort, sondern ein kleines, halbzerfallenes Lamakloster. Um das Kloster herum war ein Labyrinth von Lehmhütten entstanden — einige benutzte der Fürst als Lagerräume, andere die Chinesen, wenn sie im Sommer zu Geschäften hierherkamen. Das war Dzuntschia — ein unansehnliches, unerwartetes Mauern- und Dächergewirr, das wie eine Warze mitten in der weiten, öden Ebene sproßte. Die kraftlose Geste, mit der sich der Mensch hier festgesetzt hatte, die ärmlichen Rudimente eines häuslichen Lebens, verstärkten nur den Eindruck von Verlassenheit, den dieser Ort erweckte. In Dzuntschia kamen wir uns vor wie am Ende der Welt, und es roch auch so.

Wir blieben drei Tage. Die Freude darüber, daß wir angekommen waren und ein weiteres Kapitel in der Geschichte unserer Expedition abgeschlossen hatten, verflog rasch. Wir verzichteten auch gern darauf, wieder einmal unter einem Dach zu schlafen. Unsere verwahrloste, höhlenartige Kammer hatte, auch nachdem wir den Schmutz beseitigt hatten, zwei große Nachteile gegenüber dem kleinen Zelt. Zum einen war sie nicht windgeschützt, und als wir ein Feuer anzündeten, um sie zu wärmen, wurden wir bald keuchend und mit Tränen in den Augen vom Rauch vertrieben. Zum anderen bot sie so viel Platz, daß wir nie ohne Gesellschaft waren, immer höflich sein und unsere Habseligkeiten vorzeigen und erklären mußten, wieviel sie gekostet hatten. Jeden Tag wurde der Himmel, ohne sich zu verdunkeln, für ein oder zwei Stunden weniger blau, und ein Staubsturm fiel über uns her, der alles mit feinem grauem Pulver bedeckte. Wir waren kaum schmutziger als während unseres Marsches, aber wir fühlten uns sehr viel schmutziger. So verhält es sich immer. Die Wüste ist sauber und behaglich, und das Ritz ist sauber und behaglich; aber auf den ersten Etappen von der Wüste zum Ritz begegnet man dem wirklichen Schmutz und der wirklichen Unbehaglichkeit.

Die Reste der Karawane lösten sich in Dzuntschia auf. Von nun an mußten wir zusehen, wie wir aus eigener Kraft weiterkamen. Noch am Tag unserer Ankunft nahm Li Verbindung mit einem Mongolen auf, der bereit war, Kamele an uns zu vermieten, aber die Kamele standen weit entfernt auf einer Weide, und eine Verzögerung ließ sich nicht vermeiden. Während wir warteten, hatten wir nichts zu tun. Es war angenehm, daß wir morgens in unseren Schlafsäcken liegenbleiben konnten, statt in eine drängende, unfreundliche Welt hinausstolpern zu müssen. Aber je mehr sich der Tag in die Länge zog, desto unzufriedener und unruhiger wurden wir. Die Zukunft lag noch immer im Ungewissen. Vor zwei Monaten hatten wir Peking verlassen, doch die schmale, rote Linie, die sich auf der Asienkarte so verheißungsvoll durch den Himalaja schlängelte, schien immer noch unvorstellbar weit entfernt, und es ließ sich nicht sagen, wieviel näher wir Indien noch kommen, wo, wann und wie wir schließlich unsere Niederlage erleben würden. Über Sinkiang sprachen wir mit niemandem, nicht einmal mit Li. Wir setzten unsere Hoffnung auf Teijinar, wo vor zwei Jahren noch ein Kosake, mit dem die Smigunows befreundet waren, gelebt hatte. Es war sehr fraglich, ob er sich noch dort aufhielt, aber wenn es so war, dann würden wir zumindest abschätzen können, wie groß unsere Chancen waren, die Grenze nach Sinkiang zu überschreiten. Teijinar, so hieß es, liege fünfzehn Tagemärsche weiter westlich.

Von zwei oder drei bedauernswerten Lamas und einem Chinesen abgesehen, hatte offenbar niemand seinen ständigen Wohnsitz in Dzuntschia. Einer der Lamas, ein großer, grauhaariger Mann mit pompösen Manieren und einer unerträglich lauten Stimme, saß stundenlang bei uns, drehte seine Gebetsmühle und staunte uns an. Eines Tages kam der Fürst zu Besuch, um sich zu verabschieden. Er gab uns seine Visitenkarte und schenkte uns etwas Milch. Ihm und allen anderen Leuten der Karawane sind wir wohl bis zuletzt ein Rätsel geblieben. Nur wenige von ihnen hatten schon einmal einen Ausländer zu Gesicht bekommen. Mich sprachen sie mit einem respektvollen chinesischen Ausdruck an, der »Pastor« bedeutet und auf Missionare angewendet wird; Kini, deren Heimatland auf ihren Karten fehlt, bezeichneten sie als »diese französische Person«. Im allgemeinen behandelten sie uns wie einen unklaren Witz, dessen Pointe sie möglicherweise nicht verstanden hatten; uns paßte das gut in den Kram.

In der Kulturgeschichte unserer Expedition markiert Dzuntschia die letzte Phase dessen, was man ihre Leblanc-Simenon-Periode nennen könnte. Die freundlichen Urechs hatten uns beim Abschied mit einem größeren Vorrat an Taschenbuchausgaben von Werken der Herren Maurice Leblanc und Georges Simenon versehen. Im Zelt und unterwegs waren uns die Helden dieser beiden (Arsène Lupin, der *gentleman-cambrioleur,* und Kommissar Maigret) zu Gefährten geworden, die wir nicht missen mochten; der eine romantisch und übermenschlich, der andere erdverbunden und realistisch. Wir stritten uns um diese Bücher und fürchteten den Tag, an dem wir sie beendet haben würden. Da wir sie nach und nach über Bord warfen, machte sich der Einfluß des französischen Kriminalromans bald überall in der Karawane bemerkbar, und es war kein ungewöhnlicher Anblick, einen Mongolen daherkommen zu sehen, der sich den bunten Einband von *La demoiselle aux yeux verts* als Sonnenschirm zwischen Stirn und Pelzmütze gesteckt hatte, während die spannenden Seiten von *Le Fou de Bergerac* so manches Loch in so manchem Stiefel stopften. Die einzige andere Art von Literatur, die die Mongolen je zu Gesicht bekommen haben können, waren die Gebetbücher in ihren eigenen Lamaklöstern; wenn sie auch unsere Bücher für Gebetbücher hielten, müssen wir ihnen als große Frevler erschienen sein. Sie hatten die sonderbare Angewohnheit, alle Fotografien durch einen imaginären Feldstecher, den sie mit ihren Händen formten, zu betrachten. Noch sonderbarer war (für uns) ihr Erstaunen angesichts unserer Handschuhe, die sie sich immer wieder zeigen ließen und die sie offenbar für eine höchst geniale, aber ziemlich nutzlose Erfindung hielten. Die eigenen Hände schützten sie nur durch lange Ärmel. Dem Handschuhhandel steht in Zentralasien eine große Zukunft bevor.

Wir waren ungeduldig, während wir in Dzuntschia aufgehalten wurden. Noch einmal schrieben wir einen Stapel Abschiedsbriefe und übergaben sie dem Chinesen, dessen Abszeß Kini behandelt hatte, damit er sie mit der ersten Karawane in Richtung Osten nach Tangar schickte. (Diese Briefe, die schließlich auch wirklich nach Europa gelangten, waren das letzte Lebenszeichen von uns, bis wir Kaschgar erreichten.) Rizinus veranstaltete ein Hammelessen für uns. Kini wurde von einem Hund in den Hintern gebissen. Ich erlegte mit einer Dublette zwei Mandarinenten, und ich rasierte mich, was ich während der ganzen Reise nur ungefähr alle zwei Wochen tat; aus irgendeinem unerfindlichen Grund hatte ich nur sechs Rasierklingen mitgenommen. Abends beobachteten wir gelegentlich, wie eine Karawane aus dem Horizont hervorkroch. »Eine grenzenlose Weite« heißt es in meinem Tagebuch; anstandshalber habe ich das Klischee auch dort schon in Anführungszeichen gesetzt, aber eigentlich waren sie unnötig, denn das Klischee war hier der treffende Ausdruck.

Am zweiten Abend hatten wir Pech. Eine große Karawane zog in Richtung Westen vorüber, ohne Dzuntschia aufzusuchen, und während ich die in langer Kette dahinschreitenden Tiere beobachtete, kam mir der Gedanke, daß sie uns nützlich sein könnten. Es war spät, und ich wußte, daß die Karawane irgendwo in der Nähe ihr Lager aufschlagen würde. Als ich an diesem Abend auf Gänsejagd ging, fand ich die Zelte, betrat das größte und trank Tee mit einem halben Dutzend Chinesen. Es waren wilde Gesellen mit ziemlich groben Manieren, und ich wußte nicht recht, was ich von ihnen halten sollte. Ihr Anführer erklärte, sie seien unterwegs nach Teijinar, und versicherte, sie marschierten sehr schnell. Ob sie unbeladene Tiere zu vermieten hätten? Ja, mehrere. Für uns allemal genug, wenn wir nur vier bräuchten. Ich sagte, ich würde Li schicken, der die Einzelheiten mit ihnen regeln sollte, und bildete mir, während ich nach Dzuntschia zurückkehrte, viel auf meine Findigkeit ein.

Ich schickte Li, aber er kam zurück und sagte, ich müsse mich geirrt haben, die Leute in den Zelten hätten keine freien Tiere, ich müsse sie falsch verstanden haben. Ich entschuldigte mich bei Li und vergaß die Sache. Später in Teijinar stellte sich jedoch heraus, daß Li in das falsche Lager gegangen war; die Männer, die ich besucht hatte, hatten am nächsten Morgen lange auf uns gewartet, ehe sie weiterzogen. Hätten wir uns ihnen angeschlossen, so wären uns zehn lange Tage, einige Geldausgaben und mancher Kummer erspart geblieben.

Vor Sonnenaufgang am 16. April trafen unsere vier Kamele endlich ein und mit ihnen ein klappriges Pferd für Li. Die einzigen Mitglieder der Karawane des Fürsten, die ebenfalls weiter nach Westen wollten, waren ein Dutzend Moslems. Ihr Ziel waren die Berge im Süden des Tsaidam, wo sie in den Flüssen Gold waschen wollten. Es waren unerfahrene Leute, keiner von ihnen kannte das Land, und uns lag nichts an ihrer Gesellschaft; notgedrungen mußten wir sie jedoch als Reisegefährten akzeptieren, denn sie nahmen zur gleichen Zeit den gleichen Weg wie wir. Die meisten von ihnen waren am Tag zuvor aufgebrochen, die übrigen machten sich zusammen mit uns und acht Halbblutjaks auf den Weg, die jene Lasten trugen, für die sie keine Kamele hatten beschaffen können.

Wir verabschiedeten uns von Rizinus, von den Lamas und dem Mann mit dem Abszeß. Es war ein warmer, sonniger Tag. Wieder einmal ritten wir frohen Mutes nach Westen, ließen die verräucherten Zimmer hinter uns, den Schmutz aus Knochen und Exkrementen, die lethargischen Straßenköter, die verlausten Mönche, die zerfledderten Gebetsfahnen, die ganze verkommene Trostlosigkeit von Dzuntschia. Für die Gewißheit, daß wir diesen Ort nie wiedersehen würden, hätten wir viel gegeben.

Teil IV

Niemandsland

Die Vergessene Stadt

Nun begann eine Phase, in der die Ereignisse spärlicher verteilt, die Verzögerungen häufiger und die Landstriche, durch die wir kamen, eintöniger waren als während aller anderen Abschnitte unserer Reise.

Die gedrungene Silhouette von Dzuntschia, deren langsames Wachsen am Horizont vier Tage zuvor unsere Blicke so sehr gefesselt hatte, schrumpfte und verschwand, ohne daß wir uns auch nur einmal umsahen. Die Pferde bewegten sich nach der langen Rast leichtfüßig. Die Sonne schien auf Lis weinroten *polu* und das rotbraune bis goldene Gefieder der Mandarinenten, die in Paaren krächzend über den Sumpflöchern kreisten. Hitzedunst zitterte über dem Sumpfland, und ein paar der riesigen Moskitos, die während des Sommers das Leben im Tsaidam unerträglich machen sollen, umschwirrten uns und stachen ohne größere Wirkung. Sie paßten schlecht zu den Schneewehen, die noch immer in manchen Bodensenken lagen. Im Süden hob sich eine ununterbrochene Kette von Berggipfeln gegen den blauen Himmel ab, die das eigentliche Hochland von Tibet nach Norden abschloß. Es war ein gutes Gefühl, wieder unterwegs zu sein.

Wir waren noch nicht weit gekommen, als der strahlende Tag von bösen Vorahnungen verdunkelt wurde. Li offenbarte uns, daß unsere neuen Kamele und die Mongolen, die sich um sie kümmerten, uns keineswegs bis Teijinar, sondern nur bis Nomo Khantara, drei Tagemärsche weiter westlich, bringen würden. Nomo Khantara liege an der Grenze zwischen den Mongolen von Dzun und denen von Teijinar. Dort würden wir nochmals die Tiere wechseln müssen. Mir gefiel diese Neuigkeit überhaupt nicht. Sie bedeutete einen unvorhergesehenen Aufenthalt von mindestens zwei, vielleicht noch mehr Tagen. Es war keine gute Jahreszeit zum Reisen, die Kamele waren in schlechtem Zustand, und die Mongolen sträubten sich, sie von ihren Weiden zu holen und auf Wegen einzusetzen, wo es wenig zu grasen gab. Unser Entkommen aus Dzuntschia schien in eine herbe Enttäuschung zu münden.

Als wir etwa die halbe Etappe dieses Tages hinter uns hatten, führte der Pfad aus der Salzebene in ein seltsames Gebiet kleiner, mit krüppligen Tamarisken bewachsener Dünen. Die Landschaft hatte etwas Gezwungenes, Unnatürliches an sich. Die Hügelchen, die kahlen Zweige — vor dem allzu strahlenden, allzu malerischen Hintergrund aus Himmel und Bergen — sahen aus wie eine jener künstlichen Landschaften, mit denen man ausgestopfte wilde Tiere in ihren Glaskästen umgibt. Der Schnee und die Moskitos, die ausgetrocknete Senke und der Sumpf auf der Höhe des Bergzuges dahinter — all das wirkte verkehrt und abnorm.

Li war vorausgeritten und hatte bei der einzigen Jurte weit und breit angehalten, ohne daß Kini und ich es mitbekamen. Wir ritten weiter, bis uns die Länge dieses Tagemarsches stutzig machte. Dann erst kehrten wir um und fanden die Kamele schon abgeladen und grasend. Unter einer Tamariske schlugen wir ein angenehmes Lager auf und beschlossen, die beiden verbleibenden Etappen nach Nomo Khantara an einem Tag zu machen.

Morgens erwachten wir in einer anderen Welt. Die Sonne war verschwunden, und von Westen blies ein eisiger Wind. Mit einer gewissen Empörung machten wir uns auf den Weg. Wir hatten uns eingebildet, wir hätten die Kälte nun endgültig hinter uns. Der Marsch war langweilig und eisig kalt. Mittags hielten wir an, um Tsamba zu essen, beschleunigten dann das Tempo und kamen nachmittags eine Stunde vor den Kamelen in Nomo Khantara an.

Auf den ersten Blick wirkte der Ort recht einladend, jedenfalls für die Verhältnisse im Tsaidam. Einige Jurten lagen inmitten eines riesigen Gehölzes aus Tamarisken oder ähnlichen Sträuchern verstreut — die Büsche wurden hier mehr als drei Meter hoch und erzeugten eine Illusion von Wald. Ein kleiner, von gelbem Schlamm undurchsichtiger Bach folgte einem der vielen Kanäle eines ausgetrockneten Flußbettes, das sich erst wieder füllen würde, wenn der Sommer den Schnee Tibets zum Schmelzen brachte. Nach den kahlen Salzebenen wirkte dies alles (anfangs) sehr hübsch.

Wir errichteten das Zelt neben dem, was Li als »mein Haus« bezeichnete. Von diesem Haus hatte er zu unserer Verwunderung schon seit mehreren Tagen gesprochen. Wie sich herausstellte, bestand es aus zwei Jurten. Die eine diente als Vorratskammer, in der anderen wohnte einer von Lis Brüdern, der ebenfalls als Handelsagent für Ma Schin-te arbeitete. Zum Haushalt gehörten außerdem eine Mongolin mit einem runzligen, humorvollen Gesicht und würdigem Auftreten; ein kleines, ungezogenes Kind, das, soweit wir verstehen konnten, auf den Namen Gumboil hörte; und eine wechselnde, aber beträchtliche Anzahl von Ziegen. Neben dem Anwesen lag ein sehr sinnreich gebauter Stall — eine Art Grab, groß genug für zwei Pferde und so tief, daß sie nicht allein herauskamen. In der Nähe stand ein stattliches, prächtig verziertes Zelt. Es gehörte, wie wir erfuhren, zwei wandernden Lamas aus Tibet. Auf derselben Lichtung stand auch das blaue Zelt der Goldsucher, die am Vortag angekommen waren.

Der Ort unterschied sich deutlich von dem, was wir gewöhnt waren, deshalb schlugen wir hier munter unser Lager auf. Aber beim Tee in Lis Jurte erfuhren wir die neuesten Lokalnachrichten, und die waren alles andere als ermutigend. Der untersetzte, irgendwie unsympathische Moslem, der die Goldsucher anführte, wirkte niedergeschlagen. Die Mongolen hier, so sagte er, seien »übel Leute«. Sie hätten sich geweigert, ihm Kamele zu vermieten. Sie hätten sich sogar geweigert, den Lamas Kamele zu vermieten, obwohl diese Lamas sehr fromme Männer seien und dringend nach Teijinar müßten. Zwei Wochen lang hätten die Mongolen ihnen ihre Bitte abgeschlagen, und nun würden die Lamas auf dem Weg, den sie gekommen waren, nach Schang im Osten zurückkehren. Das alles klang sehr deprimierend.

Sechs endlose Tage verbrachten wir in Nomo Khantara — die Osterferien des Ortes, wie sich später herausstellte. Aber Nomo Khantara ist kein guter Ort für die Osterzeit; abgeschieden und sauber mag es hier ja sein, aber munter geht es nicht zu.

Am ersten Tag ritt Li ein paar Meilen nach Westen zum Lager der Mongolen, die ihm Kamele verweigerten. Am zweiten Tag kam ich mit, und die Mongolen-Front schien ins Wanken zu geraten. Am dritten Tag ritten wir noch einmal gemeinsam hinüber, wedelten mit unseren chinesischen Pässen (die sie natürlich nicht lesen konnten) und schlugen einen drohenden Ton an. Der Anführer gab nach. Aber ehe wir die Kamele bekommen würden, mußte der Clan zusammengerufen werden. Männer mußten bestimmt werden, die auf die Weidegründe hinausgingen, um sie zu holen. Das Temperament dieser Mongolen war so unberechenbar, daß wir bis zum letzten Augenblick keine Gewißheit hatten, ob sie die Tiere wirklich herbeischaffen würden oder ob wir auf unbestimmte Zeit zu einem Leben unter Tamarisken verurteilt waren, bis uns im Sommer eine Karawane mitnehmen würde.

Wie wir bald feststellten, glich der Ort mehr einem Gefängnis, als es zunächst den Anschein hatte. Die kleinen Bäume (wenn man sie denn Bäume nennen konnte) standen nicht dicht, sondern in Abständen von zehn oder zwanzig Metern, und mit jedem Schritt taten sich neue täuschende Lichtungen auf, die dazu lockten, immer weiter vorzudringen. Das war jedoch nicht ratsam. Es gab keine Orientierungspunkte, keine Pfade, jeder Baum sah genauso aus wie der nächste, und der Boden war kahl. Sobald man außer Hörweite des Lagers war, konnte man sich nur noch an der Sonne orientieren und erkannte bald, wie schwierig es war, zwischen den Bäumen einen bestimmten Kurs zu halten.

Am ersten Tag, als wir dort waren, ging ein Junge, der zu den Goldsuchern gehörte, in die Tamarisken und kam nicht mehr zurück. Tagsüber schwärmten Suchtrupps aus, nachts brannten große Feuer, und die Lamas steuerten viel Hellseherei, Gesang und Gewürfel bei, um seine geographische Position zu ermitteln. Ich unterbrach auf ausdrückliches Ersuchen eine Partie Patience und konfrontierte die Karten mit dem Problem, wobei jede Farbe für ein Viertel der Windrose stand. Aber der Junge wurde nie gefunden. Er muß, vielleicht gar nicht weit entfernt, verhungert oder verdurstet sein.

Kini ertrug den Aufenthalt wie üblich geduldiger als ich. Aber unser Leben bestand tatsächlich fast nur aus Besorgnis und bösen Vorahnungen, und keiner von uns fand viel Gefallen an Nomo Khantara. Vom Essen, von den knittrigen Patiencekarten und unserem schwindenden Büchervorrat abgesehen, gab es drei Dinge, die unser Interesse weckten und uns aufzumuntern vermochten: die Mongolen, die Hasen und die Vergessene Stadt.

Die Teijinar-Mongolen waren verdrießliche, bärbeißige Leute. Sie sahen wilder und wolliger aus als ihre Nachbarn aus Dzun, und keiner von ihnen sprach ein einziges Wort Chinesisch, worin es manche Gefolgsleute des Fürsten ziemlich weit gebracht hatten. In Nomo Khantara wohnten sie fern ihrer Zelte in merkwürdigen offenen Lauben, die sie sich an der windabgewandten Seite von ausnahmsweise einmal dichter stehenden Tamariskenbüschen hergerichtet hatten. Wie beim Bühnenbild in einem chinesischen Theaterstück blieben Wände, Tür und Dach der Phantasie überlassen. Die Grundzüge einer Behausung wurden durch die Feuerstelle angedeutet, durch Schaffelle und Musketen, die in den Bäumen hingen, durch eine alte, bemalte Truhe, die man in die Astgabel eines Baumes geklemmt hatte. Die meisten Männer waren bis zum Gürtel nackt, hatten ihre struppigen Gewänder zu einem plumpen Knäuel um die Taille gerafft, wobei die runzligen Röhrenärmel wie die Beine eines toten Elefanten nach hinten baumelten. Staub, Wind und Sonne hatten sie wie mit einer Kruste überzogen; ihre kleinen blutunterlaufenen Augen funkelten rötlich aus den breiten, dunklen Gesichtern. Ein Mongole zu Fuß verliert seine angeborene Zentaurenwürde, und diese Leute, die hier struppig und verstohlen durch das Unterholz schlichen, erinnerten mich mehr denn je an den armen Wilden Caliban. Trotzdem waren sie Vertreter einer Zivilisationsform, die die Welt aus irgendeinem unerfindlichen Grund über die der Nomaden stellt oder zumindest mehr achtet. Sie trieben nämlich Landwirtschaft. Der Boden, bewässert von dem immer wieder seinen Lauf verändernden Fluß, durch die Tamarisken vor der Winderosion geschützt, war über eine weite Strecke in Felder aufgeteilt. Die Felder in der Nähe des Lagers waren offenbar alt und lagen seit langem brach, aber in der Umgebung ihrer Siedlung waren die Mongolen schon mit Pflügen beschäftigt und reparierten kleine Bewässerungskanäle. Sie bauten Gerste an, die sie unter der Erde lagerten. Sie waren die einzige Bauerngemeinde im Tsaidam, von der ich hörte, und ich stelle mir vor, daß ihre schlechten Manieren eine Folge ihrer Seßhaftigkeit und ihrer Abkehr von der mongolischen Tradition waren.

Hasen gab es in großer Zahl. Mit viel Umsicht und einem Kompaß gerüstet, streifte ich jeden Tag in der Umgebung herum und erlegte innerhalb weniger Stunden jedesmal so viele, wie ich tragen konnte. Das Anpirschen machte Spaß, denn die Hunde der Mongolen hatten sie scheu gemacht. Eines Abends vernahm ich ein vertrautes und doch ganz ungewohntes Geräusch — als würde irgendwo ein Telefon klingeln oder ein Zeitungsjunge rufen: »Die Fußballergebnisse!« Ich war verblüfft. Ich lauschte . . . Da, wieder! Diesmal gab es keinen Zweifel. Es war das Krächzen eines Fasanenhahns. Ich folgte ihm und erwischte ihn, als er auf eine freie Stelle hinausstolzierte. Es war ein sehr schöner Vogel, der sich im Gefieder nur wenig von *P. colchicus* unterschied. Später erlegte ich zwei weitere. Sie waren willkommen, gekochter Hase verliert auf die Dauer nämlich seinen Reiz.

Außerdem war da die Vergessene Stadt. Wir nannten sie so im Anschluß an den Weltreisenden Fawcett. Dabei weiß ich, daß es gar keine Stadt ist, und bin mir nicht einmal sicher, ob sie wirklich vergessen ist, wenngleich ich bei den wenigen Reisenden, die ins Tsaidam vorgestoßen sind, keinen Hinweis auf sie finden konnte. Sie bestand aus zwei alten Lehmforts und lag eine Meile nördlich unseres Lagers. Das größere Fort erstreckte sich über eine Fläche von etwa dreihundert Quadratmetern, mit neun Meter hohen, drei Meter dicken Zinnenmauern. Man konnte hinter der Brustwehr auf ihnen herumgehen, und in der Mitte der Ost- und der Westmauer befanden sich Tore. Das kleinere Fort war ungefähr halb so groß und ganz leer, während in der Mitte des größeren die Ruine irgendeines nicht näher bestimmbaren Gebäudes stand. Beide waren gut erhalten, wahrscheinlich wegen der Trockenheit der Luft und weil die Tamarisken Schutz vor dem Treibsand boten. Alles, was die Monotonie eines öden Landstrichs unterbricht, ist willkommen, und es gefiel mir, auf den verlassenen Mauern herumzuwandern, auf Hasen in dem verdörrten Gras unter mir zu schießen und mir auszumalen, wer wohl zuletzt zwischen diesen Zinnen hindurch geschossen haben mochte und mit welchen Waffen.

Die Chinesen konnten uns über die Geschichte dieser Forts nichts sagen, und auch die Mongolen wußten nichts oder wollten nichts wissen. Mir kam es so vor, als seien sie chinesischer Herkunft; aber fünf oder sechs Meilen weiter westlich fanden wir ein kuppelgedecktes Mausoleum von unzweifelhaft turk-tatarischer Anlage, das anscheinend aus der gleichen Zeit stammte wie die Forts. Diese Fragen müssen die Gelehrten klären; ich kann nur ein paar naheliegende Mutmaßungen anstellen. Irgendwer — wir wissen nicht, wann und zu welchem Zweck — unterhielt in früherer Zeit eine Garnison in Nomo Khantara, und von diesen Eroberern (oder Schutzherren) erlernten die Mongolen die Kunst des Ackerbaus. Man darf vermuten, daß die Garnison nicht lange bestand, sonst hätte man innerhalb der Mauern die Ruinen von weiteren Gebäuden gefunden; man könnte auch die verwegene Vermutung anstellen, daß sie nur einen Sommer lang blieb, sonst hätte sich die Besatzung wohl einen besseren Schutz gegen die große Kälte gebaut, als Zelte ihn boten.

Nachdem ich so weit gegangen bin und mir schon ein wenig schwindlig von meinen Mutmaßungen ist, frage ich mich, ob diese Forts womöglich etwas mit dem General Tso Tsung-tang zu tun haben könnten. In der zweiten Hälfte des vergangenen Jahrhunderts marschierte General Tso an der Spitze von zweitausend unwilligen Soldaten von der Küste zweitausendfünfhundert Meilen westwärts nach Kaschgar. Dort hatte der Abenteurer und ehemalige

Tänzer Jakub Beg aus Kohkand das Niveau der hin und wieder ausbrechenden Revolten deutlich gehoben und sich als Machthaber so fest etabliert, daß Königin Victoria 1875 sogar eine Gesandtschaft unter der Führung von Sir Douglas Forsythe zu ihm schickte. Als General Tso nach Kaschgar kam, vertrieb er Jakub Beg und stellte die Macht des Kaisers wieder her. Aber er brauchte zwei Jahre für die Strecke, und unterwegs machten er und seine kleine Armee (die noch viel kleiner geworden sein muß, je länger sich der Weg ins Weite zog und je leichter die Truhe mit der Kriegskasse wurde) mehrfach halt und bestellten das Land, bis sie genug Vorräte für die nächste Etappe beisammenhatten.

Ich kann aus mehreren Gründen nicht sagen, ob die Forts in Nomo Khantara von der Armee des Generals Tso oder einer ihrer Abteilungen errichtet worden sein können. Ich weiß weder, welchen Weg der General genommen hat, noch, wie alt die Forts sind und wieviel Zeit ihre Errichtung in Anspruch genommen haben könnte. Ich habe nichts, womit ich meine Mutmaßung belegen oder auch nur plausibel machen könnte. Aber dieser General Tso, dessen Feldzug etwas von der früheren militärischen Größe Chinas spiegelt und in einem scharfen Gegensatz zu Chinas jüngsten Leistungen auf diesem Gebiet steht, hätte zumindest ein Motiv gehabt, Befestigungen an einer Stelle ohne strategische Bedeutung neben einem nutzlosen Sumpf zu errichten, und ich wüßte sonst niemanden zu nennen, der hierfür auch nur ein Motiv gehabt hätte.

Patience

Das Leben im Lager war langweilig und verdrießlich. Wenn eine richtige Expedition aufgehalten wird, kann sie die Zeit gewinnbringend verwenden, sie kann gesammelte Objekte sortieren, meteorologische Beobachtungen anstellen, die Vorräte überprüfen; wir aber hatten keine Objekte, die sortiert werden mußten, wir hatten keine Instrumente, um meteorologische Beobachtungen anzustellen, wir hatten nicht einmal nennenswerte Vorräte, die zu überprüfen gewesen wären. Kini wusch ein paar Kleider. Aber ein sterbender Sepoy oder ein altes Fischweib oder sonstwer hatte ihr einmal erzählt, daß man Kleider am besten in Wasser mit einem Zusatz von Asche wäscht, und das einzige Ergebnis ihrer gemeinsinnigen Bemühungen bestand darin, daß sich alles, was sie wusch, dunkelgrau verfärbte. Dann kochte sie eine Anzahl Hasen gegen eine möglicherweise fleischlose Zukunft, aber die meisten wurden nachts von einer Katze gestohlen. Unterdessen waren wir auch bei unserem letzten Arsène Lupin angelangt. Es war alles ziemlich trostlos.

Ich legte endlose Patiencen. Schon in Sining hatte ich diese Gewohnheit entwickelt, und die Vorstellung, wie viele Partien ich seither gespielt hatte, war erschreckend. Immer mehr Karten erkannte ich inzwischen an der Rückseite: dem Ecksteinas fehlte eine Ecke, die Pikdrei war fast in zwei Teile gerissen, die Kreuzkönigin war mit Gewehröl verschmiert. Ich kenne nur eine Art von Patience und mag dieses Spiel nicht besonders. Inzwischen hatte ich jedoch eine Methode perfektioniert, mit der sich die Zukunft unserer Expedition voraussagen ließ. Wenn die Patience aufging (was bei mir fast nie vorkommt), würden wir bis nach Indien kommen. Ein Ergebnis von zwölf bedeutete die Grenze nach Sinkiang, und alles was darüber lag, zeigte an, wie weit wir über die Grenze ins Innere der Provinz vordringen würden; außerdem konnte man, je nachdem ob mehr rote oder mehr schwarze Karten übrigblieben, erkennen, ob an unserer Niederlage sowjetischer Einfluß oder die Dunganen schuld sein würden. Patiencelegen war ein ziemlich gutes Beruhigungsmittel, jedenfalls hielt es mich davon ab, unsere eisernen Literaturrationen vorzeitig zu verschlingen.

Eines Tages kam Li und bat uns, ihn zu entschuldigen, er könne nicht weiter mitkommen. Nomo Khantara sei eigentlich sein Hauptquartier, und er habe hier Geschäfte zu erledigen. Weder er noch Ma Schin-te hätten anfangs verstanden, daß wir, als wir unser Ziel nannten, den Ort Teijinar meinten und nicht bloß das Gebiet der Teijinar-Mongolen. Er war sehr freundlich, entschuldigte sich ausgiebig und versprach, sein Bruder, mit dem wir uns inzwischen angefreundet hatten, werde an seiner Stelle mit uns gehen. Doch am nächsten Tag machte auch der Bruder einen Rückzieher, und nun präsentierten sie uns, Gott weiß woher, einen zwergenhaften Jungen namens Tso. Dieser Tso war nun überhaupt nicht gewillt, mit uns zu kommen, und verlangte fünfzehn Dollar im Monat, um die Hälfte mehr, als wir Li gezahlt hatten. Wir einigten uns schließlich auf dreizehn, aber Tso machte dazu ein sehr unglückliches Gesicht und stieg zuletzt aus dem Geschäft wieder aus. Li, der im Umgang mit uns ein kosmopolitisches, weltmännisches Auftreten angenommen hatte, sagte hochnäsig: »Dieser Junge hat Angst vor Ausländern«, änderte plötzlich wieder seine Meinung und erklärte sich schließlich doch bereit, mit uns zu kommen.

Wir nannten ihn nach Landessitte immer Bruder Li. Er war eigentlich nicht unser Diener; wir aßen gemeinsam und teilten uns die Arbeit, die zu tun war, wenngleich Li den größeren Teil übernahm. Er verhielt sich uns gegenüber außerordentlich loyal. Nicht nur sein eigenes, auch das Ansehen seines Herrn Ma Schin-te stand und fiel mit unserer Sicherheit und unserem Wohlergehen, so daß wir ihm als Schützlinge viel heiliger waren, als wenn wir auf die übliche Weise seine Dienste nur gemietet hätten. Er hatte vorher noch nie mit Ausländern zu tun gehabt, hatte aber offenbar einiges über ihr Betragen gehört. In der Mission von Tangar hatte er Herrn Urech deshalb gebeten, er möge mich bitten, »nicht aus der Haut zu fahren, wenn irgend etwas schiefging«. Glücklicherweise bin ich darin ziemlich gut, so daß wir immer gut miteinander auskamen.

Die Tage schleppten sich dahin. Die Goldsucher hockten um ihr Feuer und schnitzten trübsinnig an Stielen für ihre Schaufeln und Hacken. Aus dem Lamazelt drang der murmelnde Singsang der Andachtsübungen, allzu häufig unterbrochen vom Geläut einer Silberglocke mit unverkennbarem *boarding-house*-Klang. Abends kamen die Lamas oft zu einem Besuch herüber. Zuerst hielten sie uns für Japaner. In den entlegeneren Gebieten Chinas ist mir das dreimal widerfahren: einmal in Nomo Khantara, einmal in einem Dorf im äußersten Süden Chinas und einmal in Dolon Nor in Tschahar, wo die chinesischen Soldaten, die von Mandschukuo bezahlt wurden, jedesmal, wenn sie mich sahen, salutierten. Der Oberlama war ein dicker, munterer Mann. Mit seinen rollenden Augen und seinem kleinen Schnurrbart sah er aus wie die Karikatur eines Franzosen. Sein Gefährte war viel dünner — ein fahriger, leichenblasser Mensch, der sich zum Schutz gegen die Sonne tief in sein Gewand hüllte und ziemlich genau meiner Vorstellung von einem Marsmenschen entsprach. Der dicke Lama war intelligent und weit gereist. Er kam aus Lhasa und war schon in Kalkutta gewesen, das er Kalikut nannte. Unter all denen, die uns in diesen Landstrichen begegneten, war er der einzige, der eine gewisse Vorstellung davon hatte, wozu eine Karte gut sei. Wir mochten ihn wegen seiner anstekkenden guten Laune, und als wir weiterzogen, schenkten wir ihm eine Fotografie des Dalai-Lama.

Der letzte Tag war der schlimmste. Ein scharfer Wind pfiff durch die Tamarisken, Staub drang durch unvermutete Risse in unser Zelt und belästigte uns. »Staubteufel« — schlanke, unerschütterliche Säulen von hundert oder hundertzwanzig Meter Höhe — wanderten langsam durch das schüttere Gehölz. Die Zweige und das Laub, die sich in den wilden Strudeln an ihrem unteren Ende fingen, erzeugten ein unheimliches Knistern und Rascheln, während sie auf dem nackten Boden herumgewirbelt wurden. Die Kamele hätten bei Sonnenaufgang da sein sollen, waren jedoch nicht gekommen. Es gab nichts zu tun. Wir hatten als Ersatz für unseren Zwieback, der zur Neige gegangen war, zahlreiche Teigwürfel gebacken. Wir hatten die Hasen gekocht, hatten die Tagebücher auf den letzten Stand gebracht, hatten die Ausrüstung verpackt. Wir gaben es auf, uns die Zeit mit irgendwelchen Tricks zu vertreiben. Betäubt vor Langeweile lagen wir den ganzen Tag in unserem winzigen Zelt.

Am Morgen des nächsten Tages kamen die Kamele. Nie haben Schiffbrüchige ein Schiff begeisterter begrüßt als wir diese zottigen, teilnahmslosen Ungeheuer. Li zahlte einen stolzen Preis in Tuch und Teeziegeln, dann luden wir auf. Das Zelt wurde abgebaut, und das kleine Rechteck harter Erde, auf dem wir fast eine Woche gehaust hatten, verlor seinen Rang als Fußboden. Aus einem Stück beengter, bedeutungsvoller Häuslichkeit wurde im Handumdrehen wieder ein winziges Stück Wüste. Im letzten Augenblick schien es am Feuer in Lis Jurte noch einmal Schwierigkeiten zu geben. Soweit wir verstehen konnten, waren die Mongolen plötzlich mißtrauisch geworden — nicht in bezug auf unsere Absichten, sondern in bezug auf die von Li. Sie argwöhnten, er führe uns mit mörderischen Absichten in die Wildnis. Aber zuletzt beruhigte er sie, und wieder ritten wir westwärts — durch Tamarisken und noch mehr Tamarisken hinaus in eine nackte Wüste aus grauem Geröll. Es war der 23. April.

Und wieder wurden wir um unsere verdiente Hochstimmung betrogen. Wie schon einmal teilte uns Li beiläufig mit, die frischen Kamele würden uns nicht bis Teijinar bringen, wir müßten vielmehr auf halber Strecke noch einmal die Tiere wechseln, in einem Ort namens Gorumu am Naitschi-Fluß, fünf oder sechs Tagemärsche von hier entfernt. Das war bitter, und bitter war es auch, daß die Goldsucher ihre Tiere zur gleichen Zeit bekommen hatten wie wir, denn ihre Lasten waren schwer, und sie hatten ein Kamel zuwenig, so daß sich das Tempo der Karawane verringerte. Zwei Mongolen kümmerten sich um die Kamele; einer war jung, munter und sah gut aus, der andere war ein phlegmatischer Bursche, der auf einem Schimmel ritt und eine verblüffende Ähnlichkeit mit dem Schriftsteller A. P. Herbert aufwies. Wir verlangten, die Karawane solle sich teilen und der junge Mann solle unsere vier Kamele in ihrem eigenen Tempo führen. Hierauf wollten sich die Mongolen jedoch nicht einlassen, da sie die Verantwortung für den ganzen Zug gemeinsam trugen. Ein schwacher Hoffnungsfunke blitzte auf, als uns der junge Mann durch Li mitteilen ließ, seine Frau habe vor sieben Monaten im Schlaf die Sprache verloren; er werde alles für uns tun, wenn wir sie heilen könnten. Wir sagten ihm, er solle sie holen, wenn wir unser Lager aufschlügen.

Er holte sie tatsächlich. Nach einem langen, langsamen Marsch machten wir in einer flachen Senke, in der es Wasser gab, halt, aber als wir am nächsten Morgen aufwachten, stellten wir fest, daß die Pferde allesamt in Richtung Nomo Khantara ausgerissen waren. Wir mußten warten, bis sie wieder eingefangen und gegen Mittag zurückgebracht wurden. Ich hatte das bedrükkende Gefühl, die Expedition laufe sich langsam tot – knirschend und knisternd, wie eine Grammophonplatte, die in der letzten Rille kreist. Inzwischen führte der Mongole seine Frau vor, die, wie sich herausstellte, nicht nur stumm war, sondern auch einen gelähmten Arm hatte. Kini versuchte, ihre Nerven mit Riechsalz und Strychnintabletten aufzurütteln, und beide starrten wir die Patientin mit feierlicher, gespannter Miene an, als würden wir platzen, falls wir mit dieser Gesundbeterei Erfolg hätten. Aber das arme Mädchen sah uns nur aus scheuen Augen fragend an, wie ein Tier. Ihre Angehörigen hatten uns etwas Butter geschenkt, wogegen wir uns nach Kräften, aber erfolglos gewehrt hatten. Nun saßen sie da und warteten so hoffnungsfroh auf ein Wunder, daß es uns verlegen machte. Aber nach einer halben Stunde war die junge Frau noch genauso stumm und genauso gelähmt wie vorher. Uns überraschte das nicht. Wir entschuldigten uns bei dem Mongolen, dem wir vorsichtigerweise von Anfang an keine großen Hoffnungen gemacht hatten, und ich riet ihm, er solle zu Hause einmal versuchen, wenn sie schlafe, neben ihrem Ohr ein Gewehr abzufeuern. Ich frage mich manchmal, ob er es versucht hat und welches ihre ersten Worte waren, falls sie die Sprache dabei wiederfand.

Leere Tage

Wir erreichten Gorumu nach sechs Etappen, über die nicht viel zu berichten ist, am 28. April.

Obwohl in unserem Zelt Wasser nachts noch immer gefror, war es tagsüber heiß. Wir hatten braune Gesichter wie die Indianer, nur meine Nase, die sich regelmäßig häutete, war merkwürdig rosa getönt. Langsam schlängelten wir uns durch eine leere Welt und unternahmen lange Märsche von neun Stunden. Niedrige Tamariskengürtel; Labyrinthe von Dünen, die Schlössern und Burgen glichen; riesige ausgetrocknete, salzüberkrustete Sumpfgebiete, die aussahen wie ein gepflügtes Feld bei Mondlicht; morastige Abschnitte, auf denen die Kamele ins Stolpern und Rutschen gerieten; harte, trockene Wüste, über der Hitzedunst und Luftspiegelungen tanzten — dann wieder Tamarisken, Dünen, Sumpf ... Und als stolze Begleiter stets zu unserer Linken: die Berge und gelegentlich ein lockender Schneegipfel.

Es geschah wenig. Das Wild war knapp, und ich hatte Mühe, unsere Speisekammer gefüllt zu halten. Wenn wir das Lager abgebaut hatten, lief ich morgens oft zwei oder drei Stunden voraus, auf eine Ente oder einen Hasen hoffend. Eines Tages kam ich, der Hauptspur folgend, an eine große Salzlecke, und mitten auf ihr stand eine einzelne Antilope. Deckung war nicht vorhanden, also verließ ich mich auf mein Glück und traf tatsächlich aus dreihundert Meter Entfernung. Zufrieden mit meiner Leistung, setzte ich mich und wartete auf die Karawane. Die Minuten verstrichen. Keine Karawane tauchte auf. Ich wußte, daß ich innerhalb einer Stunde einen Vorsprung von zwanzig Minuten gewinnen konnte, aber wir waren erst vor zwei Stunden aufgebrochen, und bald wurde mir klar, daß da irgend etwas nicht stimmte. Ich steckte ein kleines Gebüsch in Brand, doch es stieg daraus nur ein dünnes Rauchfähnchen in die Höhe. In der Öde um die Salzlecke konnte ich weit sehen, aber da war nichts außer der betrüblichen Aussicht, die Antilope zurücklassen und umkehren zu müssen, um die Spur der Karawane zu suchen.

Schließlich sah ich sie doch, eine winzige Kette von Läusen, die über die Dünen im Süden der Salzlecke kroch. Sie hatte einen der üblichen Umwege gemacht, um dem schweren Sumpfboden auszuweichen. Ich schrie, aber der Wind verwehte meine Stimme, und selbst wenn sie mich hätten sehen können, was ich bezweifelte, wußte ich doch, wie selten sie sich umsahen, wenn sie unterwegs waren. Betrübt hackte ich mit einem sehr stumpfen Messer ein Lendenstück aus dem erlegten Tier und lief ihnen dann über die blendenden, scharfkantigen Furchen nach. Kini, die hinten ritt, sah mich schließlich und wartete mit Li und Greys. Aber das Salz war für die Pferde ein sehr unangenehmer Boden, so daß wir das übrige Fleisch nicht holen konnten.

Kini hatte gesehen, daß das letzte Kamel frei mitlief, nachdem sein Kopfhalfter unbemerkt zerrissen war, und als sie abstieg, um es einzufangen, versetzte ihr Slalom, der Kamele nicht ausstehen konnte, einen Tritt in den Rücken. Alles in allem also ein ereignisreicher Tag — nach unseren damaligen Maßstäben.

Am 27. April wurden wir in einem angenehmen Lager neben einem Bach namens Tukhte durch heftiges Stöhnen geweckt. Einen der Mongolen — es war A. P. H. — hatte anscheinend ein rheumatisches Fieber befallen. Wir gaben ihm Chinin, holten uns einen anderen Mongolen aus einer nahe gelegenen Jurte und marschierten weiter. Früh am nächsten Tag kamen wir in ein weites, mit Rindern, Schafen und Kamelen übersätes Weideland und kampierten mittags in einer geschützten Bodenrinne, einem der drei Betten des Flusses Naitschi. Gorumu war ein hübscher Ort. Wohltönend plätscherte der kleine Fluß an unserem Zelt vorbei, und zwischen den vereinzelten Sträuchern, die seine Ufer säumten, wimmelte es von arglosen Hasen. Ohne Begeisterung widmete ich mich der einigermaßen traurigen Aufgabe, sie zu dezimieren.

Wir waren auf das Schlimmste gefaßt: auf eine Woche oder gar einen Monat Aufenthalt. In Wirklichkeit blieben wir nur drei Tage. Wir fanden einen Mongolen, der zwei Kamele besaß und ein drittes aufzutreiben wußte, und Li kaufte eine trächtige Kamelstute, die er später mit Gewinn verkaufen zu können hoffte. Kamele tragen ihre Kälber dreizehn Monate; das von Li war erst im vierten Monat, klein gewachsen, ein äußerst komischer Anblick. Wir mußten immer lachen, wenn wir es sahen, und Li, obwohl zunächst verwirrt, lachte bald mit, ohne recht zu wissen, worüber.

In Gorumu liefen wir in kurzen Hosen herum, und Kini badete sogar im Fluß oder behauptete jedenfalls, gebadet zu haben. Angeblich lebten viele Mongolen hier, aber ihre Jurten lagen weit verstreut, und die meisten waren in den Bergen auf der Jagd nach Jaks. Wir schlossen Freundschaft mit einer ihrer Strohwitwen, einem hübschen Mädchen, das wir Dornröschen tauften, weil sie, als wir ihr zum erstenmal begegneten, in der Sonne geschlafen hatte, die Zügel ihres Pferdes fest in der Hand, während die Schafherde, die sie hütete, längst außer Sicht war. Sie bewirtete uns (zu ausgiebig für Kinis Verdauung) mit Tsamba und sehr ranziger Butter. Ich machte auch dem Pfarrer des Ortes einen Besuch, einem wandernden Lama aus Tibet. Er wohnte in einem kleinen blauen Zelt und besaß einen Wecker, der entweder fünf Stunden vor- oder sieben Stunden nachging.

Die Goldsucher hatten ihr Lager in unserer Nachbarschaft aufgeschlagen. Li, der nicht viel von ihnen hielt, erzählte, sie glaubten, es gebe im Naitschi Gold, und zwei von ihnen würden flußaufwärts gehen, um herauszufinden, ob sich die Suche lohnte. »Ist denn in diesem Fluß wirklich Gold, Pastor?« fragte er mich skeptisch. Ausländer gelten hierzulande als allwissend.

Früh am 1. Mai trafen die Kamele ein. Die Moslems schenkten uns zum Abschied Jakfleisch und roten Pfeffer, aber wir sagten ihnen ohne Bedauern Lebewohl. Wir wußten genausogut wie sie, daß ohne uns aus ihrer Reise nichts geworden wäre, daß sie in Nomo Khantara ihre Kamele nie und nimmer bekommen hätten, wenn nicht Li und ich den Widerstand der Mongolen gebrochen hätten. Sie waren uns zur Last gefallen, und wir hatten genug von ihrer Gesellschaft, von ihren endlosen, rauhen Gesängen, von ihrer Angewohnheit, sich alles mögliche bei uns auszuleihen, von den wunden Stellen an ihren Körpern, von ihren gedunsenen, unter der Sonne geschwärzten Gesichtern. Und trotzdem — weil wir so lange zusammen gereist waren, empfand ich, als wir davonritten, unwillkürlich ein kleines Bedauern, ein winziges, unvernünftiges Gefühl von Vereinsamung bei dem Gedanken, daß wir sie, wenn wir Glück hatten, nie mehr wiedersehen würden: den dicken, verschlagenen Anführer, den Bosun, den fröhlichen kleinen Jungen, der behauptete, er sei Tibetaner, und keine Hasen essen konnte, oder den Flegel mit der infizierten Hand, oder den alten Mann mit dem Zopf, der den Wildesel geschossen hatte und der der tüchtigste von ihnen gewesen war. Eine beschwerliche Reise kann selbst gegenüber den lästigsten Reisegefährten seltsam zärtliche Gefühle wekken.

Diesmal erfüllte uns beim Aufbruch wirklich Hochstimmung. Schneller als erwartet waren wir weitergekommen; endlich waren wir einmal für uns; und Teijinar war nur noch fünf oder sechs Tagemärsche entfernt. Die sonnenbeschienene Welt schien ein sehr angenehmer Aufenthalt.

Doch nach zwei Stunden hielten wir bei einer Jurte, die einem Chinesen mit einer mongolischen Frau gehörte, und Li erklärte, wir müßten über Nacht hier bleiben, weil unser Mongole, der ganz in der Nähe wohnte, noch sein Tsamba mahlen und andere Reisevorbereitungen treffen müsse. Li hatte mir dies tags zuvor schon angekündigt, ich hatte ihn jedoch nicht verstanden. Nun ärgerte ich mich über mich selbst. Dieser Vorfall zeigte uns wieder einmal, wie sehr uns die Sprachschwierigkeiten behinderten — nicht nur, daß wir über Land und Leute nichts erfuhren, oft genug begriffen wir nicht einmal, was uns selbst gerade widerfuhr.

Fremde Sprachen lerne ich ziemlich schnell, und unter normalen Umständen hätte ich mir während einer so langen Reise ohne Dolmetscher die Anfangsgründe der Sprache, die ich benutzen mußte, und vielleicht noch etwas mehr angeeignet. Ich hatte Peking mit einem winzigen chinesischen Grundwortschatz verlassen, dessen Basis das erste halbe Dutzend Schallplatten eines Linguaphon-Kurses und meine Reisen in der Mandschurei bildeten. Nachdem wir die Smigunows verloren hatten, wuchs dieser Wortschatz ziemlich rasch bis zu einem gewissen Punkt, dann jedoch nicht mehr. Ich beherrschte, was man an chinesischen Wörtern zum Reisen braucht, aber nie mehr, (a) weil es keine gemeinsame Sprache gab, in der mir meine Reisegefährten die Bedeutung neuer Wörter hätten erklären können, (b) weil sie ungebildet, phantasielos und schwer von Begriff waren und (c) weil das Reisen mit allem, was dazugehört, unterwegs der wichtigste Gesprächsgegenstand war. Das Russisch, das ich im Jahr zuvor bei nur halb so vielen Gelegenheiten und ohne irgendwelche Vorkenntnisse aufgeschnappt hatte, war viel besser, als mein Chinesisch je wurde.

Außerdem war es ein struppiges, ziemlich barbarisches Chinesisch. Ich glaube, die Sprache, die man im äußersten Nordwesten Chinas spricht, ist eine Abart des Schansi-Dialekts. Sie ist nicht so unverständlich wie die südlichen Dialekte, da sie mit dem Mandarin eng verwandt ist; trotzdem war es irritierend, daß (zum Beispiel) das Wort für »Wasser« *fi* statt *schui* lautete, daß *sche-me* (»was«) zu *sa* zusammengezogen wurde und daß *normen,* statt *wormen,* »wir« bedeutete. So befand ich mich ungefähr in der gleichen Lage wie ein Chinese, den es nach oberflächlichem Studium eines modernen Englischlesebuchs für die erste Klasse in die entlegeneren Gebiete von Yorkshire im 18. Jahrhundert verschlagen hätte.

Ich füllte den vertanen Tag mit einer langen, erfolglosen Pirsch nach Antilopen. Der Mongole, den wir wegen seines grimmigen, wilden Gesichtsausdrucks Attila tauften, tauchte an diesem Abend bedenklicherweise gar nicht auf, sondern schickte eine alte Frau mit der Botschaft herüber, seine Kleider würden noch geflickt und er werde bei Tagesanbruch kommen. Aber bei Tagesanbruch oder wenig später tauchte wieder die alte Frau auf, diesmal mit der ärgerlichen Nachricht, eines der Kamele habe sich von seinem Ankerplatz losgerissen und sei in die Weidegebiete zurückgekehrt. So wurde es schließlich Mittag, ehe wir endlich aufbrachen.

Doch bald stellte sich heraus, daß Attila durchaus bereit war, das Tempo zu forcieren, und nun folgten einige der längsten Tagemärsche, die wir während unserer Reise überhaupt machten. Mittags hielten wir gewöhnlich an, aßen Tsamba und eilten dann weiter. Ich werde diese Etappen nicht im einzelnen schildern, denn an ihnen ist wenig zu schildern. Ich erinnere mich, daß wir am 3. Mai, nach unserem ersten Lager, draußen vor dem Zelt frühstückten, mit einem herrlichen Ausblick auf die Berge im Süden. An diesem Tag marschierten wir bis nach Einbruch der Dunkelheit und kamen schließlich zu einem Wasserloch, das zur Überraschung des Mongolen und zu unserem Entsetzen kein Wasser enthielt. Wir waren nicht besonders durstig, aber wir hatten nichts, was wir ungekocht hätten essen können. Schließlich weichten wir etwas Tsamba in dem letzten Rest von chinesischem Schnaps ein. Was dabei herauskam, erinnerte Kini an ein Gericht namens *baba au rhum.* Am nächsten Tag hatten wir Gegenwind, und die Kälte erinnerte uns daran, daß wir, dem Kalender zum Trotz, in dreitausend Meter Höhe über dem Meer unterwegs waren. Es sah so aus, als würde uns zum erstenmal das Fleisch ausgehen, bis ich eine Mandarinente entdeckte und das Vergnügen hatte, etwas zu schießen, was wir dringend brauchten und gar nicht erwartet hatten. Bei einer anderen Ente, die ich schoß, war gerade Nachwuchs unterwegs, und wir aßen so frische Eier, wie wir sie wohl nie wieder bekommen werden; sie hatten einen köstlich würzigen Geschmack.

So kamen wir Teijinar langsam näher, dem Ort, wo sich unser Schicksal entscheiden sollte.

Gute Gefährten

Es kommt mir so vor, als würde in diesem Buch zuviel gemurrt. Ich versuche, einen aufrichtigen Bericht über diese Reise zu geben, aber vielleicht verzerrt die Treue zu den Tatsachen unmerklich das Bild, setzt falsche Akzente und verfehlt die erlebte Wirklichkeit genauso wie jene unbedenklich drauflos phantasierende Darstellungsweise, von der man bis vor kurzem geglaubt hat, sie allein könne das Interesse des Publikums für Reisebücher wecken.

Ich weiß nicht, ob es wirklich so ist. Aber wenn ich mir das, was ich bisher geschrieben habe, in Erinnerung rufe, scheinen mir die Seiten mit lauter lauten Klagen gefüllt: der Wind, die Verzögerungen, die Eintönigkeit, die langen Tagemärsche, die langweilige Kost — aus alledem und vielem anderen muß sich für den Leser das Bild eines beschwerlichen Lebens in einer unfreundlichen Welt ergeben. Doch dieses Bild ist falsch.

Ich weiß, es gibt viele Menschen, für die unsere Lebensweise keinen Reiz besitzt. Dennoch hatten wir ein sehr angenehmes Leben. Wir wußten, was wir wollten. Wir hatten uns auf ein Unternehmen eingelassen, bei dem wir beide unbedingt zum Erfolg kommen wollten — und daß dieser Erfolg die Sache wert war, davon waren wir beide fest überzeugt. Das Bewußtsein von dem, was die Politiker weniger genau als salbungsvoll ein »hohes Ziel« nennen, lieferte den translunaren Hintergrund, vor dem wir uns bereitwillig auf unser sublunares, um nicht zu sagen tierisches Leben einließen. Wir standen tatsächlich nicht allzu hoch über den Tieren. Unsere Tage wurden wie die ihren von elementaren Dingen bestimmt — Sonne, Wind, Frost. Wie sie legten wir uns zum Schlafen auf die Erde. Wie sie interessierten wir uns vor allem für das Essen.

Es mangelte uns nie an Lebensmitteln, und doch hätten wir zu jeder Tageszeit, die Stunde nach dem Abendessen vielleicht ausgenommen, alles gegessen, was uns auch nur entfernt eßbar erschien, und zwar mit dem größten Genuß. Hundekuchen wären willkommen gewesen. Einen Teller kalten Tapiokapudding hätten wir im Handumdrehen verputzt. Hätten Ihre Mülltonnen, verehrte Leser, an unserem Weg gestanden — sie wären nicht unbehelligt geblieben. Wir führten ein sehr gesundes und wohl auch sehr anstrengendes Leben, und die kräftige Gebirgsluft regte den Appetit zusätzlich an. Außerdem bekamen wir, auch wenn ich kein schlechtes Wort über Tsamba hören will, nicht sonderlich viel von dem, was die eigene Mutter »ein richtiges Essen« nennen würde. Als die Tagemärsche länger wurden, hatten wir meistens etwas in der Tasche — einen teigigen, in Zeitungspapier gewickelten Klumpen Tsamba, einen Knochen mit Fleisch daran —, womit sich der nagende Hunger, der uns nach fünf Stunden Marsch

Eine Bauernfamilie

Schleppdienst

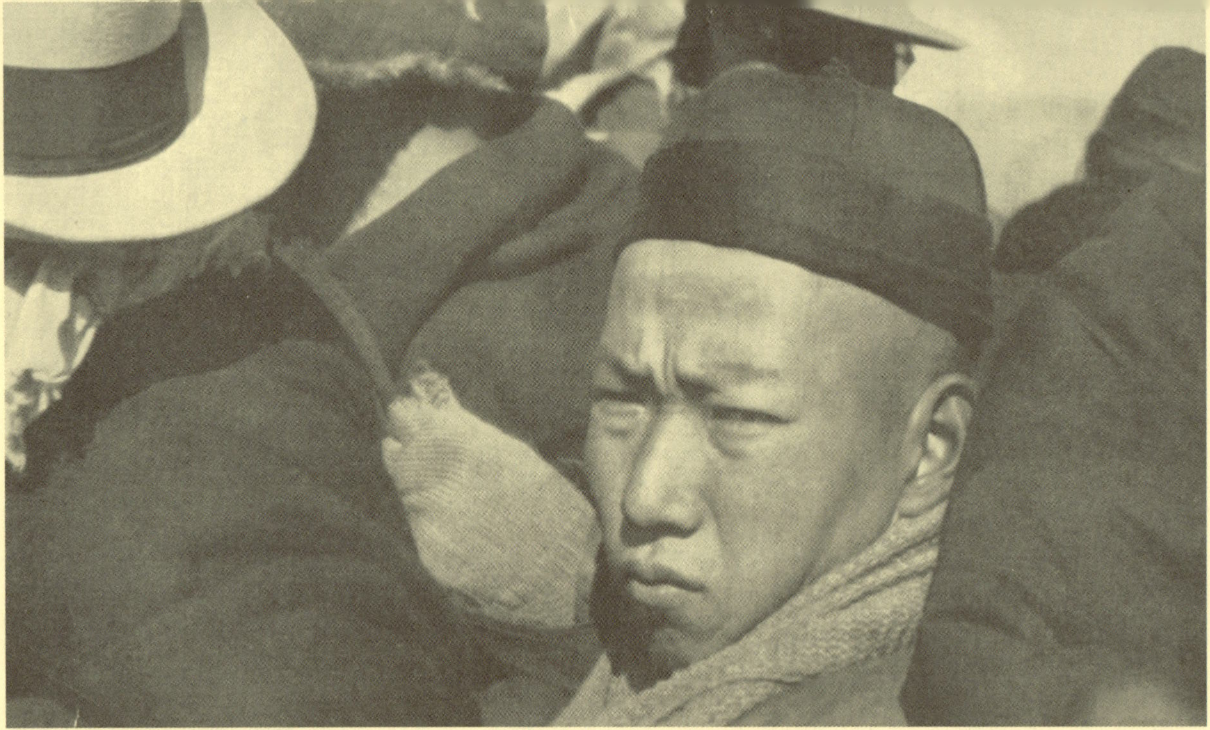

Mein nächster Nachbar

Zwei alte Moslems

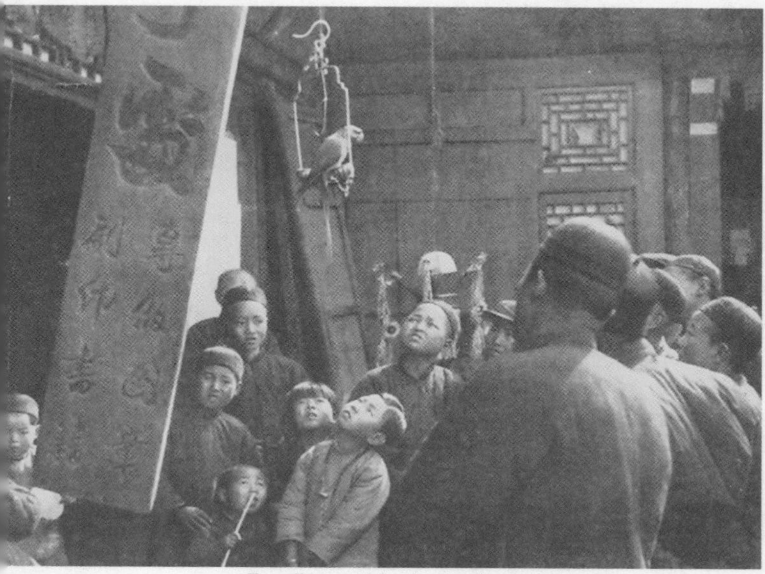

Der Papagei in Lantschou

»Ein Tempel von märchenhaftem Aussehen«

Floß aus Tierhäuten auf dem Sining Ho

Die Brücke über den Tatung Ho zwischen Kansu und Tschinghai

Ein Mongole mit Leica

Tsaidam-Mongole in tibetanischer Tracht

Beim Einkaufen

Unser Quartier im Kloster Kumbum

Junge Lamas

Ein Klosterhof

Im dunklen Pelz: der Fürst von Dzun

Kini vor unserem Zelt

Lager am Kuku-nor

Mit der Karawane unterwegs

Rast am Abend

Aufstieg zu einem Paß

»Am Ende des Tales machten wir ein großes Feuer.«

Tod eines wilden Esels

Durch die Wüste

Wir verarzten »Perle«

Tschertschen

Tamariskendünen

»Juni und Juli sind keine günstigen Monate in Takla Makan.«

An einem Wasserloch

Der Wüstenweg

Die »Münze« von Khotan

Ein Geschichtenerzähler in Jarkand

Aufbruch aus Jangi Hissar

Im Basar von Kaschgar

Lager im Pamir

Liu

Ein Paß

Taschkurgan

Liu auf einem Jak – ich auf »Wolke«

Im Hunza-Gebiet

»Südlich von Misgar wird die Straße besser.«

Der Rakaposchi, von Altit aus gesehen

Die Leibgarde des Mirs von Hunza

Baltit

befiel, abwehren ließ. Aber die wahren Ausmaße unseres Hungers waren nicht so beschaffen, daß man ihn mit einem Imbiß stillen konnte, und früher oder später begannen wir unwillkürlich über das Essen zu sprechen. Es war unser wichtigster Gesprächsgegenstand; alle anderen Themen erschienen uns vergleichsweise entlegen und theoretisch. Die Gegenwart war ereignisleer, die unmittelbare Zukunft völlig unsicher, und alles andere — die Vergangenheit und die fernere Zukunft von jedem von uns — schien so unendlich weit entfernt und deshalb so belanglos wie ein beim Frühstück mitgeteilter seltsamer Traum. Über das Essen hingegen konnten wir uns jederzeit eifrig und angeregt unterhalten. Über bestimmte Etappen einer Reise durch Brasilien habe ich einmal geschrieben: »Ständiger Hunger ist in vieler Hinsicht eine sehr befriedigende Lebensgrundlage« — und in der Tatarei bewahrheitete sich dies noch einmal.

Es gab aber auch Tage, an denen es eines solch materiellen Anreizes zu Gedanken und Gespräch, einer so deftigen Grundlage für die eigene Gemütsruhe nicht bedurfte: Tage, an denen wir stundenlang jeder für sich oder gemeinsam ritten oder liefen und ganz und gar zufrieden waren mit unserem Los. Die Sonne schien, auf der linken Seite lockten die Berge, und wir besannen uns auf die Vorzüge der Einsamkeit, spürten deutlich, welche Entschädigungen das Nomadenleben zu bieten hatte. Die einzelnen Etappen, die einzelnen Lager unterschieden sich nur wenig voneinander; aber Unterschiede gab es eben doch, und wir genossen die neuen Eindrücke, die uns immer wieder zuteil wurden, genauso wie die geringfügigen Abwandlungen im Geschmack unserer Speisen.

Außerdem erfüllte uns gerade die Langsamkeit und die primitive Art und Weise unseres Fortkommens mit einem gewissen Stolz. Wir reisten durch Asien im Tempo von Asien. In Macaulays *History of England* (die in unserer geistigen Diät die Nachfolge von Arsène Lupin angetreten hatte) ist im Ton viktorianischer Blasiertheit von den »extremen Schwierigkeiten« die Rede, die »die Fortbewegung von Ort zu Ort unseren Vorfahren bereitete«. Für uns indessen war es faszinierend, eine Erfahrungsschicht wiederzuentdecken, von deren bloßem Vorhandensein die heutige Welt nichts mehr weiß. Mit den Lastwagen hatten wir in Lantschou auch das 20. Jahrhundert hinter uns gelassen und bekamen es nun mit den Hindernissen zu tun, vor denen die Menschen seit unvordenklichen Zeiten immer wieder gestanden haben, mit denen sich schon Alexander herumgeschlagen hat und die auch Dschingis-Khan und seinen Männern zu schaffen machten — Mangel an Tieren, an Wasser, an Weidegrund. Täglich legten wir die gleichen Etappen zurück, die auch Marco Polo zurückgelegt hätte, wenn er von der Seidenstraße nach Süden in die Berge abgebogen wäre.

Das alles bereitete mir ein sonderbares Vergnügen. Vielleicht war auch ein wenig Snobismus dabei, aber das glaube ich nicht. Heutzutage ist es schwierig, irgend etwas auf althergebrachte, natürliche Weise zu tun. Niemand geht in England heute zu Fuß, ohne sich hierfür eigens zu verkleiden, und das Wort *caravan* bezeichnet nur noch ein stromlinienförmiges Wohnzimmer auf Rädern, das man hinter ein schnelles Auto spannt. Wer mit dem Zug fährt, wo er hätte fliegen können, der ist entweder altmodisch, knapp bei Kasse oder ein Narr; und wer ohne Maschine reist, der macht mit Sicherheit für irgend etwas Reklame. Die wissenschaftlichen Expeditionen, die — unter fortwährendem Surren von Filmkameras bei Tag und fortwährender Radiomusik im Zelt bei Nacht — in Raupenschleppern die Wüste durchqueren, bringen große Mengen wertvoller Daten nach Hause. Aber ich bezweifle, daß sie begreifen, was die Wüste wirklich ist. Auch wenn wir in allem anderen ahnungslos blieben — dies zumindest haben wir begriffen.

Nur eines war in der Routine unseres täglichen Lebens außergewöhnlich: wie gut Kini und ich miteinander auskamen. Wir waren nun schon drei Monate zusammen unterwegs, und die Reise dauerte noch weitere vier. Während dieser ganzen Zeit lebten wir unter oft unbequemen, manchmal strapaziösen Bedingungen auf engstem Raum zusammen. Nach allem, was man aus Romanen über das Dasein auf einsamen Inseln weiß, hätten wir uns unsterblich ineinander verlieben müssen; nach allen Gesetzen der menschlichen Natur hätten wir uns gegenseitig in den Wahnsinn treiben müssen. Weder die eine noch die andere dieser beiden fast gleichermaßen peinlichen Möglichkeiten wurde in unserem Fall Wirklichkeit.

Wahrscheinlich lag dies daran, daß die Unterschiede und Ähnlichkeiten zwischen unseren beiden Charakteren in einem ausgewogenen Verhältnis zueinander standen. Zuviel Ähnlichkeit wäre schlecht gewesen; zuviel Gegensätzlichkeit wäre ebenfalls schlecht gewesen. Äußerlich waren die Unterschiede zwischen uns wohl sehr groß, aber es gab bestimmte fundamentale Gemeinsamkeiten. Die wichtigste war eine Vorliebe für ein Leben, wie wir es führten. Unbequemlichkeit und Ungewißheit störten uns nicht sehr, und es machte uns auch nichts aus, auf die meisten Dinge zu verzichten, die zivilisierte Leute für unentbehrlich und lebenswichtig halten. Wir schätzten frische Luft und körperliche Bewegung, die uns reichlich zuteil wurden; wir waren anpassungsfähig und ziemlich phlegmatisch veranlagt; und wir waren Fatalisten, wie es alle Reisenden, vor allem Reisende in Asien, sein sollten.

Ein wichtiger Grund dafür, daß wir so gut miteinander auskamen, bestand wohl darin, daß Kini immer eine gewisse freundschaftliche Geringschätzung für mich empfand und ich eine heimliche Hochachtung für sie; beide Gefühle beruhten darauf, daß sie der Profi und ich der ewige Amateur war. Dieser Gegensatz zeigte sich auf Schritt und Tritt. Kini glaubte, die beste Methode, etwas zu tun, bestehe darin, die Sache selbst in die Hand zu nehmen; ich glaubte, die beste Methode, etwas zu tun, bestehe darin, einen anderen dazu zu bringen, die Sache in die Hand zu nehmen. Ich war es, der die Hasen schoß; aber Kini war es, der auffiel, daß Li oder ein Mongole, wenn sie die Tiere abzogen und ausnahmen, immer die Leber und die Nieren wegwarfen, und die daraufhin selbst lernte, wie man Hasen abzieht. Wenn irgend etwas geflickt oder befestigt oder eine Kiste neu gepackt werden mußte oder wenn ein Sattel in Stücke ging, dann war ich es, der sagte: »Das wird schon wieder«, und Kini war es, die dafür sorgte, daß es wurde. Bei mir obsiegte eine Mischung aus Faulheit und Unfähigkeit, bei Kini ein aus Erfahrung gewonnenes Wissen, wie wichtig Kleinigkeiten sein können. Schematisch betrachtet, sah die Arbeitsteilung zwischen uns etwa so aus:

Ich kümmerte mich um
das Jagen
den größten Teil der schweren Handarbeit
alle Verhandlungen
alle unnötige Beschleunigung unseres Fortkommens
alle Gespräche in Chinesisch und (später) in Turki

Kini kümmerte sich um
das Kochen
das Wäschewaschen
die Human- und Veterinärmedizin
den größten Teil der Fraternisierungsbemühungen
den größten Teil der Gespräche in Russisch

Ich war wohl der Anführer, weil ich rascher als Kini Entscheidungen fällen und Situationen einschätzen konnte und schneller wußte, was ich wollte. Aber sie tat fast alle Arbeit, die Geschick und Hingabe verlangte, und fast alle Arbeit, die nicht bloß mühsam, sondern auch unangenehm und langweilig war, jene Arbeit, die liegenbleibt, wenn man sie zweitklassigen Leuten überläßt. Wir wußten beide, daß sie sozusagen der bessere Mann war, und dieses Wissen sorgte für einen Ausgleich zwischen uns, entzog meiner gleichsam automatischen Vorrangstellung die Kraft, unsere Beziehungen zu belasten. Jeder vertraute dem anderen vollkommen.

Wir waren beide von Natur aus zurückhaltend, aber Kini war weniger schweigsam. Fließend und mit Überzeugung kann ich nur dummes Zeug reden, denn alle ernsthaften Themen, namentlich alle mich selbst betreffenden Fragen scheinen mir, kaum daß sie angeschnitten sind, nicht mehr der Rede wert. Jedenfalls bin ich kein großer Redner. Doch Kini konnte, wenn sie in der Stimmung war, ausgezeichnet reden, und nie hinderte die Befürchtung, ihre Ansichten könnten wertlos und ihre Erinnerungen langweilig sein, sie daran, jene kundzutun und diese vor mir auszubreiten. Für mich war das ein Segen, denn sie war auf urwüchsige Weise sehr geistreich und hatte an vielen Orten unter den unterschiedlichsten Bedingungen gelebt. In der Eintönigkeit von Steppe und Wüste oder beim Kerzenlicht im Zelt belebten nun die Orte und die Menschen, die sie kennengelernt hatte, eine allzu leere Bühne: Pudowkins Haus in Moskau, Schneefälle in Italien oder Österreich, ein freundlicher Mönch auf Korsika, die Ängste eines Emigranten in Samarkand, Alain Gerbault*, das Internat in Wales, wo sie ihre erste Stelle bekommen hatte, die Gastfreundschaft eines britischen Flaggschiffs, Sitten und Gebräuche der Thunfischfänger, exilrussische Taxifahrer in Berlin, ein Rattenschwanz von Fauxpas zwischen Paris und Peking, Lampenfieber, Olympische Spiele — ihre Erzählungen waren eine so lebendige, so wertvolle Ausschmückung der langen Stunden, daß selbst ich aus lauter Beschämung bisweilen mein Schweigen brach und irgendeine plumpe Anekdote über einen Alligator zum besten gab.

Gelegentlich unterhielten wir uns genüßlich über die Bücher, die wir eines Tages über diese Reise würden schreiben müssen. Die Aussicht, an einem Tisch Platz zu nehmen und die eigenen Erinnerungen niederzuschreiben, gefiel uns beiden nicht; aber ich wußte, daß ich diese scheußliche Arbeit rasch hinter mich bringen würde, während Kini davon überzeugt war, daß ihr dies nicht gelingen werde. Französische Reisebücher (zumindest jene, die ich gelesen habe) sind auftrumpfender und enthalten mehr Ausrufezeichen als englische, und manchmal zog ich Kini damit auf, daß ich mir apokryphe Zitate aus ihrem künftigen Werk ausdachte: *»Great Scott!« s'écria Pierre, dont le sangfroid d'ancien élève d'Eton ne se froissait*

* Alain Gerbault (1893–1941) überquerte 1923 allein auf einem kleinen Kutter den Atlantik und umschiffte von 1924 bis 1929 die ganze Welt. (A. d. Ü.)

*guère que quand ses projets sportifs s'écroulaient, »voilà, mon vinchester qui ne marche plus!«**

Kini ärgerte sich oft über mich; und manchmal, wenn ich sie eine blutige Närrin nannte, meinte ich es sogar ernst. Aber dem Wesen nach waren wir beide Einzelgänger — das, was der große »Fuchsjäger«** als *solitary-minded* bezeichnet —, und diese Distanziertheit bewahrte jeden von uns davor, dem anderen zu nahe zu treten; jeder wurde mit der Zeit für den anderen so selbstverständlich wie das eigene Pferd. Nur gelegentlich besannen wir uns beiläufig darauf, wie wertvoll die Anwesenheit des anderen war und wie beschwerlich die Reise ohne ihn gewesen wäre. Vielleicht waren wir doch weniger unabhängig voneinander, als wir glaubten.

Augen zu, und vorwärts

Je näher wir Teijinar kamen, desto klarer wurde uns, daß wir ohne Verstärkung nicht sehr viel weiter nach Westen gelangen würden. Li würde uns verlassen. Wir brauchten dringend eine gute Fee — jemanden wie Lu Hwa-pu, einen Helfer, dem wir trauen konnten. Vor allem brauchten wir Informationen, Informationen über den Weg und über die Lage im südlichen Sinkiang.

Vielleicht sollte ich an dieser Stelle die wichtigsten Punkte unseres Schlachtplans noch einmal zusammenfassen. Die Route durch das Tsaidam sollte uns nach Sinkiang bringen, und zwar über die fünftausend Meter hohen Pässe des Altyntag, von wo aus wir in eine der Oasen im Süden der Takla Makan absteigen wollten. Gerüchte, die schon alt waren, als wir Peking verließen, besagten, daß die Rebellenarmee der Dunganen, die unter der Führung von Ma Tschung-jing bei Urumtschi von sowjetrussischen Truppen und Flugzeugen zurückgeschla-

* »Großer Scott!« rief Peter, dem die Kaltblütigkeit des ehemaligen Etonian nur abhanden zu kommen drohte, wenn sich seine Jagdpläne zerschlugen, »meine Winchester funktioniert nicht mehr.« (A. d. Ü.)

** Der englische Schriftsteller Siegfried Sassoon (1886–1967) schrieb u.a. die *Memoirs of a Fox-Hunting Man.* (A. d. Ü).

gen worden war, diese Oasen kontrollierte. Mit viel Phantasie rechneten wir uns aus, daß diese Dunganen, die der UdSSR und der von ihr dominierten Provinzregierung in Urumtschi feindlich gesinnt waren und auch der Nanking-Regierung entweder feindlich oder gleichgültig gegenüberstanden, uns weder zurückschicken würden, weil wir keine Pässe für die Provinz hatten, noch uns (wie es mehreren Ausländern in Urumtschi widerfahren war) verhaften würden, um auf diese Weise zu verhindern, daß Nachrichten über die Vorgänge in Sinkiang in die Außenwelt drangen. Wir redeten uns sogar ein, die Dunganen, die dem Gerücht und den Gesetzen der Wahrscheinlichkeit nach auf Waffen aus Indien erpicht waren und bei denen sich (nach Berichten aus Moskau) vor nicht allzu langer Zeit T. E. Lawrence selbst betätigt hatte, würden die Ankunft von zwei Sonderkorrespondenten begrüßen, deren Enthüllungen sich zu ihren Gunsten auswirken konnten, indem sie Urumtschi und die hinter der dortigen Regierung stehenden Russen in Mißkredit brachten. Die Haltung der Dunganen war, wie man noch sehen wird, ein entscheidender Faktor in unserem Plan.

Unser Plan war einer, über den sich gut debattieren ließ, und übrigens auch kein schlechter Plot für einen Thriller. Aber jetzt, da die Zeit kam, seine praktische Ausführbarkeit zu erproben, hätten wir doch gern ein wenig mehr über seine Erfolgsaussichten gewußt. Die Dunganen* sind die verbissensten Kämpfer, die grausamsten Plünderer und überhaupt die stürmischsten Sturmvögel in ganz Zentralasien. Über ihr Verhalten gegenüber Ausländern in jüngerer Zeit wußten wir nur, daß sie die Frau des britischen Konsuls in Kaschgar ver-

* Dunganen nennt man die chinesischen Moslems aus den nordwestlichen Provinzen. »Dungane« ist eigentlich nur die Bezeichnung der turktatarischen Bewohner von Sinkiang für die chinesischen Moslems, die sich in ihrer Provinz angesiedelt haben oder in sie eingedrungen sind. Ein typischer Dungane hat ein dunkleres Gesicht und eine stärker gebogene Nase als der gewöhnliche Nordchinese und wirkt insgesamt eher romanisch; aber dieser rassische Unterschied, den ich auf eine Beimischung von Turki-Blut zurückführe, ist nicht in allen Fällen deutlich erkennbar.

wundet, mehrere Missionare gefangengenommen und die Expedition Sven Hedins durch Beschlagnahmung eines Lastwagens eine Zeitlang gestoppt hatten. Besonders umgänglich schienen sie nicht zu sein.

Waren sie überhaupt noch in den südlichen Oasen? Oder führten sie wieder Krieg gegen Urumtschi? Und wie stand es mit dem drohenden Aufstand in Khotan, von dem wir in Sian gehört hatten? Auf diese und andere Fragen benötigten wir dringend eine Antwort, denn auch wenn ein bißchen Gefahr der Eintönigkeit unseres Lebens abgeholfen hätte, wollten wir doch nicht Selbstmord begehen.

Antworten auf diese Fragen hofften wir in Teijinar zu bekommen, möglicherweise aus zwei, gewiß aber aus einer Quelle. Den Smigunows zufolge kamen jedes Jahr einige Turki-Kaufleute aus den südlichen Oasen nach Teijinar, um Handel zu treiben, und von ihnen konnten wir in groben Zügen erfahren, wie die Dinge standen. Aber in Teijinar gab es noch eine weitere, viel bessere Möglichkeit. Wenn wir Glück hatten, würden wir dort einen Informanten antreffen, der zugleich die gute Fee für uns spielen konnte — Borodischin, den schon erwähnten kosakischen Freund der Smigunows. Wir hatten Briefe an Borodischin dabei, und wir wußten, wenn er dort war, wäre zumindest eines unserer größten Probleme — das Sprachproblem — zeitweilig gelöst. Aber war er dort? Unsere Chancen standen nicht gut, denn die letzten Nachrichten von ihm waren zwei Jahre alt. Sie stammten aus der Zeit, als die Smigunows selbst wegen des Bürgerkriegs die Gegend verlassen hatten. Wir fragten jeden, der uns begegnete. Manche sagten, es gebe einen Ausländer in Teijinar, andere sagten, es gebe keinen; die meisten sagten, sie wüßten es nicht. Für uns war diese Frage von höchster Wichtigkeit. Es sah aus, als würde ihre Beantwortung den ganzen Unterschied zwischen Erfolg und Scheitern ausmachen, zwischen einer Ankunft in Indien und der (mehr als alles andere gefürchteten) Rückkehr auf dem gleichen langen, trostlos langsamen Weg, auf dem wir gekommen waren.

Am 6. Mai, als wir ungefähr die Hälfte der vorletzten Etappe hinter uns hatten, bemerkte ich, daß etwas geschah, was seit fast einem Monat nicht mehr geschehen war. Wir gingen bergauf. Der Boden stieg langsam, aber unverkennbar an, und so albern es klingen mag: Schon wurde das Leben aufregender. Wenig später machten wir bei einem Bach Rast. Vier oder fünf Mongolen sprengten aus dem Nichts heran, und einer von ihnen sagte bei der Begrüßung *»Karascho!«,* was auf russisch soviel heißt wie »gut«. Wir fragten sie aus. Ja, es gebe einen Ausländer, einen *oross,* in Teijinar; sie hatten ihn noch gestern gesehen. Unsere Chancen waren mit einem Schlag kräftig gestiegen.

Gegen Abend ritten wir weiter, über einen kahlen Billardtisch von Wüste auf den dunstigen Sonnenuntergang zu. Nie war mir die Welt stiller und leerer erschienen. Ich war vorausgeritten, und nicht einmal das rhythmische Scharren der Kamelhufe drang an mein Ohr. Morgen, dachte ich, werden wir zumindest mehr wissen. Unser weiteres Schicksal wird sich klären, und ob es nun dunkel oder heiter ausfallen, ob es Rückzug oder Vormarsch bedeutet — der erste Akt geht jedenfalls zu Ende. Ich war nicht traurig deswegen.

In dieser Nacht schlugen wir unser Lager auf einer Insel aus trockenem Gras auf, ohne Wasser und Brennholz. Am nächsten Morgen führte der Weg wieder durch Dünen in ein sumpfiges Weideland voller Herden, Antilopen und Wildvögel. Dies war Teijinar, aber das Zelt des Russen, so hieß es, liege zwei Stunden weiter westlich bei einem Ort namens Arakschatu. Wir rasteten, aßen Tsamba und zogen weiter.

Unter Führung eines alten Mannes auf einem Fuchs erreichten wir gegen Abend einen Bachlauf, der aus einem Gewirr von Steilfelsen in das Marschland mündete. Am anderen Ufer standen zwei Jurten. »Oross«, sagte der alte Mann und verließ uns. Kini und ich versetzten unsere erschöpften Ponys in Galopp. Beim Getrappel ihrer Hufe wurde das Filztuch, das vor dem Eingang einer der Jurten hing, beiseite geschoben, und ein weißer Mann trat heraus.

»Sdrastwutje!« riefen wir.

Er sah uns ungläubig entgegen — eine gedrungene, geduckte Gestalt in einer alten Russenjacke, mit einer Kappe auf dem Kopf. Langsam begannen seine traurigen Augen zu strahlen, und auf seinem bärtigen Gesicht zeigte sich ein Grinsen.

»Willkommen«, sagte er auf russisch. »Wo zum Teufel kommt ihr denn her?«

Borodischin übernimmt die Führung

Wir erlebten einen herrlichen Abend. Es war ein großes Vergnügen — vor allem für Kini —, wieder einmal Russisch sprechen zu können und nicht auf mein lückenhaftes, tastendes Chinesisch angewiesen zu sein, und es hatte etwas Befreiendes, daß wir zum erstenmal seit unserer Abreise aus Peking wieder offen über unsere Pläne sprechen konnten. Wir saßen sehr bequem in der zweiten Jurte, die gewöhnlich als Lagerraum diente. Wir kochten eine Ente, die wir bei uns hatten, holten eine unserer kostbaren Kognakflaschen hervor und veranstalteten mit Borodischin und Wang Sun-lin, seinem chinesischen Kompagnon, ein gargantueskes Festmahl. Wang sprach und schrieb Russisch, und nach dem, was wir unterwegs vom Hörensagen über ihn erfahren hatten, mußte er ein sehr gelehrter, sehr gebildeter Mann sein. Es war sonderbar, nun der unscheinbaren, rundlichen Wirklichkeit gegenüberzusitzen, die hinter dem Bild von einem hochgewachsenen, hageren Weisen zum Vorschein kam, das wir uns zusammenphantasiert hatten.

Wir waren fröhlich und entspannt, obwohl dazu wenig Anlaß bestand. Denn die Nachrichten, auf die wir gehofft hatten, waren auch in Teijinar nicht erhältlich. Seit dem Ausbruch des Bürgerkriegs 1933 war die Verbindung zwischen Sinkiang und dem Tsaidam abgebrochen; es waren keine Kaufleute mehr heraufgekommen. Nach den ersten blutrünstigen Gerüchten war es still geworden, und niemand wußte, was jenseits der Berge vor sich ging. Unsere Chancen, weiter nach Westen vorzudringen, konnten wir von hier aus genausowenig abschätzen wie drei Monate vorher von Peking aus. Es war zum Verrücktwerden.

Keine Nachrichten hieß wohl kaum: gute Nachrichten. Trotzdem dachten wir beide nicht an Umkehr. An Hand von Landkarten erörterten wir mit Borodischin die Lage, der sich, sobald er unsere Pläne kannte, bereit erklärt hatte, alles in seiner Macht Stehende zu tun, uns zu helfen. Borodischin sagte, die direkte, naheliegende Route nach Sinkiang führe über Ghass Kul, von wo eine vergleichsweise leichte Straße über den Tschimentag hinunter in die Oase Tscharchlik führte. Aber die Dunganen oder wer sonst die südlichen Oasen kontrollierte, unterhielten mit einiger Sicherheit einen Grenzposten an dieser Route, und Grenzposten waren Einrichtungen, die wir mit Rücksicht auf unseren akuten Mangel an Pässen unbedingt meiden wollten. Es gebe jedoch noch einen anderen Weg, sagte Borodischin, einen sehr viel schwierigeren, in dieser Jahreszeit fast unpassierbaren Weg, der dem anderen dennoch vorzuziehen sei, weil er kaum benutzt und daher wahrscheinlich auch nicht bewacht werde. Um ihn zu erreichen, müßten wir das Tsaidam gleich hier verlassen (ein Gedanke, der uns sehr gefiel) und nach Südwesten in die Berge vorstoßen, dann in westlicher Richtung die Schluchten des Boron Kol hinauf, an dessen Unterlauf Teijinar lag. In ungefähr zwölf Tagemärschen würden wir nach Issik Pakte gelangen, wo es ein Turki-Lager gab. Hier würden Nachrichten aus den südlichen Oasen sicherlich zu bekommen sein, und wenn sie beruhigend waren, konnten wir unseren Weg fortsetzen und in ungefähr zwanzig Tagemärschen die Oase Tschertschen, ein gutes Stück weiter westlich als Tscharchlik, erreichen. Borodischin erklärte sich bereit, uns als Führer bis Issik Pakte zu begleiten, aber nicht weiter, denn er habe keine Papiere, und die Überlebenschancen für Exilrussen seien in Sinkiang nicht sehr groß. Es war gut zu wissen, als wir uns an diesem Abend schlafen legten, daß wir zwar noch immer wie Blinde herumtappten, aber immerhin doch vorwärts kamen. Mehr verlangten wir nicht.

Wir benötigten acht Tage für unsere Vorbereitungen. Die Sonne schien, und wir führten ein geruhsames, ereignisloses Leben in kurzen Hosen. Je näher wir Borodischin kennenlernten, desto besser gefiel er uns. *»Un brave homme«*, hatte Kini bei unserer ersten Begegnung gemeint und behielt recht. Er war um die Fünfzig und stammte aus einer angesehenen Familie in Akmolinsk. Im Weltkrieg hatte er an der europäischen Front gedient, aber beim Ausbruch der Revolution war er in Sibirien und wurde Unteroffizier in der Weißen Armee unter Annenkow, der bei aller Tollkühnheit der mit Abstand aussichtsreichste unter den Führern der Weißen im östlichen Rußland gewesen zu sein scheint — Koltschak ausgenommen. Noch immer empfand Borodischin eine rührende Hingabe für Annenkow. Zuletzt gaben seine Streitkräfte — zerlumpt, typhuskrank, enttäuscht — ihre phantastischen Widerstandspläne gegen die Roten auf und erhielten die Erlaubnis, über den Tienschan chinesisches Territorium zu betreten, sofern sie ihre Waffen niederlegten.

Die meisten Soldaten sickerten durch Kansu auf die Küste zu, aber Annenkow hielt sich noch eine Zeitlang in Sinkiang auf, und Borodischin blieb bei ihm. Annenkow zog weiter, wurde in der Äußeren Mongolei von Feng Ju-siang an Sowjetagenten verraten und erschossen. Nachdem Borodischin zunächst in Ili und in der Dsungarei Handel getrieben hatte, zog er ins Tsaidam und schloß sich dort Smigunow an. Er war in den Bergen gewesen, um Jakschwänze zu kaufen, als Smigunow mit Norin nach Osten floh. Die Bücher und Geschäftspapiere hatte Smigunow Wang Sun-lin übergeben, so daß dieser nun formell Borodischins Vorgesetzter war. Sie kamen anscheinend recht gut miteinander aus, aber einigen Andeutungen von Borodischin entnahm ich, daß Wangs Vorherrschaft wankte. Wir waren die ersten Europäer, die er seit zwei Jahren zu Gesicht bekommen hatte. Er war furchtbar vereinsamt. Uns gegenüber war er fröhlich oder zumindest heiter, aber man wurde das schlimme Gefühl nicht los, daß ihm langsam das Herz brach. Als er nach Sinkiang gekommen war, hatte er seiner Frau und seinen Kindern in Sibirien geschrieben, sie sollten zu ihm nach China kommen. Auf beiden Seiten traf man Vorbereitungen, und die Familie war tatsächlich schon auf dem Weg zur Grenze, als er plötzlich keine Antwort mehr auf seine Briefe erhielt. Wenig später wurde ihm auf Umwegen der Rat erteilt, er möge im Interesse seiner Angehörigen keine weiteren Versuche unternehmen, mit ihnen in Kontakt zu kommen. Das war 1927 gewesen. Noch immer sehnte er sich nach ihnen, noch immer hoffte er (manchmal) auf ein Wiedersehen. Er sprach gleichmütig über sie, aber man ahnte, wie sehr die schmerzlichen Erinnerungen sein Leben überschatteten. Er rauchte immerzu eine mongolische Pfeife. »Früher habe ich nie geraucht«, erzählte er uns. »Aber als ich zum letzten Mal von meiner Frau hörte, habe ich angefangen. Alles schien dadurch erträglicher zu werden. Wenn wir wieder zusammen sind, werde ich damit aufhören.«

Bald stellten wir fest, daß uns keiner der Mongolen Kamele für eine Reise vermieten würde, von der diese Kamele womöglich nicht zurückkehren würden; wenn wir Tiere haben wollten, würden wir sie kaufen müssen. Der Fürst von Teijinar war abwesend, aber am Tag nach unserer Ankunft kam ein Bote seines zwanzigjährigen Sohnes und forderte uns auf, ihm einen Besuch abzustatten. Er bat darum, ihm einen Tag vorher Bescheid zu geben. Die Vision von einem Hammelschmaus, gefolgt von einem bißchen Feilschen und dem raschen Erwerb vier prächtiger Kamele ermunterte uns so, daß wir gleich für den nächsten Tag zusagten.

Gewaschen und gekämmt und angetan mit Kleidern, die man mit viel Landstreicherphantasie als präsentabel bezeichnen konnte, brachen wir am nächsten Morgen auf. Wang Sun-lin begleitete uns auf einem Kamel. Es war heiß, und der Ritt zurück nach Teijinar dauerte zwei Stunden. Wir hatten mit Vorbedacht nur ein leichtes Frühstück zu uns genommen, damit wir uns, wenn die Zeit heranrückte, mit jenem Maß an Eifer, das die Höflichkeit gebietet, über das Festmahl hermachen konnten. Als wir die Zelte des Fürsten erreichten, stand unser Hunger in schönster Blüte, hatte noch nicht jene schale Dumpfheit und Konturlosigkeit, die er am Ende eines langen Marsches anzunehmen pflegte. Wir sahen der Audienz erwartungsvoll entgegen.

Sie fand in einer Jurte statt, die größer und prächtiger als die meisten anderen war. Draußen legten wir unsere Reitpeitschen ab, wie es die Sitte verlangt.* An den Wänden waren bemalte Truhen aufgestapelt, die offensichtlich aus Turkestan stammten, und auf dem Boden lagen Teppiche aus China und Khotan. Gegenüber dem Eingang, flankiert von Ältesten und Vornehmen, die in zwei auf ihn zulaufenden Reihen auf dem Boden hockten, saß der Sohn des alten Fürsten lässig da, ein stattlicher, mürrisch dreinblickender junger Mann mit Schmollmund, der sich zu keiner Geste der Höflichkeit aufraffen mochte. Wir nahmen bescheidene Plätze neben dem Eingang ein und versicherten ihn durch Wang unserer Ehrerbietung. Dann stand ich auf und kam mir vor wie ein Kind mit einem Blumenstrauß für den Bürgermeister, während ich unsere Karten präsentierte, schräg darüber das zeremonielle Band, und anschließend unsere Geschenke, ebenfalls mit einem Band. Ich gebe zu, es waren keine besonders großartigen Geschenke: ein Messer, ein Pack Spielkarten, eine Schachtel Zigaretten. Dem Gesicht des jungen Fürsten konnte man ansehen, daß er sich von Fabelwesen, wie wir es waren, Besseres erhofft hatte.

Der Tee mit ranziger Butter darin wurde serviert, aber nicht sehr viel Tee, und das golden lockende Tsamba, das säuberlich gehäuft in Holzschalen auf den Filzteppichen bereitstand, blieb unberührt. Sehnsüchtig wanderten unsere Blicke hinüber, und mehr als einmal wurden die langen Phasen der Stille von deutlichen Geräuschen im Inneren der vornehmen Fremden unterbrochen. Mühsam beantworteten wir mit Wangs Hilfe die üblichen Fragen und machten die üblichen höflichen Bemerkungen, doch die Atmosphäre blieb kalt und unerquicklich, und nachdem wir uns vorgestellt hatten, geriet die Unterhaltung ins Stocken. Ich zog ein Röhrchen mit Quecksilber, das aus einem zerbrochenen Thermometer stammte, hervor und spielte damit herum, weil ich hoffte, auf diese Weise ihre Neugier zu wecken. Aber diese alberne Eröffnung

* Man darf in einer Jurte auch nicht pfeifen.

scheiterte. Schließlich baten wir Wang, er möge die Verhandlungen über die Kamele eröffnen.

Das tat er, und sogleich erwachten in der griesgrämigen Versammlung Intelligenz und Interesse. Wir erkannten jedoch bald, daß es nicht gut für uns lief. Der junge Fürst wirkte mürrischer denn je, und Wang machte ein bedrücktes Gesicht. Die Unterredung schleppte sich dahin. Der Fürst verlangte einen unmöglichen Preis und wollte obendrein, daß wir in massivem Silber bezahlten, das wir (wie er ohne Zweifel wußte) gar nicht hatten. Schließlich beendeten wir die Unterredung, verabschiedeten uns kühl und ritten hungrig nach Hause. Am nächsten Tag erfuhren wir, daß der junge Fürst Boten ausgesandt hatte, die all seinen Untertanen verboten, Kamele an uns zu verkaufen.

Von der Frage der Kamele ganz abgesehen, konnte sich weder Kini, die unter den Kirgisen im Tienschan gelebt hatte, noch ich, der ich, wenn auch weniger ausgiebig, in der Mongolei gereist war, an Fälle erinnern, in denen Nomaden mit ihren Gästen jemals in dieser Weise umgegangen waren. Vielleicht waren unsere Geschenke zu klein gewesen. Vielleicht waren wir zu schlecht gekleidet oder zu ungepflegt gewesen. Vielleicht hatten dem jungen Fürsten unsere Gesichter nicht gefallen. Was auch immer die Ursache für seine Abneigung gewesen sein mag, er tat sich jedenfalls keinen Gefallen, und uns schadete er nicht. Er war, wie Borodischin wußte, auf Dollars dringend angewiesen. Sein Vater mußte die jährlichen Abgaben an Sining zahlen, und die Chinesen verfuhren zu ihren Gunsten sehr großzügig, wenn es darum ging, den Gegenwert eines bestimmten Geldbetrags in Naturalien zu bemessen. Obendrein bekamen wir auch unsere Kamele. Kaum war die Kunde von dem Embargo zu uns gedrungen, da machte uns schon der ehrwürdigste Mann aus dem Gefolge des jungen Prinzen, den wir als den mutmaßlichen Premierminister identifiziert hatten, einen Besuch — ein runzliger, aber rüstiger alter Herr mit langem, spitz zulaufendem Silberbart und schlauem Blick. Er züchtete Kamele im großen Stil, und nach langen, umständlichen Gesprächen am Feuer in Borodischins

Jurte wußten wir, daß der Geschäftssinn des Premierministers weiter reichte als seine Loyalität gegenüber dem jungen Fürsten.

Schließlich kauften wir zu einem Preis von durchschnittlich vier Pfund ein gutes Kamel von ihm und drei weitere von einem mongolisch-chinesischen Mischling namens Janduk. Janduk, der in dieser Gegend anscheinend zu den Prominenten gehörte, war der Mann, der mir in Dzuntschia Kamele angeboten hatte. Durch ihn erfuhren wir nun von Lis Irrtum, der uns zehn Tage gekostet hatte: wir dachten an die schreckliche Woche in Nomo Khantara und die vertane Zeit in Gorumu zurück und verwünschten unser Pech.

Dies alles nahm Zeit in Anspruch, und es nahm auch viel Zeit in Anspruch (weil nämlich die Jurten so weit auseinanderlagen), die primitiven Packsättel, die Leinen und einen frischen Vorrat an Gerste für die Pferde und Tsamba für uns selbst zu kaufen. Zwischendurch faulenzten wir, lasen Macauly und schrieben eine weitere Lieferung Abschiedsbriefe, die mit der nächsten abgehenden Karawane nach Tunhwang geschickt werden sollten. Diese beruhigenden Verlautbarungen befinden sich zur Stunde leider immer noch auf der Post. Ich unternahm ein paar erfolgreiche Streifzüge durch ein nahe gelegenes Moorgebiet, das Enten, Schnepfen und eine Anzahl amphibischer Fasane beherbergte. Abends kamen die beiden Pferde, angeführt von dem pünktlichen Slalom, aus dem Sumpf, wo sie die spärlichen frischen Grashalme geerntet hatten, zur Jurte, um sich eine halbe Ration Gerste zu holen. Rotschenkel riefen in der Abenddämmerung, und in der Ferne begrüßten Hunde die heimkehrenden Hirten mit Gebell. Ohne Glanz und Pracht sank die Sonne hinter den Horizont. Wir setzten uns in eine der Jurten, aßen, unterhielten uns und spielten unsere drei Schallplatten auf einem zusammenklappbaren Grammophon von ungefähr fünfzehn Zentimeter Durchmesser. Inzwischen kannten wir sie ziemlich gut.

Li kehrte am dritten Tag nach Nomo Khantara zurück. Wir zahlten ihn aus — er hatte uns für einen Lohn von zehn Dollar (etwa fünfzehn Shilling) im Monat gedient —

und schenkten ihm noch etwas Geld dazu, außerdem einige Kleinigkeiten, darunter eine Fotografie des Dalai-Lama, die er sich seit langem sehnlich wünschte. In Teijinar hatte er etwas Tabak, den er mit sich führte, gegen zwei Fuchsfelle getauscht und schien sehr zufrieden mit seinem Ausflug. Zum letzten Mal lachten wir, als er sein trächtiges Kamel bestieg. Zum letzten Mal lachte er höflich zurück — bis zuletzt verwirrt von diesem unbegreiflichen Witz. Dann ritt er davon. Er hatte sich sehr loyal verhalten. Wir waren so unerfahren, so ahnungslos, daß er uns leicht auf jede Weise hätte übervorteilen können, aber das hat er nie getan. Er war ein derber und unwissender Kerl, aber stets begegnete er uns mit einer plumpen Höflichkeit, und obwohl er uns wahrscheinlich für verrückt hielt, hatte er unsere Interessen zu seinen eigenen gemacht. Es tat uns leid, daß wir sein wenig anziehendes Gesicht, in dem die Augenschlitze unter Sonne und Wind so schmal geworden waren, daß man ihn für blind hätte halten können, nie wiedersehen würden. Wir fanden es sogar schade, daß wir nun für immer gegen die plötzlichen Ausbrüche seines rauhen Singsangs gefeit waren, der die Eintönigkeit des Marsches eher unterstrichen als unterbrochen hatte. Er war ein guter Freund gewesen.

Schließlich war alles so gut wie bereit. Wir sammelten große Bündel Reisig als Brennholz und widmeten einen Tag dem Backen von kleinen Teigwürfeln, die die Nachfolge unseres anfänglichen Zwiebackvorrats antreten sollten. Hinter den Steilfelsen am Rand der Wüste schoß ich eine Antilope. Es war der gigantischste und skandalöseste von all meinen Glückstreffern mit der Krähenflinte; die Antilope stand fast vierhundert Schritt entfernt, und ich traf sie in den Kopf. Es war ein gutes Omen, und vor allem verfügten wir nun über einen Fleischvorrat, der für die nächsten zehn Tage reichen würde. Kini briet auf dem Putzstock einen Schaschlik, und so verbrachten wir den letzten Abend in Teijinar bei einem Festschmaus.

Am nächsten Tag brachen wir kurz vor Mittag auf. Kein Mongole wollte mit uns kommen. Wir luden auf, verabschiedeten uns von Wang Sun-lin und ritten an den Steilfelsen vorbei in eine glimmernde Geröllwüste, hinter der, furchteinflößend und geheimnisvoll, ein riesiger Gebirgswall den Himmel herausforderte.

Es war der 15. Mai. Auf den Tag genau seit drei Monaten waren wir unterwegs nach Indien.

Teil V

Kein Picknick

Die Schluchten des Boron Kol

Es war ein heißer, stiller Tag. Die Sonne brannte, und wäßrige Luftspiegelungen tanzten an den Rändern unseres Gesichtsfeldes. Klein und armselig kroch unsere aus vier Kamelen, zwei Ponys und drei Menschen bestehende Karawane durch leeres Gelände auf die Berge zu. Nirgendwo war ein Fels, ein Gebüsch zu sehen, nur nackte Wüste, vollkommene Einöde.

Sie bedrückte uns nicht. Die Pferde, noch immer unterernährt, aber nach acht Rasttagen frisch, bewegten sich leichtfüßig. Es war angenehm, geraden Kurs halten zu können, statt immer wieder dem ausufernden Sumpf ausweichen zu müssen. Neugierig sahen wir den zerfurchten, teilnahmslosen Gesichtern der Berge entgegen und waren heilfroh, daß wir das Tsaidam hinter uns hatten. Die vier Kamele offenbarten nach und nach ihren Charakter, und wir bemerkten, daß das letzte — jenes, welches wir dem Premierminister abgekauft hatten — der abschätzigen Bemerkung Janduks gerecht wurde. »Es hat ein böses Herz«, hatte er gesagt, und tatsächlich trat das Kamel nach den Pferden, wenn sie ihm zu dicht folgten; es hatte etwas Eigensinniges, Aufrührerisches an sich.

Nach fünf Stunden erreichten wir den Boron Kol, dessen schlammgelbe Fluten sich an dieser Stelle in viele Rinnsale teilten, und stiegen wenig später durch eine vom Wind gehärtete Dünenkette zu einer höher gelegenen Wüstenfläche auf. Bisher waren wir in Hemdsärmeln geritten, nun aber trat Dunst vor die Sonne, und Wind kam auf, der immer lästiger wurde. Ich zog eine Lederjacke mit einem Reißverschluß an, aber Greys, der immer nervös wurde, wenn ich im Sattel etwas Ungewohntes tat, bockte unaufhörlich. Ich ließ ihn galoppieren, bis es ihm (wie ich hoffte) selbst zu dumm würde, um mir anschließend die Jacke richtig anzuziehen. Dabei verklemmte sich jedoch der Verschluß, und der Wind, der rasch an Stärke zunahm, fand die Schwachstelle in meiner Rüstung natürlich sofort.

Es war ein bitterkalter Wind. Die heißen Stunden waren vergessen. Binnen zwanzig Minuten waren wir aus einer Jahreszeit in eine andere geritten. Eine ungreifbare, graubraun aufquellende Wand türmte sich vor uns am Himmel und bewegte sich langsam auf uns zu. Bleiche Sandschlangen schwänzelten von den Dünen herab in die dunkelgraue Wüste, und ehe wir recht begriffen, was geschah, war der Sandsturm über uns. Die Berge verschwanden. Wir konnten nicht mehr als dreißig oder vierzig Meter weit sehen und spürten einen stechenden Schmerz auf unseren Gesichtern, wie von zahllosen Schlägen einer unsichtbaren Haarbürste. Es war viel zu kalt zum Reiten. Wir stiegen ab und stapften mit halbgeschlossenen Augen im Windschatten der Kamele weiter. Borodischin kauerte auf dem Leittier und hatte Mühe, die alte Karawanenspur nicht aus den Augen zu verlieren. Der Wind heulte bösartig.

Ohne daß wir es bemerkten, setzte die Dämmerung ein. In diesem unnatürlichen Zwielicht zeigte nur meine Uhr das Nahen der Nacht. Aber wenig später ließ der Wind etwas nach, die Luft war nicht mehr voller Sand, und wir stellten fest, daß wir uns am Fuß eines merkwürdig kegelförmigen, mit schwarzen Felsplatten übersäten Berges befanden. Die Nacht war nicht mehr fern. Am Fuß des Berges, links von uns klaffte dunkel und drohend eine breite Schlucht. Auf einem steil abwärts führenden Weg gelangten wir zu einer Stelle, wo ein paar Büsche neben dem reißenden, dickflüssigen Boron Kol standen. Mit tastenden Händen schlugen wir im Dunkeln unser Lager auf und kochten uns etwas zu essen. Dann legten wir uns schlafen, neugierig auf den nächsten Morgen, der uns zeigen würde, wohin wir geraten waren.

Unsere Neugier blieb unbefriedigt. Als wir um vier aufstanden, schneite es heftig. Wieder hatte sich die

Welt in einen Schleier gehüllt. Während der Kessel über dem Feuer hing, fing ich die Pferde ein und sattelte sie, und nach dem Tsamba beluden Borodischin und ich die Kamele. Dazu waren Kraft und Geschick erforderlich; an ersterer mangelte es Borodischin, an letzterem mir. Borodischin hatte ein schwaches Herz, was nicht von Vorteil ist, wenn man sich in Höhen zwischen dreitausend und viertausendfünfhundert Metern bewegt, und wir taten alles, um ihm übermäßige Anstrengungen zu ersparen. Ich bin im Umgang mit Schnüren und Knoten nicht sehr geschickt und hatte mir nicht genau genug angesehen, mit welchen Kunstgriffen die Mongolen Kisten und Säcke an den mit Stroh ausgestopften Packsätteln festzurren, die die Kamelhöcker von beiden Seiten einzwängen. Trotz tauber Finger und rutschiger Seile gelang es uns doch recht gut, und ich freute mich, ein wenig ehrliche Arbeit leisten zu können. Nachher kam ich mir nicht mehr ganz so wie ein Tourist und Amateur vor.

Wir führten die Tiere aus der Schlucht, an deren Oberkante ein kleinerer Schneesturm über uns herfiel. Wieder war es zu kalt zum Reiten. Wir stapften mechanisch vorwärts, das Kinn auf der Brust, und dachten darüber nach, daß wir vom Altyntag wohl nicht viel sehen würden, solange die klimatischen Verhältnisse es uns unmöglich machten, die Augen offenzuhalten. Nach ein paar Stunden legte sich der Wind jedoch, und die Sonne kam heraus. Wir stellten fest, daß wir über ein düsteres Tafelland auf eine Gruppe steil aufragender Gipfel zuliefen, der die Mongolen den, wie wir fanden, passenden Namen Schwarze Kalte Berge gegeben hatten. Erstaunlich schnell verging der Schnee. Aus einer weißen Welt wurde eine gefleckte und dann wieder eine braugraune; der Boden dampfte ein wenig, und der Sturm war vergessen.

Borodischin führte die Kamele in einem guten Tempo. Wir kamen schneller denn je voran. Wir stiegen an den steilen Felswänden abwärts, die den Fluß hier einschlossen. Der Pfad war schmal und gelegentlich ein wenig gefährlich. Die glitschigeren Abschnitte waren mit kleinen *obos* markiert, die abergläubische Leute hier errichtet hatten. An einer Biegung des Weges stieß eines der Kamele mit der Ladung an einen vorspringenden Felsen und geriet einen quälenden Augenblick lang über einem Steilabfall ins Torkeln, ehe es sich wieder fing. Wir waren froh, als das Tal wieder breiter wurde und wir oberhalb der Schlucht marschieren konnten.

Nach einem Tagemarsch von neun Stunden hielten wir an einer Stelle, wo wieder ein paar Büsche Brennstoff und ein Mindestmaß an Nahrung für die Tiere lieferten. Hier gab es ein paar Antilopen — von zwei winzigen Eidechsen abgesehen, die ersten Lebewesen, die wir zu Gesicht bekamen, seit wir Teijinar verlassen hatten. Während wir das Lager aufschlugen, begann es wieder zu schneien, und im Zelt war es so kalt wie schon seit Wochen nicht mehr.

Im Morgengrauen des nächsten Tages beluden wir die Kamele unter einem windstillen Himmel, an dem die Sterne eben verblaßten. Bei strahlendem Wetter waren die ersten beiden Stunden des Marsches idyllisch. Dann brach ohne Vorwarnung erneut ein Schneesturm über uns herein, und wieder stapften wir mit tauben Füßen und vor Kälte starren Gesichtern wie stumme, auf der Vorderseite weiß überkrustete Automaten voran. Als es aufhörte zu schneien, tobte der Wind doch weiter, stach uns mit Sand und machte den Marsch zur Schinderei. Am südlichen Ufer überquerten wir einen kleinen Nebenfluß namens Ulan Ussu oder Kizil Su — ersterer ist der mongolische Name, letzterer der Name in Turki, und beide bedeuten Roter Fluß. Es war dieser Fluß, der den Boron Kol mit Schlamm ocker färbte, und oberhalb der Einmündung war der Hauptfluß relativ sauber. Wir lagerten bei Taschpi, wo ein Hügel, der wie ein Fort aussieht, aus den Gebüschen im Flußbett aufragt. Borodischin litt an Herzbeschwerden, und wir gaben ihm Baldrian. Es wurde wieder ein kaltes Lager, aber wir kamen gut voran, und die Stimmung war ausgezeichnet.

Der nächste Tag war frostig, strahlend und gnädigerweise windstill. Gegen Mittag begegneten wir zwei Mongolen auf Kamelen. Sie waren die ersten menschlichen Wesen seit vier Tagen, und Borodischin erklärte, einer von ihnen sei der Sohn des Premierministers — ein munterer Kerl, der ein Lamm bei sich hatte, das in biblischer

Manier aus seinem Schafspelz hervorlugte. Unter seiner Führung überquerten wir den Fluß, der hier in einem breiten, seichten Bett dahinfloß. An einigen Treibsandstellen gerieten die Kamele bedenklich ins Wanken. Vor uns sahen wir drei Jurten. Während wir auf sie zuritten, geschah etwas Sonderbares: Greys machte schlapp. Es war, als hätte er mit einem Schlag alle Kraft verloren. Ich stieg ab und zog ihn langsam und mit einiger Mühe hinter mir her. Ich fragte mich, wie das geschehen konnte. Gewiß, wir hatten lange Etappen hinter uns, aber sie waren nicht lang genug, ein durch sechs Wochen Marschieren akklimatisiertes Pferd umzuwerfen. Außerdem hatte ich einen guten Teil des Weges zu Fuß zurückgelegt. Greys war zwar unterernährt, aber nicht mehr als Slalom auch. Sein Zusammenbruch war rätselhaft und entmutigend. Als ich ins Lager kam, beschlossen wir, einen Rasttag einzulegen, zum einen, damit sich Greys erholen konnte, zum anderen, weil wir hofften, wir könnten einen der hier wohnenden Mongolen dazu bewegen, mit uns zu kommen und uns beim Beladen und bei der Arbeit im Lager zu helfen.

Ein Tag Muße war willkommen. Die Sonne schien, die *History of England* war ungemein spannend, und es gab nichts zu tun, außer von Zeit zu Zeit die Kamele einzufangen, ehe sie sich zu weit vom Lager entfernten. Borodischin eröffnete die Verhandlungen mit den Mongolen. Keiner wollte mitkommen. Es war keine gute Jahreszeit, um mit Kamelen diesen öden Weg zu gehen, außerdem hatten sie mit den eigenen Herden alle Hände voll zu tun. Zuletzt erklärte sich dann doch ein Mann in mittlerem Alter mit einem mürrischen, runzligen Gesicht bereit, uns für einen hohen, im voraus zahlbaren Lohn bis Issik Pakte zu begleiten. Die chinesische Republik dürfte kaum abgeschiedener lebende Untertanen haben als die Bewohner dieser Jurten, aber in einem Punkt zeigte sich der chinesische Einfluß — in einem großen Stein, den die Mongolen herbeischleppten, um auf ihm unsere Dollars einen nach dem anderen zum Klingen zu bringen. Glücklicherweise klangen sie alle echt, was in China keineswegs selbstverständlich ist.

Am nächsten Tag, dem 20. Mai, wollten wir im Morgengrauen aufbrechen, aber unser Mongole betete noch um eine glückliche Reise, und seine Andachtsübungen zogen sich in die Länge. Erst gegen halb sieben kamen wir endlich los. Greys schien es besser zu gehen, und Slalom war in Höchstform: Kini flog kopfüber in den Sand, während sie den Kamelen nachgaloppierte. Der Mongole nahm zwei Reitkamele mit — eines für sich und eines für Borodischin auf dem Rückweg, und außerdem noch ein einjähriges Kamelkalb, das wir wegen seines dünnen, schmalen Kopfes und seines schlangenartig gebogenen Halses immer die Eidechse nannten. Die Eidechse bot ein unbeschreiblich trostloses Bild. Sie zockelte hinter der Karawane her und fiel immer weiter zurück, bis ihr die Einsamkeit plötzlich bewußt wurde. Dann riß sie sich zusammen und hoppelte lächerlich ängstlich hinter ihrer Mutter her. Wie die anderen Tiere bekam sie sehr wenig zu essen, und eines Tages nahm sie einen großen weißen Knochen ins Maul und trug ihn, ein Bild des Jammers, stundenlang mit sich herum. Es war das albernste Tier, das man je gesehen hat.

Im Laufe des Vormittags sichteten wir an einer sumpfigen Stelle neben dem Fluß Gänse. Sie waren einigermaßen zahm, und mit dem ersten Schuß verwundete ich eine, die noch taumelnd davonflog und am gegenüberliegenden Ufer niederging. Nach einem Fernbombardement watete ich hinüber und holte sie. Kini hatte auf mich gewartet, und weil Greys alles, was tot war, nicht leiden konnte, gab ich ihr die Gans. Aber die Nekrophobie war an diesem Morgen anscheinend allgemein verbreitet. Slalom, von Panik ergriffen, ging durch, bockte wie verrückt, und Kini wurde zum zweiten Mal an diesem Tag abgeworfen. Schließlich legte ich die tote Gans quer über meinen Sattel, und Greys Mißfallen beschleunigte sein Tempo, das schon wieder bedenklich nachzulassen begann.

Im Gegensatz zu den bisherigen Etappen war dieser Morgen sehr heiß. Wir unterbrachen unseren besonders langen Tagemarsch und rasteten drei Stunden unterhalb einiger schroffer Felswände, die im blendenden Sonnenlicht weiß und irgendwie afrikanisch aussahen. Beim

Rupfen der Gans wechselten wir uns ab, aßen dann etwas Tsamba und marschierten weiter. Bald darauf erblickten wir zum erstenmal eine neue und viel größere Antilopenart. Ich kenne ihren wissenschaftlichen Namen nicht, aber Hedin nennt sie *orongo.* Ich beschoß sie ohne Erfolg aus großer Entfernung, wobei ich mich neben der Karawane bewegte, während Kini Greys führte. Aber Greys ließ sich an diesem Tag nicht leicht führen; wieder überkam ihn die alte Mattigkeit, und wir erreichten das Ziel dieser Etappe nur, indem wir ihn hinter Slalom spannten und ich seine Hinterbacken mit der Peitsche bedrohte. Ich war bedrückt und erschöpft. Das arme Pferdchen! Ich dachte an die Teufelsenergie, mit der er mich so oft abgeworfen hatte, und wünschte mir, er würde einen Teil davon zurückgewinnen.

Der Wind frischte auf, und kleine, örtlich begrenzte Regenschauer und Sandstürme zogen durch das Tal, während wir langsam durch eine weite abschüssige Ödnis zu einer Stelle mit verdorrtem Gras abstiegen. Wir hatten noch eine Stunde bis zu unserm Ziel, aber Greys war völlig erledigt, und auch zwei Kamele zeigten Anzeichen von Schwäche. Zum erstenmal dämmerte uns, daß diese Reise vielleicht doch kein Picknick werden würde.

Verirrt

Borodischin führte Greys' Zusammenbruch auf das frische Gras zurück, von dem das Tier in Teijinar gefressen hatte. Es war weiß Gott wenig genug gewesen, aber die Mongolen behaupteten, das erste frische Gras im Jahr schwäche die Pferde immer. Wir konnten nichts dagegen tun.

Am nächsten Tag gaben wir beiden Pferden, bevor wir loszogen, etwas Gerste, und ich band Greys hinter das letzte Kamel. Die neuen Antilopen waren häufig zu sehen — die Böcke sehr stattlich, mit langen, schwarzen Hörnern, schwarzen Gesichtern, graubraunen Flanken und weißlichem Vorderteil. Die Krähenflinte hatte Phantastisches geleistet, aber daß sie Tiere von dieser Größe umwerfen konnte, war nicht zu erwarten, deshalb hängte ich sie mir nur zur Reserve über den Rücken und nahm auch die Vierundvierziger mit. Vergebens, die fünfzehn Jahre alte Munition hatte ihre beste Zeit längst hinter sich. Mit Pfeil und Bogen hätte ich mehr ausgerichtet. Die kleinen Rudel zogen anmutig vorüber — erstaunt, aber ohne Verluste, und nie wieder benutzte ich die Vierundvierziger.

In der Nähe des Platzes, an dem wir kampiert hatten, lag eine Begräbnisstätte der Turkis — ein großer, abgeflachter Hügel mit acht oder neun Gräbern. Über jedem Grab hing ein schwarzer Jakschwanz von einem Pfahl herab. Diese Gräber und die Tatsache, daß es von allen Ortsnamen im Tal des Boron Kol sowohl eine mongolische als auch eine Turki-Version gibt, scheint darauf hinzudeuten, daß das heutige Gebiet der Teijinar-Mongolen früher einmal von Turki-Jägern aus Sinkiang bewohnt war.

Nach einiger Zeit bewölkte sich der klare Morgen, und ein kräftiger Gegenwind kam auf. Der Weg führte durch Sand, und bald war das Gehen kein Vergnügen mehr, sondern wurde Schwerarbeit. Wir mußten den Fluß an einer Stelle durchqueren, wo er zwischen zwei Steilwänden eine scharfe Biegung machte, und ich bat darum, auf Slaloms Kruppe mitgenommen zu werden. Zuletzt, nach ungefähr fünf Stunden, ließ ich meinen Stolz fahren, gab den Kampf gegen den Wind auf und bestieg das Ersatzkamel des Mongolen, nachdem dieser die Satteltasche heruntergenommen hatte, die sein Gebetbuch enthielt. Er konnte dieses Gebetbuch nicht lesen, aber er wußte, es war zu heilig, als daß jemand darauf hätte sitzen dürfen. Ohne Sattel auf einem mageren Kamelrücken zu reiten ist, wie ich bald feststellte, eine besonders unerquickliche Art der Fortbewegung.

Am nächsten Tag hatte sich der Wind gelegt, und Sonnenschein milderte die Trostlosigkeit. Schneegipfel ragten zu unserer Linken. Der Fluß war hier zugefroren, und von Zeit zu Zeit krachte das Eis mit einem Knall, der romantischer gestimmte Reisende zu der Annahme oder jedenfalls zu der Behauptung berechtigt hätte, sie seien von Banditen beschossen worden. Antilopen und Wildesel, die sich von Gott weiß was ernährten, zogen auf den eisenharten Terrassen der Wüste dahin. Im Laufe dieses heißen Vormittags fand ich neben einem kleinen Bach einen sterbenden Bock und gab ihm mit einer zweiundzwanziger Kugel den Rest. Aber das Fleisch des wahrscheinlich kranken Tiers mochten wir nicht anrühren. Später, nach vielen Schüssen, die erheblich schlechter waren als gewöhnlich, traf ich einen einjährigen Bock auf hundertfünfzig Meter (es war bei weitem der kürzeste Schuß auf eine Antilope, den ich je abgegeben habe). Ich traf ihn zu weit hinten, aber nach einer schändlichen Verfolgungsjagd erlegte ich ihn, und wir hielten an, um ihm das Fell abzuziehen und unsere Tiere ausruhen zu lassen. Leider fanden wir unter seinem Fell auf dem Hinterteil eine Kolonie von einem Dutzend Maden, groß wie Wegschnecken und von so unerfreulichem Aussehen, daß wir in einem Anfall ungewohnter Empfindlichkeit unsere Ansprüche an sie abtraten. Der Mongole erklärte, sie stammten von einer bestimmten Fliege, die ihre Eier unter dem Fell geschwächter Tiere ablege.

Kurz nach Mittag zogen wir weiter. Ich versuchte es mit zahlreichen Fernschüssen, ohne Erfolg, was bedauerlich war, denn langsam ging uns das Fleisch aus. Wir stießen auf ein sumpfiges Gebiet, über dem zwitschernd einige Seeschwalben herumschossen. Für mich, der ich kein großer Ornithologe bin, sahen sie tatsächlich aus wie gewöhnliche Seeschwalben. Es war sonderbar, diese Vögel viertausend Meter über dem Meer zu finden. Dreitausend Meter tiefer, in den Oasen von Sinkiang, sind sie ziemlich verbreitet.

Nach einem Marsch von sieben Stunden beantragte ich noch einmal, auf dem freien Kamel Platz nehmen zu dürfen, aber diesmal machte der Mongole, unfreundlich, wie er war, den Einwand, wir hätten nur den Mietpreis für die Benutzung des Kamels bei Borodischins Rückkehr bezahlt. In der Hoffnung, ihn zu blamieren, bat ich Borodischin, er solle sich erkundigen, wie hoch der Tarif für eine zusätzliche halbe Stunde denn sei. Ich fürchte, die Ironie machte keinen Eindruck auf einen Menschen, der nur eine vage Vorstellung davon hatte, was eine halbe Stunde war. Immerhin durfte ich für den Rest der Etappe zu einem weiteren Marterritt aufsitzen. In der Kälte der Abenddämmerung hielten wir bei einer Stelle, wo es Gras geben sollte. Doch der Wind hatte es (so behauptete Borodischin) zum Verschwinden gebracht, und da auch das Brennmaterial knapp war, wurde es ein freudloses Lager.

Der nächste Tag, der 23. Mai, wurde für uns alle schlimm. Wir verließen den Boron Kol, der hier nach Süden abbiegt, und marschierten in nordwestlicher Richtung über ein leeres, graues Wüstenplateau, das nach unseren Karten viertausend bis viertausendfünfhundert Meter über dem Meer lag. Ein paar Eselrudel manövrierten scheu und zugleich neugierig neben uns und zogen dabei hübsche kleine Staubwolken hinter sich her. Wirr schlängelten und überschnitten sich ihre Fährten auf dem ansonsten spurenlosen Boden. Wieder plagte uns ein gnadenloser Gegenwind mit Staub, und wir beneideten die Murmeltiere um ihre Höhlen, aus deren Eingängen sie uns verdrießlich anpfiffen.

Greys wankte mühsam den Kamelen nach und zerrte an seinem Halfter. Sein Zustand verdarb mir die ohnehin geringen Freuden, die diese Etappe vielleicht gehabt hätte. Das Geläuf war sandig, und der endlose Kampf gegen den Wind zermürbte den Körper und verdroß den Geist. Ausnahmsweise wirkte die Welt einmal hart und grausam. Kurz nach Mittag sichteten wir durch den Staubdunst die Bergkette, nach der wir unterwegs waren. Borodischin und der Mongole, die sich wegen des Dunstes nirgendwo hatten orientieren können, waren sehr erleichtert, als sie einen kegelförmigen schwarzen Hügel erblickten, der den Eingang zu einem Tal bewachte. »Dort ist die Quelle«, sagte Borodischin. »Nur noch zehn Meilen.«

Drei Stunden später zogen wir in das Tal. Greys schien am Ende seiner Kräfte. Ich mußte ihn schlagen, damit er überhaupt noch vorwärts ging. Es war mir zuwider, denn es war nicht seine Schuld, daß ihn seine Kraft verlassen hatte. Das Tal verengte sich, und wir begannen zu steigen. Ich hatte das undeutliche Gefühl, daß irgend etwas nicht stimmte. Borodischin sah sich irritiert um, und der

Mongole hüllte sich in ein Schweigen, hinter dem sich auch ein Schuldgefühl verbergen konnte.

»Wo ist die Quelle?«

»Noch etwas weiter«, sagte Borodischin, aber seine Stimme klang unsicher.

Greys zerrte so heftig an dem letzten Kamel, daß ich das Halfter nahm und ihn mit roher Gewalt bergauf zog, während Kini ihm mit der Peitsche zusetzte. In dieser Höhe und am Ende einer langen Etappe war das Schwerarbeit. Langsam erklommen wir einen kleinen Paß und stellten fest, daß die Kamele stehengeblieben waren. »Wir haben uns verirrt«, sagte Borodischin. »Es ist das falsche Tal. Ich kann die Quelle nicht finden.« Er war sehr beunruhigt.

Wir schickten den Mongolen los, von einem steilen Berg linker Hand Ausschau zu halten, und ließen die Tiere unterdessen ausruhen. Als wäre die Lage nicht schon trostlos genug gewesen, brach ein Hagelschauer über uns herein. Es war noch ein wenig Gerste in Greys' Futterbeutel (er zeigte in diesen Tagen wenig Appetit). Ich gab sie ihm, was ihn etwas aufmunterte. Der Mongole kam zurück und berichtete von einem kleinen Salzsee auf der anderen Seite des Berges; aber dieser Orientierungspunkt sagte weder ihm noch Borodischin etwas, so wandten wir uns nach rechts und stiegen an den Vorbergen wieder abwärts. Zwei oder drei Stunden marschierten wir kreuz und quer durch das Tal und stellten dabei nur fest, daß der schwarze Hügel der falsche schwarze Hügel war. Bei Einbruch der Dunkelheit gaben wir auf und machten in einer wasserlosen Kluft halt; wir waren fast zwölf Stunden lang angestrengt marschiert.

Ich weiß, hier wäre der rechte Ort für einen knappen Heldengesang, für ein Schauergemälde der Qualen, die wir an Körper und Geist zu erleiden hatten. Aber auch wenn unsere Notlage auf dem Papier höchst bedenklich wirkt, war sie dies doch keineswegs. Zwar hatten wir uns wirklich verirrt, aber nicht sehr. Mit einiger Sicherheit würden wir am nächsten Tag unseren Weg wiederfinden. Daß wir kein Wasser hatten, machte uns in dem kalten Hochland nicht viel aus. Es störte uns eigentlich nur, weil man Tsamba nicht essen kann, ohne es einzuweichen, und weil wir außer Tsamba nichts dabeihatten, was wir ungekocht hätten essen können. Die ganze Sache lief also auf nichts weiter hinaus, als daß eine Mahlzeit zu einem Zeitpunkt ausfiel, an dem sie besonders willkommen gewesen wäre. Daß eine Durchquerung Zentralasiens ohne gelegentliche Unannehmlichkeiten dieser Art abgehen sollte, kann man eigentlich nicht erwarten.

Das bloße Haltmachen war schon ein solcher Luxus, daß wir uns nicht sehr leid taten. Wir tranken etwas Kognak und kreierten ein abstoßendes Gericht, eine Mischung aus Tsamba, geschmolzenem Hammelfett und Worcestersoße, von dem wir trotz leeren Magens nicht viel hinunterbekamen. Aber wir waren hundemüde und fanden in der köstlichen Prozedur des Zubettgehens Lohn genug für unsere Mühe.

Ich erwachte, als es schon hell war, in dem grausamen Bewußtsein eines inneren Konflikts zwischen Kognak und Hammelfett. Kini war emsig damit beschäftigt, eine dünne Schneeschicht von der Zeltbahn in den Kochtopf zu kehren; geschmolzen würde es für eine halbe Tasse Tee vielleicht reichen. Borodischin und der Mongole waren schon zu einem Erkundungsgang aufgebrochen und kehrten gegen acht Uhr im Triumphzug zurück. Sie hatten die Quelle gefunden. Wir waren nun nicht mehr verirrt.

Ohne uns damit aufzuhalten, den Schnee zu schmelzen, holten wir die verstreuten Tiere zusammen, luden auf und zogen weiter. Ein Marsch von neunzig Minuten brachte uns zu der Quelle, neben der wir einen erst kürzlich verlassenen Lagerplatz fanden. Auch etwas Gras war vorhanden, und wir beschlossen, den Pferden zuliebe einen Tag zu rasten. Ich fühlte mich nicht wohl und hegte die lächerliche Befürchtung, ich hätte am Tag zuvor mein Herz überanstrengt. Den größten Teil dieses ereignislosen Tages verbrachten wir in unseren Schlafsäcken, denn es war sehr kalt und schneite. Wir aßen üppig; nie haben Nudeln besser geschmeckt.

Zwei weitere Tagemärsche brachten uns nach Issik Pakte. Der erste war sehr lang. An einem bitterkalten Morgen stiegen wir aus den Bergen abwärts. Es gab eine Art Pfad, und die ausgebleichten Tiergerippe, die ihn in gewissen Abständen zierten, betrachteten wir mit einem Interesse, das nicht mehr so theoretisch war wie bisher. Durch eine ausgedehnte Sandwüste gelangten wir in ein Moorgebiet, in dem es von Antilopen und Eseln wimmelte. Greys hatte tapfer begonnen, aber gegen Ende der Etappe hatte ich noch einmal die herzzerreißende Aufgabe, ihn vorwärts zu prügeln. Nur mit knapper Not brachten wir ihn bis ins Lager.

Auch die Kamele zeigten Anzeichen von Schwäche, aber wir waren von Issik Pakte nicht mehr weit entfernt, und im Laufe des nächsten Vormittags sichteten wir das Lager. Ein halbes Dutzend verfallener Jurten stand verstreut am Ufer eines kleinen Salzsees unter den Schneefeldern des riesigen Karyagde. Hinter ihnen wurde eine Ansammlung kuppelförmiger Lehmgräber von hohen Pfählen überragt, von denen Jakschwänze wie große Federn herabhingen. Seit fünf Tagen hatten wir keinen Menschen, geschweige denn eine menschliche Behausung zu Gesicht bekommen und waren sehr aufgeregt. Der Mongole zeigte plötzlich großes Interesse an Fragen der Etikette und war entschieden dagegen, daß ich zu Fuß ankäme. Deshalb bestieg ich zur höheren Würde unserer Expedition den armen Greys zum letzten Mal. Erschöpft, aber voller Hoffnung und Neugier suchte sich die kleine Karawane durch das Moor den Weg zu den Behausungen einer neuen Rasse.

Ich könnte heute nicht mehr recht sagen, was ich damals von den Turkis erwartete. Aber da ich lange unter Chinesen gereist war und da fast alle Chinesen ihre Nachbarn zugleich verachten und fürchten, erwartete ich irrigerweise wohl irgend etwas Gefährliches — Anzeichen von Grausamkeit und Kampfgeist — bei den Menschen, denen wir nun begegneten. Äußerlich waren sie tatsächlich wild. Sie trugen mit Schafwolle gefütterte Stoffmäntel, die weniger ausladend geschnitten waren als die Gewänder der Mongolen. Ihre Füße steckten in groben Fellmokassins, und ihre Beine hatten sie wie die alten Britannier kreuzweise umwickelt. Manche trugen Käppchen, andere pelzgefütterte Hüte und einige wenige eine Art Turban.

Die wettergebräunten Gesichter wirkten auffällig unmongolisch. Ihre geraden Adlernasen, ihre Augen, die nicht schräg standen und mitunter auch grau waren, die Gesichtszüge insgesamt ließen uns einen Moment lang glauben, wir seien fast schon wieder in Europa. Im kaukasischen Hinterland hatten wir beide schon Menschen gesehen, die sich von diesen hier nicht allzu sehr unterschieden. Die meisten trugen Bärte, zwei oder drei hatten rötliches Haar. Die Frauen gingen unverschleiert herum, was aber bei den Turkis nicht allgemein üblich ist.

Borodischin war schon einmal hier gewesen, und seine alten Bekannten begrüßten uns mit einer gewissen Ungläubigkeit. Auf einem trockenen Fleckchen neben den Jurten stellten wir unser Zelt auf, setzten uns hinein — denn es schneite wieder — und warteten ab, wie sich die Dinge entwickeln würden. Borodischin war mit den Turkis in einer der Jurten verschwunden. Wir platzten vor Neugier und fragten uns, warum nicht auch wir eingeladen worden waren, denn gewöhnlich wird Besuchern bei ihrer Ankunft in einem Lager wenigstens eine Tasse Tee angeboten. Der Grund zeigte sich bald: Die Turkis hatten keine Tasse Tee.

Das klingt wie eine Kleinigkeit, aber aus ihr ergab sich auch eine Gefährdung unserer Pläne und eine Verlängerung der Ungewißheit. Die Turkis hatten keinen Tee und auch kein Mehl, weil seit zwei Jahren keine Kaufleute aus Sinkiang mehr nach Issik Pakte gekommen waren. Seit dem Ausbruch des Bürgerkriegs im Jahre 1933 war die kleine Kolonie am Salzsee von ihrer einzigen Nachschubquelle abgeschnitten. Seit vielen Monaten ernährten sich diese Leute nur von gekochtem Antilopen- und Wildeselfleisch mit rotem Pfeffer. Das Schicksal spielte uns den gleichen Streich wie schon in Teijinar. Wir waren seit dreieinhalb Monaten unterwegs, und der Karte zufolge hatten wir die Grenze nach Sinkiang sogar schon überschritten. Aber über die Stimmungen und Absichten der Dunganen, auf denen unsere indischen Hoffnungen ruhten, wußten wir so wenig, als würden wir noch immer im Gesandtschaftsviertel von Peking sitzen.

Wir waren dieses Blindekuhspiel leid. Unsere Reise hatte eine Phase erreicht, in der wir es nicht mehr völlig unbefangen spielen konnten. Ein Rückzug war jedoch undenkbar. Borodischin wollte die Turkis dazu bewegen, uns einen Führer bis zum nächsten bewohnten Ort mitzugeben, der Basch Malgun hieß und zehn oder zwölf anstrengende Tagemärsche weiter westlich lag. Die Turkis jedoch hatten Angst, und keiner wollte mitkommen. Borodischin erklärte ihnen, wir seien sehr hochgestellte Leute — enge Verwandte des Königs von England —, und die Aussicht, mit den Dollars, die sie bei uns verdienen würden, in Basch Malgun Mehl kaufen zu können, war ein starker Anreiz. Zuletzt erklärten sich zwei von ihnen bereit.

Mit Issik Pakte verhielt es sich wie mit vielen Orten im Tsaidam: Es gehörte zu einem bestimmten Gebiet, lag aber in einem anderen und wurde von Leuten aus einem dritten bewohnt. Der Karte zufolge gehörte es zu Sinkiang; seine Bewohner betrachteten es als Teil des Territoriums der Teijinar-Mongolen, und der einzige Besucher während der letzten beiden Jahre war ein Gesandter des Fürsten von Teijinar gewesen, der verständlicherweise neugierig war, ob in Issik Pakte noch irgend jemand lebte. Die Turkis sind eine lethargische Rasse. Ihre Zivilisation gründet auf der Oase, und die Oase gründet auf einem Bewässerungssystem, das deren Bewohner vom Klima weniger abhängig macht als andere Landwirte. Die jährliche Niederschlagsmenge im Tarim-Becken ist zwar fast gleich Null, aber die Schneemassen auf den umliegenden Gebirgen schmelzen pünktlich in jedem Sommer, und so bieten die Oasen ein Leben, das unbeschwert und nicht im geringsten unsicher ist. Die einzigen Probleme, die die Turkis haben, sind politischer Art.

Für den Umgang damit sind sie allerdings schlecht gerüstet. Die Oasen, in denen sie ihr anspruchsloses, frommes Leben führen, sind meist durch Wüstengebiete voneinander getrennt, und ihre Bewohner neigen zum Lokalpatriotismus und zur Zwietracht. Die Chinesen brauchten ihre uralte Kolonialpolitik des *Divide et impera* hier gar nicht anzuwenden; die Natur hatte das für sie schon getan. Nichts ist so typisch für die Turkis in Sinkiang wie die Tatsache, daß die einzige Kollektivbezeichnung für sie der Spitzname *Chant'o*, »Turbanköpfe«, ist, den ihre Eroberer ihnen gegeben haben. Sie selbst nennen sich »Moslems«. Ein Rassenbewußtsein besitzen sie anscheinend kaum, und obwohl sie ungefähr achtzig Prozent der Bevölkerung von Sinkiang ausmachen, lassen sie sich leicht regieren.

Wir blieben zwei Tage in Issik Pakte. Greys, das war klar, konnte nicht weiter mit uns kommen. Er brauchte eine lange Verschnaufpause und gute Fütterung, um wieder auf die Beine zu kommen. Unter diesen Umständen blieb mir nichts anderes übrig, als ihn gegen das beste Pferd einzutauschen, das sich in Issik Pakte auftreiben ließ. Es war dies eine kleine zweijährige Stute. Sie wurde aus dem Moor geholt, und auf den ersten Blick sah sie nicht wie ein Pferd aus, sondern eher wie eine Amphibie oder eine unter Räude leidende, unterernährte Wasserratte. Ihre Hufe waren in letzter Zeit nicht beschnitten worden, und das struppige Fell war mit graubraunem Matsch verklebt. Ihre Ohren waren ungewöhnlich lang, und im ganzen wirkte sie gebrechlich und empfindlich. Gegen Greys war sie nichts, aber wir mußten den ungleichen Tausch akzeptieren, der auch dadurch kaum aufgebessert wurde, daß die Turkis einen halben der Teeziegel drauflegten, die zum Lohn unserer Führer gehörten. Ich tröstete mich, so gut ich konnte, mit ihrer Behauptung, bei den Viehzüchtern Sinkiangs werde das Tier einen hohen Preis erzielen. Eine junge Stute wie diese gebe eine ausgezeichnete Mutter für Maultiere ab. Aus sentimentalen Gründen nannte ich sie Cynara.

Sonst geschah kaum Bemerkenswertes in Issik Pakte. In einem zerklüfteten Gebiet ging ich zum erstenmal seit längerer Zeit wieder auf die Pirsch, und ein Fernbombardement mit der Zweiundzwanziger erbrachte zwei junge

Orongo-Antilopen. Das war ein großes Glück, denn wir brauchten dringend Fleisch, sowohl für uns als auch für die Rückreise Borodischins und des Mongolen. An beiden Tieren fanden wir die gleichen subkutanen Parasiten, die uns schon einmal begegnet waren, aber diemal konnten wir uns keine Empfindlichkeiten leisten. Die Maden wurden ignoriert.

Das Insektenleben trat dann leider noch bei einer anderen Gelegenheit in den Vordergrund. Kini wusch ein paar Kleidungsstücke, bekam dabei auch mein Hemd in die Finger, und nun zeigte sich bald, daß ihre gelegentlichen Neckereien in dieser Beziehung nur allzu begründet waren. Ich hatte wirklich Läuse. Die Ausbeute — die Kini mit einer mir wenig nützlich erscheinenden Akribie zusammenzählte — belief sich auf acht Läuse und einhunderteinundsiebzig Nissen, welches die Eier der Läuse sind. Vergeblich machte ich geltend, daß ich mich für die Anwesenheit dieser Tierchen an meiner Person nicht zu schämen bräuchte, da sie mir zu keiner Zeit auch nur die geringste Unannehmlichkeit bereitet hatten; vergeblich erinnerte ich an die chinesischen Gasthöfe, wo nie ich, sondern immer Kini es gewesen war, die die Aufmerksamkeit von Flöhen und Bettwanzen auf sich zog. Aber Kini kostete ihren Triumph aus, und ich mußte, wenn auch nur im stillen, zugeben, daß ich das Gesicht verloren hatte.

Wir betätigten uns ein wenig als Ärzte, brieten noch etwas von unserem sogenannten Brot und tauschten zwei Holzlöffel gegen einige Vierundzwanziger-Patronen. So wurde die Gleichheit im Eßbesteck zwischen Kini und mir endlich hergestellt, und ich brauchte nicht länger zu befürchten, daß mir mein Teelöffel verlorengehen könnte. Zum erstenmal bekamen wir ein paar fahlgrüne Klumpen Haschisch in die Finger, das die Turkis *nascha* nennen. Es wird in den Oasen aus Hanf hergestellt, und in gewöhnlichen Zeiten werden Jahr für Jahr große Mengen nach Indien exportiert. Am letzten Abend tauchte ein Mann auf, der zu Fuß unterwegs war und einiges zu berichten wußte. Es habe Kämpfe zwischen Tscharchlik und Tschertschen gegeben, aber die seien nun vorüber, und beide Oasen ständen unter der Kontrolle der Dunganen.

Das war, wenn es denn stimmte, gut so. Wir veranstalteten ein großes Abschiedsfest mit Borodischin, der uns bis tief in die Nacht von Annenkow erzählte, vom Guerillakrieg gegen die Bolschewisten und von den Listen, mit denen es den Weißen gelungen war, die Erlaubnis zum Übertritt auf chinesisches Hoheitsgebiet zu erlangen. Wir gaben ihm Geld und ein paar kleine Geschenke, darunter hundert unansehnliche Szetschwan-Zigarren, von denen ich einige Packungen mitgenommen hatte — für die Zeit, in der mir der Pfeifentabak ausgehen würde.

Im Morgengrauen verließ er uns zusammen mit dem Mongolen, ritt den gleichen Weg zurück, den wir gekommen waren, auf seinem Kamel kauernd, unablässig an seiner langen Pfeife saugend und mit traurigen, treuherzigen Augen in das leere Land vor ihm starrend. Als ich ihn davonziehen sah, mochte ich an die beiden schmuddeligen Jurten in Teijinar gar nicht denken, wo die Rotschenkel riefen und er und Wang Sun-lin abwechselnd hinausgingen, um Brennholz zu holen, und wo nie etwas passierte. Wir hatten Borodischin sehr liebgewonnen.

Geburtstag

Zwei Stunden später brachen auch wir in entgegengesetzter Richtung auf. Die beiden Turki-Führer beluden die Kamele ziemlich ungeschickt, wobei sie zum Verschnüren der Lasten eine andere Methode als die Mongolen verwendeten. Dann sagten uns die Leute des Ortes (vermutlich) Lebewohl. Im Davonreiten sah ich Greys zum letzten Mal. Sein Kopf steckte in einem Futterbeutel mit gehacktem Wildeselfleisch, und der Kannibalismus schien ihm zu gefallen. Es war traurig, ihn zurücklassen zu müssen, und doch war ich froh, daß es nun keine Tagemärsche mehr geben würde, bei denen ich ihn vor mir hertreiben mußte.

Das Wetter war gut. Cynara, die verdutzten, unansehnlichen Ohren spitzend, trottete mit nervösem Eifer vorwärts. Nach zwei Stunden kamen wir zu drei abgelegenen Jurten, wo die Familie eines reichen Mannes wohnte, den Borodischin bei einem früheren Besuch kennengelernt hatte. Der reiche Mann war nicht zu Hause, aber seine Frau bereitete uns einen freundlichen Empfang. In einer verräucherten Jurte, an deren Wänden imposante Truhen standen, spielten wir mit kreischenden Kindern und erwiderten die Blicke eines halben Dutzend ziemlich hübscher Mädchen, denen die Gesetze des Koran anscheinend gleichgültig waren. Obwohl keine Seite auch nur ein Wort von dem verstehen konnte, was die andere sagte, war es ein heiteres Zwischenspiel, und unsere Gastgeberin wartete mit ungeahnten Delikatessen auf, nämlich drei Wildganseiern und einer Zwiebel — einer wirklichen Zwiebel, die, wie wir uns zusammenreimten, vor langer Zeit von Tscharchlik bis hierher gelangt sein mußte. Aus diesen Zutaten und etwas Mehl bereitete sie eine Art Pfannkuchen, von dem wir mit soviel Zurückhaltung, wie wir aufbringen konnten, aßen. Beim Abschied schenkte ihr Kini die Halskette, die sie selbst gerade trug — eine von denen, die als »Geschenke für die Eingeborenen« vorgesehen waren. Dann ritten wir den Kamelen nach.

Wir überholten sie langsam, während wir nach Westen an einer trägen Lagune entlangzogen, deren süßes oder ziemlich süßes Wasser von dem kleinen Salzsee bei Issik Pakte zu dem viel größeren namens Ajak Kum Kul fließt, der nach unseren Karten noch vor uns lag. Im Süden sahen wir Rudel von Antilopen und Eseln und einige Jaks. Nach einem langen Marsch machten wir an einer Stelle halt, wo eine ganze Anzahl jener farblosen, an Grasnelken erinnernden, spröden Büsche standen, von denen zwar die Kamele, nicht aber die Pferde fressen können. Diesen stand, wenn das so weiterging, eine schwere Zeit bevor, denn unseren fast erschöpften Gerstevorrat hatten wir in Issik Pakte nicht erneuern können.

Mit Borodischins Hilfe hatte ich ein Glossar von ungefähr zwanzig Wörtern in Turki zusammengestellt, und im Lager gingen wir diese Liste mit unseren beiden darob höchst belustigten Führern durch. Der eine war ein älterer Mann, der eine grimmige Würde und eine Zerstreutheit an den Tag legte, die anfangs seine Unfähigkeit verdeckten. Der andere, Tokta Ahun mit Namen, war Anfang Zwanzig. Er gab sich weder würdevoll, noch war er zerstreut, hatte vielmehr ein breites mürrisches Gesicht, schlechte Manieren und einen bemerkenswerten Appetit. Monatelang hatte er von nichts als Fleisch gelebt, und der Anblick von Tsamba, Mehl oder Mien stieg ihm sofort zu Kopf. Er wußte — wir hatten es ihm gesagt, und er konnte es selbst sehen —, daß unsere Vorräte knapp waren. Dennoch zögerte er nie, in einem keineswegs nur bestimmten, sondern geradezu drohenden Ton eine zweite Portion zu verlangen und nach dieser eine dritte. Ich verweigerte sie ihm, so oft ich konnte, aber ich beherrschte seine Sprache nicht so gut, daß ich die Abfuhr, die ich ihm erteilte, durch eine Erklärung hätte mildern können, und da nicht nur unser weiteres Fortkommen, sondern auch unser Leben von diesen beiden Männern abhing, die keinen Grund hatten, uns mit Sympathie zu begegnen, und damit auch jederzeit ungestraft aufhören konnten, wagte ich es nicht, die Strenge walten zu lassen, die mir geboten erschien.

Am nächsten Tag standen wir im Morgengrauen auf, aber die Kamele hatten sich auf der Suche nach Futter weit vom Lager entfernt, und es dauerte zwei Stunden, ehe wir loskamen. Während wir warteten, erregte Slalom unser Mitleid und unsere Besorgnis, als er im Lager erschien und an einem Knochen nagte. Später auf dem Marsch war er schlapp und lustlos. Es ging kein Wind, ein Morgen in Blau und Gold. Auf der Lagune schwammen Mandarinenten, vergoldet in der gespiegelten Reglosigkeit des Himmels. Antilopen, die an den seichten Stellen standen, um zu trinken, sahen neugierig zu, wie wir uns langsam näherten, ehe sie erschrocken kehrtmachten und, das eigene Spiegelbild zersplitternd, am südlichen Ufer dahinflohen. Rechter Hand türmten sich die Felsenberge zu unerbittlichen Gipfeln. Das ruhige heiße Sonnenlicht machte uns schläfrig.

Gegen Mittag gelangten wir an das Ende der Lagune und hielten an, um das Fäßchen, das einst (wie lange war das her?) chinesischen Schnaps enthalten hatte, mit Wasser zu füllen. Dann ging es weiter, bis wir den östlichen Ausläufer des Ajak Kum Kul erblickten und um die Mitte des Nachmittags an seinem Ufer unser Lager aufschlugen. Das Salzwasser erschien uns wie ein Hohn — schlimmer noch: Es färbte auch den Geschmack der brackigen, schlammigen Flüssigkeit, die wir aus einem künstlichen Wasserloch an einer von dürren Büschen umstandenen Stelle ausgruben. Plötzlich schlug das Wetter um. »Der übliche verdammte Sturm«, notiert das abgestumpfte Tagebuch. Wir hatten eine lange Etappe hinter uns.

Der nächste Tag war der 31. Mai, mein achtundzwanzigster Geburtstag. Im gewöhnlichen Leben mache ich mir aus Geburtstagen weniger als die meisten Leute, die ich kenne; große Anlässe lassen mich kalt. Aber Kini und ich führten ein Leben, bei dem die einzelnen Tage meist nur durch die Mahlzeiten gegliedert wurden und Gestalt gewannen. So wie uns die Ungewißheit dieses Daseins in den Aberglauben trieb (die Zukunft aus Patiencekarten lesen, das Wort »Indien« nie in den Mund nehmen), so trieb uns seine Leere und Eintönigkeit dazu, ähnlich wie andere Leute ihre Namen in Baumstämme ritzen, bestimmte Tage gleichsam mit einer bunten Schleife zu versehen und jede sich bietende Gelegenheit wahrzunehmen, um etwas Abwechslung in den Kalender zu bringen. Drei Monate, seit wir Peking verlassen haben, zwei Monate, seit wir Tangar verlassen haben, neun, zehn, elf Monate, seit einer von uns von zu Hause aufgebrochen war, der Geburtstag eines Bruders, ein historisches Datum, an das wir uns zufällig erinnerten — immer fadenscheiniger wurden im Laufe der Wochen unsere Vorwände und zugleich immer stärker der Drang, diesen oder jenen Tag mit Bedeutung zu erfüllen.

Es verhielt sich damit ähnlich wie mit unserer Gier nach Neuigkeiten. »Irgendwas Neues?« fragte ich Kini jedesmal, wenn ich von der Jagd zurückkam. »Irgendwas Neues?« fragte Kini mich, wenn ich, nachdem ich vorausgeritten oder zurückgeblieben war, wieder zur Karawane stieß. Selbstverständlich gab es nie etwas Neues. Wichtige oder auch nur komische Vorfälle waren kaum zu vermelden. Aber vielleicht war da doch etwas gewesen — eine sonderbare Verhaltensweise bei Mensch oder Tier, eine Bemerkung in einer unbekannten Sprache, deren

Tonfall Vermutungen nahelegte — irgend etwas, das mitteilenswert oder untersuchenswert war, das Anlaß zu Hypothesen bot. Dem Leser, der allmorgendlich zwischen der ersten und der zweiten Tasse Kaffee mit fünf Kontinenten beben oder jubeln kann, wird dieser Durst nach Vorfällen und Vorgängen aus zweiter Hand kindisch oder unbegreiflich erscheinen; aber das ändert nichts daran, daß wir unter diesem Durst litten.

Der letzte Tag im Mai war jedenfalls mein Geburtstag, und dieser ganz und gar zufällige Umstand besaß die Kraft, die Welt in ein anderes Licht zu rücken. Es war wie in der Kinderzeit, aber damals hatten Geschenke, Privilegien, Ausnahmen, das Fest und die Kerzen auf der Torte der Illusion aufgeholfen. Hier gab es nichts Handgreiflicheres als Kinis Verheißung eines besonderen Abendessens mit Curry, und das lag im Morgengrauen noch zwanzig Meilen oder mehr vor uns. Immerhin nahmen wir schon mal eine Extraration Zucker in den Frühstückstee, und als ich Cynara bei Kini zurückließ und zu Fuß losmarschierte, empfand ich jenes eigenartige Hochgefühl, das uns beide auf dieser Reise in gewissen Abständen überkam. Ich wanderte den ganzen Tag, machte hin und wieder Rast und rauchte, bis die Kamele mich eingeholt hatten. Nach zwei Stunden hielten wir an, um Wasser aufzunehmen. Wir scharrten an einer Stelle im Kies des Seeufers, die die Turkis kannten, und fanden sonderbarerweise Süßwasser — jedenfalls so süßes Wasser, daß es uns nichts ausmachte — zwei Meter neben einem Gewässer, das ebensogut das Meer hätte sein können.

Zwischen melodramatischen Bergen und dem See, der in ordinärem Postkartenblau funkelte, marschierten wir noch sieben Stunden weiter. Die Wüstensenke war so kahl wie die eigene Hand, und ein Raubvogel war das einzige Lebewesen, das ich sah. Gegen halb fünf machten wir in einer kleinen Schlucht halt und schlugen in einem plötzlichen kurzen Graupelschauer unser Lager auf. Der Gerstesack war nun so gut wie leer, und wir verlängerten den letzten Rest mit Tsamba, das Slalom fraß, während Cynara, verwirrt wie eh und je, nichts damit anzufangen wußte. Es gab an dieser Stelle keine Weide für die Pferde.

Kini bereitete aus Reis, Antilopenfleisch und Curry einen so köstlichen Festschmaus, daß ich mich mit dem bedrohlich herannahenden Alter gern abfand. Beide dankten wir dem Himmel, daß wir nicht im Savoy irgend jemandes Geburtstag feiern mußten.

Verluste

Der Juni begrüßte uns mit einem Schurkenlächeln. Das erste Licht des Tages zeigte einen ruhigen, hellen Morgen und die tiefblaue Fläche des stillen Sees. Wir hatten sein Ende fast erreicht und machten noch einmal halt, um unseren Wasservorrat mit dem salzigen, sandigen Naß aufzufrischen, das wir unter dem Uferkies hervorkratzten. Ich schoß aus großer Entfernung auf eine Mandarinente, deren Silhouette sich auf einem kleinen Vorgebirge abzeichnete, aber sie stürzte in den See, und eine eben aufkommende Brise entführte sie. Wir wandten uns nun nach Nordwesten und stiegen zu einem niedrigen Paß in den Bergen rechter Hand auf. Wir bedauerten nicht, daß wir dieses himmelblaue, überflüssige Gewässer hinter uns hatten.

Die verhaltene Freude, die man bei einer Veränderung der Landschaft immer spürt, währte nur kurz. Wir waren kaum eine Stunde über die Wasserstelle hinaus, als die Dinge plötzlich aus dem Ruder liefen. Zuerst begann ein Kamel, dann auch das zweite mit heiserer Stimme zu protestieren und an seinem Halfter zu zerren. Nach und nach geriet die ganze Karawane in Unordnung. Bald kam sie nur noch stockend und zusehends langsamer voran, hielt immer wieder an, weil umgeladen oder ein zerrissenes Halfter geflickt werden mußte. Die Halfter waren nach mongolischem Brauch an einem durch die Nase des Kamels getriebenen Holzpflock befestigt; das andere Ende war an den Packsattel des vorangehenden Tiers gebunden. Jedes Ziehen an dieser Leine ist natürlich schmerzhaft, und ein Kamel muß schon sehr wütend oder sehr krank sein, ehe es stehenbleibt und sich so hartnäckig sträubt, daß die Leine reißt.

Schnee, mit Hagel vermischt, fiel über uns her. Wir banden das schwächere der beiden Kamele los, und ich zog es hinter mir her, während Kini sein Hinterteil bearbeitete, wo sich in Erwartung eines hier oben nicht vorhandenen Sommers die Wolle abzulösen begann. Eine halbe Stunde kämpften wir uns in dieser Weise voran; aber es war zwecklos. Mit einem letzten um Verzeihung bittenden Brüllen ging das Tier in die Knie und ließ sich durch nichts bewegen, noch einmal aufzustehen. Wir mußten es, wie die Chinesen sagen, »der Gobi überlassen«.

Die Turkis hatten zwei frische, nur leicht beladene Kamele bei sich, auf die wir seine Last und seinen Packsattel umluden. Der plötzliche Zusammenbruch war rätselhaft, und wir kamen zu dem Schluß, daß er mit verdorbenem Wasser zusammenhängen mußte. Am Tag zuvor waren alle Kamele wohlauf gewesen und gleichmäßig marschiert, nun aber zeigte sich auch bei Slalom und mir, daß uns das Wasser zwar nicht allzu sehr zu schaffen machte, aber doch offenbar nicht bekommen war. Deshalb beschloß ich, das Kamel, das wir zurückließen, nicht zu erschießen. Vielleicht würde es die Auswirkungen des schlechten Wassers überwinden und wieder zu Kräften kommen.

Aber es war schrecklich, das Tier zurückzulassen — zusammengekauert, apathisch, irgendwie geschrumpft, während der fallende Schnee ihm das ausdruckslose Gesicht verklebte. Es war schrecklich, beim Weiterreiten zu beobachten, wie es zu einem winzigen dunklen Fleck in der riesigen, kahlen Wüste wurde. In unserer leeren Welt spielten die Tiere, die uns zu Diensten waren und die ihren Charakter und ihr Temperament durch bestimmte Eigenheiten oder ihre Gangart nach und nach offenbarten, eine fast ebenso große Rolle wie die Menschen. Von nun an lag ein Schatten über der Karawane. Die Lage war noch nicht ernst, aber das Schicksal *eines* Kamels konnte auch das Schicksal anderer werden, und wenngleich die Möglichkeit einer Katastrophe noch fernlag, war sie doch eine Möglichkeit. Wir waren sehr weit entfernt von überall. Auch das andere kränkelnde Kamel schien fast am Ende seiner Kräfte, und Slalom wurde immer schlapper. Unter einem niedrigen Himmel krochen wir auf einen Paß zu, immer wieder den abrupt endenden Ruf ausstoßend, mit dem die Mongolen ihre Tiere antreiben. Das kranke Kamel kam unter schmerzerfülltem Gebrüll nur noch schwankend voran.

Auf einem Bergvorsprung hielten wir kurz an und sahen den Ajak Kum Kul zum letzten Mal. Die Turkis gaben uns zu verstehen, daß wir während der nun folgenden Etappen kein Brennmaterial finden würden. Deshalb begannen wir, die kleinen Pflanzenbüschel einzusammeln, die die Kamele essen und die lange, brennbare Wurzeln haben. Wir füllten mehrere Säcke damit und zogen dann weiter. Es war ein kalter, unfreundlicher Abend. Die hohen Felsspitzen und zwischen ihnen das weitgedehnte Plateau schienen zu einem anderen Planeten zu gehören, einem toten, wüsten Stern, der sich irgendwo im Abgrund des Weltalls drehte. Ich dachte an grüne Rasenflächen, an die bauschigen Baumwipfel eines Waldes unterhalb eines Hügels, an undurchdringliche Hecken im Juni ... Denn es ist sonderbar und schrecklich zugleich, daß Romanschriftstellerinnen recht haben, wenn sie schreiben, junge Männer würden sich mit banaler Wehmut an sentimentale Kitschbilder ihrer Heimat klammern und darüber Verkehrsstaus, Wolkenbrüche, Glockenblumensträuße an Motorradsätteln, Bungalows, Bananenschalen und *bowler*-Hüte vergessen.

Bald fing es an zu schneien, und nach einem anstrengenden Marsch von fast elf Stunden schlugen wir unser Lager in einer wasserlosen Schlucht in viertausend Meter Höhe auf. Das kranke Kamel machte bedenklicherweise keinen Versuch, nach Futter zu suchen, sondern kniete sich auf der Stelle hin. Wir bauten das Zelt auf, kochten uns ein Essen und gaben den Pferden eine Ration Tsamba mit etwas Fleisch darin. Die Turkis waren erschreckend gefräßig und offenbar völlig blind gegenüber der Tatsache, daß es ihre Schuld war, wenn die Tiere verdorbenes Wasser bekommen hatten. »Fürchte, die Pferde werden nicht mehr lange durchhalten«, endet der verzweifelte Eintrag in meinem Tagebuch.

Am nächsten Morgen schneite es wieder. Die Kamele hatten sich weit verstreut, und während sie herbeigeholt wurden, beschlichen uns über Warten und Untätigkeit böse Vorahnungen. Das kranke Kamel kniete noch immer dort, wo es am Abend zuvor stehengeblieben war. Trotz seiner Proteste stopften wir ihm etwas Menthol in die Nasenlöcher. Es schien unempfänglich für die belebende Wirkung, die wir uns von dieser Behandlung versprachen, und bekundete statt dessen nur seinen Ekel. Die bis auf die Knochen abgemagerten Pferde fraßen ihr Tsamba lustlos. Die Schneeflocken verschwanden mit einem resignierten Zischen, wenn sie sich auf der Asche der Feuerstelle niederließen.

Um halb neun brachen wir auf und beluden (falls man dies eine Ladung nennen kann) das kranke Kamel mit zwei leichten Koffern. Als wir es auf die Beine gestellt hatten, ließ es reichlich Wasser, und ich hoffte, dies sei ein Symptom der Besserung. Zunächst führte der Weg bergab, und drei Stunden lang zog ich das Tier hinter mir her, allerdings so langsam, daß die anderen Kamele immer mehr Vorsprung gewannen, und es war so anstrengend, daß eine ganze Etappe meine Kräfte überstiegen hätte. Dann ging es wieder bergauf. Der Hang war nicht steil, aber nun wendete sich das Blatt. Das Kamel kniete sich hin. Mit übermenschlicher Anstrengung brachte Kini es noch einmal hoch, aber nach weiteren zehn Metern war Schluß — es ging endgültig in die Knie.

Traurig nahmen wir ihm die Koffer ab und luden sie auf Slalom. Den Packsattel ließen wir zurück, und erst einige Tage später ärgerte ich mich darüber, daß ich ihn nicht aufgerissen und die Füllung an die Pferde verfüttert hatte. Ungerührt sah uns das Tier nach, als wir davonzogen.

Wir hatten nun zwei von vier Kamelen verloren. Aber statistische Angaben sind immer irreführend, und unsere Lage war nicht so bedenklich, wie es klingt. Zum einen waren unsere Lasten viel leichter als zu Beginn der Reise; zum anderen konnten die beiden Kamele der Turkis einen Teil der Ladung übernehmen. Deshalb brauchten wir von unseren wenigen kostbaren Habseligkeiten noch nichts über Bord zu werfen. Aber insgeheim stellte jeder von uns schon eine Liste dessen zusammen, was am ehesten entbehrlich war.

Nachdem wir das Kamel zurückgelassen hatten, stiegen wir zu einem breiten Bergjoch hinauf, hinter dem sich zwischen lauter Sechstausendern, von denen viele mit ewigem Schnee bedeckt waren, ein zerklüftetes, wogendes Tafelland erstreckte. Cynara ging sehr langsam, schien aber immerhin munter. Deshalb luden wir die Koffer auf sie um, denn Slalom war schwächer denn je. Nur indem einer zerrte und der andere schlug, brachten wir ihn von der Stelle und kamen dabei so langsam voran, daß wir die Kamele vor uns bald aus dem Blick verloren. Dies vermehrte unseren Zorn auf die Turkis und würzte ihn mit einem unbehaglichen Verdacht. Zwei Kamele hatten sie schon wie angerauchte Zigaretten lässig weggeworfen, und da sie den größten Teil unseres Geldes und unserer Habe auf ihren Tieren hatten, war es immerhin möglich, daß sie noch viel gelassener reagieren würden, wenn wir uns verirrten.

Die Möglichkeit war zweifellos vorhanden. Es gab keinen Pfad, an den wir uns halten konnten, nur die Spuren der Kamele, die aber wegen des harten Bodens über weite Strecken nicht zu erkennen waren. Eines meiner Augen versagte den Dienst. Das Problem, das ich in den Bergen südlich des Kuku-nor mit ihm gehabt hatte, war wieder aufgetaucht, und während ich nun die Führung übernahm und Slalom vorwärts zog, kamen wir mehrmals vom Weg ab.

In düsterer Ungewißheit kämpften wir uns voran. Am späten Nachmittag führten uns die Spuren durch ein ausgetrocknetes Bachbett steil abwärts zu einem Plateau; Anzeichen von Feuchtigkeit waren nicht vorhanden, aber hier und da trotzten ein paar kurze Grashalme dem rauhen Klima und ließen uns Hoffnung schöpfen. Doch als wir schließlich in ein großes, graubraunes Tal gelangten, verschwanden alle Anzeichen von Feuchtigkeit und Vegetation. Statt dessen sahen wir, daß die Kamele zwei oder drei Meilen vor uns immer noch weiterzogen.

Slalom war zu diesem Zeitpunkt schon völlig erschöpft. Er reagierte nicht mehr auf die Peitsche, und unsere kleine Prozession bot ein Bild der Verzweiflung. Vorn ging Kini, tief geduckt, und zerrte aus Leibeskräften an den Zügeln. Von hinten drückte ich, ebenfalls gebückt, mit einer Schulter gegen das hagere Hinterteil, und hinter mir humpelte die kleine Stute mit den Koffern, auf denen zerfetzte Hotelaufkleber Palmen und Strände, von Menschen wimmelnde Straßen und *confort anglais* beschworen. Wir kamen im Schneckentempo voran, mit häufigen Pausen, denn wir mußten mit aller Kraft ziehen und drücken, und bekamen nun doch die Höhe zu spüren. Mit jedem Halt wurde es schwieriger, Slalom zum Weitergehen zu bewegen.

Wir schleppten uns über den eisenharten Boden des Tals. Das Licht verdickte sich (ich muß hier *Macbeth* zitieren, denn einen besseren Ausdruck hierfür gibt es nicht), und der Hintergrund unserer Strapazen war entsprechend düster. Die Kamele waren längst wieder außer Sicht. Wir zogen allein durch eine Welt, in der es außer uns kein Leben gab. Die Abenddämmerung kann auch bei unfreundlichem Wetter ruhig oder romantisch oder auf angenehme Weise traurig sein. Aber diese Dämmerung war nichts von alledem, sie war nur grausam und trostlos und so abscheulich wie ein Montagmorgen in der Großstadt. Wir trösteten uns mit dem Gedanken, daß es nicht mehr weit sein könne.

Aber es war noch weit. Wir hatten erwartet, die Kamele würden am Ende des Tales anhalten, aber als wir dort anlangten, war da weder Wasser noch Weide. Sie waren weitergezogen und — was noch viel schlimmer war — in die Höhe, einen grausamen, kleinen Paß in nördlicher Richtung hinauf. Unter normalen Bedingungen wäre der Anstieg eine Kleinigkeit gewesen. Aber inzwischen *trugen* wir Slalom fast und hätten die letzten paar Stunden nicht überstanden, wenn der Weg nicht abwärts geführt hätte. Wir waren beide sehr erschöpft, und unsere spaßhaften Proteste, unser Grinsen und Maulen war nur noch verbissene Fassade, weil unsere Stimmen vor lauter Erschöpfung heiser waren.

Slalom war offenkundig erledigt und würde uns nicht mehr von Nutzen sein. Doch an dieser Stelle konnten wir ihn nicht zurücklassen. Zum einen gab es hier weder Gras noch Wasser, und wir hatten ihn gern; zum anderen hatten wir uns den ganzen Tag so sehr angestrengt, ihn weiterzubringen, daß wir nun wie besessen waren und den Gedanken einfach nicht ertragen konnten, daß es uns nicht gelingen sollte, ihn bis ins Lager zu schaffen. So nahmen wir nach einer kurzen Verschnaufpause den Paß in Angriff.

Irgendwie beförderten wir Slalom nach oben. Ich habe wenig Erinnerungen daran, nur daß mir, während wir einmal keuchend an den Pferden lehnten, auffiel, wie seltsam abgespannt Kinis Gesicht wirkte. Es war nicht weiter verwunderlich, schließlich hatten wir einen schweren Tag hinter uns, aber ich glaube, wichtiger war noch die Ungewißheit, was uns hinter dem Paß erwarten würde. Ein Feuer? Ein Lager? Wir wußten nicht, wie lange wir noch zu diesen Sisyphusqualen verdammt sein würden. In der letzten Runde kann jeder zum Spurt ansetzen; aber wir hatten keinen Grund anzunehmen, daß dies die letzte Runde sei.

Sie war es nicht. Die Dämmerung hatte längst eingesetzt, als wir die Paßhöhe erreichten, doch tief unten im nächsten Tal konnten wir schemenhaft die Kamele ausmachen, die immer noch unterwegs waren und eben wieder hinter einem Felsen verschwanden. Dahinter schimmerte eine weißliche Fläche. War das Salz? Oder Schnee? Oder ein zugefrorener Fluß? Wir hätten viel darum gegeben, es zu wissen. Das Gehen war an sich schon schwierig, und in die richtige Richtung zu gehen würde bald unmöglich sein, denn im Dunkeln würden wir die schwachen Kamelspuren nicht mehr erkennen können. Trotzdem, das nächste Wegstück bergab war noch sichtbar. Wir gingen weiter.

Wir bewegten uns wie Automaten. Die zerklüfteten Gipfel mit ihren verschwimmenden Umrissen und die geisterhafte Herde Orongo-Antilopen im letzten Licht kaum wahrnehmend, stiegen wir in das Tal hinab. Während andere Orientierungspunkte verblaßten, erschien die weißliche Fläche vor uns, vielleicht das Ende dieses Marsches, immer lockender und faszinierender. Unsere Augen waren müde vom Spähen, unsere Köpfe müde vom Mutmaßen und unsere Herzen müde vom vergeblichen Hoffen.

Zuletzt wurde natürlich doch alles gut. Vier Silhouetten tauchten vor uns auf, die Kamele, abgeladen. Wie Blinde stolperten wir in das Lager — ein großes Wort in diesem Fall, denn die Turkis hatten keine Streichhölzer, mit denen sie hätten Feuer machen können. Stundenlang hatte ich meinen knappen Wortschatz hin und her bewegt, um eine gehörige Strafpredigt zu entwerfen. Aber als es soweit war, ließ ich es sein. Sie wußten genau, daß ich mit ihrer Sprache nicht vertraut war, aber ihren Redefluß hatte dies noch nie gebremst. Ich hatte keine Lust, mir zwanzig Minuten lang irgendwelche Ausflüchte anzuhören, um anschließend mit einer mageren Erwiderung hervorzutreten, deren Sinn ihnen wahrscheinlich verschlossen bleiben würde. Deshalb sattelten wir in frostigem Schweigen ab, glaubten allerdings Anzeichen von Beschämung in ihrem Verhalten zu erkennen.

Mechanisch und steif bauten wir das Zelt auf, schleppten betäubt und wie im Traum Kisten und hämmerten Pflöcke ein. Aus dem weißen Streifen war Eis geworden, das einen kleinen Fluß teilweise bedeckte. Ich führte Cynara zum Trinken hinunter. Die Pferde hatten seit sechsunddreißig Stunden kein Wasser bekommen und in den Tagen davor auch nur sehr wenig und obendrein schlechtes, aber Slalom rührte sich nicht. Er stand im Licht des Feuers dort, wo wir ihn, des Schiebens müde, stehengelassen hatten, ließ seinen häßlichen, aber vertrauten Kopf hängen und sah nur deshalb noch lebendig aus, weil er auf den Füßen stand.

Wir waren elf Stunden marschiert und hatten seit dem Morgen nichts gegessen. Trotzdem waren wir nicht hungrig. Wir tranken etwas Kakao, und während er uns den Magen wärmte, empfanden wir eine schwache Reaktion, eine Art von beschwipstem Triumphgefühl. Bis jetzt war die Reise leicht gewesen. Heute hatten wir es zum erstenmal ohne fremde Hilfe mit einer Art Krise zu tun gehabt. Obwohl es keine große Leistung war, ein versagendes Pferd ein paar Meilen weiter zu ziehen, als wir es unterwegs für möglich gehalten hätten, waren wir froh, daß wir für Slalom getan hatten, was wir tun konnten, und hofften, daß wir ihm das Leben gerettet hatten. Bei freundlichem Kerzenlicht begannen wir uns wieder wohl zu fühlen und vergaßen die Strapazen des Tages.

Wir nehmen Abschied von Slalom

Der Fluß, den wir erreicht hatten, hieß Toruksai. Im Sommer kommen die Turkis aus den südlichen Oasen, um hier Gold zu waschen. Es wuchs ein wenig Gras, und den ganzen nächsten Tag, der schön und sonnig war, rasteten wir hier. Im Tal gab es Antilopen, und ich wollte zu einer Expedition gegen sie aufbrechen, aber das grelle Licht war für mein krankes Auge zuviel, so daß ich bald aufgeben mußte.

Ich habe erwähnt, daß Kinis Geruchsempfindlichkeit bisweilen ein Handicap beim Reisen war; hier jedoch leistete sie uns gute Dienste. Kini sah sich die übriggebliebenen Kamele an und bemerkte einen Geruch von faulendem Fleisch. Er ging von dem Kamel des Premierministers aus, das wir auf den Namen »Perle des Tsaidam« oder kurz »Perle« getauft hatten. Kini brachte das Tier ins Lager, und wir nahmen ihm den Packsattel ab. Auf dem Rückgrat zwischen den Höckern war eine alte Entzündung aufgebrochen und eiterte heftig. Wir pflockten den Kopf des Kamels am Boden fest, und dann ging Kini ohne große Unterstützung von seiten der Turkis, die keine Ahnung von Tieren hatten, daran, es trotz seines Gebrülls zu verarzten. Die Stelle sah schlimm aus, aber Kini leistete so gute Arbeit, daß sie in wenigen Tagen völlig verheilte.

Perle war ein gutes Tier. Anfangs hatten wir sie — durch Janduks Bemerkung über ihr »böses Herz« verleitet — falsch eingeschätzt. Ihren stattlichen Kopf krönte ein eigensinniger Wollschopf, und die Vorderfüße waren sehr viel größer als die hinteren, ein sicheres Zeichen für vorzügliche Eigenschaften. Im Laufe der Zeit legte Perle ihr Ungestüm ab, lernte auch ihre Abneigung gegen Pferde beherrschen, und in diesen Stunden der Not diente sie uns tapfer, wenngleich ihre Kräfte von Tag zu Tag nachließen. Ihr Individualismus hatte byroneske Züge — sofern Kamele etwas Byroneskes an sich haben können. In ihrer Distanziertheit und Skepsis schien sie immer mehr zu sein als ein Kamel: vielleicht ein verwunschener Prinz. Ihr ebenfalls am Leben gebliebener Gefährte — »Nummer Zwei« — hatte, wie der Name schon sagt, weniger Charakter, war aber ein ehrlicher, beharrlicher Arbeiter mit einem weit ausgreifenden Schritt. Beide Kamele waren uns ans Herz gewachsen, und wir machten uns Sorgen um sie.

Das einzige andere Vorkommnis an diesem Tag war ein Rationierungsversuch, den ich unternahm. Trotz unserer Mahnungen vertilgten die Turkis noch immer gewaltige Portionen, während unsere Vorräte bereits zur Neige gingen. Ich nahm nun den Sack mit Tsamba und teilte das, was noch übrig war, in zwei Hälften; außerdem gab ich ihnen eine Dose mit zerlassenem Hammelfett, das uns als Butterersatz beim Anrühren des Tsambas diente. Dies, so erklärte ich, sei alles, was sie bekommen würden. Tokta Ahun, der inzwischen gemerkt hatte, daß wir ihn nicht leiden konnten, quittierte die Ankündigung mit bösen Blicken. Der alte Mann füllte sich bloß mit zerstreuter Miene zum wiederholten Mal seine Schale.

Am nächsten Tag zogen wir weiter. Während wir noch beim Frühstück saßen, steckte Slalom seinen traurigen, unansehnlichen Kopf ins Zelt, schniefte entschuldigend und begann, an einer Konservendose zu lecken. Es brach uns fast das Herz. Wir holten seinen Futterbeutel, füllten ihn reichlich mit Tsamba und Fleisch und ein paar verschrumpelten, abstoßenden Dörrapfelscheiben, die wir am Grunde eines Sackes fanden. Er fraß es begierig.

Dann beluden wir die Kamele und brachen auf. Slalom folgte uns ziemlich willig, und Kini saß sogar auf, um den Fluß zu durchqueren. Aber am anderen Ufer blieb er stehen und ließ den Kopf hängen. Wir sahen, was wir im stillen längst geahnt hatten: daß er keine weitere Etappe schaffen würde. Es war besser, ihn an einer Stelle zurückzulassen, wo es Wasser und etwas Gras gab, als ihn weiter mitzuschleppen.

Wir riefen den Turkis zu, sie sollten anhalten, und nahmen Slalom zum letzten Mal den Sattel ab. Er stand reglos da, der häßliche Schatten eines Pferdes, allein unter der Sonne, inmitten der Berge. Seit Tangar hatte er uns treu gedient. Die Kamele zogen weiter, und ich folgte ihnen. Kini blieb etwas länger bei Slalom. Plötzlich merkte ich, daß ich zum erstenmal seit vielen Jahren weinte.

Wir wandten uns nach Nordwesten und stiegen in einem steilen, engen Talkessel aufwärts, in dem wir ein Rudel Antilopen überraschten. Aber ich hatte meine Waffe nicht geladen, und als ich schließlich soweit war, verpatzte ich einen Weitschuß. Es schien, als kletterten wir in eine freundlichere Welt hinauf. Wir stießen auf mehrere kleine Bäche, und bei jedem wuchsen, winzig, aber unverkennbar, ein paar Grashalme. Unsere Trauer um Slalom legte sich nach und nach. Wir arbeiteten uns — langsam, wegen der Höhe — zu einem Paß am Ende des Talkessels hinauf. Murmeltiere, deren Pelz in der Sonne rot aufleuchtete, pfiffen uns höhnisch oder überrascht entgegen, ehe sie mit seltsamem Gehoppel in ihren Bauten verschwanden. Auf der Paßhöhe schoß ich eines. *»Abdan?«* fragte ich die Turkis, deutete auf das Murmeltier und dann auf meinen Mund. Sie schüttelten die Köpfe und lachten. *»Jaman«*, sagten sie. Dem Urteil zweier derart entschlossener, nichts verschmähender Esser kam zweifellos Gewicht zu, und so nimmt denn dieses Murmeltier in der Geschichte unserer Expedition einen besonderen Platz ein: Es ist — von der kranken Antilope abgesehen — das einzige Lebewesen, das wir geschossen, aber nicht verzehrt haben.

Jenseits des Passes stiegen wir in ein langes, ödes Tal ab. Der Tag war strahlend und warm, mit meinem Auge ging es besser, und die kleinen Bäche munterten uns auf. Wir bahnten uns unseren Weg an den Nordhängen einer Bergkette entlang, die unserer Karte zufolge Achik Kul

Tagh hieß, und erklommen im Laufe des Tages noch drei weitere steile Pässe. »Die Kamele gehen langsam, und die Besorgnis ist noch nicht verflogen«, heißt es in meinem Tagebuch; trotzdem brachten wir einen langen Tagemarsch hinter uns. Unser Lager schlugen wir neben einem Bach auf, wo bald eine Grasnarbe sprießen würde. Es war ein angenehmer Platz, an dem wir nichts Geringeres als den Vierten Juni feierten. Ich fürchte, die Bedeutung dieses Jahrestages wurde Kini nicht recht deutlich, denn meine Versuche, ihr den Zusammenhang zwischen Georg III. und dem Feuerwerk von Eton zu erklären, gerieten ins Stocken, als ich zu meinem Leidwesen erkannte, daß ich selbst nicht recht wußte, worin dieser Zusammenhang bestand. Dann kam auch noch Wilhelm Tell ins Gespräch und stiftete zusätzliche Verwirrung. Trotzdem veranstalteten wir einen leichten und dennoch sybaritischen Lunch mit einer sehr kleinen Dose Krabben, die mir sieben Monate zuvor der japanische Generalkonsul in Wladiwostok geschenkt hatte und die ich seither wie einen Talisman durch Asien getragen hatte. Amüsiert versuchten wir uns auszumalen, wie wir den Turkis, die vom Meer noch nie gehört hatten und zweitausend Meilen von dem nächsten entfernt lebten, erklären könnten, was eine Krabbe ist.

Abends stieg ich in einen Hang oberhalb des Passes und machte vergeblich Jagd auf ein paar Antilopen. Die Sonne war untergegangen, und das Hochland wirkte sehr einsam. Aber ich war munter und beschwingt und von meiner Unbesiegbarkeit fest überzeugt. Nichts würde mich daran hindern, Indien zu erreichen. Doch auch in dieser prahlerischen Stimmung, da mir der Erfolg so erstrebenswert erschien, wußte ich im stillen, wie armselig und leicht sich dieses Unterfangen im nachhinein ausnehmen würde — und über wie viele verpaßte Gelegenheiten ich mich später ärgern würde. Das *Alter ego* ist bisweilen ein lästiger Störenfried.

Das meine besaß allerdings nicht die Kraft, den Genuß des Festschmauses zu schmälern, den wir uns an diesem Abend aus Anlaß des Vierten Juni gönnten. Wir holten den Kognak und das Grammophon hervor und spielten jede unserer drei Platten mehrmals, vor allem unser Lieblingsstück. Es war eine Schnulze mit dem Titel »The Clouds Will Soon Roll By«, die Kini zunächst für eine musikalische Phantasie über ein meteorologisches Motiv gehalten hatte. Ich höre sie noch immer:

Somewhere a robin's singing,
Up in a tree-top high;
To you and me he's singing:
»The clouds will soon roll by.«

Es war ein sehr beruhigendes Lied.

Mir fielen die telegraphischen Grüße in Küchenlatein ein, die Eton an diesem Tag von Ehemaligen aus aller Welt empfängt, die an Dinnertafeln zwischen Peschawar und Patagonien zu seinen Ehren anstoßen, und hätte gern selbst ein Telegramm — mit einem Absender, der sich nur in Längen- und Breitengraden angeben ließ — abgeschickt, fragte mich allerdings, wie ich Tsamba ins Lateinische übersetzen sollte ... Zuletzt schoben wir uns in unsere Schlafsäcke und schliefen beim Geplätscher von fließendem Wasser ein.

Am nächsten Tag waren wir wieder fast neun Stunden unterwegs. Die Kamele bewegten sich mechanisch vorwärts, und ich begann mich zu fragen, wie lange ich noch Tag für Tag zwanzig Meilen gehen konnte. Kini erwarb sich ein großes Verdienst, als sie ein Flughuhnnest mit drei Eiern darin fand, die sie abends, als wir neben einem Bach lagerten, mit etwas Mehl mischte und zu einem Omelett verarbeitete, dem köstlichsten Gericht der ganzen Reise. Wir hatten, abgesehen von den drei Wildganseiern in Issik Pakte, seit mehr als zwei Monaten keine Eier gegessen, und dieses Omelett war ein Meilenstein in der Geschichte unserer Expedition.

Am nächsten Tag schafften wir die längste Etappe von allen. Kurz nach dem Hellwerden brachen wir auf. Cynara, die einen launischen Tag hatte, wollte sich nicht einfangen lassen und folgte den Kamelen in vorsichtigem Abstand. Jede Zerstreuung war willkommen, und anfangs machten uns die Versuche, sie zu überlisten, Spaß.

Aber weiträumige Umkreisungen, die in einem plötzlichen und jedesmal erfolglosen Spurt gipfelten, waren eine ziemlich strapaziöse Belustigung, und mit der Zeit wurden wir zornig. Cynara tat völlig unschuldig. Sie ging immer gern dicht hinter dem letzten Kamel, und wenn wir sie in Ruhe ließen, schloß sie zur Karawane auf. Aber wenn sich jemand von hinten anschlich und nach ihrem Kopf zu greifen versuchte, schlug sie einen Haken wie ein Rugbyspieler und ging auf mittlere Distanz.

Auf die Dauer war das beschämend und anstrengend. Kini bestieg eines der Kamele, machte sich ein Lasso zurecht und versuchte es Cynara, die wieder sittsam dahintrottete und sich vor mir in acht nahm, über den Kopf zu werfen. Kini hatte jedoch kein Glück, und zuletzt griffen wir zu einer anderen Methode. Als Cynara gerade neben der Karawane daherlief, ließen wir das führende Kamel einen scharfen Schwenk machen, so daß sie sich in den Leitschnüren verfing. Auf diese Weise bekamen wir sie endlich zu fassen, nachdem wir schon sieben Stunden marschiert waren.

Wir hatten die Abhänge des Achik Kul Tagh hinter uns und zogen durch eine breite Wüstensenke auf eine niedrige Wasserscheide zu. Die Landschaft war trostlos, aber an der Wasserscheide stießen wir plötzlich auf eine Art Pfad. Er war alt und nur wenig ausgetreten, aber hier und da zeichneten sich in dem, was einmal Schlamm gewesen sein mußte, deutliche Kamelspuren ab, und gelegentlich waren drei Steine als Untersatz für einen Kochtopf zusammengerückt. Der Weg, der vermutlich nach Ghass im Tsaidam führte, war offenbar seit langem nicht benutzt worden. Für uns jedoch waren dies die ersten Spuren von Menschen seit acht Tagen. Sie erschienen uns sehr beruhigend.

Jenseits des Sattels der Wasserscheide gelangten wir in ein anderes langes, von kahlen Felsenbergen flankiertes Tal, das von einem großen Schneegipfel am anderen Ende überragt wurde. In einem ausgetrockneten Bachbett, das in der Mitte des Tales abwärts führte, fanden wir wenig später eine kleine Quelle. Wir waren seit neun Stunden unterwegs und nicht abgeneigt, ein Lager aufzuschlagen, aber die Turkis wollten unbedingt weitergehen — vermutlich, weil es an dieser Stelle für die Kamele wenig zu fressen gab. Sie behaupteten, weiter unten im Tal gebe es reichlich Wasser.

Sie irrten sich. Das Bachbett wurde breiter, aber nicht feuchter. Eine Luftspiegelung täuschte uns. Hier und da fanden wir Spuren älterer Lager. In ihrer Nähe waren Wasserlöcher gegraben, aber diese Löcher waren trocken.

Wir zogen weiter. Die Stunden vergingen langsam. Wir krochen ein endloses Tal hinab, eine Kette abgestumpfter, zwergenhafter Automaten zwischen riesigen Bergen. Antilopen, von denen in dem schwindenden Licht ein seltsames Leuchten ausging, tummelten sich in der steinigen, grauen Wüste. Das Bachbett war jetzt eine halbe Meile breit, ein Gewirr schmaler Rinnen, die ich, angespornt vom Einbruch der Dunkelheit, in weiten Zickzackbewegungen erkundete: nirgendwo ein Plätschern, nicht einmal eine feuchte Stelle. Auf unsere Fragen beteuerten die Turkis mit einem zusehends hohler klingenden Optimismus, die Entdeckung von Wasser stehe unmittelbar bevor. Wir wußten längst, daß sie ahnungslos und unfähig waren und setzten keine Hoffnung in ihre Worte.

Sofern er keine Blasen an den Füßen hat oder sonstwie behindert ist, kann jeder Mensch an einem Tag mindestens noch einmal halb so weit gehen, wie er zunächst glaubt. Die Muskeln, die dafür zuständig sind, den linken Fuß vor den rechten und den rechten vor den linken zu setzen, ermüden so rasch nicht, und auf die Füße kommt es an. Meine eigenen sind fast so unempfindlich wie Hufe, und während die Zahl der Stunden langsam über elf und zwölf hinausstrebte, konnte ich mich über nichts als Langeweile, Besorgnis und eine gewisse Dumpfheit wegen der fortgesetzten Anstrengung beklagen. Wasser wäre allerdings willkommen gewesen — vor allem, als ein kräftiger Nordwind von der Seite über uns herfiel. Als sich die Nacht herabsenkte, konnten wir nicht mehr reden, nicht mehr hoffen, nicht mehr denken. Wie betäubt zogen wir dahin, jeder mit sich und seiner Unzufriedenheit allein.

Um halb acht gaben wir auf, hielten an und stellten das Zelt an einem steinigen Abhang auf. Wir waren in einem für Kamele durchaus beachtlichen Tempo vierzehn Stunden lang unterwegs gewesen, ohne etwas zu essen, mit zwei oder drei Pausen von nicht mehr als fünf Minuten Länge. Kini war die ersten sieben Stunden — die anstrengendsten, weil wir versucht hatten, Cynara einzufangen — zu Fuß gelaufen. Während der sieben Monate, die wir zusammen verlebten, gewöhnte ich mich so sehr daran, Kini in den meisten Dingen als ebenbürtig und in manchen als überlegen anzusehen, daß ich ihr Durchhaltevermögen (um nur dieses zu nennen) bisher vielleicht zuwenig hervorgehoben habe. Lob, vor allem in gedruckter Form, wird meist überbewertet, und ich weiß, daß Kini wenig damit anfangen kann; trotzdem — weil es genauso bemerkenswert ist wie all das Sonderbare, was wir sonst erlebten — möchte ich hier festhalten, daß sich Kini am Ende eines vierzehnstündigen Marsches etwa auf halber Strecke einer anstrengenden Reise (bei der wir fast immer im Morgengrauen aufstanden und fast immer etwas weniger aßen, als nötig gewesen wäre) ungesättigt schlafen legte, ohne auch nur mit der Wimper zu zucken. Und das Beste, was ich zu ihrem Lobe sagen kann, ist dies: daß ich damals nichts Besonderes dabei fand.

Gras, Menschen, Neuigkeiten

Es wurde ein kärgliches Lager. Die Tiere machten sich kaum die Mühe, die harte Erdkruste nach Eßbarem abzusuchen. Sie und die Menschen sanken dankbar in den Schlaf und vergaßen, daß ihnen am nächsten Tag eine weitere Etappe bevorstand und am übernächsten Tag wieder eine. Alle waren todmüde.

Doch um drei Uhr weckten uns die Turkis. Still und dunkel lag die Welt im Sternenlicht, doch kaum zu glauben: Auf dem Feuer kochte ein Topf. Es gab in dieser Gegend Bäche, die nur nachts flossen, und einer von ihnen, vor Stunden vom Schmelzwasser ferner Gipfel gespeist, hatte am gegenüberliegenden Hang zu plätschern begonnen und den älteren Turki zu unverhofft nützlichem Tun angespornt. So konnten wir, bevor wir aufbrachen, Tee trinken und — noch wichtiger — unser Tsamba anrühren. Mit vollem Magen zogen wir los und ließen nur die grausigen Gerippe meines letzten Paars Socken zurück. Von nun an lief und ritt ich nur noch in Stiefeln; es waren hochbetagte, stark vernarbte amerikanische Feldstiefel, aber sie paßten mir so gut, daß mir, obwohl die eine Sohle fast und die andere ganz durchgelaufen war, das Fehlen von Socken nie Unannehmlichkeiten gemacht hat.

Es war ein strahlender, Hitze und Durst verheißender Morgen, doch am Ende des Tales stießen wir in dem mittleren Bachbett auf Wasser. Die Tiere tranken in tiefen Zügen und bewegten sich nachher munterer. Durch eine enge Schlucht, in der wir den Fluß mehrmals durchwaten mußten, zwängten wir uns aus dem Tal hinaus. Es gab hier ein paar Blumen (für uns die ersten dieses Jahres), Krokusse, und unter dem Wind sich duckende Büschel einer Pflanze, die unserem Heidekraut ähnelte. »Reichlich Gras für unsere Verhältnisse«, steht in meinem Tagebuch, was aber nicht viel heißen will. Wir nahmen eine Abkürzung über einen Bergrücken, auf dem empört pfeifende Murmeltiere in ihre Erdlöcher huschten.

Die Maschine, die meine Beine in Gang hielt, zeigte erste Ermüdungserscheinungen. Das zweihöckrige Kamel marschiert, wie gesagt, in einem mehr als gemächlichen Tempo von zweieinhalb Meilen in der Stunde. Aber das zweihöckrige Kamel hält niemals an, und wenn man Schritt hält, stellt man nach drei oder vier Stunden fest, daß man sich nach einem Vorwand sehnt, Füße und Beine zu entlasten, sich zu recken, anzuhalten, sich hinzusetzen, und sei es nur für einen Augenblick. Tagelang hatte meine Pfeife mir diesen Vorwand geliefert. »Ich komme nach«, hatte ich gerufen und war hinter einem schützenden Felsblock zu Boden gegangen. »Ich möchte rauchen.« Inzwischen wurde diese Formel häufiger benutzt als in die Tat umgesetzt. Die Pfeife, der Tabaksbeutel — gewiß, sie wurden hervorgezogen. Aber die Sonne schien warm, der Felsen im Rücken ergab einen einigermaßen bequemen

Sessel, und die schiere Reglosigkeit war ein wunderbares Gefühl, das man durch nichts verwässern mochte. Mit einem Auge beobachtete man die vier Kamele und die kleine Stute — anfangs eine Gruppe von vertrauten, deutlich unterschiedenen Vierfüßern, aber schon bald nicht mehr als ein kleiner dunkler Klecks, der in regelmäßigen Abständen breiter und wieder schmaler wurde. Der übrige Körper döste vor sich hin und glitt rasch, auf Ehrenwort für kurze Zeit entlassen, aus der Hohen Tatarei in andere Welten — ein gefesseltes und dennoch dankbares Gespenst. Bald war die Frist verstrichen. Die leere Pfeife, der unberührte Tabaksbeutel wurden in die Tasche zurückgestopft. Steif erhob man sich, griff nach der Zweiundzwanziger, blies etwas Staub von ihrem Verschluß und machte sich auf den Weg.

Man ging jetzt schnell: mit längeren Schritten, angestrengter als sonst. Aber die kleine Karawane, ein winziger Fleck irgendwo im Nirgendwo, wahrte ihren Abstand. Man hetzte ihr durch die wogende Einöde nach ... Eine halbe Stunde später schien sie ein wenig größer geworden. Aber man mußte doch viel mehr von ihrem Vorsprung eingeholt haben, und so lange hatte man doch gar nicht gerastet, oder? Nach und nach wurde die Karawane zum Phantom, und es schien, als müßte man zu einem Wettlauf gegen dieses Phantom antreten und wäre zum Scheitern verurteilt. Längst kannte man die Technik, mit der man sich lange Tagemärsche erträglich machen konnte — man wußte, wie hilfreich ein Gedankengang war, irgendein halberinnertes Zitat, eine halbausgearbeitete Idee als eiserne Ration für den Verstand; irgend etwas, womit der Geist sich beschäftigen und darüber den Körper vergessen konnte. Aber jetzt war es für dergleichen zu spät; die Impfung blieb wirkungslos. Gedanken kreisten ruhelos im Kopf, wie Fledermäuse im Lampenlicht eines Zimmers; man konnte sich nicht konzentrieren. Der Geist konnte den Körper in Bewegung halten, aber er konnte nicht vergessen, wie es um ihn stand. Kein Beruhigungsmittel half mehr. Man sah jetzt nichts anderes als die weit vorn im grellen Licht flimmernde Karawane ...

Im Laufe des Vormittags kamen wir nach Dimnalik. Unsere Karte würdigte diesen Ort mit einem Namen, und die Turkis hatten zuversichtlich behauptet, wir würden dort Menschen antreffen. Sie irrten, wie gewöhnlich; keine Zelte, keine Herden, nur ein kahler Berghang. *»Adam yok«,* sagte der alte Mann mit gequälter Stimme, »es ist niemand da.« Wir zogen weiter.

Nach sechs Stunden stiegen wir wieder in die Schlucht des Flusses hinab und nahmen Wasser auf. Dann gingen wir noch drei endlose Stunden über einen mit Kamelbüschen getüpfelten Wüstensattel weiter und schlugen schließlich an einer sandigen Stelle unser Lager auf, wo wir die Zeltpflöcke mit alten Antilopenhörnern verstärken mußten, um Halt zu finden. Ein kurzer Hagelschauer, fast schon Regen — wir hatten während der letzten beiden Tage viel an Höhe verloren. Die Turkis sagten, es sei nur noch ein Tagemarsch bis Basch Malghun.

Ausnahmsweise hatten sie recht. Am nächsten Tag, dem 8. Juni, brachte uns ein verbissener, langweiliger Marsch von neun Stunden durch eine grelle Wüste zu einem ausgetrockneten Flußbett. Dahinter durchquerten wir einen Tamariskengürtel und fanden uns plötzlich wie durch ein Wunder in eine andere Welt versetzt. Wirkliches Gras in beträchtlicher Menge wuchs auf dem Boden. Schaf- und Ziegenherden weideten in der Sonne, die den Augen nicht weh tat, weil sie von der Wüste nicht mehr reflektiert wurde. Ein Esel schrie. Wir hielten uns an ein kleines Mädchen, das Ziegen hütete, und ließen uns von ihm zu einer Gruppe von Jurten und Zelten führen.

Ein halbes Dutzend Menschen kam uns zur Begrüßung entgegen. Die Umgangsformen waren hier unten höflicher als im Hochland von Issik Pakte, und wir mußten uns bald an die Begrüßung der Turkis gewöhnen, bei der der eine die Hände des anderen in die seinen nimmt, dann zurücktritt, sich leicht verneigt und mit eleganter Zurückhaltung den eigenen Bart streicht. Der Glattrasierte muß übrigens die gleiche Geste wie der Bärtige ausführen.

Diese Männer waren weniger wettergebräunt und entsprachen (wie wir später feststellten) eher dem Typus des

Turkis als die Jäger in Issik Pakte; sie schienen umgänglicher zu sein. Während wir die Kamele abluden und das Zelt aufstellten, holten sie die verblichene rote Decke herbei, den sogenannten *dastakhan*, von dem in ganz Turkestan gegessen wird, und bald kosteten wir mit ungläubigem Staunen das erste frische Brot seit Tangar. Es gab auch Sauermilch in einer großen Holzschale. Wir kamen uns vor wie im Paradies.

Sobald unsere Führer der Allgemeinheit das wenige, was sie über unsere Identität, unsere Herkunft und unser Ziel wußten, mitgeteilt hatten, begann ich mich nach dem vor uns liegenden Weg zu erkundigen. Das Fragen war vergleichsweise einfach, denn Ortsnamen, vermischt mit den Wörtern für »gut« und »schlecht«, vermittelten im wesentlichen, was ich wissen wollte. Die Probleme fingen an, wenn die Turkis antworteten. Mit lauter Stimme sprachen sie alle zugleich, und keiner von ihnen vermochte sich offenbar vorzustellen, daß es auf der Welt Menschen geben könnte, die ihrer Sprache nicht mächtig waren. Politik und Geographie, Prophetie und Historie — lauter Informationen von höchstem Interesse und größter Wichtigkeit — ergossen sich in einem endlosen Wortschwall über uns, von dem fünfundneunzig Prozent in meinen Ohren nur Geschnatter war.

Durch Sortieren und Wiederholen ließen sich jedoch gewisse Tatsachen über den Rang bloßer Ahnungen hinausheben. Die Armeen der Dunganen hatten die Oasen im Süden nach wie vor unter ihrer Kontrolle; die Kämpfe zwischen Tschertschen und Tscharchlik, von denen wir schon in Issik Pakte gehört hatten, waren vorüber; und die öffentliche Meinung in Basch Malghun vermochte nichts zu erkennen, was uns hätte hindern können, die Reise nach Tschertschen zu vollenden, das weitere sechs Tagemärsche entfernt lag. Man räumte zwar ein, die Dunganen seien »übel Leute«, glaubte aber dennoch, die Rebellen würden uns freundlich willkommen heißen — eine, wie mir schien, etwas leichtfertige Annahme. Trotzdem, soweit wir sie verstehen konnten, waren die Nachrichten gut, und immerhin war keine Rede von Umkehr. Mit Freuden gönnten wir uns einen Ruhetag.

Unsere Führer, vor allem der alte Mann, mimten unter den sanftmütigeren Bewohnern dieser nur dreitausend Meter hoch gelegenen Gegend die rauhbeinigen Hinterwäldler. Gestikulierend und schwadronierend stolzierten sie herum und spielten sich auf. Patienten aus allen Teilen des weit zerstreuten Lagers besuchten uns, unter ihnen ein Blinder, ein Tauber und ein Greis mit stark geschwollenen Beinknochen, der aussah wie Johann von Gent. Es war rührend, wie er darauf beharrte, daß wir ihn heilen könnten, wenn wir nur wollten, und Kini gab ihm etwas Salbe in der Hoffnung, die Autosuggestion werde das übrige besorgen. Er brachte uns in Verlegenheit, als er uns zum Zeichen seiner Dankbarkeit eine Portion Reis schenkte. Wir veranstalteten ein Grammophonkonzert für die ganze Gemeinde und entzückten die Kinder, indem wir ihnen unsere einzige kleine Waffe, eine Schreckschußpistole, liehen. Nach den trüben Tagen, die wir hinter uns hatten, schien das Leben sehr angenehm: »Vermutlich wird uns dieses Lager im Rückblick wie das Schlaraffenland vorkommen«, vermerkt mein Tagebuch.

Am 10. Juni nahmen wir das letzte Stück des Weges nach Tschertschen in Angriff. Für einen Teeziegel und fünf Dollar hatten wir einen Führer und drei Esel zur Unterstützung der Kamele gemietet. Der Führer war ein freundlicher Mann namens Tuzun. Sein Gesicht strahlte rosig hinter einem großen, flauschigen Bart hervor. In Auftreten und Erscheinung wirkte er wie ein Lieblingsneffe des heiligen Nikolaus. Wir hatten Streichhölzer, Seife und Nähnadeln gegen Reis und Mehl getauscht, und aus einem Teil dieses letzteren hatten uns die Frauen einen Vorrat an *tukach* gebacken, das man den Schiffszwieback der Wüste nennen könnte. Auch ein Schaf hatten wir bekommen. Diese Gabe wurde von viel Gelächel und schönen Worten begleitet, und ein paar Stunden später folgte die jammernde Bitte um Bezahlung. Das Schaf kostete jedoch nur einen Shilling und drei Pence und war der erste Posten auf unserer Fleischerrechnung, deshalb trauerten wir dem Geld nicht nach.

Inmitten einer schwatzenden Menschenmenge luden wir auf und zogen gegen zehn Uhr los. Ein sehr hübsches Mädchen, das Gefallen an mir gefunden hatte, schenkte mir zum Abschied eine Schachtel russischer Streichhölzer, und alle waren freundlich und munter. Nach anderthalb Stunden erreichten wir das Anwesen Johanns von Gent, eine Art Krater mit einem Dach aus Filzdecken. Hier bekamen wir eine Mahlzeit aus Brot, Sauermilch und Antilopenfleisch vorgesetzt und merkten uns für die Zukunft die Sitte der Turkis, vor dem Essen die Hände in Wasser zu tauchen. Die Beine Johanns von Gent hatten sich keineswegs gebessert, und ich glaubte einen Anflug von Enttäuschung in seiner Gastfreundlichkeit zu entdecken.

Gegen Mittag zogen wir weiter, ließen die kleine Grasinsel bald hinter uns und gerieten in eine Wüste, in der hier und da etwas Gestrüpp vor sich hin kümmerte. Wir zogen das Tal des Tschertschen Darja hinunter, des Flusses, der die Oase Tschertschen bewässert. In Basch Malghun war sein Wasser kristallklar gewesen, aber je näher wir der Zivilisation kamen, desto schlammiger und dickflüssiger wurde es — vielleicht mit symbolischem Hintersinn. Tuzun war nicht wenig schockiert über meine Weigerung, auf seinen Eseln zu reiten. In Zentralasien mißt man dem Reittier eine große Bedeutung zu, und zu Fuß gehen ist ein grober Verstoß gegen den Anstand. Es war ihm unbegreiflich, daß ich es vorzog zu laufen.

Die Esel trotteten willig voran, von hinten durch ein Geräusch angetrieben, das wie ein zorniges Niesen klang. Aber sie nutzten jede Gelegenheit, vom Weg abzuschweifen, und wegen unseres späten Aufbruchs und der mittäglichen Rast schafften wir an diesem Tag nur eine kurze Strecke. Abends machten wir halt bei einer Hütte, die zur Hälfte aus einem Erdloch bestand. Darin wohnte eine arme Frau, die uns jedoch sehr gastfreundlich mit köstlicher Butter bewirtete, der ersten und letzten für lange Zeit. Wir stellten unser Zelt in der Nähe auf, sahen zu, wie eine Herde Ziegen in langer Doppelreihe für die Nacht angebunden wurde, und bekamen wenig später noch unerwarteten Besuch.

Es war ein dunganischer Kaufmann, der mit einer Warenkarawane nach Osten ins Tsaidam unterwegs war: ein kleiner schlitzäugiger chinesischer Moslem mit hektischen Bewegungen, der sich nach Piratenart ein blaues Tuch um den Kopf gebunden hatte. Er wollte über Ghass Kul nach Tunhwang in der Provinz Kansu, und Teijinar war seine erste Station. Er kannte Janduk und Wang Sun-lin, und wenn wir Russisch hätten schreiben können, hätten wir ihm gern einen Brief an Borodischin mitgegeben. Er bestätigte die Nachrichten, die wir in Basch Malghun vernommen zu haben glaubten: die Dunganen kontrollierten die südlichen Oasen, und die Feindseligkeiten mit Tscharchlik seien vorbei. Er machte einige undurchsichtige Ergänzungen. Ma Tschung-jing, der Führer der Dunganen, sei nach England gegangen; an seine Stelle sei nun Ma Ho-san getreten, der mit einem englischen Flugzeug in Khotan eingetroffen sei. Das alles waren, wie wir später erfuhren und damals vermuteten, kaum mehr als Legenden, aber sie machten unser von Mutmaßungen zehrendes Dasein sogleich interessanter, und außerdem bekamen wir ein paar nützliche Finanztips — wieviel ein Teeziegel in der örtlichen Währung wert war und wo der Marktpreis eines Kamels lag. Der unzuverlässige Tratsch stieg uns zu Kopf, und schon glaubten wir, wir seien auf der Höhe des Geschehens und hätten den Finger am Puls Innerasiens.

Thalassa, Thalassa

Bevor wir am nächsten Tag aufbrachen, besuchte uns der Partner des Kaufmanns, ein stupsnäsiger Mann, der eine Pfeife rauchte und den wir deshalb nicht für einen Moslem hielten. Er war weniger gesprächig, aber auch mit ihm unterhielten wir uns über die Gerüchte des letzten Abends und erfuhren noch einiges mehr. Unsere Gier nach Neuigkeiten und allem, was wie eine Neuigkeit aussah, war zu dieser Zeit unersättlich.

Unsere Gastgeberin reichte uns zum Abschied eine Tasse Milch, und Kini revanchierte sich mit einer Halskette aus roten Perlen, über die sich die alte Frau sehr freute. Wir zogen in einen ruhigen, heißen Morgen, der später jedoch durch einen das Tal mit fahlem Staubdunst erfüllenden Gegenwind verdorben wurde. Kurz vor Mittag schloß sich uns eine Dame mit zwei Eseln an: Auf dem einen ritt sie, der andere trug eine leichte Ladung Hausrat und darauf, fester geschnallt als nötig, ein einjähriges Kind. Der Säugling hatte wenig Sinn für die Annehmlichkeiten des Reisens, protestierte vielmehr fortwährend dagegen. Aber seine Mutter — eine herrische Frau mit einer rauhen, männlichen Stimme — beschimpfte ihre Esel so laut, daß das Geschrei ihres Nachwuchses größtenteils unterging. Sie hatte etwas von einer Chaucer-Figur, wie sie da mit zurückgeschlagenem Schleier ihres Weges watschelte und mit den Männern flachste, ohne ein Blatt vor den Mund zu nehmen.

Nach einem Marsch von sieben Stunden lagerten wir in der Schlucht des Flusses. »Kurzstreckenläufer«, urteilt mein Tagebuch verächtlich und voreilig über Tuzun und einen namenlosen Gefährten, der sich uns tags zuvor angeschlossen hatte. Schon bald sollten sie diese abfällige Bemerkung widerlegen.

Der nächste Morgen war dunstig und sehr ruhig. Cynara machte wieder Schwierigkeiten, und wir bekamen sie erst zu fassen, nachdem wir schon aufgebrochen waren. Das Tal verengte sich, und bald zogen wir durch eine Schlucht, deren Wände wie die Seiten eines Schweizer Käses mit glatten Aushöhlungen übersät waren. Zum ersten und letzten Mal während der ganzen Reise begann es ziemlich heftig zu regnen. Kini fischte sich einen Regenmantel aus der Satteltasche, und beim Anblick seiner feuchten Falten trat mir eine Vision von England vor Augen: Abgestumpfte Urlauber durchstreifen ihre kleine Insel auf der Suche nach Sonne und Einsamkeit. Die Schreie des Babys wurden jetzt schwächer. Seine Mutter hatte ihm ein Tuch über das Gesicht gelegt, das immer nasser wurde und das Kind beinahe erstickt hätte. Unter gewöhnlichen Klimabedingungen wurde das Tuch zurückgeschlagen, damit der Staub freien Zugang hatte.

Im Laufe des Vormittags bogen wir vom Fluß ab und nahmen eine Abkürzung über die letzte Bergkette, die uns noch von der großen Senke des Tarim-Beckens trennte. Wir folgten einem bröckligen Weg über eine Reihe steiler, zerklüfteter Pässe. Es war ein hartes Stück Arbeit, und sowohl Perle als auch Nummer Zwei zeigten eine bedauernswerte Neigung, vor den steilsten Anstiegen anzuhalten und niederzuknien. In einem großen Talkessel begegneten wir drei Männern, die nach Basch Malghun unterwegs waren. Von dem, was sie zu erzählen hatten, konnte ich nichts verstehen, nur daß es etwas Sensationelles war und mit der Gefangennahme irgendwelcher Leute zu tun hatte.

Am Fuß des letzten Passes legten wir eine kurze Rast ein und kletterten dann langsam bergauf. Ich kümmerte mich um die Kamele, denn auf diesen schmalen, schwindelerregenden Pfaden bedurften die Esel der ganzen Aufmerksamkeit ihrer Führer. Perle bewegte sich steif und betrachtete die Welt mit Abscheu, aber als wir den letzten, rasiermesserscharfen Kamm erreichten, boten die Gipfel, die sich hinter uns um die Schneefelder des hochragenden Tokuz Dawan türmten, einen Anblick, der ebenso herrlich war wie der Gedanke, daß es von nun an nur noch bergab gehen würde. Unter uns, hinter einem Staubschleier verborgen, lag die Wüste.

Auf einem steilen Serpentinenweg tauchten wir in eine riesige Schlucht hinab, eine klaffende Wunde in der Flanke des Gebirges, deren hohe Wände in uns das ungewohnte Gefühl weckten, eingeschlossen zu sein und keine Ferne mehr vor uns zu haben. Gegen vier Uhr schlugen wir unser Lager in der Nähe eines kleinen salzigen Wasserlochs auf — nach einer guten Etappe von zehn Stunden.

Der nächste Tag, es war der 13. Juni, wurde lang. Kurz nach dem Hellwerden brachen wir auf, folgten in der engen, gewundenen Schlucht einem ausgetrockneten Bachbett, vorbei an einer Reihe abenteuerlicher Grotten. Nach einiger Zeit verbreiterte sie sich, und wir zogen durch Gruppen blühender Tamarisken, nach denen die Kamele gierig schnappten. Nur ein kleiner Vogel sang von Zeit zu Zeit ein kurzes, klagendes Lied, dessen süßer Klang von den bedrohlichen Felswänden widerhallte.

In dieser Stille und bei dem gewundenen, versteckten Weg kam es mir vor, als würden wir uns an ein feindliches Lager anschleichen.

Nach fünf Stunden erreichten wir einen Ort, den sowohl unsere Karte als auch unsere Führer Muna Bulak nannten. Aber wieder hieß es *»Adam jok«*. Die erhofften Zelte waren nicht da, statt dessen nur eine kleine Quelle mit sehr salzigem, sehr brackigem Wasser. Wir füllten das Fäßchen, setzten unseren Weg noch zwei Stunden lang fort und gelangten aus der Schlucht in eine Wüste — Sand und Geröll, so weit das Auge reichte. Die Berge, mit denen wir so lange aus nächster Nähe gekämpft hatten, waren nur noch ein dunstiger Hintergrund.

Um ein Uhr hielten wir an, kochten Hammelfleisch und verschlangen es in großen Stücken. Die Sonne brannte, und wir spannten eine Filzdecke zwischen Zeltstangen aus, um etwas Schatten zu gewinnen. Der Unterschied zum Bergland war gewaltig. Wir tranken große Mengen sehr sonderbar schmeckenden Tees.

Gegen Abend zogen wir in nordwestlicher Richtung weiter, durch karge, mit Gestrüpp bewachsene Dünen. Als es dunkel zu werden begann, nahmen die niedrigen Büsche seltsame Formen an, wurden zu dunklen Gespenstern, die sich, wenn man genau hinsah, bewegten, wie bei dem Nachtmarsch mit dem Fürsten von Dzun. Wasser war weit und breit nicht vorhanden, und die Männer führten die Karawane in zügigem Tempo. Nach einer Weile kamen wir aus dem Dünengebiet in eine Wüste, so flach und kahl und unfreundlich wie eine Eisscholle. Die Kamele stöhnten vor Erschöpfung und mußten vorwärts gezerrt werden. Es gab nichts, woran man sich orientieren konnte, auch kein Ereignis, das im Vergehen der Stunden eine Markierung gesetzt hätte; teilnahmslos blickten die Sterne auf die kleine, geschundene Reisegruppe herunter, die sich blindlings durch die Dunkelheit vorwärts tastete. Wie ein Automat brüllte ich die Kamele an, bis mir die Stimme versagte. Die Turkis äußerten sich nur ungenau über das weitere Programm des Abends, dabei hätten wir gern gewußt, wie lange diese Quälerei noch dauern würde.

Sie endete um halb zwei morgens: Wir hatten zwei Etappen von jeweils mehr als sieben Stunden hinter uns, und die Kamele waren zu Tode erschöpft. Sie sanken auf der Stelle in sich zusammen. Wir luden ab, legten uns auf die windabgewandte Seite unseres Gepäcks und erfrischten uns mit dem letzten Rest der Kognakflasche und etwas Salzwasser. Dann schliefen wir, wie Leichen auf dem steinharten Boden ausgestreckt.

Nach zwei Stunden weckte uns Tuzun. Steif und benommen brauten wir uns mit dem letzten Wasser einen Tee, luden auf und zogen weiter. Der Sonnenaufgang zeigte uns eine zum Verzagen leere Welt. Selbst die Berge waren inzwischen hinter dem für das Tarim-Bekken typischen Staubdunst verschwunden. Wie benebelt stapften wir weiter, in der unbehaglichen Erwartung, daß es bald sehr heiß werden würde.

Wenig später hörten wir ein Brausen. Kini, die die Kysyl-Kum durchquert hatte und behauptete, von Wüsten etwas zu verstehen, meinte, es sei der Wind in den Sanddünen, die wir nördlich von uns sahen. Zum Glück irrte sie sich. Nach einer weiteren halben Meile erreichten wir die Oberkante eines niedrigen Steilhangs. Unten rauschte der Tschertschen Darja durch ein breites steiniges Bett. Wir stiegen hinab und tränkten die Tiere mit einem schlammig-gelben, undurchsichtigen Wasser, das so dickflüssig wie Farbe zu sein schien.

Tuzun äußerte die Hoffnung, daß wir Tschertschen noch an diesem Tag erreichen würden, und so brachen wir zur letzten Etappe auf. Die Sonne stand inzwischen ziemlich hoch; die Hitze erschien uns fast unerträglich, und sie war auch beträchtlich. Um uns tanzte die Welt in flüssigem Dunst. Es dauerte nicht lange, da stießen wir auf einen etwa eine Meile breiten Dünengürtel. Der weiche Sand war für die erschöpften Tiere ein grausamer Boden. Einmal verlor Nummer Zwei das Gleichgewicht und kippte nach der Seite, und wir mußten ihn abladen, bevor er wieder aufstehen konnte. Als wir uns endlich wieder zu hartem Wüstengrund durchgekämpft hatten, war nicht mehr viel Leben in uns. Eine Zeitlang krochen wir noch weiter, aber die Sonne brannte erbarmungslos, und endlich rief Tuzun zur Rast bei einer kleinen Felsenklippe oberhalb des Flusses.

Hier ruhten wir uns fünf Stunden aus, und ich konnte mich nicht enthalten, einen ganzen Kessel Tee zu trinken, während Kini im Fluß badete. Sie kam so strahlend und selbstgerecht zurück, daß auch ich schließlich losging und badete. Während ich mich in dem rasch fließenden, hellbraunen Wasser suhlte, versuchte ich mir Tschertschen auszumalen. Unsere Ahnungslosigkeit, unser chronischer Mangel an Vorabinformationen dürfte in den Annalen des neuzeitlichen Reisens beispiellos sein. Keiner von uns hatte, bevor wir aufbrachen, auch nur eines der zwanzig Bücher gelesen, die wir hätten lesen sollen, und nie beruhten unsere Vorstellungen von dem, was uns irgendwo erwartete, auf den Erfahrungen unserer wenigen berühmten Vorgänger in diesen Gegenden. Soviel (oder sowenig) wir wußten, konnte Tschertschen ebensogut eine Großstadt mit Stadtmauer wie eine Ansammlung von Zelten oder sonst irgendeine Siedlung sein. Solche Unwissenheit wirft vielleicht kein gutes Licht auf uns, aber sie hatte ihr Gutes. Es gefiel uns, immerzu ins Blaue zu fahren, ohne Baedeker, der das Element der Überraschung abtötet und die Eindrücke des Reisenden von vornherein in eine bestimmte Richtung lenkt. Es gefiel uns, eine Tagereise von Tschertschen entfernt nicht die geringste Ahnung zu haben, wie es dort aussehen würde.

Wir genossen die Ruhepause. Die Filzdecke spendete wenig Schatten, und der leichte Wind, der aufgekommen war, bedeckte unsere Schläfrigkeit mit einem Zentimeter Sand; aber immerhin waren wir nicht mehr unterwegs. Heimlich, aber heftig, so wie sich Kinder vor dem Ende der Ferien fürchten, fürchteten wir uns vor dem bevorstehenden Aufbruch zu einem weiteren unendlich langen Nachtmarsch.

Um vier Uhr begannen wir aufzuladen, obwohl es noch schrecklich heiß war. Die abgemagerten Kamele, deren dicke Wolle, die sie in der kurzen Zeit nicht hatten abwerfen können, nun unpassend wirkte und auch war, knieten nieder und erhoben sich nicht ohne Protest wieder. Ich befürchtete eine Durchsuchung unserer Habseligkeiten wie in Lantschou und entfernte deshalb in übergroßer Vorsicht von meinem Mantel, der aus Samarkand stammte und eigentlich einen Kavallerieoffizier der sowjetischen Roten Armee hätte kleiden sollen, alle Knöpfe, auf denen Hammer und Sichel eingeprägt waren. Um halb fünf brachen wir auf.

Menschen und Tiere wankten vorwärts. Dies war nun die vierte Etappe innerhalb von sechsunddreißig Stunden, und selbst Tuzun, der vor fünf Tagen ausgeruht aufgebrochen war, zeigte Anzeichen von Erschöpfung und Zermürbung. Bald gerieten wir wieder in Dünen. Die Tiere schwankten bedenklich, und wir verloren an Tempo. Die Kamele litten sichtlich. Einer der Esel kam kaum noch voran, ein anderer kippte aus purer Schwäche vornüber wie ein angeschossenes Kaninchen an einem Berghang. Eine schleichende Lähmung ergriff die Expedition.

Wir wußten, daß wir in der Nähe von Tschertschen waren, aber wenn man große Anstrengungen auf sich nimmt, gelangt man an einen Punkt der Erschöpfung, an dem man über das unmittelbare Durchhaltenmüssen nicht mehr hinaussieht. Diesen Punkt hatten wir erreicht. Es war uns gleichgültig, ob wir noch einen Monat oder nur wenige Stunden vom Ziel entfernt waren. Weiter als bis zum nächsten Dünenkamm vor uns konnten wir nicht denken. Die Begnadigung war unterschrieben, aber noch saßen wir im Gefängnis. Der Verstand sagte uns, dies sei die letzte Etappe, aber Herz und Körper konnten aus dieser Versicherung nur einen theoretischen Trost schöpfen. Wir waren ganz und gar mit der Bewältigung eines mühseligen Tagemarsches beschäftigt.

Die Sonne begann zu sinken. Die Esel trotteten sehr unwillig dahin, und über den Kamelen lag die Würde der Niederlage. Es war klar, daß wir Tschertschen an diesem Abend nicht mehr erreichen würden. Da plötzlich erfaßte mein Auge von der Höhe einer Düne einen Streifen sonderbarer Auswüchse am nordwestlichen Horizont. Monatelang war die Horizontlinie entweder eintönig flach oder wild zerklüftet gewesen, aber nun wies sie Pickel auf, die nicht auf irgendwelche geologischen Formationen hindeuteten. Ich zog meinen Feldstecher hervor . . .

Es war, als würde man zu einem anderen Planeten hinüberspähen. Das Grün der Bäume war in der Dämmerung zu einem sanften, bläulichen Grau verblaßt. Aber Bäume waren da ohne Zweifel — eine tiefgestaffelte, dichte Phalanx, hier und da von den Speerspitzen hoher Pappeln überragt. Wir hatten alles mögliche erwartet, aber diese Erscheinung war unglaublich. Wir hatten uns so sehr an das Nomadenleben in einer leeren Welt gewöhnt, daß wir mit einer derart greifbaren, wundersamen Verkörperung von Frühling und Annehmlichkeit gar nicht mehr rechneten. Die friedliche, üppige Silhouette vor uns verhieß ein Leben, dem wir schon allzu lange entfremdet waren.

Sie schien nicht weit entfernt; doch selbst wenn sie so nah war, wie es aussah, konnten wir sie vor Einbruch der Nacht nicht erreichen, und ich war entschieden dagegen, einen Ort von ungewisser Stimmung und Gesinnung im Dunkeln und mit leerem Magen zu betreten. Deshalb stiegen wir in das Flußbett hinab, wo es von Moskitos wimmelte, und schlugen zwischen Tamarisken unser Lager auf. Im Mondlicht errichteten wir unser Zelt. Es wurde eines der angenehmsten Lager der ganzen Reise. Fließendes Wasser war da, in dem wir uns waschen konnten, und uns erfüllte die richtige Mischung aus aufgeregter Erwartung des Kommenden und Zufriedenheit über das Geleistete. Außerdem brauchten wir Schlaf — in den letzten vierzig Stunden hatten wir davon nicht mehr als zwei Stunden bekommen.

Schöne neue Welt

Am nächsten Morgen, auf den Tag genau vier Monate nach unserer Abreise von Peking, betraten wir die Oase Tschertschen.

Zwei Stunden zogen wir noch erwartungsvoll in dem breiten Flußbett dahin und ließen die Mauer aus Vegetation, die sein anderes Ufer krönte, nicht mehr aus den

Augen. Sie schien außerordentlich dicht zu sein, wie Urwald. Wir sahen keine Anzeichen von menschlichem Leben, nur diesen üppigen, teilnahmslos wirkenden Vorhang. Was verbarg sich dahinter? Gewiß verbarg er die Richter über das weitere Schicksal unserer Expedition, die Vorposten der rebellischen Dunganenarmee. Was würden sie von uns halten? Wie würden sie uns behandeln? Wir hatten reichlich Stoff für Spekulationen.

Aber als wir schließlich die Bäume erreichten, hörten wir auf zu spekulieren. Staunen und Freude überkamen uns. Ich vermute, die Erde bietet — von dem Kontrast zwischen Land und Meer einmal abgesehen — keinen größeren Gegensatz als den zwischen Wüste und Oase. Mit einem Schritt traten wir aus einer Welt in eine andere. Übergangslos, wie Turmspringer, glitten wir in Kühle und Entzücken. Eben noch stolperten wir, von grellem Licht und sandigem Wind geplagt, durch das offene Flußbett; jetzt wandelten wir im wispernden Schutz von Pappeln, Maulbeerbäumen und Eschen einen schmalen Pfad entlang.

Bäume säumten den Pfad, der sich durch ein Mosaik hübscher kleiner Hanf-, Reis- und Gerstenfelder dahinzog. Freundlich aussehende Männer in weißen Gewändern stützten sich auf ihre Hacken und sahen zu, wie wir vorüberzogen. Hier und da kam ein Bekannter von Tuzun mit dem verhaltenen Ausruf *»Jakschi kelde«* auf uns zu. Hände wurden gedrückt, Bärte gestreichelt, neugierige Blicke musterten uns. Überall plätscherte es in den Bewässerungskanälen. Eine junge Frau mit leuchtendroter Kappe, die ihr Baby in einem Teich wusch, verschleierte beim Anblick von Ungläubigen rasch ihr Gesicht. Niedrige Häuser mit Lehmwänden, aus denen Holzbalken hervorragten, standen unter den Bäumen um halbüberdachte Innenhöfe. Frauen warfen uns verstohlene Blicke zu oder zogen sich hastig in den Schutz ihrer Hauseingänge zurück. Ein Hahn krähte . . .

Ein Hahn krähte. Der vertraute Klang, seit fast drei Monaten nicht gehört, bekräftigte endgültig unsere Rückkehr in eine Welt, in der Menschen ein Zuhause hatten. Der Gedanke an Eier verzückte uns. Ich glaube, für mich waren die Töne und Geräusche das Wichtigste und Eindrucksvollste an diesem unvergeßlichen Erlebnis. Der Wind in den Bäumen, das gurgelnde Wasser, ein bellender Hund, die Männer in den Feldern, die sich etwas zuriefen — diese Laute und vor allem der Wind in den Bäumen veränderten die Welt von Grund auf, erfüllten die Atmosphäre mit Vertraulichkeit, beschworen vergessene, aber nichtsdestoweniger eindringliche Erinnerungen herauf. Der träge Ruf eines Kuckucks erklang. Die Quintessenz des Frühlings, den wir versäumt, und des Sommers, den wir so plötzlich erreicht hatten, war in diesem Ruf enthalten, und ich sah vor mir von großen Bäumen gesäumte Rasenflächen, junge Kaninchen, die in den Ginster hoppelten, eine Efeuwand voller Spatzenlärm — eine Vision, die der Ruf des Kuckucks sonderbar nah und eindringlich erscheinen ließ.

Wie in Trance drangen wir weiter in die Oase vor. Die ausgemergelten Kamele gingen voran, gefolgt vom kleinen Zug der geduldigen Esel. Cynara mit Kini im Sattel machte behutsame Schritte, zuckte mit den Ohren und blies durch die Nüstern. Sie hatte noch nie einen Baum gesehen und war von den riesenhaften Gewächsen sehr beunruhigt.

Wenig später hielten wir ohne erkennbaren Grund vor einem ärmlichen Haus, wo wir von Freunden oder Verwandten Tuzuns begrüßt wurden, die uns auf einem Podium in ihrem Hof Platz nehmen ließen und uns Brot, Sauermilch und unreife Aprikosen brachten, seit dem März das erste Obst für uns. Ein halbes Dutzend Frauen sammelte sich kichernd um Kini und begann eine lebhafte Debatte über ihr Geschlecht. Mit rührender Höflichkeit schenkte Tuzun Kini eine Rose. Er war ein sehr freundlicher Mann. Zwei Tage vorher hatte ich ihm einen kleinen eisernen Herd geschenkt, für den wir keine Verwendung mehr hatten, und seither trug er ihn mit wahrem Feingefühl auf dem Rücken, weil er unsere erschöpften Esel nicht mit etwas belasten wollte, was nicht mehr uns gehörte.

Unter den Männern war viel von einem *Aksakal* die Rede. Das Wort bedeutet »weißer Bart« und bezeichnet jedes ehrwürdige Oberhaupt eines Ortes. Auch in Basch

Malghun hatte es einen Aksakal gegeben. Es war zugleich aber auch der amtliche Titel für die örtlichen Bevollmächtigten des britischen Generalkonsuls in Kaschgar, die es, wie wir wußten, früher in jeder wichtigen Oase gegeben hatte. Ihre Aufgabe war es, sich um die Belange der britischen Untertanen in dieser Provinz, meistens Händler aus Indien, zu kümmern. Nach zwei Jahren Bürgerkrieg rechneten wir nicht damit, an einem so abgelegenen Ort wie Tschertschen einen britischen Aksakal anzutreffen. Ich konnte auch nicht herausfinden, ob der Aksakal, zu dem sie uns bringen wollten, ein britischer Aksakal war oder bloß ein lokaler Würdenträger. Dennoch, aus einer unverhofften Richtung zeigte sich ein Hoffnungsschimmer.

Die Blätter raschelten im Wind, der Kuckuck rief, die Frauen schwatzten, und ohne es zu wollen, schlief ich ein. Gegen Mittag weckten sie mich, und wir aßen Mien und ein gekochtes Gemüse, das wie fade Radieschen schmeckte. Nachher luden wir wieder auf, verabschiedeten uns von den freundlichen Leuten und machten uns auf den Weg zum Haus des Aksakals. Man hielt es für unschicklich, daß einer von uns zu Fuß ging, deshalb wurde für Kini ein Esel bereitgestellt. Nachdem wir eine Strecke geritten waren, trat von der Seite ein Mann auf mich zu und bot mir Aprikosen aus einer hölzernen Schale an. Entsetzt von soviel spontaner Freigebigkeit rutschte Cynara aus und fiel auf die Nase. Sie hatte in der Zivilisation noch nicht Fuß gefaßt.

Bald kamen wir zu einem anderen Arm des Flußbettes, das sich als breite, flache Senke durch die Oase zog. Als wir unter den Bäumen hervortraten, lieferte uns die grelle Sonne einen Nachgeschmack der Wüste. In dem schlammigen Wasserlauf badeten kreischend kleine Jungen, und eine große Kamelherde graste auf den grünen Weiden an seinen Ufern. Wohlgenährt und nackt, wie zu klein geratene Karikaturen von prähistorischen Ungeheuern, bildeten sie einen deutlichen Kontrast zu unseren zottigen Rosinanten.

Während wir durch den Fluß platschten, sah ich in der Ferne zwei Reiter in vollem Galopp am Flußufer entlangreiten; dieses Tempo bei dieser Hitze konnte nur bedeuten ...

Dann wußte ich Bescheid. Als wäre das Ganze eine Szene aus einer Geschichte, die ich irgendwann einmal gelesen hatte und an die ich mich nun plötzlich erinnerte, wußte ich, daß diese beiden Reiter uns den Weg abschneiden wollten. Als sie näher kamen, erkannte ich khakifarbene Uniformen. Einen Augenblick später wurden wir in Chinesisch begrüßt. Wir hielten an. Tuzun machte ein düsteres Gesicht.

Mit großem Getue kamen die Dunganen herangedonnert: ein Offizier und ein einfacher Soldat mit einem Gewehr. Aber nicht die Menschen, sondern ihre Pferde nahmen zunächst unsere ganze Aufmerksamkeit in Anspruch. Wie Seehunde schimmernd, überragten uns mit kräftigen Hälsen zwei prachtvolle afghanische Wappenhengste. Wir hatten vergessen, daß es auf dieser Welt so große, gut gepflegte, wohlgenährte Pferde gab. Es war atemberaubend. Wir staunten.

Aber nicht lange. Der Offizier, der einen kleinen Filmstarschnurrbart hatte und sich sehr gerade hielt, fragte uns, was wir hier wollten und wer wir seien. Ich schaltete, so gut ich konnte, auf chinesische Umgangsformen um und antwortete mit munterer Zurückhaltung.

Aber nein, wir seien keine Russen. Durchaus nicht! Ich sei Engländer und sie eine Französin. Mein bescheidener Name sei Hochgelehrter Steinschneider*, ihrer sei Pferd des Internationalen Guten Willens. Hier seien unsere Ausweise ... Ich arbeitete als Sonderspezialkorrespondent der Zeitung für den Erleuchteten Verstand der Gelehrten. Eine große englische Zeitung. Hatte Hochwohlgeboren von ihr gehört? (Nur ein schwaches Echo des »Donnerers«** war bis hierher gedrungen — Hochwohlgeboren schien nicht beeindruckt.) Wir seien von Peking gekommen, eine äußerst anstrengende Reise. Nun wollten wir nach Kaschgar und von dort nach England. Weshalb wir hier seien? Ach, wir befänden uns auf einem *ju li,* wir seien Expeditionsreisende ...

* Fu Lei-ming und Ma Ja-na.

** *The Thunderer* — Spitzname der Londoner *Times*. (A. d. Ü.)

Das Wort *ju li* bezeichnet viele der verrückteren Aktivitäten von Ausländern, die freiwillig alle möglichen unwirtlichen Orte jenseits der Großen Mauer aufsuchen, und war stets eine starke Karte. Der Offizier, zwar immer noch argwöhnisch, sah schon etwas weniger verwundert drein. Ob wir gültige Pässe hätten?

»Aber ja«, rief ich, »selbstverständlich haben wir gültige Pässe.« Ich lachte herzlich darüber, daß jemand auch nur auf die Idee kommen konnte, mit unseren Pässen würde etwas nicht stimmen. Im stillen dachte ich: »Jetzt ist es aus.«

»Wir gehen zum Basar«, sagte der Offizier. »Ihre Pässe müssen überprüft werden.«

»Aber wir sind unterwegs zum Aksakal . . .«

»Das ist zu unsicher. Es gibt Banditen an der Straße«, erwiderte der Offizier mechanisch.

Die abgedroschene, vom häufigen Gebrauch durch ganze Generationen von Beamten fadenscheinig gewordene Ausrede machte mir mehr als alles andere deutlich, daß unser Schicksal wieder einmal in chinesischen Händen lag. Mit seligem Lächeln und entschuldigenden Scherzen über mein schlechtes Chinesisch und unser unvorteilhaftes Äußeres an einem so vornehmen Ort machten wir uns auf den Weg. Bis auf Tuzun hatten sich alle Turkis, die bei uns gewesen waren, unauffällig verdrückt. Der Soldat hatte sein Gewehr quer vor sich über den Sattel gelegt und ließ uns nicht aus den Augen.

»Ich glaube, wir dürfen uns als verhaftet betrachten«, sagte ich zu Kini.

Kini dachte genauso.

Rule Britannia

In der frommen Hoffnung, die Volksmenge werde unsere Eskorte für eine Ehrengarde halten, ritten wir zum Basar, der, wie wir später erkannten, in jeder Oase ein halbwegs städtisches Zentrum bildet. Überrascht und beunruhigt stellten wir fest, daß unsere Häscher Armbinden mit dem blauen Stern der Kuomintang und der Bezeichnung »36. Div.« trugen. Das waren Abzeichen der Zentralregierung, während wir geglaubt hatten, die Dunganen seien unabhängig von der Nanking-Regierung, die sie doch ohne Zweifel als Rebellen bezeichnet hatte. Wenn die Dunganen aber, wie es nun schien, loyal waren oder loyal erscheinen wollten, konnte uns der Umstand, daß wir keine gültigen Pässe von Nanking hatten, erhebliche Schwierigkeiten machen. Unsere Befürchtungen wuchsen immer mehr.

Bald gelangten wir zu dem Basar. In den von Strohmatten überschatteten Straßen schien der Handel zu ruhen. Nur wenige Menschen waren unterwegs, und die kleinen Geschäfte waren mit hölzernen Läden geschlossen. Kinis Esel sorgte für Unruhe, als er plötzlich seitwärts durch eine Toreinfahrt ausbrach — ein Manöver, das unsere Eskorte zum Glück nicht falsch verstand. Wenig später erreichten wir unser Ziel — einen kleinen, gedeckten Hof, der von zellenartigen Zimmerchen umgeben war. Alle waren verschlossen, und es schien niemand dazusein, der sich um das Gebäude kümmerte. Es konnte ebensogut ein Gasthof wie ein Gefängnis sein — und nach unseren weiteren Erlebnissen zu urteilen war es wohl beides. Unser Gepäck wurde abgeladen und im Hof gestapelt. Die Tiere wurden in Ställe geführt. Es hieß, wir sollten unsere Pässe abgeben und hierbleiben. Der Offizier verschwand; wir hörten, wie er die Straße hinuntergaloppierte.

Unterdessen hatte sich die Nachricht von unserer Ankunft verbreitet, und bald schwappte vor dem Hoftor ein Meer neugieriger Gesichter. Käppchen, Turbane, Lammfellhüte wogten auf und ab in dem Bemühen, einen ungehinderten Blick auf uns zu erhaschen. Für die Mehrzahl dieser Leute waren wir wohl die ersten Weißen, die sie zu Gesicht bekamen. Ein ölglatter, unangenehmer Turki, der behauptete, er sei der Inhaber des Gasthofs, machte sich wichtig und sorgte dafür, daß sich die Reihen der Zuschauer ein wenig lichteten, indem er nach Freiwilligen zum Ausfegen eines Zimmers verlangte. Einigen Dunganensoldaten und einigen Turkis teilten wir wie nebenbei unsere Identität und Herkunft mit. Tuzun, unserem treuen, nun aber peinlich berührten Führer, mißfiel die Wendung, die die Dinge genommen hatten. Ich selbst machte mir größte Sorgen wegen der Pässe. Die Menschenmenge drängelte, wogte, murmelte. Schwalben tauchten pfeilschnell unter die Dächer und schossen wieder darunter hervor. Ein Gerücht wollte wissen, der Aksakal sei unterwegs hierher. Langsam verstrich eine Stunde.

Plötzlich wurde draußen Pferdegetrappel vernehmbar. Die Menge bildete respektvoll eine Gasse, der Offizier schritt hindurch und händigte uns zu meiner unermeßlichen Freude unsere Pässe aus.

»In Ordnung?« fragte ich. Er nickte kurz und verschwand. Unser neuester Paß — derjenige, den man uns in Sining so widerwillig ausgestellt hatte — war mit einem dunkelroten Stempel versehen.

Es war unerklärlich. Die Chinesen nehmen es mit amtlichen Dokumenten übergenau. Auch wenn das militärische Hauptquartier in Tschertschen vielleicht nicht wußte, daß wir einen Spezialpaß der Nanking-Regierung benötigten, mußte man doch bemerkt haben, daß in den Papieren, die uns nur die Reise bis Tschinghai erlaubten, von Sinkiang nicht die Rede war. Nach meinen Erfahrungen mit der chinesischen Bürokratie war dies ein einzigartiger Fall. Er ließ sich auch nicht damit erklären, daß im Hauptquartier womöglich niemand lesen und schreiben konnte, denn neben dem Stempel standen einige Schriftzeichen. Was für ein Glück wir gehabt hatten, wurde uns erst im weiteren Verlauf der Reise klar, als uns Beamte mehr als einmal völlig zu Recht darauf hinwiesen, daß wir in Sinkiang nichts zu suchen hätten, und Anstalten machten, das in Tschertschen ausgestellte Visum zu annullieren. Wären wir einem von ihnen in Tschertschen begegnet, hätte man uns vermutlich zurückgeschickt.

Im Augenblick jedoch war uns das Schicksal gnädig. Ein unbeholfener junger Mann mit großen romantischen Augen stellte sich uns in schlechtem Chinesisch als Angehöriger des Haushalts des Aksakal vor. Wir erfuhren nicht nur, daß sein Herr auf dem Weg sei, uns zu begrüßen, sondern auch, daß er tatsächlich ein britischer Aksakal war. Während wir warteten, tranken wir mit den vornehmeren Männern aus der Schar der Neugierigen Tee und aßen Brot. Nun, da sich die Ungewißheit wenigstens zeitweilig verflüchtigt hatte, überkamen uns Langeweile und Ermattung.

Wenig später erschien der Aksakal auf einem stattlichen Pferd mit einer schönen Satteldecke, begleitet von einem Diener, der ein zweites Pferd führte. Der Aksakal war ein hochgewachsener, ehrwürdiger Afghane mit vornehmem Auftreten und listigem Blick, der uns respektvoll begrüßte und aufrichtig erfreut schien, uns zu sehen. Er sprach leicht näselnd Turki, Hindustanisch und Afghanisch, aber leider nicht Chinesisch. Es waren jedoch viele Dolmetscher zugegen, und wir verstanden bald, daß er uns in sein Haus einlud. Wieder wurden die Tiere beladen. Kini bestieg das mitgebrachte Pferd und ritt in flottem Tempo mit dem Aksakal davon. Ich folgte langsamer mit den Kamelen und Cynara, die bei einem solchen Tempo nicht mehr mithalten konnte.

Der Ritt vom Basar zum Haus des Aksakal dauerte eine Stunde. Der Wind hatte sich gelegt, und der Abend war sehr ruhig. Tauben gurrten. Weißgewandete Gestalten glitten durch die Felder heimwärts, und das vertrauliche Gemurmel, in dem sie miteinander sprachen, klang sehr angenehm in meinen an die Einsamkeit gewöhnten Ohren. In den Eingängen der Häuser zeigte sich der Widerschein von Feuer. Vogelstangen, die die Turkis an fünfzehn Meter langen Pfählen errichten, schmückten Häuser, in denen das Leben nicht mehr nur Mühsal war, in denen vielmehr auch Platz für etwas Freundlichkeit blieb. Das alles stand in deutlichem Gegensatz zu unseren langen Kämpfen gegen die Unbilden des Berglandes.

Schließlich erreichten wir das große neue Haus, in dem wir für mehrere Tage wohnen sollten. Eine Mauer umgab einen Garten mit Aprikosenbäumen und Weinstöcken, und über dem Tor hing — selbst genäht und im Entwurf etwas unorthodox, aber überaus beruhigend — kein geringeres Hoheitszeichen als der Union Jack. Ich stieg ab, überließ Cynara einem Diener und betrat ein Grundstück, das letztlich Seiner Majestät dem kürzlich* verstorbenen König Georg V. gehörte.

* Georg V. starb im Januar 1936 – also nachdem Peter Fleming und Kini Maillart ihre Reise beendet hatten. (A.d.Ü.)

Teil VI

Die Wüstenstraße

Schmutzige Geschichten

Politik ist auch im günstigsten Fall eine ermüdende Angelegenheit. Die politische Lage Asiens jedoch muß auf den gewöhnlichen Leser ganz besonders langweilig und abstoßend wirken. Für sein eigenes Schicksal ist sie ohne oder fast ohne Belang, und obschon wir wissen, daß alle Menschen Brüder und die Völker der modernen Welt durch ein großes Netz des Mitgefühls und der Verständigung verbunden sind, scheint es uns nach wie vor unmöglich, inneren Anteil an den Bedrängnissen solcher Mitmenschen zu nehmen, deren Haut eine andere Farbe hat als die unsere. Überdies ist die asiatische Politik mit einer dicken Schicht mehrsilbiger, kaum aussprechbarer Wörter überkrustet, die sich in ihrer Fremdartigkeit so sehr gleichen, daß es dem gewöhnlichen Leser schwerfällt, zwischen einem Ort, einem Politiker und einem vorherrschenden Wind zu unterscheiden.

Doch dieses Buch trägt den Titel *Tataren-Nachrichten,* und die Nachrichten, die wir mitbrachten, waren politischer Art. Wenn unsere Reise ein ernsthaftes Ziel verfolgte, dann dieses, herauszufinden, was in Sinkiang vor sich ging. Und wenn es für unsere Reise eine Rechtfertigung gab, dann diese, daß es uns gelang, nach unserer Rückkehr Licht in eine Situation zu bringen, die seit 1933 geflissentlich und mit Erfolg im dunkeln gehalten worden war. Deshalb möchte ich, ob es Ihnen nun gefällt oder nicht, die kurze Skizze der politischen Lage in Zentralasien, die ich zu Beginn dieses Buches entworfen habe, an dieser Stelle ergänzen.

Von dem inzwischen ein wenig aus der Mode gekommenen Operettenreich Ruritanien abgesehen, ist Sinkiang die letzte Heimat von Romantik und Abenteuer in der internationalen Politik. Intrige, Gewalt und Melodrama sind in dieser Provinz seit langem heimisch und wurden in letzter Zeit von äußeren Mächten in einer Weise betrieben, die unsere Aufmerksamkeit verdient. Wenn es falsch ist, zu sagen, daß zumindest vier Großmächte die gegenwärtige Lage in Sinkiang mit wachsamstem Interesse beobachten, so nur deshalb, weil sich die gegenwärtige Lage in Sinkiang praktisch nicht beobachten läßt. Die Provinz ist auch unter günstigen Umständen schwer zugänglich. Nach drei Seiten wird sie von Bergketten, deren Gipfel bis weit über sechstausend Meter aufragen, und auf der vierten Seite von der Gobi und den Einöden der Mongolei eingeschlossen. Aber solche äußeren Schwierigkeiten vermochten weder Marco Polo abzuhalten, der von Westen kam, noch — vor ihm — die buddhistischen Pilger, die, wie Hsuan Tsang, von Osten kamen. Seither haben sich dank der Geographen und der Straßenbau- und Eisenbahningenieure die äußeren Schwierigkeiten merklich verringert. Dennoch fördert Sinkiang den Tourismus nicht. Genau wie Ruritanien ist es, sofern man nicht sehr großes Glück hat, nur auf dem Papier zugänglich. Sein Schicksal wird von Drahtziehern gelenkt, die nicht das geringste Interesse daran haben, ihre Methoden oder ihre Ziele offenzulegen. Inzwischen sind die Dinge allerdings so weit gediehen, daß man die Identität dieser Drahtzieher nicht mehr mit einem frommen Euphemismus wie »Vertreter einer bestimmten Großmacht« zu vertuschen braucht. Die UdSSR kann ihr politisches Treiben im chinesischen Teil Zentralasiens nicht auf Dauer verleugnen.

Sinkiang ist größer als Frankreich. Es besteht aus dem Tarim-Becken — einem Gebiet von neunhundertsiebzehntausend Quadratkilometern, gut die Hälfte davon Wüste — und den fruchtbareren Tälern Ilis und der Dsungarei im Norden der östlichen Ausläufer des Tienschan. Es gibt unterschiedliche Schätzungen, aber die Einwohnerzahl beläuft sich wahrscheinlich auf etwa zwei Millionen. Die Bevölkerung besteht aus Turkis (die ungefähr siebzig Prozent ausmachen), Mongolen, einigen Kirgisen und Tadschiken, den Dunganen und kleinen Kolonien von chinesischen Kaufleuten, Verwaltungsbeamten und Soldaten. Seit der Bolschewistischen Revolution gibt es auch weit verstreut eine Gruppe »weißer« Russen, die sich, wie man im folgenden noch sehen wird, ihre Anführungszeichen während der letzten beiden Jahre weidlich verdient haben.

Der Name Sinkiang (Hsin Chiang) bedeutet Neues Reich; aber China verfügt über sonderbare Maßstäbe von Neuheit: es hat die Provinz zum erstenmal im 1. Jahrhundert v. Chr. erobert. Seine Herrschaft wurde damals aber nicht fest verankert. Eine ganze Reihe von Eroberern — Hunnen, Tibetaner, Mongolen, Dschingis-Khan und Tamerlan — wogte durch dieses Gebiet, das wegen der Seidenstraße, dem Landweg zwischen dem Abendland und dem Fernen Osten, jahrhundertelang von großer Bedeutung war. In der zweiten Hälfte des 18. Jahrhunderts besiegelte die Niedermetzelung von mehr als einer Million Einwohner die mehr oder minder endgültige Festigung der chinesischen Vorherrschaft, und trotz mehrerer Aufstände im 19. Jahrhundert, die in der vorübergehenden Herrschaft des Abenteurers Jakub Beg über die Kaschgarei gipfelten, bildete Sinkiang während der letzten hundertfünfzig Jahre seiner Existenz einen festen Teil des chinesischen Reiches.

Das Interesse Großbritanniens an dieser Provinz wird sogleich erkennbar, wenn man einen Blick auf die Karte wirft. Im Westen wird Sinkiang von Rußland begrenzt, im Norden von der Äußeren Mongolei (die heute praktisch ein Teil der Sowjetunion ist), im Osten von der Inneren Mongolei und Nordwestchina, und im Süden grenzt es an Tibet und Britisch-Indien. Jahrhundertelang haben indische Kaufleute die Pässe des Himalaja überquert, um in der Kaschgarei Handel zu treiben, und jede nachhaltige Beeinträchtigung der chinesischen Souveränität in Sinkiang durch eine andere Macht muß unter ökonomischem wie unter strategischem Aspekt in Whitehall und Delhi Besorgnis erregen.

Während der vergangenen fünfzig Jahre hielten viele Beobachter eine solche Beeinträchtigung für unvermeidlich, wenige hielten sie für unwahrscheinlich, niemand hielt sie für unmöglich. Das Mißtrauen gegenüber den

Absichten Rußlands in Zentralasien war gegen Ende des letzten Jahrhunderts ausgeprägt und weit verbreitet. Es spiegelt sich in den Reden Lord Curzons; es spiegelt sich in wenigstens einem der frühen Gedichte von Rudyard Kipling; es spiegelt sich vor allem in den Beratungen der Pamir-Grenzkommission, die 1895 eine afghanische Pufferzone zwischen dem russischen und dem britischen Territorium schuf. Gegen Ende des letzten und zu Beginn dieses Jahrhunderts haben Forscher aller Nationalitäten und Offiziere auf Urlaub, die Chinesisch-Turkestan besuchten, um dort zu jagen, immer wieder warnend ihre Stimme erhoben. Sie alle waren der Meinung, die Annexion dieses äußersten Vorpostens des chinesischen Reiches durch den Zaren sei nur noch eine Frage der Zeit.

Dafür gab es gute Gründe. Die Transkaspische Eisenbahn durch die Wüstengebiete östlich des Kaspischen Meeres zielte direkt auf die Grenzen von Sinkiang, und diese Grenzen wurden immer wieder von militärischen Spähtrupps verletzt, die sich meist nicht einmal als wissenschaftliche Expeditionen tarnten. Der russische Generalkonsul in Kaschgar, dem eine starke Kosakentruppe zur Verfügung stand, besaß in den Augen der Bevölkerung viel mehr Gewicht als sein britischer Kollege, dessen offizieller Rang unklar blieb und der deshalb auch keine Uniform trug, was sich bei offiziellen Anlässen als schweres Handicap erwies. Die chinesische Garnison in der Provinz glich einer Operettenarmee, die im wesentlichen auf dem Papier existierte und sich im übrigen von Opium ernährte. Immer wieder kehrten Reisende aus Sinkiang in der Überzeugung zurück, Rußland habe das Land ausspioniert und warte nur auf den geeigneten Zeitpunkt, der ökonomischen Durchdringung des Territoriums dessen Annexion folgen zu lassen.

Es besteht kaum ein Zweifel, daß diese Reisenden recht hatten. Aber der geeignete Zeitpunkt verschob sich durch den Ausbruch des Russisch-Japanischen Krieges im Jahre 1904. Sinkiang wurde ein Aufschub gewährt. Gegen Ende des nächsten Jahrzehnts nahm der russische Einfluß in der Provinz jedoch wieder an Intensität zu, und noch einmal wurde er durch äußere Ereignisse gestoppt: Deutschland erklärte Rußland den Krieg, und Rußland war gezwungen, seine Ambitionen in Zentralasien zurückzustellen. Es folgten die Bolschewistische Revolution und der Bürgerkrieg. Nun verschafften sich die Truppen des Zaren in ihren langen grauen Mänteln tatsächlich gewaltsamen Zutritt nach Sinkiang. Aber sie kamen als Flüchtlinge, nicht als Eroberer — die halbverhungerten, typhuskranken Reste der Weißen Armeen, die ihren Führern Annenkow und Dutow in ein, wie sie bald erkennen mußten, nicht nur zeitweiliges Exil folgten. Einige von ihnen gelangten durch Kansu bis an die Küste. Andere blieben in der Provinz und bildeten, vor allem in dem Gebiet Ili, kleine Kolonien. Die zaristischen Konsulatsbeamten klammerten sich an ihre Posten, bis diese Posten den letzten Rest ihres diplomatischen Status verloren hatten. Dann verschwanden auch sie. Der Handel mit Rußland kam zum Erliegen, während für die indischen Kaufleute der Handel mit Sinkiang einen ungeahnten Aufschwung nahm. Im Jahre 1924 jedoch erkannte die Chinesische Republik die UdSSR an, die russischen Konsulate wurden wieder eröffnet, und erneut gewann Rußland auf ökonomischem Gebiet in Sinkiang mehr und mehr an Boden. Dieser Prozeß hat sich seither fortgesetzt und ist heute so gut wie abgeschlossen.

Das Jahr 1928 markiert einen Wendepunkt im Schicksal Sinkiangs. Der Provinzgouverneur General Jang Tsengsin wurde — man weiß nicht, auf wessen Betreiben — bei einem Bankett in Urumtschi ermordet. (Die Provinz hat ihre eigenen Traditionen in Sachen Gastfreundschaft, und die Sterblichkeitsrate bei Banketten ist erschütternd.) Jang regierte die Provinz seit seiner Amtsübernahme nach der Chinesischen Revolution im Jahre 1912. Mit seinen entschlossenen, streng traditionellen Methoden sicherte er ihr den Frieden und sogar einen gewissen Wohlstand. Seine Politik der *splendid isolation* bewahrte die Provinz nicht nur vor der ansteckenden Wirkung ausländischer Einflüsse, sondern auch vor jenen Ideen und Tendenzen, die die Chinesische Revolution in dem Bestreben entfesselt hatte, ein Fünftel der Menschheit vom Konfuzianismus zur modernen Demokratie zu bekehren. Die sechzehnjährige Amtszeit Jangs bewirkte in der Geschichte Sinkiangs eine eigentümliche Verzögerung, und das Chaos nach seiner Ermordung ist in mancher Hinsicht nichts anderes als ein verspäteter, aber durchaus begreiflicher Nachvollzug der bedauerlichen Vorgänge, die das übrige China schon ein Vierteljahrhundert früher erlebte.

Jangs Nachfolger wurde Tschin Schu-jen, ein Beamter, dessen administrative Fähigkeiten weit hinter seiner Raffgier zurückblieben. 1931 vereinbarte er illegalerweise mit der sowjetischen Regierung eine geheime Anleihe. Während ich dies schreibe, verbüßt er deswegen und wegen anderer schwerer Straftaten eine Haftstrafe von dreieinhalb Jahren in einem Nankinger Gefängnis.

Die helfende Hand der Roten Armee

Auf Tschin Schu-jen folgte der derzeitige *tupan,* General Scheng Schi-tsai. Scheng war anfangs einer von vielen Kommandeuren in der Nordmandschurischen Armee des »Jungen Marschalls« und wurde 1932 durch die japanische Invasion über die Grenze nach Sibirien abgedrängt. Hier wurden er und seine Soldaten von den sowjetischen Behörden eine Zeitlang gastfreundlich »interniert«. 1933 erschienen sie jedoch wieder auf chinesischem Gebiet: in Urumtschi, wo Scheng nach Tschins Flucht den Posten des Gouverneurs von Sinkiang übernahm. Der Tupan ist ungefähr vierzig Jahre alt. Er hat in Japan studiert, gilt als tüchtig und ist bei seinen Soldaten beliebt. Es wäre jedoch falsch, in ihm etwas anderes als eine Marionette der UdSSR zu sehen.

Er erschien in einem kritischen Augenblick. Die Mißwirtschaft seines Vorgängers war im Khanat von Hami besonders spürbar geworden, wo ein Aufstand der Turkis durch eine Invasion der Dunganen, ihrer Glaubensbrüder aus dem Nordwesten Chinas, unterstützt worden war. Die Dunganen wurden von Ma Tschung-jing befehligt, einem bemerkenswerten jungen Mann, auf dessen rätselhaftes Schicksal ich noch zu sprechen kommen werde. Urumtschi, die Hauptstadt Sinkiangs, war bedroht.

Die Machtergreifung durch Scheng Schi-tsai war von den Russen unterstützt, wenn nicht angeregt worden. Wenig später wurde Oberst Huan Mu-sung (der im Jahr darauf als Gesandter der Zentralregierung nach Tibet ging) von Nanking mit dem hochtönenden, hoffnungsvollen Titel eines Befriedungskommissars in die Provinz geschickt. Ein herzlicher Empfang wurde ihm nicht zuteil. Drei Männer aus seinem Stab wurden in seiner Anwesenheit wegen eines aus der Luft gegriffenen Vorwurfs hingerichtet, und man darf wohl annehmen, daß die offizielle Bestätigung von Scheng Schi-tsai in seinem Amt, die nach Huans Rückkehr von Nanking ausgesprochen wurde, der Preis war, den die Zentralregierung für das Leben ihres Gesandten zahlen mußte.

Es sah zu dieser Zeit nicht danach aus, als würde sich Scheng seiner so geschickt erworbenen Respektabilität lange erfreuen können. Er war in einer schwierigen Lage. Die aufständischen Dunganen- und Turki-Streitkräfte waren nur unter größten Schwierigkeiten aus Hami vertrieben worden, vor allem mit Hilfe einer Streitmacht von zwei- oder dreitausend »weißrussischen« Söldnern, die sich in den Dienst der Provinzregierung gestellt hatten. Während des Jahres 1933 war die Lage in allen Teilen der Provinz bedrohlich und undurchsichtig, und es sah nicht so aus, als würde sich in absehbarer Zeit daran etwas ändern. Wenigstens vier Parteien waren beteiligt, und das Geflecht der Konflikte und Allianzen zwischen ihnen ist höchst verwirrend, vor allem im Südwesten der Provinz. Im Norden war die Sache relativ klar. Im Dezember 1933 belagerten die Dunganen und die Turkis Urumtschi. Schengs Garnison — vor allem ehemalige Weißgardisten und mandschurische Soldaten — war den Dunganen nicht gewachsen, die verbissen wie die Wiesel kämpfen und deren Turki-Verbündete einen Kreuzzug für ihre bürgerlichen Freiheiten und ihre Religion führten. Hätte man die Hauptstadt sich selbst überlassen, wäre sie unweigerlich gefallen.

Aber sie blieb nicht sich selbst überlassen. Zu Beginn des Jahres hatte Scheng einen geheimen Darlehnsvertrag mit der Regierung der UdSSR geschlossen, durch den (soweit ich weiß) die Provinzregierung fünfhunderttausend Goldrubel, umfangreiche Waffen- und Munitionslieferungen und mehrere mit sowjetischen Piloten bemannte Flugzeuge erhielt. Dafür sicherten sich die Russen ein Anrecht auf bestimmte Naturerzeugnisse Sinkiangs. (Sie haben zum Beispiel ein Monopol auf den einträglichen Handel mit Fellen ungeborener Lämmer.) Die Provinz besitzt beträchtliche Reichtümer, und man darf annehmen, daß Wolle, Felle, Schafe, vielleicht auch Gold ebenso Gegenstand dieses Abkommens sind wie Vereinbarungen über den Bau von Straßen, die von Tschugutschak, von Kuldscha und Jerkischtan bei Kaschgar ins Innere der Provinz führen sollen; über die Besetzung von Schlüsselstellungen innerhalb der Militär- und Zivilverwaltung der Provinz mit sowjetischen »Beratern«; und (vielleicht) über den späteren Bau einer Eisenbahnlinie, die Urumtschi mit der Turksib-Bahn verbindet.

In Anbetracht dieses Darlehns lag es nahe, daß sich Scheng in der Stunde der Not an die UdSSR wenden und die UdSSR seinen Hilferuf erhören würde. Anfang Januar 1934 wurden die Dunganen, die Urumtschi belagerten, im Rücken von den Gläubigern Urumtschis angegriffen — einer Streitmacht von mehreren tausend sowjetischen Soldaten, die, unterstützt von Flugzeugen, Panzerwagen und wahrscheinlich auch leichten Panzern, aus Westen anrückte. Mehrere Tage lang wütete an den Ufern des zugefrorenen Flusses Tutung, dreißig Meilen westlich von Urumtschi, eine verbissene Schlacht. Die urwüchsige Wildheit der Dunganen war dem mechanisierten Feind nicht gewachsen. Die Soldaten, lauter Bauern aus verschiedenen Teilen Chinas und kaum berührt von den Segnungen der modernen Zivilisation, wurden durch die Gasbomben, die die sowjetischen Piloten abwarfen, erheblich demoralisiert. Ma Tschung-jing trat einen geordneten Rückzug in westlicher Richtung auf der Straße nach Kaschgar an.

Vielleicht kommt es dem Leser selbst in unseren Tagen, da die Verträge oft kaum das Papier wert sind, auf dem sie stehen, seltsam vor, daß sich die Streitkräfte eines Landes an Feindseligkeiten auf dem Territorium eines anderen Landes beteiligen, ohne daß sich die Regierungen dieser Länder vorher oder nachher in irgendeiner Weise darüber austauschen. Aber Urumtschi ist weit weg, und es gab keine Zeugen — jedenfalls keine, die man nicht willkürlich einsperren konnte, wie jene beiden Deutschen und den Schweden, die ich schon erwähnt habe. Die Illusionen, die sich Europa im Hinblick auf die Ideale der Sowjetunion machte, blieben auf diese Weise unerschüttert.

In Kaschgar war unterdessen eine »Unabhängige moslemische Republik Ost-Turkestan« ausgerufen worden. Ihre Ideale waren panislamisch, aber verschwommen; ihre Politik richtete sich sowohl gegen Nanking als auch gegen die Sowjetunion; ihre Anführer waren Leute ohne Format oder Abenteurer, und sie hielt ungefähr zwei Monate. Sie wäre kaum eine Erwähnung wert, hätte sie nicht zu ihrer Zeit auch in der europäischen Presse Aufmerksamkeit gefunden. Die Ereignisse, die zur Entstehung dieser Republik führten, sind zu verwickelt, als daß ich sie hier entwirren könnte. Sie erwuchs aus einem Aufstand fanatischer Turkis in Khotan, der von drei Mullahs entfacht und angeführt wurde, die für ihre panislamischen Ruhmestaten ein ungeheures Blutvergießen in Kauf nahmen. Während des Jahres 1933 wechselten in Alt- und Neu-Kaschgar (beide Städte liegen ungefähr sechs Meilen voneinander entfernt) mehrfach die Machthaber, aber selten zur gleichen Zeit. Und obendrein wechselten die verschiedenen Usurpatoren so oft die Seiten, daß es nutzlos ist, in so trübem Wasser nach historischen Tatsachen zu angeln.

Bis zum Sommer 1934 war die Stellung von Scheng Schi-tsai dank sowjetischer Hilfe in Urumtschi wieder stabilisiert und im ganzen Norden Sinkiangs einigermaßen gefestigt. Ma Tschung-jing und die Dunganen-Armee hingegen waren Ende Juni die unumstrittenen Herren von Kaschgar und Jarkand. Aber die Streitkräfte der Provinzregierung setzten ihnen über Aksu und Maralbaschi nach, und Ma ließ seine Truppen in Kaschgar eine Verteidigungsstellung errichten, aus der sie wohl nur mit weiterer sowjetischer Unterstützung hätten vertrieben werden können. Seine Leute waren zuversichtlich und ziemlich gut bewaffnet. Ihnen war allerdings aufgefallen, daß ihr Kommandant den sowjetischen Generalkonsul in den vergangenen Wochen häufiger besucht hatte, als es die Etikette verlangte. Im Basar wucherten die Spekulationen, und die verwegeneren von ihnen gingen in Erfüllung, als Ma im Juli plötzlich den Abzug in Richtung Jarkand befahl und zwei Tage später mit einer kleinen Leibgarde und ohne ein Wort der Erklärung die Straße einschlug, die über die Pässe auf russisches Gebiet führt. Mit ihm reiste der Sekretär des sowjetischen Generalkonsuls, der anscheinend zufällig den gleichen Weg hatte.

Die Lage, die nach dem Weggang Mas entstand, ist bis heute im wesentlichen die gleiche geblieben. Die Dunganen-Armee kontrolliert die Oasenkette im Süden der Takla Makan von Tscharchlik im Osten bis Khargalik im Westen. Zwischen Khargalik und Jarkand trennt eine Art entmilitarisierter Zone sie von ihren Feinden. Die übrige Provinz untersteht der Regierung in Urumtschi. Scheng Schi-tsais Macht beruht nach außen auf der Provinzarmee, einer Streitmacht von dreißigtausend Gewehren, bestehend aus Turkis, mandschurischen und weißgardistischen Elementen. Das mehr als zweitausend Mann starke »weißrussische« Kontingent ist bei weitem der schlagkräftigste Truppenteil. Das Beiwort »weiß« muß man jedoch mit Vorsicht verwenden; zwar kamen die meisten dieser Männer als zaristische Flüchtlinge ins Land, heute aber erhält jede Einheit ihre Befehle und ihre Waffen aus der UdSSR. Alle Ränge sind reichlich mit sowjetischen Agenten durchsetzt. Da obendrein das Schicksal dieser Weißen von der Provinzregierung abhängt (die sie zum Beispiel jederzeit nach Rußland zurückschicken könnte) und da die Provinzregierung ganz von den Roten kontrolliert wird, sind Sympathien für den Zaren ein Luxus, den sie sich nicht mehr leisten können. Ein großer Teil der Weißen ist während des Bürgerkriegs aus Sinkiang geflohen. Jene, die blieben, mußten die politische Farbe wechseln.

In Urumtschi, wo der sowjetische Einfluß am stärksten und am deutlichsten sichtbar ist, kümmern sich Scheng Schi-tsai und die Führer der Provinzregierung um die Verwaltung, und ein »Volksrat« aus Vertretern der verschiedenen in der Provinz lebenden Rassen liefert eine Fassade demokratischer Aufgeklärtheit und ebnet möglicherweise auch den Weg für eine weitere Sowjetisierung. Aber die einzige Macht im Land — abgesehen von den sowjetischen Konsulaten in Kaschgar und Urumtschi — sind die russischen Zivil- und Militär-»Berater«. Jede Behörde und jedes Regiment wird faktisch von einem Sowjetagenten geleitet, der eine Schlüsselstellung innehat. Die Provinz wird von Moskau gelenkt. Es wird eine Art Kommunismus gepredigt (teils sogar von abtrünnigen Mullahs), allerdings nicht sehr intensiv und ohne großen Erfolg. Die Turki-Schulen, die bisher durchwegs religiös geprägt waren, müssen nun eine politische Grundausbildung erteilen, und einige hundert Beamtenkinder werden jedes Jahr zur kostenlosen Ausbildung nach Taschkent geschickt, wodurch sich ihre sowjetischen Wohltäter einen ideologischen Rückhalt in der nachwachsenden Generation sichern und außerdem (was kaum weniger wichtig sein dürfte) zahlreiche Geiseln als Gewähr für die Fügsamkeit von deren beamteten Eltern in die Hand bekommen.

Die Russen haben in Urumtschi eine Militärakademie und eine Fliegerschule eröffnet. Enteignungen von Land und Vermögen kommen vor, werden aber — außer bei Kultstätten oder wenn es um Grund und Boden für Schulen geht — nicht systematisch betrieben. Mehrere wohlhabende Turkis, die die Provinz während des Bürgerkriegs nicht verlassen konnten, sind verschwunden oder ohne Gerichtsverfahren eingesperrt worden. Von denen, die ihr Leben und ihre Freiheit behalten haben, gelang es wenigen, auch ihren Wohlstand zu bewahren. Das wichtigste Instrument der Innenpolitik ist eine starke Geheimpolizei nach dem Modell der GPU, die — wie die GPU — in ihren Aktionen keiner erkennbaren Behörde Rechenschaft schuldig ist. Die Grenzen der Kaschgarei werden von einem gefürchteten, hauptsächlich aus Kirgisen gebildeten Söldnertrupp kontrolliert, den sogenannten Tortinjis (dem Vierten Regiment). Dieser gewalttätige Pöbel besteht zum großen Teil aus Bürgern der Sowjetrepublik Kasachstan von jenseits der Grenze und wird von den wahren Machthabern immer dann eingesetzt, wenn die Situation ein höheres als das übliche Maß an Gewalt und Illegalität erfordert. Über diese wahren Machthaber — die russischen Berater — weiß ich wenig aus erster Hand. General Rubalkow, der eigentliche Herrscher über die Kaschgarei, fällt durch seinen Bart und seine Verschwiegenheit auf. Wie General Bektjew, der 1935 die zwölfhundert russischen Söldner der Garnison Maralbaschi befehligte, ist er nur scheinbar ein »Weißer«.

Dunkle Geschäfte

Die letzten Ziele Moskaus in Sinkiang bleiben unklar, aber das soll mich nicht daran hindern, sie zu erörtern. Am auffälligsten unter seinen unmittelbaren Zielen ist der hartnäckige, verdeckte Feldzug, den die Provinzbehörden gegen die britischen Interessen führen. In Sinkiang leben etwa fünfhundert Bürger aus Britisch-Indien. Seit Jahrhunderten sind Karawanen über die sechstausend Meter hohen Pässe des Karakorum gezogen und haben Waren zwischen Indien und der Kaschgarei befördert. Unmittelbar nach der Russischen Revolution erlebte der Indienhandel seine jüngste Blüte. Da der Wettbewerb zeitweilig zum Erliegen kam, stieg sein Umfang auf über zehn Millionen Rupien im Jahr. 1935 war der Handel wieder auf etwa ein Zwanzigstel hiervon geschrumpft. Zum Teil lag das auch an den chaotischen Verhältnissen in den Jahren 1933/34, vor allem aber an der Festigung der ökonomischen Vorherrschaft Rußlands in Sinkiang.

Dieser Prozeß wurde durch den Bau der Turksib-Bahn, die die Grenzen der Provinz an vielen Stellen in einem Abstand von nur einigen Dutzend Meilen streift, erheblich beschleunigt. In Rußland wurde die Fertigstellung der Strecke 1931 als Pioniertat gefeiert, doch der Glanz verblaßte rasch, wenngleich ich fairerweise zugeben muß, daß auf dieser Strecke der einzige pünktliche Zug verkehrte, der mir in der Sowjetunion je begegnet ist. Die Turksib verdeutlicht die durch nichts wettzumachenden geographischen Vorteile, die Rußland in bezug auf Sinkiang genießt. Man vergleiche einmal die Entfernungen und die Möglichkeiten, sie zu überwinden. Auf Schiene und Straße benötigt man von Moskau nach Kaschgar weniger als zwei Wochen. Dagegen ist der nächste indische Bahnanschluß fünf oder sechs Wochen entfernt, und die Pässe des Himalaja sind kaum sechs Monate im Jahr geöffnet. Was China angeht, so sind drei Monate für eine Karawane von Peking nach Urumtschi eine gute Zeit, und die Verhältnisse auf der Lastwagenstraße von der Endstation in Sian habe ich schon geschildert.

Unter diesen Umständen ist es nicht verwunderlich, daß heute jeder Basar in Sinkiang mit billigen russischen Erzeugnissen überschwemmt wird und daß die Regierung der UdSSR dort mehrere große Handelsgesellschaften betreibt. In den letzten beiden Jahren ist der Handel mit China auf dem Weg durch Kansu oder durch die Mongolei wegen der Wirren praktisch zum Erliegen gekommen. Politische Eingriffe haben den Handel mit Indien zu einem Rinnsal schrumpfen lassen. Die russischen Waren sind zwar reichlich vorhanden, aber von dürftiger Qualität, und es gibt einen anhaltenden, zur Zeit allerdings nicht sehr großen Bedarf an Luxusgütern wie hochwertigem Samt, Musselin oder Wolltuch. Diesen Bedarf kann Rußland noch nicht decken, und in dem Bestreben, den Markt zu monopolisieren, hat es sogar britische Waren über Moskau und Taschkent nach Sinkiang eingeführt.

Es werden auch andere, weniger legitime Methoden angewendet. Karawanen aus Indien mußten zwischen der Grenze und Kaschgar dreimal Zoll bezahlen. Alle ankommenden und abgehenden britischen Händler mußten von seiten des Zolls und der Polizei zahllose Schikanen über sich ergehen lassen. Dies sah dann etwa so aus: Ein Kaufmann stellt in Kaschgar seine Karawane zusammen und beantragt (was früher gar nicht nötig war) Pässe für sich und seine Leute. Tage vergehen. Der britische Generalkonsul wird mehrmals bei den Behörden vorstellig, aber wenn die Pässe dann schließlich ausgestellt werden, ist die Hälfte der möglichen Gewinne aus der Reise durch die Kosten für die Verpflegung von Menschen und Tieren während der erzwungenen Ruhepause aufgezehrt. Und bevor er die indische Grenze erreicht, wird dieser Kaufmann noch wenigstens einmal willkürlich auf unbestimmte Zeit und ohne daß er Einspruch erheben könnte, aufgehalten werden. Dagegen stoßen Karawanen, die nach der Sowjetunion unterwegs sind oder von dort kommen, nicht auf solche bürokratischen Hindernisse und brauchen auch keinen Zoll zu zahlen.

Der britische Handel mit Sinkiang war nie sehr umfangreich und kann es nicht sein. Aber es hat ihn immer gegeben, und es wird ihn, wenn man ihm die Chance läßt, auch weiterhin geben. Die britische Regierung hat sich in der Vergangenheit immer wieder darum bemüht, die Geschäftsinteressen britischer Staatsangehöriger zu schützen, angefangen bei der durch Königin Victoria veranlaßten Mission von Douglas Forsyth zu dem Emporkömmling Jakub Beg in Kaschgar. Großbritannien genießt in Sinkiang hohes Ansehen, und wir würden, unabhängig von allen Handelsinteressen, auch unser Gesicht in Ostasien verlieren, wenn wir dem Druck nachgäben, der, wie ganz Turkestan weiß, auf Betreiben einer ausländischen Macht und mit illegalen Methoden in Sinkiang auf Großbritannien ausgeübt wird.

Im Herbst 1935, kurz nachdem wir Sinkiang verlassen hatten, entsandte die britische Regierung einige Vertreter nach Urumtschi in der Hoffnung auf ein Handelsabkommen, das der Benachteiligung Großbritanniens ein Ende machen sollte. Im September durchquerte Eric Teichman, Legationsrat bei der britischen Gesandtschaft in Peking, mit zwei Lastwagen und einem halben Dutzend Helfer die Mongolei und erreichte nach einer abenteuerlichen Reise, jedoch ohne große Zwischenfälle Urumtschi. Dort traf er Oberst Thomson-Glover, unseren Generalkonsul in Kaschgar. Beide wurden von Scheng Schi-tsai und seinen Provinzbehörden überschwenglich gefeiert, und man machte ihnen allerlei Versprechungen, die, wenn sie in die Tat umgesetzt worden wären, die derzeitigen

Mißstände vollständig behoben hätten. Die Mission ging dann nach Kaschgar, und von dort setzte Sir Eric seine Reise bis Indien fort (er war auf dem Weg zu einem Urlaub in England), indem er mitten im Winter den Himalaja bis Gilgit durchquerte, was auch für einen sehr viel jüngeren Mann eine beachtliche Leistung gewesen wäre.

Die Reise war kühn, aber vergeblich — so scheint es zumindest, während ich dies schreibe. Die Provinzregierung hat keines ihrer Versprechen gehalten, und diesbezügliche Proteste werden einfach ignoriert. Der britische Handel leidet heute unter Behinderungen, die nicht kleiner, vielleicht sogar größer sind als zu der Zeit, da wir uns in Sinkiang aufhielten, und die Schikanen, mit denen der britische Repräsentant in Kaschgar zu kämpfen hat, haben zugenommen. Rußland ist darauf aus, uns aus Sinkiang zu vertreiben, obwohl es hierfür keine stichhaltigen Beweggründe haben kann.

Die neuen Imperialisten

Die sowjetischen Ziele in Sinkiang zu analysieren, und sei es nur auf der Grundlage von Spekulationen, ist nicht einfach. Tatsächlich kann man mit guten Gründen bezweifeln, daß diese Ziele überhaupt klar formuliert sind. Die UdSSR agiert im chinesischen Teil von Zentralasien hinter den Kulissen. Öffentlich bestreitet Moskau solche Aktivitäten, und die Welt ahnt kaum etwas von ihnen. Es ist nur natürlich, daß Menschen vor dem Unbekannten Angst haben und dessen Fähigkeit und dessen Willen, Schaden anzurichten, überschätzen. Wer sich hinter den Kulissen betätigt, dem traut man schon allein deshalb eine außergewöhnliche Tüchtigkeit zu und unterstellt ihm einen gründlich vorbereiteten Plan. Vielleicht gibt es ja auch tatsächlich einen solchen Plan. Aber in der Sowjetunion zeitigen auch gründlich ausgearbeitete Pläne nicht selten Ergebnisse, von denen nachher alle Beteiligten überrascht sind, und es kann durchaus sein, daß eine Politik, die von einer stark zentralisierten, aber nur halbwegs kompetenten Bürokratie betrieben und auf das Territorium eines anderen Landes ausgedehnt wird, weniger bedrohlich ist, als der sie umgebende Schleier von Geheimhaltung uns glauben macht. Ich habe den dringenden Verdacht, daß Rußland nicht wirklich weiß, was es im zentralasiatischen China eigentlich will, und daß seine Aktivitäten in noch stärkerem Maße als die von Japan in Nordchina und der Mongolei von Opportunismus bestimmt sind.

Rußland hat sich die ökonomische Vorherrschaft über ein Territorium gesichert, das größer als Frankreich und gebietsweise sehr reich ist. Scheng Schi-tsai und die Provinzregierung in Urumtschi sind seine Marionetten, und durch sie sowie durch seine Agenten übt es faktisch die politische Kontrolle über mehr als vier Fünftel von Sinkiang aus. Was will es mehr?

Bei alledem ist für Rußland nicht besonders viel herausgesprungen. Die offiziellen Handelsstatistiken, die nur die Geldbewegungen festhalten, zeichnen kein klares Bild der Lage. Die Banknoten in der Provinz sind praktisch wertlos, und ein beträchtlicher Teil der Transaktionen zwischen der Sowjetunion und Sinkiang wird in Form großangelegter Tauschgeschäfte abgewickelt. Trotzdem sind die offiziellen Zahlen interessant. Sie zeigen, daß im Spitzenjahr 1933 das Volumen des russischen Handels mit Sinkiang knapp unter dreißig Millionen Goldrubel lag; daß es 1934, wahrscheinlich infolge des Bürgerkriegs, auf ein Drittel hiervon schrumpfte; und daß der Sinkiang-Handel selbst 1933 nur dreieinhalb Prozent des gesamten russischen Außenhandels ausmachte.

Die Waren, die Sinkiang an die UdSSR liefert, sind nützlich, aber nicht unentbehrlich. Außerdem sagen Handelsstatistiken nicht alles. Die verdeckten Exporte aus Rußland sind ein wichtiger Faktor innerhalb der Kalkulation. Zu ihnen gehören die Kosten für zwei mit Personal reich ausgestattete Konsulate und mehrere große Handelsgesellschaften sowie die hohen Ausgaben für die vielfältigen Aktivitäten unter der Rubrik »Geheimdienst« — Agentengehälter, Schmiergelder und so weiter.

Es besteht kaum ein Zweifel, daß Rußland 1935 mehr in Sinkiang hineinsteckte, als es herausholte.

Man hat — in Japan vernehmlicher als anderswo — darauf hingewiesen, daß die Menschen in Sinkiang in naher Zukunft von dem brennenden Wunsch erfaßt werden könnten, sich zu einer Autonomen Sozialistischen Sowjetrepublik zu erklären, der dann die Aufnahme in den Verband der UdSSR gnädig gewährt werden würde. Diese Karte ließe sich leicht ausspielen, aber ein Trumpf scheint sie im Augenblick nicht zu sein. Die Verbreitung der kommunistischen Lehren gehört nicht zu den wichtigen Anliegen der Sowjetunion in Sinkiang. Federführend ist nicht, wie im Falle der kommunistischen Bewegung in China, die Komintern, sondern das Moskauer Außenministerium. Die Propaganda wird nicht intensiv betrieben, und es gibt kaum Anzeichen dafür, daß hier der Boden für eine Sowjetisierung vorbereitet werden soll.

Ob es weise wäre, aus den Kulissen — und sei es in einer noch so altruistischen Verkleidung — hervorzutreten, ist fraglich, da doch die Sowjetunion zu gleicher Zeit die Weltmeinung für sich zu gewinnen versucht und ihre Delegierten in Genf ganz auf Frackhemd und Aufklärung setzen. Vor allem die Japaner mißtrauen den russischen Absichten in einer Region, der sie sich im Zuge ihrer eigenen mongolischen Ambitionen immer mehr nähern, und eine offene Konsolidierung der sowjetischen Position in Sinkiang könnte die Geduld Japans überfordern, woran der Sowjetunion im Jahre 1935 am allerwenigsten gelegen sein kann. Wenn sie ihre Bestrebungen in Sinkiang zum Abschluß bringen und das Ergebnis öffentlich mit Hammer und Sichel etikettieren würde, müßte sie außerdem im eigenen Land allerlei peinliche Fragen beantworten, ohne ihre Macht in Zentralasien nachhaltig zu vergrößern.

Die Lage des Jahres 1935 dürfte Rußland eine Zeitlang durchaus willkommen sein. Es kann in Sinkiang fast nach Belieben schalten und walten und tut dies auch. Die Nanking-Regierung hat, teils infolge von Erpressung, teils um ihr Gesicht zu wahren, Scheng Schi-tsai als Provinzgouverneur in seinem Amt bestätigt. Sosehr er mit seinem Handeln gegen die Verfassung verstoßen mag – etwas Schlimmeres als eine Flut telegraphischer Zurechtweisungen kann ihm nicht widerfahren, und denen gegenüber hat er sich schon als unzugänglich erwiesen. Zu einem günstigeren Zeitpunkt könnte Nanking versuchen, seine Autorität in Sinkiang gewaltsam wiederherzustellen. Aber 1935 mußte die Chinesische Republik ihre gesamte militärische Kraft auf den Kampf gegen die kommunistische Armee konzentrieren, und unter dem stetig wachsenden Druck Japans konnte die Zentralregierung keinen kostspieligen Nebenschauplatz in den Wüsten Innerasiens eröffnen. Rußland hatte freie Hand.

Ich habe zu zeigen versucht, wie es 1935 unter diesen Umständen agierte. Aber die Lage war so außergewöhnlich, daß sie nicht auf Dauer bestehen bleiben kann, und wieder stoßen wir auf die Frage nach den langfristigen Zielen der Sowjetunion. Zu Lebzeiten des Zaren spukte in den Köpfen mancher romantisch gestimmten britischen Staatsmänner das Gespenst einer militärischen Bedrohung Indiens durch Rußland herum. Aber selbst für den unwahrscheinlichen Fall, daß die UdSSR eine Invasion Indiens beabsichtigen sollte, weiß doch jeder, der die Himalaja-Pässe kennt, daß sie von einer Handvoll Soldaten gehalten werden können. Die beiden Straßen, die von Sinkiang nach Indien führen, sind Engpässe, an denen selbst die Einschleusung unerwünschter Elemente mit propagandistischen Absichten unschwer unterbunden werden kann.

Die Kontrolle Sinkiangs würde Rußland andererseits in direkten Kontakt (sofern er denn nützlich ist) mit den unbewohnten, sechstausend Meter hohen Gebirgen bringen, die die tibetanische Hochebene nach Norden abgrenzen, so daß Agenten aus Burjätien oder der Äußeren Mongolei mit den mongolischen Pilgerkarawanen, die alljährlich aus dem Tsaidam nach Süden ziehen, auch Lhasa erreichen könnten. Aber der Wunsch, die dichtgedrängten Reihen der dortigen Götterstatuen durch einige Stalinbüsten zu ergänzen, scheint mir kein leitendes Motiv der sowjetischen Außenpolitik zu sein.

Nein — wahrscheinlich ist die Neuauflage der alten zaristischen Politik gegenüber dem zentralasiatischen Teil Chinas weniger auf direkte Expansion aus als das Original. Vielleicht verfolgt Rußland für die Zukunft entferntere und ehrgeizigere Ziele, aber gegenwärtig versucht es, seine Position gegenüber Japan zu stärken. Der ebenso erfolgreiche wie widerrechtliche Vormarsch Japans in der Inneren Mongolei rollt die Flanke der Äußeren Mongolei auf und wird den japanischen Einfluß bald bis an die Grenze von Sinkiang tragen, das 1935 wahrscheinlich das einzige Gebiet Chinas war, in dem sich japanische Agenten nicht betätigten. Moskau könnte argumentieren, die sowjetischen »Berater« in Urumtschi seien heute die einzige Alternative zu einer Außenstelle der Militärmission der Kwantung-Armee. Strategisch kommt Sinkiang bei einem Zusammenstoß zwischen Japan und Rußland keine vorrangige Bedeutung zu — es sei denn, Japan würde die Kontrolle in Sinkiang übernehmen. Aber die Straßen, die jetzt auf Weisung Rußlands gebaut werden, der Flugplatz in Urumtschi und vielleicht auch eine Bahnlinie, die die Stadt mit der Turksib verbinden würde, werden die Bedeutung der Provinz im Falle eines Krieges erhöhen. Viel wichtiger ist jedoch, daß die Hauptstraße nach Nordwestchina durch Sinkiang verläuft.

Die nordwestlichen Provinzen Chinas werden zwar nicht nur nominell von Nanking kontrolliert, aber sie sind seinem direkten Einfluß doch entrückt und werden durch die Expansion Japans in Nordchina weiter isoliert. Von Sinkiang als Basis könnte in Friedenszeiten die kommunistische Lehre und in Kriegszeiten die sowjetische Armee auf der alten Kaiserstraße nach Kansu vordringen — zum Ärger Japans und zur weiteren Verwirrung Chinas. Im Jahre 1935 wurde berichtet, die in Szetschwan und im tibetanischen Grenzgebiet operierende Armee der chinesischen Kommunisten sei auf dem Weg nach Sinkiang. Solche Berichte sollte man mit Zurückhaltung betrachten. Hungrige und nicht leicht zu kontrollierende Soldatenhorden kämen, auch wenn sie aus lauter überzeugten Marxisten bestünden, den sowjetischen Autoritäten in einer ohnehin übermilitarisierten Provinz nicht gelegen, in der regelmäßig Meutereien von unbezahlten Truppenteilen aufflammen. Moskau liegt nichts daran, daß seine Sturmvögel auf die heimische Stange zurückkehren. Dort sähe man es lieber, wenn sie sich anderswo in China festsetzten und man, sobald sich die Gelegenheit ergäbe, ihre 1931 unterbrochene Versorgung mit Waffen und Geld wiederaufnehmen könnte. Dies könnte von Sinkiang aus geschehen.

Aber ob nun Unruhestiften oder Selbstverteidigung das Ziel ist (wahrscheinlich beides) — in jedem Fall liegt der Wert von Sinkiang für Rußland vor allem in seiner geographischen Lage gegenüber Nordwestchina. An diesem Punkt kommen nun die Dunganen ins Spiel. Deren Armee hatte sich, wie gesagt, 1935 in den Oasen südlich der Takla Makan von Tscharchlik bis Khargalik festgesetzt. Ihre Stärke liegt bei etwa fünfzehntausend Mann, aber sie könnten weitere starke, mit Säbeln bewaffnete Hilfstruppen aufbieten. Etwa achtzig Prozent der regulären Truppe besteht aus Kavallerie mit extrem guten Pferden. Sie verfügt über mehrere Maschinengewehre und ein paar leichte Kanonen. Die Einheiten werden von Dunganen befehligt, aber bei einigen besteht die Mehrheit der Mannschaften aus Turkis. Die Dunganen sind geborene Kämpfer, ihre gutausgebildeten Soldaten bilden zweifellos die schlagkräftigste Truppe in der Provinz.

1935 wurde die Rebellenarmee von Ma Ho-san befehligt, einem tatkräftigen jungen Mann von zweiundzwanzig Jahren, dessen Hauptquartier sich in Khotan befand. Er betrieb eine ungewöhnliche Diplomatie. Er bekundete gegenüber Nanking seine Bündnistreue und schickte in Ermangelung telegraphischer oder postalischer Möglichkeiten einen Gesandten zweitausend Meilen weit zum Sitz der Zentralregierung, um seine Loyalität zu bekräftigen und Beistand (den er nicht bekommen wird) im Kampf gegen den sowjetischen Einfluß zu erbitten. Zwar werden sich die Dunganen mit der Provinzregierung wohl nicht aussöhnen, aber ihre Niederlage vor Urumtschi, die sowjetischen Flugzeuge und vor allem die Gasbomben haben ihre Moral erschüttert. Doch Ma Ho-san schwor Scheng Schi-tsai und seinen russischen Hintermännern Rache und hatte die Strategie für seinen nächsten Feldzug schon ausgearbeitet.

Die Zukunft der dunganischen Sache liegt unterdessen aus Gründen, die ich schon genannt habe, im ungewissen. Ma Tschung-jing, der fünfundzwanzigjährige Anführer der dunganischen Invasion, ein Halbbruder Ma Ho-sans, wurde 1934 über die sowjetische Grenze gelockt und ist seither nicht mehr auf chinesisches Gebiet zurückgekehrt. Von Moskau korrespondiert er in Abständen mit seinem Halbbruder in Khotan, und seine Briefe sind immerhin so beruhigend, daß Auszüge daraus den Soldaten vorgelesen werden. Wie spontan diese Äußerungen wirklich sind, läßt sich natürlich nicht beurteilen, aber sie sind zumindest mit seinem persönlichen Siegel versehen. Die Internierung, der die sowjetischen Behörden ihn unterworfen haben, ist so beschaffen, daß sie einen Ehrenposten in der Roten Armee und die Uniform eines Kavallerieoffiziers einschließt. In Khotan rechnet man mit seiner Rückkehr.

Ob es dazu kommt, bleibt abzuwarten. Zur Zeit wird er in Moskau als eine Art Geisel festgehalten, mit deren Hilfe sich, wenn schon die Sympathie der Dunganen für die sowjetischen Anliegen nicht gewonnen werden kann, zumindest ihre Antipathie in Schach halten läßt. Mit welchen Versprechungen er über die Grenze gelockt wurde, weiß niemand, aber ein Mann wie er hat eine aktivere Rolle als die einer Geisel verdient. Sein Ansehen in den moslemischen Gemeinden Nordwestchinas ist groß. Nicht nur Ma Ho-san, sondern auch der als Militärgouverneur von Tschinghai schon erwähnte Ma Bu-fang ist ein Halbbruder von ihm, und 1935 besuchte eine Mission Ma Bu-fangs Khotan mit geheimer Order. Die drei Mas haben das Zeug zu einem mächtigen Moslem-Triumvirat.

Gegenwärtig gibt Scheng Schi-tsai in Urumtschi eine großartige Marionette ab. Aber es könnte eine Zeit kommen, da Rußland mehr braucht als eine Puppe, um die eigenen Pläne voranzutreiben, und möglicherweise wird dann Ma Tschung-jing aus dem Exil zurückkehren.

Schon oft haben die Dunganen in Nordwestchina das Banner der Moslem-Revolte ergriffen; und wenn Rußland will, daß es noch einmal ergriffen werde, wird es sich glücklich schätzen, daß es sich die Dienste des besten aller möglichen Bannerträger bereits gesichert hat.

Tschertschen

Dies war die unübersichtliche, unsichere Lage, in die wir uns nicht ohne Mühen hineingezwängt hatten.

Tschertschen — von Tscharchlik abgesehen, vielleicht die isolierteste Oase am Rande der Takla Makan — diente den Chinesen früher als Strafkolonie. Für uns war dieser Ort keine Teufelsinsel, sondern das Gelobte Land. Fünf Tage verbrachten wir dort, auf einer Masse von Teppichen in einem Zimmer lagernd, das etwas von der dekorativen Vergänglichkeit einer Filmkulisse hatte. Am Abend unserer Ankunft schickte uns der Befehlshaber der örtlichen Dunganengarnison vier Hühner und einen Korb Eier als Geschenk. Sie verscheuchten ein für allemal die Sorgengespenster. Wir aßen gewaltige Eierspeisen und schliefen — trotz unserer Erschöpfung — ziemlich unruhig unter dem seltsam störenden Schutz eines Daches.

Eine Phase der Seßhaftigkeit folgte, gespickt mit häufigen Mahlzeiten, dazwischen kleine Imbißhappen. Meistens hatten wir etwas Eßbares in Reichweite — flache, runde Brote oder Klumpen von russischem Zukker —, und außer während der kurzen Phase unmittelbar nach einer Mahlzeit konnten wir die Finger nicht davon lassen. Der geballte Hunger von vier Monaten lebte auf und beschämte uns. In dieser Hinsicht waren wir noch wie Tiere, in anderer Beziehung jedoch verfeinerten wir unsere Lebensart. Wir wuschen uns ausgiebig, ich rasierte mich, und Kini schnitt mir mit der üblichen weiblichen Begeisterung und mehr als der üblichen weiblichen Geschicklichkeit das Haar. An einem wackligen Tisch, den man umsichtigerweise für uns aufgestellt hatte, schrieben wir Briefe nach Hause, die keine Abschiedsbriefe mehr waren. Auftrumpfend, wenn nicht großsprecherisch prophezeiten sie unsere Rückkehr binnen drei oder vier Monaten. Es waren Briefe, wie sie jeder, der uns wohlgesinnt war, nach so langem Schweigen mit Freuden empfangen hätte. Leider wurden sie jedoch — ich weiß nicht, von wem — unterwegs aufgehalten, und wir kamen drei Wochen vor ihnen nach Europa. In London lasen sie sich dann sehr albern.

Einen der fünf Tage in Tschertschen widmeten wir offiziellen Besuchen. Anscheinend gab es zwei rivalisierende Offiziere, die den Titel eines Ssu Ling oder Oberkommandierenden trugen, und unparteiisch, wie wir waren, besuchten wir sie beide, wobei wir große Mengen von mit russischem Zucker gesüßtem Tee tranken und russische Zigaretten rauchten. Der eine Ssu Ling — angeblich ein Tibetaner, in Wirklichkeit wahrscheinlich ein Mischling — hinterließ keinen nachhaltigen Eindruck: ein ausdrucksloser, erschlafft wirkender Mann mit einem kleinen Schnurrbart. Der andere, ein junger Mann mit einem harten, scharf geschnittenen Mund und abgehackter Sprechweise, schien tatkräftig zu sein und sich keine Illusionen zu machen. Er empfing uns auf einem mit Teppichen bedeckten Podium in einem unchinesisch wirkenden Jamen, in dem Soldaten herumlungerten, deren schmuddelige weiße Interimsuniformen von schlappen Sonnenhüten gekrönt wurden. Auch der zivilen Obrigkeit machten wir einen Besuch, einer Art Bürgermeister, der wie in den meisten Oasen ein Turki war. Er war jedoch nicht zu Hause. Nur ein gefangener Luchs, elegant und *farouche,* wanderte in seinem Gehege im Hof auf und ab und prägte diesen Besuch meinem Gedächtnis ein.

Wie in Sinkiang üblich, war im Basar nur an einem Tag der Woche etwas los. (Basar gilt hierzulande auch als Zeitmaß. »Bleibt bis zum nächsten Basar«, drängte uns der Aksakal immer wieder.) Während unseres Aufenthalts gingen die Geschäfte schlecht. Die Hälfte der Läden war geschlossen, denn die militärische Besetzung hatte durch willkürliche Beschlagnahmungen und Geldeintreibungen den Handel abgewürgt. Nur wenige Geschäfte waren geöffnet. In den Regalen der Buden, die flach und eng wie Holzschränke waren, lagen billige russische

Waren, dazwischen kaum sichtbar hier und da ein Erzeugnis aus Japan, Mitteleuropa, Manchester oder Indien. Abgesehen davon, daß der Basar von Tschertschen (wegen seiner Abgeschiedenheit) schlecht sortiert war, bot er doch ein zutreffendes Spiegelbild der internationalen Handelsrivalitäten in der Provinz: Rußland vorneweg, und dann lange nichts mehr.

Begierig stürzten wir uns auf den Klatsch und die Gerüchte, die in den kühlen Innenhöfen und den kleinen, dunklen Zimmern kursierten. Kürzlich sei in Tscharchlik eine Art Unabhängigkeitsbewegung unterdrückt worden. Mehr als hundert Menschen seien hingerichtet und die Angehörigen des Anführers, eines Turki, als Geiseln nach Khotan gebracht worden. Eine elfköpfige Gesandtschaft, die auf dem Wüstenweg von Sining über Tunhwang nach Khotan reiste, sei durch die Oase gekommen. Irgendwo sei eine Fotografie des geheimnisumwitterten Ma Tschung-jing mit einer russischen Bildunterschrift in Umlauf. In Hami habe sich der sowjetische Einfluß noch nicht ganz durchgesetzt . . . Wir waren so versessen auf Neuigkeiten, daß wir alle diese unzuverlässigen Brocken mit dem größten Genuß schluckten.

Der Aksakal war ein liebenswürdiger, umsichtiger Gastgeber. Obwohl er fünf Wochen von Kaschgar entfernt lebte und in seinem langen Leben noch nie einen der Konsuln zu Gesicht bekommen hatte, die nacheinander seine Vorgesetzten gewesen waren, und obwohl er noch nie britischen Boden betreten hatte, erfüllte ihn eine snobistische und dennoch rührende Treue zu dem Weltreich, dessen Interessen er diente. Ihm waren bisher nur wenige weiße Männer begegnet, aber derjenige, über den er am liebsten sprach, war ein gewisser Ischtin Sahib, ein wahrer Übermensch, in dem wir nach anfänglichem Rätselraten Aurel Stein erkannten. Überall in den südlichen Oasen wird noch immer mit Respekt und Bewunderung von diesem großen Forschungsreisenden gesprochen.

Wir stellten fest, daß wir Ruhe brauchten. Aber allzu viel wurde uns nicht zuteil. Die Kunde von den Wundern unseres Arzneikastens verbreitete sich leider sehr rasch, und kaum waren wir angekommen, da setzte auch schon ein nicht endender Patientenstrom ein. Den Anfang machte kein Geringerer als der wichtigere der beiden Oberbefehlshaber. Schmetternde Trompeten kündeten von seinem stürmischen Eintreffen an der Spitze eines Reitertrupps. In einer gewaltigen Staubwolke fegten sie heran, und die ganze Leibgarde kam mit ins Haus, um unsere Schreibmaschinen und das kleine Grammophon zu bestaunen. Alle waren schwer, wenn auch uneinheitlich bewaffnet, und aus Gründen der Repräsentation hatten sie auf einem Packpferd ein wackeres, altes Maschinengewehr mitgebracht.

Ihre Flinten waren interessant, wie in dieser schlecht ausgerüsteten Weltgegend überhaupt alles, was über den einfachsten Besitz hinausging, interessant war. Jedes Ding, das nicht an Ort und Stelle hergestellt war, hatte eine Geschichte hinter sich, einen weiten Weg und einen merkwürdigen Stammbaum von Vorbesitzern. Stundenlange Abenteuergeschichten umgaben eine zerschlissene Jacke von europäischem Schnitt oder eine Blechdose, auf der der Name einer Firma oder einer fernen Stadt eingeprägt war.

Die Waffen der Dunganen waren ein buntes Gemisch. Einer hatte eine Winchester Kaliber 303, ein altes Jagdgewehr, offenbar die Hinterlassenschaft einer Expedition. Ich sah auch ein uraltes japanisches Armeegewehr, mehrere Snyder, ein deutsches Gewehr (1890) und eine Lee-Enfield von der indischen Grenze, deren Alter sich aufgrund der Initialen VR ungefähr angeben ließ.* Aber am faszinierendsten war eine Remington aus dem Jahre 1917 mit einem grob geprägten Doppeladler des kaiserlichen Rußland. Ich habe diese Zwitterwaffen auch an anderen Orten in Sinkiang gesehen** und vermute, daß die Amerikaner sie den Weißen bei ihrer Intervention in Sibirien geliefert haben.

Der dunganische Oberbefehlshaber litt an einem Leistenbruch. Wir konnten ihm nur etwas Salbe verabreichen und im übrigen nur das Beste hoffen. Aber einige

* VR (Victoria Regina — Königin Viktoria) regierte von 1837 bis 1902. (A.d.Ü.)

** G. N. Roerich zufolge findet man sie auch in Nordtibet.

Leute aus seiner Leibwache wurden erfolgreich behandelt, nämlich desinfiziert. Nachdem sie unter Trompetenschall davongaloppiert waren, hielt die Allgemeinheit bei uns Einzug. Während vier von fünf Tagen, an denen wir uns in Tschertschen aufhielten, hatten wir kaum eine ungestörte Mußestunde. Mit flehend erhobenen Händen kamen sie schüchtern herein. Es entstand eine Verzögerung, weil zunächst einmal jemand herbeigeholt werden mußte, der Chinesisch sprach. Dann der immer gleiche Fragenkatalog: »Welche Art Krankheit? Kopf? Beine? Bauch? Ist es die Heiß-Kalt-Krankheit oder nicht? Seit wie vielen Jahren — diese Krankheit? Kannst du schlafen? Kannst du essen . . .« — und schließlich nach einigem Bohren unsererseits und einigem Gewimmer ihrerseits die Formel des Bedauerns, die ihre Hoffnungen zunichte machte: »Für diese Art Krankheit haben wir kein Öl.«

Gelegentlich mischte sich ein Simulant oder ein Spaßvogel unter die Patienten, und einmal besuchte uns die Frau eines jungen Offiziers, von Kopf bis Fuß die eingebildete Kranke großen Stils — rauchte Zigaretten aus einer langen Spitze, schwärmte von ihrem Haus in Peking, schimpfte auf die Rückständigkeit von Tschertschen und strich sich, während sie auf den Teppichen hockte, mit zarten Fingern immer wieder das enganliegende Kleid glatt. Meistens jedoch hatten wir harte Arbeit zu verrichten. Es gab in der Oase keinen Arzt. Der nächste Doktor (so hieß es) sei der in der Schwedischen Missionsstation in Jarkand, drei Wochen weiter westlich. Wir waren die einzige Hoffnung dieser Leute, aber in neun von zehn Fällen konnten wir nichts für sie tun. Sie sahen uns aus vorwurfsvollen Augen an.

Alte gebückte oder humpelnde Männer gaben mit zitternder Stimme die lange Geschichte ihrer Leiden zum besten. Kinder mit schrecklichen Hautkrankheiten ließen mit verständnisloser Apathie Kinis Verrichtungen über sich ergehen. Ängstliche, verschleierte Frauen in schwarzen, mit schweren grünen Schnürverschlüssen besetzten Gewändern kamen zu zweit oder zu dritt, zeigten uns die ausgezehrten, federleichten Körper ihrer Säuglinge und weinten, wenn wir den Kopf schüttelten. Eine schlug, als wir sie zum Nähertreten aufforderten, ihren Schleier zurück und enthüllte kein Gesicht, sondern eine Fläche aus rohem Fleisch; es hieß, sie sei vor zwei Tagen plötzlich ohnmächtig geworden und vornüber ins Feuer gefallen.

Am schlimmsten war es, wenn sie uns nicht glauben wollten, daß wir machtlos waren und in unseren knappen, fast erschöpften Arzneivorräten kein Allheilmittel besaßen. Sie weinten und jammerten und hielten uns, wenn sie davongingen, für hartherzig oder geizig oder beides. Denen, die Malaria hatten, konnten wir immerhin Chinin geben, und denen, deren Haut wunde Stellen aufwies, ein Desinfektionsmittel und ein paar Ratschläge zur Hygiene. Aber die große Mehrheit der Fälle überstieg unser beschränktes Wissen und unsere Möglichkeiten. Deshalb fragten wir uns, ob es fair sei, ihre Hoffnungen zu wecken, indem wir ihnen irgendwelche wirkungslosen Tabletten gaben (denn wenn sie überhaupt etwas bekamen, gingen sie zufrieden davon). Oder war eine spätere Enttäuschung grausamer als die direkte Zurückweisung? Wir kamen zu dem Schluß, daß es nichts schaden könne, ihnen eine längere Hoffnungsfrist zu geben, und verteilten an alle, die kamen, Päckchen mit vier oder fünf Jintan-Pillen. Jintan ist ein japanisches, in China sehr beliebtes Mittel, das (der Reklame zufolge) gegen eine große Zahl von Krankheiten hilft. Die silbrigen, mikroskopisch kleinen Pillen scheinen harmlos zu sein. Zwanzig ist die kleinste Dosis, aber wir hatten nur zwei kleine Flaschen, so daß unsere Päckchen nur symbolische Bedeutung besaßen.

Durst

Unterdessen gingen die Vorbereitungen für den nächsten großen Abschnitt unserer Reise voran. Tiere mußte man sich, so war es in ganz Sinkiang der Brauch, beim Bürgermeister besorgen. Die unseren waren bestellt, und als Datum der Abreise hatten wir den 19. Juni festgesetzt.

Der Mietpreis war niedrig, da Silbergeld hoch im Kurs stand und man für einen Dollar zwischen fünfundzwanzig und dreißig der ortsüblichen Banknoten bekommen konnte, die auf rauhem Papier in Khotan gedruckt wurden.

Aziz hieß der Mann, der sich um die Tiere kümmern und uns führen sollte — ein unterwürfiger, schmeichlerischer Turki, weder besonders tüchtig noch besonders ehrlich, der sich aber dadurch empfahl, daß er ein schlechtes Chinesisch sprach. Mit weinerlicher Stimme titulierte er mich immer als *»Ta jen«* — ein höflicher, in den moslemischen Gebieten Chinas gebräuchlicher Ausdruck, der soviel bedeutet wie »Großer Mann«. Er trug einen schwarzen Dreispitz und einen abgetragenen, flaschengrünen Mantel, um den er als Gürtel ein Tuch gebunden hatte, das wie eine schmutzige Trikolore aussah. Wenn er in diesem Aufzug herumschlurfte, sah er aus wie eine unsympathische Nebenfigur in einem Theaterstück über die Französische Revolution.

Ich erklärte ihm, daß wir am Neunzehnten aufbrechen wollten, und er versprach, die nötigen Vorkehrungen zu treffen. Aber am Abend des Achtzehnten kam er zu mir und verkündete unter endlosen Verbeugungen, daß es ihm nicht gelungen sei, Mais für die Esel zu kaufen. Er komme aus Tscharchlik, so erklärte er, sei in Tschertschen ein Fremder, und niemand sei bereit, ihm zu verkaufen, was er haben wolle. Ob Großer Mann so gut sei, die Abreise um einen Tag zu verschieben ...?

Großem Mann blieb gar nichts anderes übrig. Aber am Nachmittag des nächsten Tages stand Aziz noch immer betrübt und maislos da. Ich schimpfte mit ihm, gab ihm meine Karte und sagte, er solle alles Nötige für uns im Militärhauptquartier besorgen. Dieser Plan funktionierte, und am Morgen des Zwanzigsten waren wir aufbruchsbereit.

Mit Mühe hatten wir den alten Aksakal bewogen, zum Dank für seine Gastfreundschaft einen Feldstecher (aus zweiter Hand), eine Taschenlampe und einen Füllfederhalter anzunehmen. Er war ein freundlicher, zuvorkommender Mann, und wir empfanden wirkliches Bedauern, als wir uns in dem letzten Fleckchen Schatten am Rand der Oase von ihm verabschiedeten. Dann ritten wir hinaus in die Wüste, wo die Hitze über uns herfiel wie ein Wind.

Eigentlich hatten wir Cynara und die beiden Kamele in Tschertschen verkaufen wollen, aber wir hatten keinen Interessenten gefunden, obwohl wir nicht viel verlangten. Deshalb beschlossen wir, sie unbeladen nach Kerija, der nächsten wichtigen Oase, mitzunehmen, wo das Interesse an Lasttieren angeblich größer war. Unterwegs wurden sie von Tuzun Ahun geführt. Dieser zurückhaltende, schweigsame, anscheinend wohlhabende junge Mann (den man nicht mit dem Tuzun aus Basch Malghun verwechseln darf) war uns von den Behörden in Tschertschen mitgegeben worden — in welcher Eigenschaft, das haben wir nie herausgefunden. Er machte uns deutlich, daß er die Kamele nicht führte, weil es seine Pflicht war, sondern um uns einen Gefallen zu tun, und wenn wir haltmachten, half er uns nie mit den Tieren oder beim Auf- und Abladen. Er ritt einen graubraunen Hengst mit reichverziertem Zaumzeug.

Vier Esel trugen unsere Habseligkeiten, und ein fünfter trug Kini. Wir hatten uns nur ein Pferd beschaffen können, für unsere Maßstäbe allerdings ein sehr gutes Pferd — es war ein prachtvoller, kastanienbrauner Hengst wie aus dem Film, mit afghanischem Blut. Ohne Skrupel schnappte ich ihn Kini vor der Nase weg und genoß es, ein so kräftiges, leichtgängiges Tier unter mir zu haben. Leider jedoch nur für einen Tag.

Über die vor uns liegenden Etappen wußten wir nur, daß es neun bis zur nächsten Oase und noch einmal drei bis Kerija waren, wo es wieder einen Aksakal gab. Juni und Juli sind keine günstigen Monate für eine Reise durch die Takla Makan, und wir fürchteten uns ein wenig vor der Wüste. Zuerst jedoch schien sie weniger nackt zu sein, wenn auch nicht weniger einsam, als wir erwartet hatten. Die großen, gewundenen Dünen waren hier und da von Wüstenpappeln (P. varifolia) geschmückt, einem merkwürdigen Baum, der, wie der lateinische Name schon sagt, zwei unterschiedliche Arten von Blättern trägt. Das war immerhin besser als die öde Gobi, durch die wir nach Tschertschen gelangt waren.

Der erste Tagemarsch verlief jedoch ziemlich unerfreulich. Tuzun Ahun, der wie alle Turkis von einer grausamen Rücksichtslosigkeit gegenüber Tieren war, zog mit den beiden Kamelen in einem angesichts ihres Zustands und angesichts der großen Hitze geradezu mörderischen Tempo los, und es war schwierig, ihn zu bremsen, ohne ihn zu kränken. Etwa eine Meile außerhalb der Oase stießen wir auf eine kleine Gruppe von Turkis, die voneinander Abschied nahmen, und diejenigen, die in unsere Richtung gingen, schlossen sich uns an. Ein älterer Mann mit einem kleinen Sohn, eine große, törichte Frau, ebenfalls mit einem kleinen Sohn, und ein junger Mann mit pockennarbigem Gesicht, dessen unbezwingliche Sangeslust sich in einem beklagenswert schmalen Repertoire Ausdruck zu schaffen versuchte. Es waren, vorsichtig ausgedrückt, langweilige Leute, und uns lag nichts an ihrer Gesellschaft, erst recht nicht, als sich herausstellte, daß Aziz nicht nur uns, sondern auch ihnen zu Diensten war. Er hatte diese Abmachung getroffen, ohne uns etwas davon zu sagen, und hatte das Treffen außerhalb der Oase verabredet, damit der Aksakal nicht erfuhr, daß er ohne Erlaubnis ein paar zusätzliche Passagiere mitzunehmen gedachte. Es war im Grunde eine Kleinigkeit, aber uns mißfielen solche Schliche sehr, und noch mehr mißfiel uns die Verzögerung, die sich daraus ergab, daß Aziz nun jeden Morgen nicht nur unsere, sondern auch ihre Esel einfangen und beladen mußte.

Der Nachmittag war glühend heiß, und wir hatten uns an die Hitze noch nicht gewöhnt. Der warme Inhalt unserer lächerlich kleinen japanischen Wasserflaschen aus Peking war bald getrunken. Wir wußten, daß uns ein großer Durst bevorstand. Gegen Ende der Etappe wuchs er, und Visionen von eisgekühltem Lagerbier tanzten, wie sie noch oft tanzen sollten, vor unseren müden Augen. Schließlich ließen wir die Dünen hinter uns und gelangten in eine flache Senke aus festgebackenem Schlamm, wo an manchen Stellen Schilf wuchs. An einem Wasserloch und später an einem zweiten versuchten wir unseren Durst zu löschen. Es war nicht leicht. Das Wasser, das wir aus kleinen künstlichen Kratern schöpften, hatte einen starken Beigeschmack, vor allem nach Salz. Insekten glitten zwischen den Schauminseln auf seiner Oberfläche umher, und in der brackigen Tiefe regte sich geheimnisvolles Leben.

Selbstverständlich hätte keine Expedition, die etwas auf sich hält, solches Wasser angerührt, ohne es vorher abzukochen. Aber auf einer Reise, wie wir sie machten, gab es nur zwei Möglichkeiten: Entweder man ergreift alle Vorsichtsmaßnahmen oder gar keine. Bisher waren wir mit der zweiten Methode gut gefahren, und die erste entsprach ohnehin nicht unserer Wesensart. Aber erst in Indien wurde uns klar, wie groß unser Verstoß gegen die Prinzipien der Expeditionsetikette gewesen war: »Was?« rief man da. »Ihr habt an Wasserlöchern getrunken?! Ihr habt im Basar gegessen?! Ihr habt nie Hüte getragen?! ...« Die Blicke, die man uns zuwarf, waren von jener Mischung aus Mißbilligung und Neid erfüllt, mit der man jemanden betrachtet, der blind auf ein Pferd setzt und viel Geld gewinnt.

Nach langem Marsch erreichten wir bei Einbruch der Dunkelheit Ketmo, das nichts weiter war als ein Ortsname und eine halbverfallene Hütte aus Lehm und Flechtwerk. Sie war in zwei oder drei Verschläge unterteilt, und wir bekamen den mit der Feuerstelle. Schwitzend tranken wir becherweise einen Tee, in dem Zucker und Salz einen unappetitlichen Streit ausfochten. Draußen spielten sich die ersten geräuschvollen und gewaltsamen Episoden einer langwährenden Romanze zwischen Cynara und dem kastanienbraunen Hengst ab. Wir aßen etwas Brot und legten uns dann verschwitzt und stumpf zum Schlafen auf die Filzdecke. Moskitos sirrten und surrten. Die Turkis plauderten unermüdlich. Wir sehnten uns nach dem kleinen Zelt und der reineren Einöde des Berglands und fielen wenig später in ein unerquickliches Koma, das bald durch einen Ausbruch erotischer Bestrebungen bei den Eseln unterbrochen wurde, die schreiend und ausschlagend um die Hütte jagten, so daß wir am Ende nicht einmal zwei Stunden Schlaf hatten.

Um halb drei gaben wir auf und machten Tee. Zwei der Esel waren in Richtung Tschertschen verschwunden, und es wurde sechs Uhr, bis sie endlich zurückgeholt waren und wir aufbrechen konnten. Kini hatte sich am Abend zuvor sehr steif gefühlt, und nun zeigte sich, daß sie einen Hexenschuß hatte, ein Vermächtnis früherer Wintersporttage. Deshalb ritt von nun an sie auf dem Hengst und ich auf dem Esel. Der Hexenschuß war kein Witz. Mehrere Etappen von zehn Stunden bei großer Hitze hintereinander sind auch unter günstigen Umständen eine Tortur. Aber Kini ritt Tag für Tag weiter, ohne über ihre Schmerzen zu klagen.

Von Ketmo führte der Weg durch eine unendlich eintönige Landschaft nach Akwai, wo es wieder schlechtes Wasser und die nächste halbzerfallene Hütte gab und wo sich Kini dazu aufraffte, ein Omelett für uns zu backen. Wir konnten unseren Durst inzwischen besser beherrschen, aber noch immer tranken wir mit großem Genuß erstaunliche Mengen von abscheulichem Tee. Das Geschnatter der Turkis trieb uns aus der Hütte. Zum Schlafen legten wir uns zu den Moskitos nach draußen in den Sand.

Am nächsten Tag standen wir vor drei Uhr auf und waren um halb fünf unterwegs. Kinis Hexenschuß hatte sich verschlimmert. Manchmal mußte sie absteigen und sich zur Linderung der Schmerzen flach auf den Boden legen. Wir stapften durch Schilfgebiete, über breite Terrassen aus hartem, weißem Schlamm, durch tiefen Sand zwischen hohen Dünen, die der Wind um Tamariskengebüsche aufgetürmt hatte. Im Laufe des Vormittags wurde die Hitze grausam, aber wir gewöhnten uns langsam daran. Nach zehneinhalb Stunden erreichten wir Tschingalik, wo es eine verhältnismäßig stabile und solide Hütte gab.

Die jedoch war schon von einer nach Osten reisenden Gruppe Turkis belegt. Deshalb beschlossen Kini und ich, das Zelt aufzustellen. Es stand nicht sehr sicher, denn die Zeltpflöcke fanden in dem lockeren Sand keinen Halt. Wir legten uns hinein und versuchten uns ein wenig abzukühlen. Den ganzen Tag hatte ein leichter Wind aus

Westen geweht, und als er nun zunahm und den Weg bis ins Zelt fand, waren wir sehr erfreut. Doch wenig später verfärbte sich das Tageslicht schmutziggelb, und über dem westlichen Horizont ballte sich eine sonderbare graubraune Wolke. »Der *buran* kommt«, sagten die Turkis.

Er war rascher bei uns, als wir erwartet hatten, und hätte beinahe das Zelt davongetragen. Fluchend, mit zusammengekniffenen Augen stabilisierte ich die Windseite des Zeltes mit unseren Säcken und Kisten. Der Wind heulte. Die Welt versank in vorzeitiger Dämmerung. Sosehr wir uns auch bemühten, der Wind kroch unter den beschwerten Zeltbahnen hindurch und bedeckte drinnen alles mit einer zentimeterdicken Sandschicht. Sand drang in unsere Kisten, in unsere Schlafsäcke, in unsere Augen, Münder, Ohren, Nasen, klebte an unseren verschwitzten Gliedern. »Lange kann das nicht dauern«, sagten wir. Aber es dauerte lange.

Wir waren zwar nicht hungrig, aber wir mußten etwas essen. Ich torkelte hinaus in die tosende, tobende Welt und stellte mich vor dem Herdfeuer in der Hütte an. Hier war es noch schlimmer als im Zelt, denn der Eingang lag nach Westen und wurde gnadenlos bestürmt. Mit der freundlichen Hilfe eines Mannes, in dessen Gesicht erstaunlicherweise die Nase fehlte, gelang es mir, eine Portion Mien und etwas Hammelfleisch von zweifelhafter Frische zu kochen, eine Mahlzeit, die wir uns, reichlich mit Takla Makan gewürzt, knirschend schmecken ließen. Dann legten wir uns hin und schliefen unter einer immer dicker werdenden Decke aus Sand.

Sand, Sand, Sand

Am nächsten Tag hatte sich der Wind gelegt, und kurz nach sieben Uhr brachen wir auf. Während all dieser Etappen machten wir uns Sorgen um die Kamele. Der Nasenpflock von Nummer Zwei hatte das Fleisch, durch das er getrieben worden war, wund gescheuert, und nun schwärmte ständig eine kleine Wolke bösartiger Fliegen um den Kopf des Tieres. Mit Perle stand es noch schlimmer. In Tschertschen, wo ihr der Packsattel abgenommen worden war, hatte sie sich die Wunde, die Kini in Torkusai so wirksam behandelt hatte, wieder aufgerissen, indem sie den Kopf nach hinten drehte und mit der scharfen Spitze ihres Nasenpflocks an ihr kratzte. In die rote Wunde hatten Fliegen ihre Eier abgelegt. Die Wunden beider Kamele wimmelten inzwischen von widerlichen weißen Maden, und wir machten uns heftige Vorwürfe, weil unsere treuen Diener wegen unserer Nachlässigkeit so sehr leiden mußten. Die Turkis, die ihre Tiere schinden, bis sie sich kaum mehr bewegen können, verstanden unsere Besorgnis nicht. Aber diese stinkenden, wimmelnden kleinen Wunden gingen uns nicht mehr aus dem Kopf. Kini und ich waren beide nicht besonders sentimental veranlagt, aber die beiden mageren Tiere hatten — in unserer Gesellschaft und zu unserem Nutzen — einen unerschütterlichen Heldenmut bewiesen, und in der glutheißen Wüste empfanden wir für sie nun jenes Mitgefühl, das alle Verbannten miteinander verbindet. Wenn einer unserer Reisegefährten aus der Oase plötzlich gestorben wäre, hätte uns das nicht allzu sehr berührt. Aber mit dem Wohlergehen der Kamele verhielt es sich anders. Das war eine eher persönliche Angelegenheit, denn sie begleiteten uns nun schon so lange und waren mit uns aus den Bergen gekommen.

Cynara hingegen schien recht zufrieden. Unter dem mottenzerfressenen Fell ihrer Flanken zeichneten sich die Rippen zwar deutlich ab, aber wir hatten sie nie anders als mager gekannt, und sie stapfte neben den Eseln mit jener Mischung aus Eifer und Geistesabwesenheit einher, die man gelegentlich bei Kindern findet. Sie flirtete nun unverkennbar mit dem Hengst, und ihren Freier hatte es schlimm erwischt. Wenn sie hinter ihm war, bummelte er, und wenn sie vor ihm war, stürmte er voran, und wenn wir anhielten, wollte er nicht fressen. Trostlos hallte das Gewieher der beiden Tiere durch die einsame Wüste. Der Hengst magerte zusehends ab.

Am 23. Juni, dem Tag nach dem Sandsturm, war Kinis Hexenschuß schlimmer denn je, und zum erstenmal auf unserer Reise trieb ich bewußt Konversation und zwang sie, sich daran zu beteiligen, um sie von ihren Schmerzen abzulenken. Nach fünf heißen Stunden kamen wir an ein Wasserloch. Die Turkis schlugen vor, hier das Lager aufzuschlagen. Aber ich war dagegen, und wir einigten uns auf eine einstündige Ruhepause. Dann zogen wir weiter und hielten gegen vier Uhr bei einem Ort, der, soweit wir verstanden, Schudung hieß.

Furchen und struppige Hecken zeugten davon, daß es hier einmal Felder gegeben hatte. Zwei oder drei Lehmhäuser standen zwischen weitverstreuten Tamarisken und Pappeln, und die galgenähnlichen Vogelstangen, die wir schon in Tschertschen gesehen hatten, erinnerten von fern an zivilisiertes Leben. Wir wurden in einer kühlen Scheune mit mehreren Kammern untergebracht. Es war angenehm, aus der Hitze herauszukommen.

Aber der Gedanke an die Kamele ließ uns keine Ruhe. Wir ließen Perle niederknien und fesselten ihr, so gut wir konnten, die Knie. Dann machte sich Kini mit einem Desinfektionsmittel über die Wunde her. Ein chirurgischer Eingriff war jedoch nicht möglich, denn uns gelang nicht, was die Mongolen geschafft hatten: aus den Seilen eine Zwangsjacke für das Tier zu machen. Bei der ersten Berührung von Kinis Messer riß es sich los und stand brüllend auf. Wir mischten unsere stärksten Desinfektionsmittel und bombardierten damit die Maden. In regelmäßigen Abständen tauchten die runden weißen Köpfe aus dem Fleisch auf, um Luft zu holen, und wenn sie erschienen, rückten wir ihnen mit unserem Mittel zu Leibe. Perle schlug aus und spuckte, aber im großen und ganzen hielt sie sich tapfer, und obwohl wir uns damals wenig von dieser Behandlungsmethode erhofften, führte sie zum Erfolg. Nach wenigen Tagen waren die widerlichen Würmer verschwunden, für Kini ein großer Triumph. Sie war hundemüde und hatte selbst große Schmerzen. Sie hatte nicht geglaubt, auf diese Weise etwas ausrichten zu können, und hatte doch auf eine dringend benötigte Siesta im Schatten verzichtet, um sich einer Aufgabe zu widmen, bei deren Erfüllung den meisten Frauen übel geworden wäre.

Ich kochte etwas Reis und Fleisch, aber wir waren beide nicht hungrig. Deshalb wollten wir das Essen für den nächsten Tag aufheben. In der Nacht wurde es jedoch schlecht. Solche Dinge waren es, die uns die Wüste, die Hitze, das ewige Verschwitztsein verleideten und die Sehnsucht nach dem rauhen Bergland weckten, aus dem wir kamen. Es war seltsam, aber am meisten vermißten wir während dieser endlosen Tagemärsche den Hunger und die Ungewißheit. Bisher hatte am Ende noch der langweiligsten, längsten Etappe ein Abendessen gestanden, ein Ziel, das im Lauf der träg verstreichenden Stunden immer erstrebenswerter wurde. Langeweile und Erschöpfung ließen sich durch ausgiebige Erörterung des Speisezettels im Zaum halten: Sollten wir das Fleisch kochen oder einen Schaschlik daraus machen? Was würde uns besser schmecken, Mien oder Reis? Immer wieder durchlebten wir die Ekstasen der Vorfreude, und nie war das Essen, das dann irgendwann folgte, eine Enttäuschung. Jetzt aber gab es nichts von alledem: salziger Tee und hartes, zwiebackartiges Brot war das einzige, worauf wir Appetit hatten, und der kargen Routine unseres Daseins war etwas Wertvolles abhanden gekommen.

Auch die Ungewißheit vermißten wir. Wir waren inzwischen so gut wie sicher, daß wir Kaschgar erreichen und von dort nach Indien gelangen würden. Auf dem Papier erscheint eine Reise durch Gebiete, die von Aufständischen kontrolliert werden, an deren Händen nicht weniger Blut klebt als an vielen anderen Händen in China, vielleicht gewagt und abenteuerlich. In der Wirklichkeit jedoch war sie das nicht. Unsere Zukunft bot zu Spekulationen, zu jenen endlosen Mutmaßungen über Möglichkeiten und Zufälle, die früher so interessant gewesen waren, keinen Anlaß mehr. Eine chimärenhafte, auf weithergeholten Vermutungen beruhende Strategie lieferte unseren leeren Köpfen keine willkommene Anregung mehr. Es kam uns vor, als hätten wir die Partie schon in Tschertschen gewonnen. Ohne viel Begeisterung spielten wir jetzt die letzte Runde.

In Schudung verirrten sich zwei Esel zwischen den Tamarisken, und wir brachen am nächsten Tag erst gegen halb zwei auf. Nach langem Feilschen hatte ich Cynara gegen einen gutaussehenden Esel getauscht, der dem singenden jungen Mann gehörte. Viel feierliches Händeschütteln und zahlreiche Vertrauensbekundungen besiegelten die Transaktion, aber der Esel, auf dem ich nun zum erstenmal ritt, hielt nicht, was sein Aussehen versprach, sondern brach mehrmals unter mir zusammen. Der ängstliche Aziz, der den Tausch propagiert hatte, erschrak und versuchte meinen Zorn zu besänftigen, indem er mich vom Großen Mann zum Großen und Guten Mann beförderte. Ich sagte ihm, er solle den Tausch rückgängig machen, und so geschah es — dem Murren des Troubadours zum Trotz.

Von Schudung zogen wir weiter nach Endere. Zwei oder drei armselige Häuser lagen hier oberhalb einer Schlucht, durch die ein schlammiger Fluß floß. Erst nach Einbruch der Dunkelheit kamen wir an. Säbelgriffe ragten aus den Satteltaschen von vier prächtigen Pferden im Hof. Ihre Besitzer, Angehörige einer nach Osten reisenden Dunganen-Patrouille, schliefen schon. Wir bekamen die Kammer neben ihnen und machten uns Kakao. So gut ich konnte, massierte ich Kini, die den ganzen Tag Qualen ausgestanden hatte. Bevor wir uns schlafen legten, wurden wir noch einmal munter und hielten bei Kerzenlicht einen fröhlichen Schwatz, über dem wir die Wüste eine Zeitlang vergaßen und unsere dürftige Unterkunft plötzlich ganz behaglich fanden.

Am nächsten Tag war es heißer denn je. Müde, von Durst geplagt, stapften wir wie durch einen Glutofen. Einige Turkis hatten Kürbisflaschen bei sich, deren warmer, übelriechender Inhalt jedoch bald erschöpft war. Für Kini war der Marsch eine Tortur, die nicht gelindert wurde, als zwischen den beiden Hengsten Eifersucht aufflammte und der von Tuzun Ahun austrat und sie am Schienbein traf. Es war ein furchtbarer Tritt, und Kinis Gelassenheit geriet für einen Moment ins Wanken.

Gegen Abend kamen wir zu einem Wasserloch, wo wir uns an lehmigem Wasser labten und dann in Holzschalen auch den Tieren etwas davon brachten. Es war salzig, aber wir konnten nicht genug bekommen. Nach einer weiteren Stunde stießen wir gegen sieben Uhr auf eine ärmliche Hütte, wo wir die Nacht über blieben. Wieder konnten wir vor lauter Hitze und Müdigkeit nichts essen.

Wir schliefen ein paar Stunden und zogen gegen halb fünf weiter. Die sandige, ereignislose Etappe, während der einer der Turki-Jungen eine kleine Schlange fand, die einzige, die wir in der Takla Makan sahen, endete noch vor Mittag in Jartungaz, wo ein Haus auf einem Felsen oberhalb eines gelben Flusses stand, der aus den ewigen Schneefeldern herabströmte, um sich irgendwo in unersättlichen Sandweiten zu verlieren. Die Menschen hier waren freundlich. Sie schenkten uns Aprikosen, und wir schenkten ihnen Jod und Süßigkeiten. Wir schliefen ein wenig und aßen dann Lapscha — beides hatten wir dringend nötig. Es war abgesprochen, daß wir weiterziehen würden, wenn es kühler geworden war. Doch gegen Abend stellte ich fest, daß man diesen Plan stillschweigend fallengelassen hatte. Ich schimpfte ein bißchen, aber eigentlich war es uns beiden ganz recht. Wir schliefen draußen auf der Erde wie die Murmeltiere.

Am nächsten Tag, unserem achten auf dem Wüstenweg, durchquerten wir frühmorgens den Fluß und zogen dann durch eine nicht ganz so unfreundliche Gegend, in der hier und da eine Art Pampagras wuchs. Nach sieben Stunden erreichten wir Jangi Darja und stellten fest, daß das Stationshaus schon von einem dunganischen Offizier und zehn Soldaten, die er befehligte, belegt war. Sie eskortierten die Geiseln, die während der Kämpfe in Tscharchlik gefangengenommen worden waren — es waren zwei Frauen und ein kleiner Junge, Angehörige des Turkis, der die Aufständischen geführt hatte. Man hatte sie in das Hauptquartier der Dunganen nach Khotan gebracht, und nun wurden sie — aufgrund eines für ihre Entführer durchaus untypischen Gnadenaktes — nach Tscharchlik zurückbefördert. Der Offizier erklärte uns, die Frauen hätten »böse Herzen« und würden allen auf die Nerven gehen, aber der kleine Junge sei ein tapferer Kerl und werde später mal ein guter Kämpfer.

Nachdem wir tagelang nur Gemeinplätze in Pidgin-Turki ausgetauscht hatten, waren wir froh über diese

Chance zu einem Gespräch. Der Offizier, der zunächst mißtrauisch, nachher aber sehr freundlich war, sprach etwas Russisch, und wir unterhielten uns eine Zeitlang höchst angenehm mit ihm, tranken Tee dazu und ließen uns das frische Brot und den Zucker aus seinen Satteltaschen schmecken. Er hatte an der Schlacht am Tutung teilgenommen, als im Januar 1934 sowjetische Truppen auf chinesisches Territorium vorgedrungen waren, um Urumtschi zu entsetzen, das sonst gewiß an die Dunganen gefallen wäre. Bei ihm, wie bei allen Soldaten, mit denen wir sprachen, hatten die russischen Flugzeuge und die Gasbomben einen tiefen Eindruck hinterlassen. »Wenn wir erst Flugzeuge haben«, sagten sie immer wieder, »werden wir gewinnen.« Woher sie die Flugzeuge bekommen würden, sagten sie nicht.

Auch bei diesem Mann erkundigten wir uns, wie schon bei vielen anderen unterwegs, nach Ma Tschung-jing, dem jungen Anführer der Dunganen, über dessen Verbleib wir zu jener Zeit noch im unklaren waren. Zögernd räumte der Offizier ein, sein oberster Befehlshaber sei zu einer *ju li,* einer Expedition in ferne Länder, aufgebrochen. Offensichtlich wußte er nicht, was mit Ma los war, und wir drängten nicht weiter, sonst hätte er sein Gesicht verloren.

Um vier Uhr, als es etwas kühler wurde, verabschiedeten wir uns von den schmuddeligen, fröhlichen Soldaten und zogen weiter, bis wir nach Einbruch der Dunkelheit an einer mit Büschen und Schilf bestandenen Stelle haltmachten. Es gab wenig, was diesen Lagerplatz empfahl, außer daß er nur einen Tagemarsch von der Oase Nija entfernt lag. Wir hatten den schlimmsten Teil des Wüstenwegs nun hinter uns.

Eine Kuckucksuhr in Kerija

Sonnenverbrannt, mit blutunterlaufenen Augen kamen wir am 28. Juni nach Nija. Die Bäume der Oase erregten in leicht abgeschwächter Form das gleiche Entzücken, das wir bei unserem Einzug in Tschertschen empfunden hatten, und es war höchst angenehm, im kühlen, überdachten Hof der Karawanserei auszuruhen. Der Schang Ji, ein Turki-Würdenträger, besuchte uns, und eine erstaunte Menschenmenge sah zu, während wir uns mit diesem stattlichen Mann unterhielten. Wir bekamen Brot, Sauermilch und Aprikosen, fanden sogar einen Kübel mit warmem Wasser und machten schüchterne Waschversuche.

Die beiden Kamele waren sehr schwach. Sie begleiteten uns zwar unbeladen, aber sie hatten ihr Winterfell noch nicht abgeworfen, und die Wüste behagte ihnen nicht. Im Stall des Gasthofs weigerten sie sich zu fressen. Noch nie hatten sie pflanzliches Futter zu sich genommen, das nicht auf dem Erdboden wuchs, und wußten nicht, was sie mit den saftgrünen Bündeln anfangen sollten. Deshalb beschlossen wir, sie einen Tag lang am Rand der Oase weiden zu lassen. Ich wollte in Nija keine Zeit verlieren, deshalb vereinbarte ich mit dem Schang Ji, daß er uns die Kamele und Cynara nach Kerija, wo wir ein paar Tage bleiben wollten, nachschicken sollte. Dank Kinis Bemühungen war die Wunde von Perle sauber und heilte schnell. Aber Nummer Zwei hatte noch immer Würmer in der Nase, und wir behandelten die Stelle mit Pfeffer, der in dieser Gegend als ein Heilmittel ersten Ranges gilt.

Abgesandte des dunganischen Hauptquartiers requirierten im Basar Kamele, und im Zusammenhang damit (worin der Zusammenhang genau bestand, habe ich nicht herausgefunden) waren zehn Einwohner festgenommen worden. Es gab kein Gefängnis, deshalb wurden sie in die Karawanserei gesperrt und wir mit ihnen — denn die großen Tore an beiden Enden des Hofes mußten sich für Schuldige und Unschuldige gleichermaßen schließen. Aber der Verlust der Freiheit hatte auch sein Gutes, er bewahrte uns vor neugierigen Besuchern — und während das Licht des Abends langsam verlosch, war dieser Hof in einer abgelegenen Ecke der Tatarei ein sehr stiller Ort.

Am Morgen des nächsten Tages nannte mich Aziz wieder Großer und Guter Mann. Ich witterte Unheil, und so war es: Die Turkis streikten, sie forderten einen Ruhetag in Nija. Dieser Menschenschlag hat jedoch einen weichen Kern, vielleicht ein Vermächtnis des Oasenlebens — jedenfalls blieb ich unnachgiebig und setzte mich durch. So brachen wir denn um sieben Uhr auf und vertauschten die kühlen, freundlichen Bäume mit einer langen Strecke glühender Wüste.

Auf der mit kleinen Steinhaufen markierten Straße herrschte mehr Verkehr als bisher. Kurz hinter Nija überholten wir einen Karren, der von einem Ochsen gezogen wurde. Genau drei Monate vorher hatten wir in Tangar zum letztenmal ein Rad gesehen, und ich fragte mich, wie viele unserer Zeitgenossen in Europa sich jemals ein Vierteljahr lang fern von jedem Rad aufgehalten haben. Später trafen wir auf einen zurückgelassenen Esel, dessen Rücken mit häßlichen offenen Wunden bedeckt war. Als wir vorübergingen, rappelte er sich hoch und sah uns, auf wackligen Beinen stehend, nach. Die Turkis sind ihren Tieren gegenüber vollkommen herzlos und beschleunigen durch ihre Achtlosigkeit noch deren Zusammenbruch. Von nun an sahen wir oft solche bedauernswerten Kreaturen, die man einfach dem Tod überlassen hatte.

Am Abend erreichten wir eine Herberge oder Poststation, die in der jäh sich öffnenden Schlucht eines kleinen Baches lag. Kini war auf dem Hengst vorausgeritten (mit ihrem Hexenschuß war es inzwischen viel besser geworden), und als ich kam, saß sie unter einem großen Maulbeerbaum im Hof und trank Tee mit einem listig und schurkenhaft dreinblickenden dunganischen Offizier. Auch er war mit Gefangenen unterwegs, und in einer anderen Ecke des Hofes fraternisierten fünf knabenhafte Soldaten in Handschellen mit ihren Bewachern. Es waren Meuterer, die in Khotan vor ein Kriegsgericht kommen sollten. Ihnen stand gewiß ein unangenehmes, möglicherweise sogar ein schreckliches Schicksal bevor, aber die Dunganen sind Chinesen, und die Stimmung der ganzen Gruppe war heiter und freundlich. In Khotan sahen wir diese Gefangenen wieder, wie sie gerade in den Jamen des Militärhauptquartiers geführt wurden. Dort verhielten sie sich allerdings ganz anders, denn dort gab es Zuschauer, und es mußten bestimmte Konventionen beachtet werden. Die Meuterer blickten schuldbewußt, ängstlich, gedemütigt drein, und ihre Bewacher — die ein paar Tage vorher noch Jagd auf das Ungeziefer gemacht hatten, das ihre mit Handschellen gefesselten Gefangenen nicht zu fassen bekamen — marschierten mit versteinerter Miene nebenher.

Wir breiteten unsere Filzdecke auf einem kleinen Podium unter dem Maulbeerbaum aus. Unter einem Baum zu schlafen ist immer angenehm, und wir waren mit unserem Quartier hoch zufrieden. In der Nacht jedoch stürmte der *buran* über die Wüste heran, und ein Hagel dicker weißer Maulbeeren ging auf uns nieder, so daß wir bald am ganzen Leib klebrige Stellen hatten, an denen wiederum der Flugsand haftenblieb. Schläfrig und schlecht gelaunt säuberten wir uns und flüchteten ins Haus. Am nächsten Morgen blieb die tobende Welt in Zwielicht getaucht. Bis tief in den Vormittag hinderte uns der Sturm am Fortkommen. Es war der letzte Tag im Juni.

Schließlich zogen wir weiter, schlichen zeitverloren durch eine harte, hier und da mit Dünen gesprenkelte Wüste, in der große, rotgestrichene Körbe voller Steine die Spur markierten. Seit elf Tagen ritt ich nun auf einem Esel und war es herzlich leid. Esel haben etwas an sich, das Geist und Körper nach unten zieht. Auf einem Pferd, auf einem Kamel und selbst auf einem Jak schwingt sich die Phantasie unschwer in die Höhe, und nie bleibt man über lange Zeit unempfänglich für die Abenteuer am Wege. Der Esel hingegen — auch wenn sich mit ihm vielleicht die Erinnerung an ein Kindheitsabenteuer verbindet, bei dem einem selbst der Atem genauso stockte wie dem zusehenden Kindermädchen — ist für einen Erwachsenen ein sehr irdisches Reittier. Die niedrige Statur, die gedrückt geduldige Art und vor allem der trippelnde Gang — alles zusammengenommen kann einem die herrlichste Straße verleiden. Nach einigen Tagen auf einem Esel betrachtet man das Leben aus der erdnahen, nicht sonderlich beschwingenden Perspektive eines Kartoffelsacks.

Aber die Quälerei auf dem Esel war nun fast vorüber. An diesem Abend erreichten wir einen grünen Vorposten der großen Oase Kerija und wurden von einem Abgesandten des britischen Aksakal begrüßt, der einen kleinen Union Jack auf der Brust trug und dazu eine Bescheinigung, die in drei Sprachen seine Nationalität beglaubigte. Wir bekamen einen guten Raum in der Karawanserei, und am nächsten Morgen, nach einem Frühstück, das von dem mitleiderregenden Auftritt einer Frau mit einem Säugling überschattet wurde, der an Diphterie erkrankt war und im Sterben lag, machten wir uns zu unserer letzten Etappe bis Kerija noch einmal auf den Weg hinaus in die Wüste.

Kinis Hengst war krank und legte sich unterwegs nicht weniger als fünfzehnmal auf den Boden. Doch diesmal war der Weg nicht weit. Wir begegneten einem kleinen Trupp mißtrauischer, ungebärdiger Dunganen, die eine Karawane rundlicher, unbehaarter Kamele eskortierten. Sie hielten uns für Russen, und einen Moment lang sah es aus, als ständen uns wieder einmal Paßschwierigkeiten bevor. Aber nach dem Austausch einiger Unhöflichkeiten zogen sie weiter, und wenig später erreichten wir den Rand der Oase. Während wir auf den Basar zusteuerten, trennten sich unsere Reisegefährten von uns und verschwanden nach ihren verschiedenen Behausungen. Es tat uns nicht leid, daß wir sie los waren — die langweilige, habgierige Frau, die immer wieder etwas bei uns schnorren wollte, und den einfältigen Troubadour mit seinen rauhen Liedern.

Das Tor zum Haus des Aksakal war zu unseren Ehren mit großen, selbstgenähten Union Jacks von ähnlicher, aber keineswegs identischer Zeichnung geschmückt. Rholam Mohammed Khan begrüßte uns in einem kleinen Zimmer, das mehr Zivilisation enthielt, als wir während der letzten drei Monate zu Gesicht bekommen hatten. Da stand ein Grammophon mit russischen Platten in verschiedenen Sprachen. Es gab Öllampen aus Taschkent, einen Regenschirm, sogar eine Kuckucksuhr. Dieses Treibgut aus dem Westen schuf eine angenehme, gemütliche Atmosphäre.

Der Aksakal, ein listiger, humorvoller Afghane, der etwas Chinesisch sprach, bewirtete uns sehr freundlich.

Wir schwelgten in frischem Brot, Süßigkeiten, Tee und Klatsch und beschlossen, einen Tag in Kerija zu bleiben. Es wurde ein sehr voller Tag. Am Morgen weckte uns der melodiöse und dennoch überflüssige Lärm der Kuckucksuhr, die der Aksakal uns zuliebe, so laut sie konnte, rufen ließ. Zum Frühstück aßen wir Marmelade, die aus Rosen hergestellt war, und machten uns dann auf den Weg zu unseren offiziellen Besuchen.

Vor dem Jamen des Militärkommandanten spielten Dunganen in weißen Interimsuniformen Handball. Ein Wachtposten brachte unsere Karten nach drinnen, und nach einiger Zeit wurden wir empfangen. Der Kommandant der (mehr als zweitausend Mann starken) Garnison war ein begriffsstutziger, brutal aussehender Mann. Aber sein erster Offizier schien gewitzter zu sein, und außerdem war da noch ein junger Mann aus Ningschia, der sein Haar lang trug und nicht wie ein Moslem aussah. Er war der einzige von den dreien, der lesen konnte, und rezitierte unsere Pässe in jenem singenden Tonfall, dessen sich chinesische Schauspieler auf der Bühne bedienen.

Er war kürzlich von Khotan nach Kerija versetzt worden, und nachdem die üblichen Höflichkeiten und Erklärungen ausgetauscht waren, erkundigten wir uns nach Neuigkeiten aus der dunganischen Hauptstadt. Unweigerlich wendete sich das Gespräch auch Ma Tschung-jing zu. Ob es stimme, erkundigten wir uns, daß der Oberbefehlshaber zur Zeit in fernen Gegenden weile. Wir hätten so viele widersprüchliche Gerüchte gehört . . .

Das sei durchaus unwahr, erklärte der junge Mann, dessen Name Tschang war. Der »kleine General« (Mas Spitzname bei seinen Soldaten) halte sich zur Zeit gerade in Khotan auf.

Wir brachten unsere Freude über diese Nachricht zum Ausdruck und äußerten die Hoffnung, daß der bedeutende Mann uns vielleicht empfangen werde.

»Leider«, erwiderte Tschang, »wird das nicht möglich sein.« Zwar leite Ma alle Geschäfte der zivilen und militärischen Verwaltung, er lebe jedoch inkognito in Khotan, und Umgang mit Ausländern werde er gewiß nicht pflegen.

Eine Armee, die keine Auskunft über den Verbleib ihres Oberkommandierenden geben kann, verliert ihr Gesicht, und mit dem Märchen, das Tschang uns da auftischte, versuchte er, das Ansehen der Dunganen zu bewahren. Deshalb behielten wir unsere Skepsis für uns, und nachdem Tee und Süßigkeiten in gehörigen Mengen verzehrt waren, fand die Unterredung ein harmonisches Ende.

Rebellen nehmen keine Rücksicht

Danach besuchten wir den Bürgermeister. Dieser kräftige Mann hatte etwas Zweideutiges an sich und strahlte zugleich eine gewisse Besorgtheit aus, wie sie uns bei den meisten Turki-Beamten auffiel, denen wir in Sinkiang begegneten. Er würde die Provinz gern verlassen und nach Indien gehen, sagte er uns, aber die Dunganen ließen dies nicht zu.

Das Dunganenregime lastete zweifellos schwer auf den Oasen. Die Turkis stöhnten unter der Last von anderer Leute militärischen Ambitionen. Fast alle Tätigkeit in der Oase diente dem Nutzen der Garnison: Esel, die Futter oder Brennholz von den Randbezirken der Oase herbeischafften, Männer, die einen neuen Paradeplatz planierten — es gab zahlreiche Anzeichen von Zwangsarbeit. Bauern und Kaufleute litten unter den Eintreibungen. An dem Tag, an dem wir in Kerija waren, beschlagnahmten die Dunganen ohne Bezahlung nicht weniger als sechstausend Eier, dreihundert Maß Pflanzenöl und hundertvierzig Teeziegel. Diese zerteilten sie und verfütterten sie an ihre Pferde. Wir hörten, daß sie dies regelmäßig ein- oder zweimal im Monat taten, um den Tieren abwechslungshalber etwas anderes als den gewohnten Mais zu bieten, der sie dick machte, ohne sie zu kräftigen.

Im Landhaus des Aksakal, das außerhalb des Basars in einem herrlichen Garten lag, aßen wir zu Mittag Pilaw und tranken Sauermilch. Kini durfte die junge Frau des Aksakal besuchen, was mir verwehrt blieb, und berichtete, sie sei sehr schön, habe sich jedoch nicht fotografieren lassen. Dann kehrten wir zu unserer Herberge zurück, wo wir Geschenke der Zivil- und der Militärobrigkeit vorfanden — zwei Schafe, sechs Pakete Zucker und vier Flaschen russisches Eau de Cologne. Die Großzügigkeit des Kommandanten übertraf die des Bürgermeisters um zwei Pakete Zucker.

Der Bürgermeister hatte uns für den nächsten Tag Tiere versprochen. Aber wegen der Garnison waren Pferde im Basar knapp, und abends kam Aziz mit Tränen in den Augen und erzählte, obwohl er sich nur verpflichtet habe, uns bis Kerija zu bringen, und unbedingt nach Tschertschen zurückkehren wolle, wollten die Behörden ihn und seinen ausgelaugten Hengst zwingen, weiter in unseren Diensten zu bleiben. Ich erklärte dem Aksakal die Ungerechtigkeit dieser Maßnahme. Er versprach, für Abhilfe zu sorgen, und konnte sich nur knapp davor retten, daß Aziz ihm die Füße küßte.

Auch der redegewandte Tschang machte uns einen Besuch. Wir ließen das Grammophon spielen und unterhielten uns, ohne unter die Oberfläche zu gelangen, über die Zukunft Chinas und die Persönlichkeit derer, die es regierten. Es erschien auch ein glattzüngiger Kaufmann, der uns nach einigem Feilschen Cynara und die Kamele für tausend der ortsüblichen Banknoten abnahm. Das klingt nach einem hohen Preis, entsprach aber nur dem Wert von dreißig mexikanischen Dollar oder etwa zwei englischen Pfund.

Ehe wir am nächsten Morgen aufbrachen, besuchte ich die Tiere zum letzten Mal. Cynara, desorientiert wie immer, stampfte nervös mit den Hufen und spitzte die Ohren, als ich ihren mageren Hals streichelte. Nummer Zwei stand schwermütig in einer dunklen Ecke des Stalles, Perle hingegen kniete in einem Fleck Sonnenlicht. Sie schien stark geschrumpft. Büschelweise löste sich die Wolle von ihren Flanken, und man sah schon die Falten der nackten Haut. Aber noch immer wölbte sich der Haarschopf auf ihrem Kopf, und noch immer betrachtete sie aus ihren byronesken Augen die Welt mit mehr Herablassung als gewöhnliche Kamele. Für mich besaßen diese struppigen, unansehnlichen Ungeheuer etwas Heldenhaftes. Sie hatten viel mit uns durchgemacht, und es war gut zu wissen, daß die langen Strapazen für sie zunächst einmal ein Ende hatten.

Nach einigem Hin und Her und ausgiebigem Fotografieren brachen wir am nächsten Morgen gegen elf Uhr auf. Der Aksakal zog seine besten Kleider an und posierte auf einem Sessel im Hof für uns, sein Gehilfe im Hintergrund. Dieser Gehilfe war ein schlampiger, aber freundlicher Afghane. Mit seiner schief aufgesetzten Melone und seinen herausfordernd verschränkten Armen sah er aus wie der Witzbold vom Dienst auf dem Gruppenbild einer *houseparty*.

Er und der Aksakal ritten mit uns bis zum Rand der Oase, wo wir Abschied nehmen mußten. Noch immer begleitet von Tuzun Ahun, der den Befehl bekommen hatte, uns bis Khotan zu bringen, zogen wir den ganzen Tag durch Gebüsch und Schilffelder. Der Bürgermeister hatte es nicht besonders gut mit uns gemeint. Die vier Esel waren Zwerge, und mein Schimmel entpuppte sich als Klepper, während Kini immerhin einen kräftigen Braunen bekommen hatte. Dummerweise hatte ich nicht aufgepaßt, als mein Pferd gesattelt wurde, und ehe wir die halbe Etappe hinter uns gebracht hatten, stellte ich fest, daß sein ganzer Rücken von alten wundgeriebenen Stellen übersät war. Deshalb ging ich während der letzten drei Stunden zu Fuß und zog das elende Tier hinter mir her.

Nach Einbruch der Dunkelheit fand ich die anderen im Gasthof eines Ortes namens Karaki, wo es nichts zu essen gab. Am nächsten Tag brachen wir früh auf. Ich ließ mein Pferd zurück und bewältigte den neunstündigen Marsch durch die Gluthitze zu Fuß. Streckenweise führte er durch Sand, in dem es sich schwer ging und aus dem mir die Hitze durch die abgelaufenen Stiefelsohlen in die strumpflosen Füße stieg. Gegen Mittag rasteten wir bei einem kleinen Basar, wo uns der Vorsteher mit Brot und Sauermilch bewirtete, nach deren Genuß wir unhöflicherweise sogleich einschliefen.

Am frühen Nachmittag, als wir weiterzogen, war die Hitze furchtbar. Ich machte in einem anderen kleinen

Basar halt und wartete, bis die Esel nachgekommen waren. Eine Frau verkaufte Eis, das die Leute hier im Winter sammeln und unterirdisch lagern. Es war reichlich mit Zutaten durchsetzt, die, wie ich hoffte, nur alluvialer Natur waren, aber zusammen mit Sauermilch ergab es einen köstlichen Erfrischungstrunk. Eine große Menschenmenge sah zu, wie ich meinen Durst löschte, was einige Zeit in Anspruch nahm. Zwar hatten sie noch nie einen Ausländer zu Gesicht bekommen, aber sie wußten, was Ausländer waren, und konnten nicht begreifen, wie sich ein Ausländer so weit erniedrigen konnte, daß er zu Fuß reiste.

Später begegneten wir einem halben Dutzend Dunganen, die sich um eine Kamelherde kümmerten. Zwei Männer trieben gerade einem jungen Kamel den Holzpflock durch die Nase (dies geschieht, wenn das Tier drei Jahre alt ist), und weil wir noch nie gesehen hatten, wie es gemacht wird, hielten wir an. Ein Offizier erschien und wollte wissen, ob wir Russen seien. Wir verneinten, aber er schien nicht zufrieden mit unserer Antwort und bestand darauf — seinen Befehl in Worte der Gastfreundschaft kleidend —, daß wir in sein Hauptquartier kamen und dort Tee tranken. So hockten wir eine Stunde lang im Schatten, knabberten Brot und erklärten in Sätzen, die wir längst auswendig konnten, wer wir waren und woher wir kamen. Schließlich legte sich sein Mißtrauen, und wir zogen weiter.

Gegen Abend erreichten wir Tschira, einen Ort mit einem ziemlich großen Basar. Ich war so erhitzt und erschöpft, daß es mir völlig gleichgültig war, als Fußgänger mein Gesicht zu verlieren. Kurz vor dem Basar lag ein Exerzierplatz, der wie alle dunganischen Exerzierplätze mit einem dreißig Meter hohen Holzturm ausgestattet war, an dem Sturmtruppen den Angriff üben konnten (obwohl es in dieser Provinz weiß Gott wenige Mauern von solcher Höhe gibt). Von der Spitze des Turms leitete ein Offizier mit Schalltrichter eine Übung von zwei- oder dreihundert Kavalleristen. Die schönen Badakschanipferde hatte man, wie es die Kosaken tun, nach Farben eingeteilt, ein Zug graue, ein Zug schwarze und so weiter.

Die Übung bestand darin, das Pferd sich hinlegen zu lassen und dann hinter ihm in Deckung zu gehen.

Dieses Manöver wurde mit erstaunlicher Präzision ausgeführt. Ich blieb ein paar Minuten in einer Gruppe scheuer Turkis stehen und ließ mir den goldenen Sonnenuntergang, die sich tummelnden Pferde, die gebellten Befehle, den fernen Klang der Signalhörner gefallen. Als ich am Rand des Exerzierplatzes weiterging, wurde ich aus der Höhe erspäht. Ich wußte, daß die Rufe vom Turm mir galten, aber ich schenkte ihnen keine Beachtung, und erst als mir zwei Ordonnanzen dicht auf den Fersen waren, bekundete ich höfliche Überraschung.

Sie führten mich zurück. Wir bahnten uns unseren Weg zwischen Reihen von Schlachtrössern, in allen möglichen heraldischen Stellungen zwischen sprungbereit und wachsam daliegend. Die ganze Szenerie erinnerte stark an einen probenden Zirkus. Als wir den Fuß des Turms erreicht hatten, schrie der Offizier einen (nicht für mich bestimmten) Befehl, und ein Mann, der wie ein Wachtmeister aussah, trat aus dem Glied und sprach mich auf russisch an. Ich hielt es für ratsam, meine Kenntnis dieser Sprache zu verheimlichen, und sagte in spaßhaftem Ton zu den Umstehenden: »Was für eine Urmenschensprache spricht er?« Der dünne Witz brachte mir einen Lacher, und hat man in China einen Lacher, hat man auch schon halb gewonnen.

Der Offizier auf dem Turm fragte mich in lautem, gebieterischem Chinesisch, ob ich Russe sei. Seinen anmaßenden Ton nach besten Kräften nachahmend, entgegnete ich, daß ich Engländer sei. Ob ich einen Paß hätte? Aber selbstverständlich. »Keinen Paß haben. Wie diesen abgelegenen Ort erreichen?« (Das Publikum war inzwischen auf meiner Seite.) Der Offizier sagte, er wolle meinen Paß kontrollieren. Ich erwiderte, wenn ich meinen Gasthof erreicht, mich gewaschen und Tee getrunken hätte, wäre ich gern bereit, jedem meinen Paß zu zeigen. Jetzt jedoch sei ich erhitzt und müde und schmutzig und nicht in der Stimmung für solche Dinge. Schließlich durfte ich gehen. Es kam mir so vor — obwohl man sich darin nie sicher sein kann —, als hätte ich mein Gesicht nicht verloren, und während ich durch die Reihen der daliegenden Pferde schritt (die in der hereinbrechenden Dämmerung aussahen wie eine Massenversammlung dressierter Seehunde), fiel mir das Gedicht »The Private of the Buffs« ein, und in mir regte sich eine newboltische Selbstgefälligkeit.*

Unser Gasthof in Tschira war schmutzig und eng. Fliegen, die in unserem Leben jetzt die Rolle der Plagegeister übernahmen, die die Vorsehung in ihrer unerforschlichen Weisheit bisher den Moskitos überlassen hatte, waren reichlich vorhanden. Aber es gab auch Entschädigungen. Zwar wollte niemand unsere Pässe kontrollieren, es tauchten aber ein paar Soldaten auf, die mit solchem Eifer unsere Gesellschaft suchten, daß wir den Eindruck gewannen, sie seien nicht nur außerdienstlich hier. Deshalb waren wir vorsichtig mit dem, was wir sagten. Einer von ihnen sprach gut Russisch, er war in Frunse in Russisch-Turkestan geboren, von wo er vor drei Jahren unter Schwierigkeiten geflohen war. Von ihm erfuhren wir zum erstenmal, daß Ma Tschung-jing regelmäßig aus Moskau mit Khotan korrespondierte und daß seine Briefe immerhin so munter klangen, daß Abschnitte daraus den Soldaten vorgelesen werden konnten. Dieser Mann kam auch auf das in Rußland aufgenommene Foto von Ma zu sprechen, von dem wir schon in Tschertschen gehört hatten. Wir wurden sehr neugierig.

Unsere elenden Esel aus Kerija waren am Ende, und ich brauchte dringend ein Pferd. Deshalb besuchte ich früh am nächsten Morgen den Bürgermeister, der ausnahmsweise einmal kein Turki war, sondern ein runzliger Chinese aus Honan in alter Tracht. Er war sehr freundlich, und indem ich seinen Untergebenen kräftig zusetzte, sorgte ich dafür, daß die Versprechungen, die er mir gemacht hatte, auch eingehalten wurden. Gegen Mittag zogen vier frische Esel mit unserem Gepäck los, und wenig später tauchte auch eine gute Schimmelstute für mich auf. Wir warteten,

* »The Private of the Buffs« ist ein Gedicht von Henry Newbolt (1862–1932). Darin weigert sich ein Soldat des East Kent Regiment (»The Buffs«), der in Indien in die Hand von Feinden geraten ist, die britische Fahne zu beleidigen, und bezahlt für seine Standhaftigkeit mit dem Tod. (A.d.Ü.)

bis die größte Hitze vorüber war, und machten uns gegen halb drei wieder auf den Weg.

Nach einem durstigen Marsch durch die Wüste gelangten wir nach Baischtoghrak oder »Fünf Pappeln«, wo es Wasser gab. Aber wir drängten weiter und ritten bei einbrechender Dunkelheit ein bißchen zu sehr aufs Geratewohl durch ein Labyrinth von Dünen. Die Spur war nur noch ein schwaches Getüpfel im Sand, und als die Nacht hereinbrach, war das einförmige matte Silber, auf dem die Pferde dahintrotteten, plötzlich voller unvorhergesehener Abgründe und Anstiege. Blaß schimmerte der Neumond hinter einem Dunstschleier.

Wenig später tauchten am Horizont blinkende Lichter auf, und obwohl der Sand die Geräusche dämpfte, ahnten wir bald, daß eine große Zahl von Reitern auf uns zukam. Lachen, Singen, das Klingeln und Klirren von Zaumzeug lenkten unsere unsicheren Blicke, bis wir schließlich im Sternenlicht zwischen den Dünen schwarze Massen wahrnahmen, die sich auf uns zubewegten. Nacheinander ritten vier Schwadronen dunganischer Kavallerie in Richtung Osten an uns vorüber, die stille Dunkelheit mit elektrischen Taschenlampen und angeregter Unterhaltung spaltend. Jede Schwadron begrüßte uns. Aber Kini und ich wichen dem fragenden Auge der Taschenlampe des Kommandanten aus. Lieber ließen wir Tuzun Ahun in Turki an unserer Stelle antworten. Es war weder der Ort noch die Zeit für eine unwirsche Überprüfung unserer Referenzen.

Gegen zehn Uhr erreichten, weckten und besetzten wir eine einsame Poststation an einem Brunnen, wo wir etwas Tee tranken und dann im Hof schliefen. Sechs Stunden später waren wir wieder auf den Beinen und gelangten nach einem Marsch von drei *potai* durch nackte Wüste zu der Oase Lop. Der *potai* ist ein Längenmaß, das uns seit Tschertschen immer wieder begegnet war, aber erst jetzt erkannten wir die Realität hinter diesem chinesischen Wort. Der Pfad war in Abständen von etwa zweieinhalb Meilen mit kleinen festgefügten Türmen aus graubraunen Ziegelsteinen markiert; dies sind die Meilensteine in Chinesisch-Turkestan. Manche zerfielen, andere waren wohlerhalten, aber sie boten willkommene Abwechslung in einer Landschaft, die kaum mehr zu bieten hatte als eine Veranschaulichung der einfachsten geometrischen Begriffe.

Khotan

Wir hofften, abends in Khotan zu sein. Aber in Lop mußten wir Futter für die Tiere beschaffen, und das war nur bei den Behörden zu bekommen. Der Bürgermeister war nicht zu Hause, und den listig dreinblickenden altmodischen Chinesen, der sich um seinen Jamen kümmerte, befremdete begreiflicherweise mein verlottertes Aussehen — schmutzige Shorts, Gesicht, Arme und Knie rot wie bei einem Indianer. Ich nahm seine Zurückweisung gelassen auf, notierte mir, nachdem ich erwähnt hatte, ich sei mit mehreren einflußreichen Leuten in Khotan befreundet, seinen Namen und seinen Dienstgrad und tat, als wollte ich wieder gehen, bekundete allerdings durch mein Auftreten auch wohlerzogenes Bedauern über eine derart grobe Behandlung eines ausländischen Reisenden. Der Wink brachte den Mann zur Besinnung, und wenig später hatten wir unser Futter.

Während die Tiere fraßen, saßen wir in einem ärmlichen Gasthof und verscheuchten die Fliegen. Eine dunganische Patrouille auf der Durchreise hatte sich ebenfalls hier einquartiert. Es wirkte mittelalterlich, wie sich der Kommandeur — dessen arrogante Verdrossenheit im Schlaf besonders deutlich hervortrat — von einem hübschen Turki-Mädchen mit einem Fächer bewedeln ließ, damit die Fliegen seine Ruhe nicht störten. Einer seiner Männer (eigentlich eher ein Knabe) offenbarte uns mit leiser Stimme seinen Kummer. Vor drei Jahren war er zum Dienst in Ma Tschung-jings Truppe gepreßt worden. Er haßte das Soldatenleben und die Gesellschaft von Soldaten und sehnte sich nach seinen Angehörigen in Tunhwang. In der dunganischen Armee muß es viele wie ihn geben.

Kurz vor Mittag zogen wir weiter. Jetzt hatten wir die Wüste hinter uns und ritten durch eine grüne Welt, obwohl wir die Hauptoase noch nicht erreicht hatten. Als wir uns Khotan näherten, murmelte Tuzun Ahun etwas von einem großen, reißenden Fluß. Er drängte uns, die kommende Nacht noch am diesseitigen Ufer zu verbringen und erst früh am nächsten Morgen in die Stadt zu ziehen, wenn der Wasserstand, der wegen der Schneeschmelze gegen Mittag immer sehr hoch sei, wieder gefallen wäre.

Aber wir wollten uns von einem so nahen Ziel nicht mehr abbringen lassen. Deshalb trennten wir uns von Tuzun, der uns die leicht versenkbaren Esel am nächsten Tag nachbringen sollte, und wateten durch den Jurungkasch. Es gab auch eine Art Fähre, aber sie beförderte keine Pferde. Nach langen Debatten, ob wir absatteln sollten, und nachdem alle, die bei der Fähre beschäftigt waren, ihre Unfähigkeit ausgiebig unter Beweis gestellt hatten, ritten wir in den ersten Arm des strudelnden gelben Flusses. Zwanzig Minuten später wankten wir am anderen Ufer wieder hinaus. Ich war fast völlig durchnäßt, und unsere Schlafsäcke (auf denen wir nach Art der Turkis ritten) trieften, aber keiner von uns hatte Schaden genommen.

Ein herzlicher Empfang erwartete uns. Der Gehilfe des britischen Aksakal, ein junger, schrecklich schielender Afghane, begleitet von einem turki-chinesischen Mischling namens Saduk, der in einem Regenmantel steckte und den graugrüngelben Teint des Opiumrauchers besaß, empfing uns fast unterwürfig. Der Aksakal, so erklärten sie uns, sei auf Reisen, aber sein Haus stehe uns zur Verfügung. So ritten wir zusammen mit ihnen in den Basar.

Vorbei an einem Exerzierplatz, der mit den üblichen Einrichtungen zum Üben von Sturmangriffen ausgestattet war. Vorbei an einem toten Pferd, dem man, nachdem es zusammengebrochen war, die Kehle durchgeschnitten hatte, damit das Fleisch nicht wertlos würde. Vorbei an mehreren Moscheen, die größer und pittoresker waren als die bisherigen, was aber nichts daran änderte, daß auch Khotan wie eine Filmkulisse aussah, wenn auch wie eine besonders sorgfältig gebaute, besonders teure, besonders haltbare Filmkulisse. Vorbei an einer überraschenden

Zahl von Union Jacks, die als Talisman vor den Geschäften britisch-indischer Untertanen im Basar hingen. Und schließlich in einen langgestreckten Hof voller Warenballen und Kisten aus Indien, an dessen Ende eine Treppe in den Garten des Aksakal hinaufführte.

Mitten in diesem Garten stand unter flüsternden Maulbeerbäumen eine Art Musikpavillon ohne Wände. In ihm wurden wir untergebracht — es gab hier denkbar wenig Abgeschiedenheit und denkbar viele Fliegen. Zumindest war es kühl. Tee und Zucker, Süßigkeiten und Brot. Voraussehbare Fragen und immergleiche Antworten. Aber wir hatten Khotan erreicht, und wenn die Stadt nicht so aufregend wirkte, wie man sich das Hauptquartier einer Rebellenarmee in Zentralasien vorstellt, so war sie doch unbestreitbar ein Meilenstein auf unserer Reise. Wir aßen die erste warme Mahlzeit seit fünf Tagen und lauschten gedankenverloren dem schielenden Afghanen, der uns eine lange Geschichte erzählte. Sie war, gelinde gesagt, sensationell, aber zunächst hatten wir Schwierigkeiten, sie in den politischen und geographischen Verhältnissen dieser Weltgegend unterzubringen. Doch langsam fingen wir an zu begreifen: Es handelte sich um eine Zusammenfassung von Jules Vernes Roman *Zwanzigtausend Meilen unter dem Meer,* der kürzlich in Kabul ins Afghanische übersetzt worden war.

Am nächsten Tag, dem 7. Juli, kam es zu einem denkwürdigen Vorfall.

Wir frühstückten gerade in einer dichten Fliegenwolke, als ein kleiner Esel mit wehendem Union Jack die Stufen zum Garten heraufgestakst kam. Der bärtige, verwitterte Turki, der ihn führte, trug auf seiner Brust die Aufschrift *British Indian Postman.* Die Post war da!

Wir wußten zwar, daß für uns nichts dabei war, trotzdem sahen wir gespannt zu, wie die mit Vorhängeschlössern versehenen Säcke abgeladen wurden. Ponys hatten sie auf einer wochenlangen Reise von Kaschmir über die Himalajapässe nach Kaschgar gebracht, und von dort waren sie nochmals vierzehn Tage auf der Wüstenstraße unterwegs gewesen. An ihnen war mehr als nur der Zauber der Ferne. Neben Briefen indischer Kaufleute und Konsulatsbotschaften enthielten sie mehrere Exemplare der Wochenausgabe der *Times*. Diese konnten kaum weniger als drei Monate alt sein. Wir aber hatten seit März keine Zeitung mehr zu Gesicht bekommen und nahmen es mit der Frische von Nachrichten so wenig genau wie mit der Frische von Butter. Gierig beäugten wir die Bündel.

Sie waren an »Mr. Moldovack, Khotan« adressiert. Mr. Moldovack, so erfuhren wir, sei Engländer. Aber in Sinkiang, wo man London, sofern man jemals davon gehört hat, gleich jenseits des Himalaja vermutet, wird zwischen Nationalität und Rasse nicht recht unterschieden, und wir waren schon mehrfach Engländern vorgestellt worden, die dann enttäuschenderweise aus Kabul oder Peschawar stammten. Von Mr. Moldovack wußten wir also nur, daß er britischer Untertan war. Als solcher würde er gewiß leicht aufzuspüren sein.

Lose lagen in den Postsäcken einige Farbfotografien der *Times* bei, die den König am Mikrophon zeigten.

»Das«, so erklärte ich einer kleinen Menschenmenge, die sich unmerklich versammelt hatte, »ist mein Padischah; und dieses Bild wurde von meiner Zeitung gemacht.«

Der schielende Afghane, der im geistigen Leben Khotans offenbar eine wichtige Rolle spielte, hatte von der *Times* gehört und schüttelte mir herzlich die Hand, während er mir gleichzeitig durch den chinesisch sprechenden Saduk mitteilen ließ, ich hätte ein »großes Gesicht«. Unsere Aktien stiegen gewaltig.

Im Laufe des Tages besuchten wir Mr. Moldovack, der uns eingeladen hatte und sich als ein gebürtiger Armenier entpuppte. Er war fünfundachtzig Jahre alt und von der Elefantiasis entstellt, aber die schmerzgeplagten Augen strahlten noch immer freundlich. Seine fleckenlosen weißen Leinenhosen hoben sich vorteilhaft von unserem abgerissenen Aussehen ab. In Französisch und Englisch — beide Sprachen klangen, weil lange nicht gebraucht, ein wenig gestelzt — erzählte er uns in einem nach Turki-Art gebauten, aber von Büchern überquellenden, europäisch möblierten Zimmer seine Geschichte.

Er war im Teppichhandel tätig gewesen, in dem Khotan früher eine wichtige Rolle spielte. Die bolschewistische Revolution hatte seine Karawanen, die gerade auf dem Weg nach Westen waren, in Khokand, jenseits der russischen Grenze, beschlagnahmt, und da auch seine beträchtlichen Ersparnisse auf russischen Banken lagen, hatte er alles verloren. So führte er seit fünfzehn Jahren ein bescheidenes Leben in Khotan, als einsamer Verbannter in einer Stadt, in der Verrat und Blutvergießen seit einiger Zeit an der Tagesordnung waren. Sechsundzwanzig Jahre lang hatte er die Stadt nicht mehr verlassen ... Ja, einige seiner Angehörigen lebten wohl noch in Armenien. Die Lage dort sei aber gewiß auch schwierig, und nach all den Jahren wolle er ihnen nicht als mittelloser Invalide zur Last fallen. Ohnehin könnte er die Reise dorthin gar nicht mehr machen.

Nachher sprachen wir über Politik, über die politische Lage in Turkestan und in der Welt, und Mr. Moldovack war über beides gut unterrichtet. Ich jedoch dachte immer nur an diesen höflichen alten Mann in seinen makellosen Kleidern, mit seinen müden, aber immer noch vogelfeinen Gesten und an seinen Vorrat sonderbaren Wissens und sonderbarer Erinnerungen. Er schien nicht unzufrieden mit seinem Los, trotzdem ließ mich der Gedanke nicht los, daß Mr. Moldovack, wenn wir abgereist waren, wahrscheinlich nie wieder einen Europäer zu Gesicht bekommen würde.

Schließlich verabschiedeten wir uns und nahmen einen Armvoll wertvoller Zeitungen und die Überzeugung mit, daß wir soeben dem einsamsten Menschen der Welt begegnet waren. (Borodischins Verbannung war vielleicht noch härter und vollständiger, aber er selbst wußte das nicht, und immer umgab ihn ein Hoffnungsschimmer.) Bedrückt gingen wir durch den Basar zurück zum Garten des Aksakal.

Ehe wir die Zeitungen aufschlugen — die jüngsten stammten vom April —, hatten wir einen kleinen Streit. Kini sagte, sie begreife nicht meine Gier nach Neuigkeiten. Monatelang seien wir ohne sie ausgekommen, und es könnten ebensowohl gute wie schlechte Neuigkeiten sein. Ich entgegnete, sie rede Unsinn, und das tat sie ja auch — aber zuletzt verkündete ich mit ebenso unsinniger Überzeugung, daß es für mich keine schlechten Nachrichten geben könne.

Das war wohl Vermessenheit, eine sträfliche Sünde für einen Fatalisten. Ich schlug die erste Wochenausgabe auf einer Bildseite auf und erblickte sogleich die vertrauten Gesichtszüge eines Freundes. Ich hatte kaum Zeit, mich zu fragen, wodurch er sich wohl hervorgetan hatte (denn es war immer klar gewesen, daß er sich im Leben hervortun würde), da las ich, daß er bei einem Jagdunfall in Afrika tödlich verletzt worden war. Das schien mir furchtbar ungerecht. Es machte mich wütend und war auch nicht leicht zu glauben, denn er war mir immer völlig unverwundbar erschienen. Es dauerte mehrere Tage, bis ich dieses bittere Gefühl von Ungerechtigkeit überwunden hatte und mich gelassener an gemeinsame Tage erinnern konnte — ein unaufgeräumtes Wohnzimmer in Oxford, ein Birkhahn, der sich in den Dezemberhimmel aufschwingt, ein Augustabend, an dem wir im schottischen Tiefland zwischen Strohgarben auf Wildtauben ansaßen. Mir fiel auch ein, daß er mir für eine Reise nach Brasilien den leichten Schlafsack geschenkt hatte, den ich noch immer benutzte. Ich konnte mir diesen Freund tot einfach nicht vorstellen.

Im übrigen zeigten die Zeitungen, daß die Welt auch ohne uns ausgekommen war. Wir erfuhren zum erstenmal von den Feiern zum 25. Jahrestag der Krönung Georgs V. in England. Unter den Maulbeerbäumen des Aksakal, die Kriegslieder der Dunganen im Ohr, studierten wir die Fotografien vertrauter, anläßlich der Umzüge festlich geschmückter Straßen und kamen uns plötzlich sehr einsam und verloren vor. Ein Amateur hatte das Grand National gewonnen. Italiens Haltung zu Abessinien gab Anlaß zu großer Besorgnis. Und hier, in einem Bericht über einen Flugzeugabsturz in Rhodesien, fand sich ein Abschnitt, dessen Schlußsätze bewiesen, daß England und die *Times* einander und sich selbst treu geblieben waren: »Nach einem weiten Weg unter der heißen Sonne begegneten sie einem Eingeborenen und setzten ein dringendes Hilfeersuchen auf. Stunden später erreichte die Botschaft Mr. Cameron, den Heuschreckenbeauftragten, einen Ehemaligen des Internats Marlborough.« Es fanden sich auch Auszüge (»World Copyright Reserved«) aus einer Anzahl Depeschen, die ich aus der Mandschurei und der Mongolei in die Heimat geschickt hatte. Als ich sie schrieb, waren sie mir furchtbar oberflächlich vorgekommen, jetzt erschienen sie mir ungemein tiefschürfend. Ich hatte sogar Schwierigkeiten, sie zu verstehen.

Der verschwundene Führer

Einen großen Teil unserer vier Tage in Khotan verbrachten wir mit offiziellen Besuchen. Der wichtigste und interessanteste führte uns zu General Ma Ho-san, dem zweiundzwanzigjährigen Oberkommandierenden der Rebellenarmee.

Wie die meisten großen Städte in Sinkiang teilt sich Khotan in eine Alt- und eine Neustadt. Die Neustadt, umgeben von einer hohen Zinnenmauer, war ursprünglich das chinesische Quartier und beherbergt auch heute noch alle offiziellen Jamens und die meisten Geschäfte und Wohnsitze der chinesischen Händler. Die Altstadt, das Quartier der Einheimischen, ist nicht befestigt.

Der Oberkommandierende empfing uns zweimal in einem leicht gebauten Pavillon hinter dem Jamen des Militärhauptquartiers. Ma Ho-san ist ein gutaussehender, humorvoll und tatkräftig wirkender junger Mann. Beide Male zog er einen Dolmetscher hinzu, einen Untergebenen, der ein wenig Englisch sprach — allerdings sehr wenig. Obendrein litt der arme Mann schwer unter Malaria, so daß wir uns meist in rudimentärem Chinesisch verständigten.

Es waren angenehme Unterredungen, die eine kleinere und eine große Sensation zutage förderten. Nachdem wir eine Zeitlang über Gas und Flugzeuge, über die Verschlagenheit Scheng Schi-tsais und der Russen gesprochen hatten, fragte ich Ma, ob der hohe Grad militärischer Alarmbereitschaft, der uns in allen Oasen aufgefallen war, darauf hindeute, daß er bald wieder in den Kampf ziehen wolle. Auf ein Datum wollte er sich nicht festlegen und deutete an, daß er Hilfe aus Nanking erwarte. Er skizzierte aber auch die Strategie seines nächsten Feldzuges, bei dem die Hauptmacht der dunganischen Armee in westlicher Richtung nach Jarkand marschieren solle, während eine starke Kavallerieeinheit auf einer wenig bekannten Route die Takla Makan durchqueren und Aksu angreifen solle, um die Verbindungen zwischen Kaschgar und Urumtschi zu unterbrechen.

Von direkterem Interesse waren für uns einige Hinweise zur Aufklärung des Geheimnisses um Ma Tschung-jing. Bei der ersten Begegnung wich Ma Ho-san der Frage nach seinem Halbbruder aus, erklärte nur beiläufig, er befinde sich auf einer *ju li*. Aber wenn der Oberkommandierende schon nicht reden wollte, sollte er uns doch wenigstens die berühmte russische Fotografie von Ma Tschung-jing zeigen, von der wir mehrfach gehört hatten. Deshalb ließen wir uns für die zweite Unterredung etwas einfallen. Wir brachten unsere Kameras und alles erdenkliche Zubehör mit, auch Kinis ausziehbares Stativ. Hoch geschmeichelt zog Ma Ho-san seine beste Uniform an und posierte im Hof mit vier bewaffneten Männern seiner Leibwache. Mit großem Hokuspokus fotografierten wir ihn aus allen möglichen Blickwinkeln. Es war fast dunkel, und wir wußten, daß die Aufnahmen nichts werden würden. Aber als wir fertig waren, zeigten wir uns entzückt. Wie groß, so riefen wir, würden unsere Gesichter sein, wenn wir unseren Freunden diese Bilder des berühmten Generals Ma Ho-san zeigen würden, auf dessen äußere Erscheinung man in England und Frankreich schon seit längerer Zeit sehr neugierig sei! Und wie herrlich wäre es, wenn wir ihnen auch ein Porträt seines kaum weniger berühmten Halbbruders, des Generals Ma Tschung-jing, zeigen könnten . . .

Der Trick funktionierte. Eine Ordonnanz wurde losgeschickt und kehrte wenig später mit einer Fotografie des Verbannten zurück. Es war (für uns) ein sehr interessantes Bild. Ma Tschung-jing posierte in einem erstaunlichen Aufzug. Sein Haar war lang wie bei einem Ausländer (alle

Dunganen schneiden ihr Haar kurz), und er trug die Uniform eines Kavallerieoffiziers der Roten Armee. Anscheinend hatte eine Internierung auf sowjetischem Territorium auch ihre guten Seiten.

In der Dämmerung ließen wir noch einmal die Kameras klicken und verabschiedeten uns dann in bester Laune.

Ein anderer interessanter Besuch galt der Münze. In England hat allein schon das Wort Münze etwas ungeheuer Ehrwürdiges. In China nicht. In den Bürgerkriegen dieses Landes ist das erste Anzeichen für das Auftreten eines neuen Machthabers (auch wenn er nicht unbedingt lange bleibt) die Übernahme oder Errichtung einer Münze und möglichst auch eines Arsenals. Aber die Münze ist bei weitem das Wichtigere. In der Münze von Khotan ging es sehr primitiv zu. Es gab keinerlei Maschinen, aber in den verdreckten Räumen eines heruntergekommenen Gebäudes wurden täglich nicht weniger als dreißigtausend Geldscheine fabriziert. Sie wurden von Hand in vier Farben auf einem feuchten Papier aus den Fasern des Maulbeerbaums gedruckt und verausgabt, ohne daß auch nur ein Pfennig Kapital oder Kredit hinter ihnen gestanden hätte. Ihr Wert — auch ihr Nennwert — war entsprechend niedrig. Aber für den Sold der Soldaten genügten sie, und auch den Menschen, mit denen die Armee Geschäfte machte, konnte man sie aufnötigen. Die Währungspolitik der Dunganen empfahl sich durch eine gewisse geradlinige Einfalt.

Nach außen und innen wurde Khotan von seiner Garnison beherrscht. Trotz drückender Hitze marschierten den ganzen Tag singende Kolonnen auf dem Weg von ihren Unterkünften zu den verschiedenen Exerzierplätzen durch den Basar. Die Offiziere waren allesamt Dunganen, aber die Mannschaften bestanden in einigen Einheiten aus Turkis oder aus turki-chinesischen Mischlingen. Meistens trugen sie schmutzigweiße Interimsuniformen und auf den geschorenen Köpfen schlappe, weiße Sonnenhüte. Die pastorale, ziemlich frauliche Kopfbedeckung paßte schlecht zu den rohen, pockennarbigen Gesichtern und den blutunterlaufenen, funkelnden Augen. Oft zogen die Regimenter sehr langsam in einem übertrieben akrobatischen Gänsemarsch vorbei, wobei die Arme bis über die Köpfe geschwungen wurden, und abends rannten und sprangen sie in kurzen Hosen und rot-weiß karierten Fußballtrikots vor den Mauern der Neustadt herum und spielten eine Art Räuber und Gendarm im großen Maßstab. Immer wurden irgendwo Hörner geblasen, und den ganzen Tag wogten die wilden Moslemlieder wie Meeresgetöse durch die Stadt. Nirgendwo sonst in China habe ich Truppen gesehen, die so scharf gedrillt wurden.

An einem Tag besuchten wir das Arsenal. Wie die Münze war es weder gut untergebracht noch gut ausgerüstet. In den improvisierten Werkstätten bastelten Männer an schrottreifen Flinten herum. Kleine Handgranaten wurden ohne alle Sicherheitsvorkehrungen wie Rosinenbrötchen hergestellt. Die Hauptattraktion waren fünfzehn oder zwanzig leichte Kanonen, die man der Provinzarmee bei Urumtschi abgejagt hatte. Sie wurden blitzsauber gehalten, aber der Vorrat an passender Munition war nur eine symbolische Größe.

Am 10. Juli machten wir uns wieder auf den Weg. Die angesehensten Hinduhändler verabschiedeten sich von uns so überschwenglich, wie sie uns begrüßt hatten. Der Aksakal, der inzwischen nach Khotan zurückgekehrt war und sich als ein dicker, schnaufender Afghane entpuppt hatte, gab uns einen Begleiter mit, einen turki-chinesischen Mischling namens Nyaz. Er war ein liebenswürdiger Kerl, nicht sehr helle und auch nicht sonderlich geschickt, aber treu. Der einzige Nachteil bestand darin, daß er der ebenso festen wie unbegründeten Überzeugung war, er beherrsche das Chinesische. In Wirklichkeit beschränkte sich seine Kenntnis dieser Sprache auf zwei Ausdrücke: »langsam« und »wartet ein bißchen«. Diesen Wörtern legte er nun ganz unbefangen die verschiedensten Bedeutungen bei, vor allem: »rasch, sofort«, »nicht mehr lange«, »ein wenig« und »sehr viel«.

Solange wir ihn noch nicht gut kannten und noch nicht gelernt hatten, an seinem Gesicht und seinem Tonfall abzulesen, was er uns mitzuteilen versuchte, war es nicht einfach, ein Gespräch wie dieses zu begreifen:

»Wie viele *potai* noch bis zum nächsten Basar, Nyaz?«

»Man man di kelde«, entgegnete er, wobei er das chinesische Wort für »langsam« mit dem turkischen für »kommen« kombinierte. Auf den ersten Blick sollte man meinen, er wollte uns sagen, es sei noch ein weiter Weg. Aber ziemlich oft stellte sich heraus, daß er genau das Gegenteil meinte. Alles, was er sagte, preßte er mit geschlossenen Augen hervor, wobei er den Kopf vorschob und blindlings hin- und herbewegte wie eine Schlange in einem Terrarium. Aber man mußte diesen Bauerntölpel einfach gern haben.

Saduk, nicht ohne seinen Regenmantel, schloß sich uns ebenfalls an. Er war ein verschlagener Bursche, aber ein rascher, geschickter Dolmetscher für das Chinesische, und obwohl er einen großen Teil des Tages und die ganze Nacht in einem alten Pekingwagen im hinteren Teil des Gartens Opium rauchte, glaubten wir, er könnte uns nützlich sein. Doch der Aksakal warnte uns vor ihm, und ich erklärte Saduk, wir hätten keine Verwendung für seine Dienste — worauf er feierlich erwiderte, er wolle ohnehin nach Kaschgar und werde uns unterwegs ohne Entlohnung Beistand leisten. So brachen wir gemeinsam auf.

Zwei Untergebene des Aksakal begleiteten uns aus Khotan hinaus. Wir kehrten einer finsteren, irgendwie hoffnungslosen Stadt den Rücken, über der selbst in den Augen eines phantasielosen Menschen, wie ich es bin, eine Atmosphäre von Verrat und Gewalt zu hängen schien. Eine kurze, heiße Etappe von fünf Stunden brachte uns an einen reißenden Fluß namens Karakasch, den wir mit unseren Tieren in flachen Fährbooten überqueren konnten. Am anderen Ufer erreichten wir bald einen kleinen Basar auf einem Felsvorsprung, in dessen verwinkelten Straßen wir nach einer Karawanserei suchten. Die Fliegen waren eine Plage, und als uns die Nacht zeitweilig von ihnen erlöste, machten sich andere, grausamere Insekten über die unglückliche Kini her. Mich ignorierten die Wanzen und das Ungeziefer meist, aber Kini fanden sie immer sehr attraktiv. Diesmal jedoch mußte auch ich leiden. Abends hatte ich etwas schlecht gewordene Sauermilch zu mir genommen, die nun in meinem Inneren munter weitergärte.

Auf all diesen Etappen mußten wir nach Landessitte in jedem Basar die Tiere wechseln, was viel Ärger und manche Verzögerung mit sich brachte. Am nächsten Tag unterbrachen wir unseren Marsch in Zawa, um auszuruhen, uns zu säubern und ein wenig Brot zu essen. Saduk, der morgens so mit Opium vollgepumpt gewesen war, daß er nicht mit uns hatte aufbrechen können, holte uns ein und wurde mit Schimpf und Schande nach Khotan zurückgeschickt. Dann zogen wir weiter in Richtung Pialma. Auf halbem Wege durch die nackte Wüste kamen wir zu einem Heiligtum, das dem Andenken eines frommen Mannes gewidmet war. Ein Schwarm von mehreren hundert Tauben lebt hier allein von der Barmherzigkeit der Reisenden, die bei dem Aufseher des Ortes Mais kaufen können, um die Tauben damit zu füttern. Sonst gibt es hier nichts, was sie essen könnten, und nach dem Eifer zu urteilen, mit dem sie uns entgegenflogen und zum Heiligtum begleiteten, waren die Reisenden in letzter Zeit entweder sehr rar oder sehr unbarmherzig gewesen. Die Vögel watschelten neben dem Weg her oder umkreisten unsere Köpfe, und als wir schließlich eine Schale Mais kauften und auf dem Boden ausstreuten, machten sie sich mit brausendem Flügelschlagen darüber her, so daß die Stelle in kürzester Zeit mit zwei oder drei Schichten kämpfender Vögel bedeckt war. Sie mußten tatsächlich ausgehungert gewesen sein.

Wir sollten Pialma an diesem Abend nicht erreichen. Als wir weiterzogen, verdunkelte sich der Abendhimmel, und wenig später war der *buran* über uns. Der Wind kam direkt von vorn. Der Sand stach uns ins Gesicht, und wir mußten mit geschlossenen Augen reiten. Im letzten Tageslicht erreichten wir ein großes Posthaus mit dicken Mauern, das wie ein Fort gebaut war, und gaben auf. Die Nacht verbrachten wir in einer Art Zelle, wo sich eine alte, ebenso freundliche wie neugierige Frau um uns kümmerte.

Erst am nächsten Tag kamen wir nach Pialma, und Kini kochte eine dringend benötigte Reismahlzeit, mit der wir uns den Bauch vollschlugen. Wir wechselten die Tiere und zogen weiter, bis wir gegen zehn Uhr abends einen kleinen Basar erreichten, der im Mondlicht wie tot und verlassen dalag. Der nächste Tag verlief ebenfalls ereignislos, aber er endete in Guma, wo es einen britischen Aksakal gab, so daß wir einigermaßen bequem unterkamen.

Der Aksakal war abwesend, doch ein kleiner Hindu-Doktor, der ein paar Brocken Englisch sprach, kümmerte sich um uns und war mir am nächsten Tag in einer heiklen Angelegenheit behilflich. Es ging los, als uns der Bürgermeister, ein dicker, schwitzender, verschlagener Turki, einen Besuch machte und in harmlosem Ton nach unseren Pässen fragte, aus denen sich dann ein Sekretär die Einzelheiten abschrieb. Ein sofortiger Wechsel der Tiere wurde versprochen, aber die Tiere tauchten nicht auf. Statt dessen erschien eine Ordonnanz des Kommandanten der dunganischen Garnison und verlangte, daß wir ihr unsere Pässe aushändigten.

Nichts Gutes ahnend, überließ ich sie ihm, und schon bald verlautete aus dem Jamen, unsere Pässe seien nicht in Ordnung. Warum wir keine Pässe aus Khotan hätten? Schweren Herzens suchte ich das Amt des Bürgermeisters auf und hatte dort eine Unterredung mit einem äußerst unsympathischen Sekretär aus Szetschwan. Es war ärgerlich, aber er hatte natürlich recht, als er mir erklärte, daß wir uns mit diesen Papieren in der Provinz gar nicht aufhalten dürften, und uns mit unverhohlenem Vergnügen einen Aufenthalt von unbestimmter Dauer prophezeite, während die ganze Angelegenheit an das Hauptquartier in Khotan zurückverwiesen würde. Der Bürgermeister war inzwischen verschwunden.

So machte ich mich ziemlich besorgt auf den Weg zum militärischen Jamen, wo ich schließlich sogar mit dem Kommandanten selbst sprechen konnte. Nur mit Mühe konnte ich diesen einfältigen, mißtrauischen Mann davon überzeugen, daß ich kein russischer Spion war. Aber mit ein paar billigen Witzen gegenüber seinem Stab und indem ich immer wieder Debatten über irgendwelche Nebensächlichkeiten anzettelte und mich überhaupt wie ein naiver Trottel auff ührte, brachte ich ihn schließlich dazu die Pässe zu stempeln.

Das alles kostete Zeit, und es war schon fast vier Uhr, als wir endlich nach Tschulak aufbrachen, ebenfalls ein Posthaus auf einem Felsvorsprung, das wie ein Fort aussah und das wir erst lange nach Einbruch der Dunkelheit erreichten. Noch einmal wurden unsere Pässe geprüft, und zwar von einem Mann, der früher den Grenzposten bei Basch Malghun befehligt hatte. Wir dankten dem Himmel, daß er nicht dort gewesen war, als wir nach Sinkiang einreisten. Erst jetzt fingen wir an zu begreifen, was für ein Glück wir gehabt hatten, als wir in Tschertschen auf gutwillige oder ahnungslose Beamte gestoßen waren.

Wir verlassen das Gebiet der Dunganen

Am nächsten Tag ritten wir weiter, durch die Wüste nach Khargalik, der letzten wichtigen, von den Dunganen kontrollierten Oase. Dort war gerade Basartag, und es herrschte Hochbetrieb. In den überdachten Straßen wogten Massen von Kauflustigen um die Buden. Unter diesen fielen die Stände der Hutmacher mit ihren langen Reihen schräg stehender Pflöcke, an denen kleine bestickte Kappen wie kleine bunte Knöpfe baumelten, besonders auf. Der britische Aksakal bereitete uns einen freundlichen Empfang, was uns doppelt behagte, weil wir hundemüde und durch Unterernährung geschwächt waren. Wir hatten das Gefühl, seit Tagen nichts Richtiges mehr gegessen zu haben, und so war es auch.

Wir mußten unsere Tiere wechseln, und ich machte mich zusammen mit dem Aksakal auf die Suche nach der Obrigkeit. Vor dem Tor des vornehmsten Jamen stießen wir auf den General, der die Garnison befehligte. Er war ein dicker Mann mit einem grimmigen, aber zugleich schelmischen Gesicht, aus dem ein langer Schurkenbart anmutig in die Tiefe hing. Er hockte auf einem Stuhl und verfolgte ein munteres Korbballspiel, während ein kleiner

Junge mit einem riesigen Fächer aus Adlerfedern (der viel größer war als der Junge selbst) die Fliegen fernhielt. Eine große Menschenmenge, Turkis und Dunganen, sahen ebenfalls zu.

Ein Flüstern ging durch die Reihen, als ich erschien: kein Wunder, denn ich sah seltsam genug aus. Ich stellte mich dem General vor und entschuldigte mich für mein abgerissenes Äußeres. Dann trieben wir eine Zeitlang höfliche Konversation. Vergeblich versuchte ich, meine demütige Bitte um frische Tiere anzubringen. Jeden Vorstoß wehrte er höflich ab, bis ich zuletzt aggressiv wurde. Als mich der General fragte, was ich von Korbball als Spiel hielte, sagte ich, in manchen Ländern, vor allem in Rußland, sei es sehr beliebt. In England hingegen würde es nur von Frauen gespielt. Er schien darüber ein wenig verärgert. Es gefiel ihm auch nicht, als ich ein altes britisches Armeegewehr von einem Mitglied seiner Leibwache ergriff, das Schloß herausnahm und ihm zeigte, daß der Lauf abscheulich schmutzig war. Immerhin behandelte er mich nachher weniger herablassend und zeigte sich bereit, die Frage der Tiere zu erörtern.

Zuerst behauptete er, es gebe keine. Nun gut, erwiderte ich, dann würde ich eben zu Fuß nach Jarkand gehen, auch wenn ein Mann, der zu Fuß unterwegs sei, das Gesicht verlöre. Der General, der mich bisher für einen unbegreiflichen, unberechenbaren Barbaren gehalten hatte, war (vermute ich) so entzückt darüber, bei mir einige chinesische Anschauungen zu entdecken, daß er sofort kapitulierte und mir die Tiere für den nächsten Tag versprach. Er ließ auf meine Bitte sogar eines der russischen Armeegewehre, die er in großer Zahl bei Urumtschi erbeutet haben wollte, aus dem Jamen holen. Die russischen Gewehre, die ich bisher gesehen hatte, stammten alle aus der Zeit vor 1923, aber dieses trug tatsächlich die Jahreszahl 1930, was seine Behauptung, er habe sie von sowjetischen Soldaten erbeutet, zu bestätigen schien.

Unterdessen hatten sich zwei aufschlußreiche Zwischenfälle ereignet. Aus der Menge der Zuschauer, die das Korbballspiel verfolgten, löste sich plötzlich ein alter Turki und warf sich mit Tränen in den Augen vor dem

General zu Boden. Er war offenbar von einem seiner Söhne betrogen worden und entrollte nun die lange Geschichte eines verwickelten Familienzwistes. Die Dunganen lachten ihn aus und verscheuchten ihn schließlich.

Dann kamen auf Eseln zwei vornehme Turkis herangeritten, sehr würdig, mit langen weißen Bärten und schön bestickten Gewändern. Während sie näher kamen, um ihren Respekt zu bezeugen, kicherten die Dunganen und machten hinter vorgehaltener Hand Witze. Die gebotenen Höflichkeiten erwiderten sie nur flüchtig und gaben sich keine Mühe, ihre Belustigung und Verachtung zu verbergen.

Beide Vorkommnisse erinnerten mich lebhaft an die Japaner in der Mandschurei. Die Asiaten können bisweilen erobern, aber kolonisieren können sie nicht.

Als das Spiel vorüber war, watschelte der General auf das Spielfeld und begann, mit herablassender Miene den Ball in den Korb zu werfen. Als ich auf ihn zutrat, um mich zu verabschieden, warf er mir den Ball spielerisch zu. Es war ein sehr leichter Ball, und ich schickte ihn mit einem kräftigen Tritt in den Himmel. Wie eine Bombe fiel er in die erstaunte Menschenmenge, die anscheinend noch nie gesehen hatte, wie ein Ball getreten wurde. Großes Gelächter erhob sich, und ich hatte einen würdigen Abgang.

Um die Mittagszeit des nächsten Tages verließen wir das dunganische Gebiet. Die Soldaten am westlichsten Grenzposten hielten uns an und waren — wie alle Chinesen, die sich überrascht fühlen — zunächst nervös und ziemlich grob. Aber wir entwaffneten sie, indem wir die Narren spielten. Es dauerte nicht lange, da ließ ich sie in ihrem eigenen Hof antreten und kommandierte sie mit Feldwebelstimme — zu fotografischen Zwecken. Sie waren fast alle mit alten Lee-Enfields bewaffnet (von denen vor einigen Jahren eine große Zahl aus Indien über die Grenze kam). Die Stützgabeln hatten sie mit Blechstreifen von japanischen Zigarettendosen an den Läufen befestigt. Ein russischer Propagandist hätte um diese Waffen ein hübsches Märchen über eine imperialistische Verschwörung spinnen können.

Nachdem wir Tee getrunken hatten, bereitete uns die gesamte Garnison einen herzlichen Abschied. Wir überquerten einen breiten, weitverzweigten Fluß — ausnahmsweise einmal auf einer Brücke. Es war ungeheuer heiß. Deshalb stiegen wir ab und badeten in dem dickflüssigen, gelben Wasser. Es war köstlich, aber nachher fühlten wir uns schlapp und müde. Abends erreichten wir Posgam, einen kleinen Basar in der Mitte einer Art von entmilitarisierter Zone, die zwischen dem von Khotan und dem von Urumtschi kontrollierten Territorium liegt.

Am nächsten Tag sollten wir Jarkand erreichen und erörterten die Aussicht, dort den ersten Europäern zu begegnen, denn wir wußten, daß es in der Stadt eine schwedische Missionsstation gab. Um die Mitte eines heißen Tages kamen wir an einen anderen Fluß und ließen uns übersetzen. Am westlichen Ufer stießen wir auf den ersten Grenzposten der Provinzialarmee.

Er war mit einem Trupp verlotterter Turkis besetzt. Sie trugen schäbige graue Uniformen und Käppis von russischem Schnitt. Wie bei ihren Feinden, die wir tags zuvor verlassen hatten, zeigten auch bei ihnen die Rangabzeichen und Armbinden den Stern der Kuomintang und bekundeten auf diese Weise ihre Zugehörigkeit zu den Streitkräften der Nanking-Regierung. Wir befanden uns eben doch immer noch auf chinesischem Gebiet, wo solche kleinen Unstimmigkeiten nichts besagen.

Man war, gelinde gesagt, erstaunt über unser Erscheinen. Aber wir taten so, als sei nichts dabei, und sie kamen nicht einmal auf die Idee, uns nach unseren Pässen zu fragen. Statt dessen bewirteten sie uns mit Tee und Spiegeleiern und gaben uns einen Begleiter auf feurigem Pferd bis Jarkand mit. Bei Anbruch der Dämmerung zeigten sich die mit Pechnasen versehenen Mauern der Neuen Stadt über den Baumwipfeln der Oase, und von fern hörten wir das schräge Miauen der Signalhörner. Unser Begleiter, eine unerfreuliche Erscheinung, wollte, daß wir mit ihm zum Militärhauptquartier kämen und uns dort meldeten. Ich war dagegen und konnte mich nach einigem Hin und Her durchsetzen. Wir gingen direkt zum Haus des Aksakal. Es war der 17. Juli. Vor achtundzwanzig Tagen hatten wir Tschertschen verlassen und waren schnell vorangekommen. Bis Kaschgar lagen nur noch fünf Tagemärsche vor uns.

Wir verbrachten einen Tag in Jarkand, der größten Stadt im südlichen Sinkiang. Sie hatte im Bürgerkrieg schwere Gefechte erlebt. Teile des Basars lagen noch in Trümmern. Die Befestigungen der Neustadt waren mit Einschußlöchern übersät und die Wände der umliegenden Häuser mit Schießscharten. Chinesische Inschriften waren übermalt. Eine chinesische Garnison hatte hier tapfer gegen die fanatischen Aufständischen aus Khotan ausgehalten und nach mehrwöchiger Belagerung freien Abzug bekommen. Daraufhin verließen die Chinesen die Neustadt und marschierten in Richtung Kaschgar. In der Wüste jedoch wurden sie fast bis zum letzten Mann niedergemetzelt. Der Vorfall ist typisch für eine Provinz, deren ganze Geschichte nach Verrat stinkt.

Achtundzwanzig Soldaten entkamen, und einen von ihnen, der jetzt das Amt des Bürgermeisters innehatte, suchten wir auf. Er war ein angenehmer, höflicher Mann aus Junnan und sagte uns, er würde die Provinz gern verlassen, wenn er nur könnte. Uns erschien sein Wunsch durchaus begreiflich.

Die Garnison von Jarkand bestand zu jener Zeit aus einem turkischen und einem chinesischen Regiment. Dem Kommandeur des letzteren machten wir einen Besuch. General Liu war ein intelligenter, charmanter junger Mann mit einer ungewöhnlich eleganten Uniform. Er und seine Leute stammten aus Nordchina und hatten in der Armee des »Jungen Marschalls« gedient, als diese 1932 von den Japanern aus der Mandschurei vertrieben und dann mit ihrem Anführer Scheng Schi-tsai von den Russen in Sibirien interniert worden war. General Liu fragte zu meiner Erleichterung nicht nach unseren Pässen, schien unser Auftauchen auch nicht weiter verwunderlich zu finden. Ausgiebig erkundigte er sich jedoch nach unserer Reise und schickte (wie wir später erfuhren) unverzüglich einen Bericht über uns nach Kaschgar. Wir machten ein Foto von ihm und verabschiedeten uns sehr freundschaftlich.

Sowohl die chinesischen als auch die Turki-Truppen machten keinen so guten Eindruck wie die Dunganen. Sie waren größtenteils mit alten russischen Armeegewehren ausgerüstet. Die Turki-Soldaten sangen beim Marschieren kommunistische Lieder, wie Moskau sie seinen Untertanen in Zentralasien beigebracht hat und wie man sie auch in den Straßen von Taschkent oder Samarkand hört. (Ein typischer Refrain lautet: »Alles um mich her ist mein; nun komme ich und nehm es mir.«) Hier und da sah man ebenso mysteriös wie imposant wirkende Offiziere mit Koppel und Schulterriemen — wahrscheinlich Tadschiken oder Andischaner von jenseits der sowjetischen Grenze, die jetzt einen eher politisch als militärisch bedeutsamen Posten im Stab einer Turki-Einheit einnahmen. Überall saßen sowjetische Agenten in den Schlüsselstellungen.

Die schwedischen Missionare, so erfuhren wir, hatten sich wegen der Hitze in die Berge zurückgezogen, aber der Aksakal bewirtete uns sehr höflich — ein dunkler, rüstiger Afghane, dem von der indischen Regierung kürzlich der Rang eines Khan Bahadur verliehen worden war, weil er im Bürgerkrieg einigen Missionaren das Leben gerettet hatte. Er stellte uns Musa Ahun vor, einen Turki mit blondem Bart, strahlendem Blick und kräftiger Statur, der wie ein Wikinger aussah. Musa Ahun hatte Aurel Stein auf drei seiner Expeditionen begleitet, besaß eine Taschenuhr mit einer Inschrift, die seiner treuen Dienste gedachte, und sprach etwas Chinesisch. In seiner angenehmen Gesellschaft machten wir einen Einkaufsbummel durch den Basar.

Auf dem Weg dorthin sahen wir einen professionellen Geschichtenerzähler, der die Aufmerksamkeit einer großen Menschenmenge fesselte, bis Kini ihm Konkurrenz machte, indem sie sich in der Nähe hinhockte und einen Film wechselte. Die Turkis hier sahen oft kränklich aus. Ein großer Teil — ich glaube, mehr als die Hälfte — der Bevölkerung von Jarkand leidet an einem Kropf. Es war Abend, und die wohlhabenderen Kaufleute fuhren vom Basar zu ihren Häusern in der Oase. Vom Verdeck ihrer Pekingwagen reichten kleine blaue Baldachine nach vorn, um auch das Pferd gegen die Sonne zu schützen. Wir stöberten in den Läden herum und kauften einige goldbestickte Käppchen und weiche Lederschuhe, die hier von den Frauen getragen werden und für die Jarkand berühmt ist. Musa Ahun war uns ein väterlicher, kenntnisreicher Führer. Wir kamen uns vor wie Urlauber.

Die langen Tage unter der Sonne bei einer Kost, die aus nichts als Tee und Brot bestand, hatten uns beide erschöpft und entnervt. Kini wollte noch einige Tage in Jarkand bleiben und sich ausruhen. Aber Kaschgar war nah, und mich packte — wie üblich — die Ungeduld, deshalb war ich so gefühllos, mich ihrem Plan zu widersetzen. Später sagte sie mir, damals sei sie zum ersten und einzigen Mal während der ganzen Reise wirklich wütend auf mich gewesen.

Landstreicher zu Pferd

An diesem Abend plünderten wir im Haus des Aksakal einen für Khotan bestimmten Postsack und borgten uns die neueste Ausgabe von Mr. Moldovacks *Times Weekly Editions*. So erfuhren wir von T. E. Lawrence' Tod, und während ich in dem kühlen Hof saß und den abendlichen Hörnerklängen lauschte, fielen mir die phantastischen Gerüchte ein, die ihn auch mit Sinkiang in Verbindung brachten. Sie stammten vermutlich aus Moskau, aber in Urumtschi glaubte man fest an sie. Ein junger deutscher Ingenieur, der mehr Glück gehabt hatte als seine beiden verhafteten Landsleute und 1934 aus Urumtschi nach Peking zurückgekehrt war, hatte uns versichert, Lawrence sei für Großbritannien unter den Dunganen aktiv. In Sinkiang sei das allgemein bekannt, und ein Freund von ihm habe den allgegenwärtigen Helden in Srinagar mit einem Trupp Sikhs nach den Pässen des Himalaja aufbrechen sehen. Auch diese innerasiatische Fußnote gehört zu den phantastischen Legenden, die sich um Lawrence ranken.

Unser Frühstück am nächsten Morgen wurde von General Liu unterbrochen, der unseren Besuch mit so gründlicher Gegenseitigkeit erwiderte, daß er nun uns fotografierte, wie wir ihn fotografiert hatten. Immer noch begleitet von dem tölpelhaften Nyaz, der uns wie ein Hund folgte, verabschiedeten wir uns von dem Aksakal und zogen unter lauten Protesten von Kini noch einmal hinaus in die Hitze und den Staub.

Aber es wurde keine sehr anstrengende Etappe. Die Oase zog sich weiter an der Straße entlang, und nur gelegentlich hatten wir nackte Wüstenabschnitte zu durchqueren. Bei einem kleinen Basar machten wir halt und tranken im Schatten etwas Tee. Nicht weit von uns entfernt hockte ein halbes Dutzend Turkis und tat das gleiche. Während ich zurückgelehnt dasaß und mit halbem Ohr ihrem Gespräch lauschte, das sich der Geographie zugewendet hatte, hörte ich, wie einer von ihnen auf eine sehr wissende Art eine Reihe von Ortsnamen aus dem russischen Teil Zentralasiens herunterspulte. Wir kamen ins Gespräch mit ihm und stellten fest, daß er Russisch sprach. Er war kein Turki, sondern Andischaner — ein kultivierter Spitzbube, eine Art sardonischer Autolykus*, der ein paar Jahre zuvor aus der Sowjetunion geflohen war.

Er hatte viel zu erzählen und war sehr erbittert über die Provinzregierung und die sowjetischen Agenten, die sie steuerten. Er berichtete von Enteignungen und von reichen Leuten, die verschwunden waren; von der strategischen Straße, die von Kaschgar zur sowjetischen Grenze gebaut werden sollte; von den furchtbaren Tortinjis, jener sowjetisch-kirgisischen Söldnertruppe, die das Grenzgebiet terrorisierte; von Bestechung, Verrat und Intrige. Schließlich führte er uns in ein Zimmer des Gasthofes und zeigte uns das vierzehnjährige Mädchen, das er kürzlich gekauft hatte. Es kniete auf dem Boden und knetete Teig, ein hübsches kleines Geschöpf mit großen, dunklen Augen und einer schelmischen Miene.

»Habe sie billig bekommen«, sagte der Andischaner selbstgefällig. »Der Markt ist auf dem Tiefpunkt. Vor einem Jahr kosteten Mädchen das Doppelte.«

»Und Ihre Frau?« fragte Kini unbarmherzig.

* Gestalt aus Shakespeares »Wintermärchen«. (A. d. Ü.)

»Ach, die wartet in Kaschgar auf mich. Jetzt bin ich auf Geschäftsreisen und kann es mir leisten, nicht allein unterwegs zu sein.«

Nach dieser anregenden Begegnung ritten wir noch vier oder fünf Stunden weiter bis Kokrabat, wo wir im Hof vor dem Haus des Ortsvorstehers ein angenehmes Lager aufschlagen konnten. Die Fliegen waren jetzt, wie die Moskitos vor ihnen, nur noch eine geringe Plage, und das machte viel aus, denn nun konnten wir uns, wenn wir tagsüber rasteten, vollkommen entspannen und sogar schlafen.

Der nächste Tagemarsch durch nackte Wüste war lang, heiß und ereignislos. Doch am 21. Juli begegneten uns zwei Dinge wieder, die bei aller Verschiedenheit einander insofern ähnlich waren, als sie in unserem Dasein lange Zeit gefehlt hatten.

Zunächst einmal die Berge. Ein ruhiger, strahlender Morgen verhieß einen brennend heißen Tag. Wir verließen das staubige Dörfchen, in dem wir die Nacht verbracht hatten, und erblickten plötzlich links von uns die hoch ragenden Berge — klar umrissen, schneebedeckt, täuschend nah. Wegen des Staubdunstes, mit dem der Wind das Tarim-Becken meist unmerklich überzieht, hatten wir sie nicht mehr gesehen, seit wir vor fünf Wochen nach Tschertschen gekommen waren, obwohl sie vermutlich immer in Sichtweite gelegen hatten. Jetzt raubten sie uns den Atem, und der langweilige, langsame Gang unserer Wüstenreise gewann ein neues Interesse und eine neue Farbe — wie ein schlechtes Theaterstück, das durch eine prächtige Kulisse gerettet wird. Aber nur für einen kurzen Augenblick, denn bald senkte sich wieder der Vorhang über dieser Verwandlungsszene. Vor Mittag hatte der Dunst erneut die Oberhand gewonnen, die Berge verschwanden wie ein Traumbild, und wieder zogen wir zwischen flachen, verschwommenen, reizlosen Horizonten dahin.

Wir kamen zu dem Schluß, daß dies der heißeste Tag von allen sei. Aber der morgendlichen Schneevision folgte am Nachmittag eine nicht weniger verblüffende Erscheinung. Wir hatten unsere Etappe fast hinter uns und den Rand von Jangi Hissar, einer ziemlich bedeutenden Oase, schon erreicht, als wir nach der Überquerung eines Flusses hinter einer vor uns liegenden Wegbiegung ein Rauschen hörten, das uns auf eine Wassermühle schließen ließ. Aber das Geräusch blieb nicht, wo es war. Es wurde lauter, es kam näher. Mit kindlicher Freude und kindlichem Staunen wurde uns klar, daß wir im nächsten Augenblick zum erstenmal, seit wir Lantschou verlassen hatten, ein Motorfahrzeug zu Gesicht bekommen würden.

Sogar zwei — große russische Lastwagen voller Soldaten, die in einer Staubwolke daherkamen und zum Fluß hinunterbrausten. Sie waren zwar nicht die Kreidefelsen von Dover, aber sie gaben uns das Gefühl, der Zivilisation wieder sehr nah zu sein. Später erfuhren wir, daß sie einen Trupp Soldaten aus Kaschgar verfolgten. Wegen ausstehender Soldzahlungen hatten diese gemeutert, den Kommandanten der Garnison verwundet, seinen Jamen in Brand gesteckt und waren dann in die Berge geflohen. Also waren wir wohl doch noch ein gutes Stück vom Piccadilly entfernt.

Die Nacht verbrachten wir im Haus des britischen Aksakal in Jangi Hissar. Wir verspürten das dringende Bedürfnis zu baden, und ich, aber nicht Kini, konnte diesem Bedürfnis in einem großen öffentlichen Teich Genüge tun, der wenig einladend mit grünlichem Schaum bedeckt war. (Wenn man, so überlegte ich mir, in England durch irgendein Mißgeschick in einen solchen Teich geriete, würde man sofort nach Hause gehen und ein Bad nehmen.) Wir erfuhren, daß der britische Generalkonsul nicht in Kaschgar sei, sondern einen Ausflug in die Berge mache, daß jedoch der Vizekonsul anwesend sein werde, wenn wir kamen. Wir hatten nur noch zwei Tagemärsche vor uns, und da diese von einem Reiter ohne Gepäck an einem Tag bewältigt werden konnten, schrieben wir einen Brief an das Konsulat, in dem wir unsere Ankunft ankündigten, und übergaben ihn einem Kurier des Konsulats, der seit Jarkand mit uns reiste.

Am nächsten Tag mußten wir feststellen, daß die Behörden wenig Neigung zeigten, die gegebenen Versprechen hinsichtlich unserer Reittiere einzuhalten. Der Bürgermeister war ein dicker, unangenehmer Turki. Der Militärkommandeur war derjenige, der das Massaker an der chinesischen Garnison von Jarkand zu verantworten hatte, und sein Stabschef und politischer Ratgeber war ein Andischaner von jenseits der sowjetischen Grenze. Ich besuchte beide und machte keinen Hehl aus meiner Empörung. Schließlich erschienen die Tiere doch, und wir brachen gegen Mittag in der schlimmsten Hitze auf.

Bisher hatten wir unterwegs immer Glück gehabt; heute jedoch sollte uns das Schicksal durch einen warnenden Wink daran erinnern, wie leicht und auf wie vielfältige Weise es unsere Reise hätte beeinträchtigen können. Die wichtigste und verwundbarste aller Fronten, an denen der Reisende angegriffen werden kann, ist natürlich seine Gesundheit. Doch auch seine Habseligkeiten, obgleich weniger wichtig, sind eine Schwachstelle. Vor allem seine Tagebücher und seine Filme sind ein ständiger Anlaß zur Besorgnis, denn wenn sie verlorengehen, gestohlen oder beschädigt werden, ist das ein schwerer Schlag für ihn.

Aber das Schicksal ließ es in unserem Fall bei einer Ermahnung in Form eines üblen Streichs bewenden. Sie wurde uns in zwei Raten verabreicht. Die Obrigkeit in Jangi Hissar hatte uns einen unsympathischen Turki-Soldaten als Begleiter mitgegeben. Dieser Narr nahm nun eine Abkürzung, die von der Hauptstraße wegführte, und versuchte einen kleinen Fluß an der falschen Stelle zu durchqueren. Die starke Strömung reichte den Pferden bis an die Bäuche, aber alles wäre gutgegangen, wenn wir nicht in Treibsand geraten wären. Kinis Pferd sackte ein, blieb stecken und legte sich auf die Seite. Ich schrie ihr zu, sie solle die Füße aus den Steigbügeln nehmen, ließ mich aus dem Sattel ins Wasser gleiten und watete, so schnell ich konnte, zu ihr hinüber. Der Soldat, der irgendwie durch den Fluß gekommen war, rief uns aus sicherer Position vom anderen Ufer unverständliche Ratschläge zu.

Das steckengebliebene Pferd hatte die Nerven verloren, aber nach einem Kampf bekamen wir es frei und brachten es ans Ufer. Das unfreiwillige Bad war uns gut bekommen, aber Kinis Satteltaschen und deren Inhalt waren durchnäßt. Wir schimpften kräftig auf den Soldaten und nahmen dann den Schaden in Augenschein. Behutsam lösten wir die verklebten Seiten von Kinis Notizbuch, auf denen die Tinte schon ins Laufen geraten war. Mit unendlicher Vorsicht entfalteten wir unsere chinesischen Pässe — große, dünne Blätter, die die Nässe in schlaffe, mit unentzifferbaren Schriftzeichen beschmierte Lappen verwandelt hatte. Alles trocknete ziemlich schnell, und es war kein großer Schaden entstanden, aber wir ärgerten uns doch darüber, daß unser erster Unfall dieser Art auf eine so dumme Art und Weise geschehen konnte.

Kini hatte sich schon oft beschwert, ich hätte mehr Glück als sie, und kam nun wieder auf dieses Thema zu sprechen. Dazu bestand kein Anlaß, aber das wußten wir zu diesem Zeitpunkt noch nicht. Die Nacht verbrachten wir in Japtschan, plauderten mit einigen von Tscheng Schi-tsais Soldaten über Sibirien, wo sie interniert gewesen waren, und genossen die Vorstellung, daß dies für einige Zeit unsere letzte Nacht in dem allzu vertrauten Schmutz eines Gasthofes sein würde. Es war wirklich aufregend, am nächsten Morgen aufzuwachen und sich, während man noch auf dem harten Boden lag und zusah, wie die Sterne am bleichen Himmel verblaßten, darauf zu besinnen, daß man heute Kaschgar erreichen sollte, das früher immer so fern und unzugänglich gewesen war.

Die ungeladenen Gäste des Konsulats wollten alles in ihrer Kraft Stehende (es war wenig genug) dafür tun, dem Konsulat durch ihr Erscheinen keine Schande zu machen. Kini zog ein sauberes Hemd an, und ich holte meine letzte Klinge hervor und rasierte mich. Der Augenblick war gekommen, nun auch meinen Anzug auszupacken. Ich hatte ihn in Peking für ebendiesen Anlaß eingepackt. Aber ich hatte ihn fast verstohlen eingepackt, denn damals standen die Chancen hundert zu eins, daß sich dieser Anlaß nie ergeben würde, und ich wollte das Schicksal durch die Vermessenheit, die diesem Akt innewohnte, nicht reizen, die Chancen womöglich noch weiter zu vermindern. Mehr als fünf Monate lang war der Anzug — Sinnbild oft sehr schwacher Hoffnungen — zuunterst in meinem Koffer durch halb Asien gereist, ein dünner Tropenanzug, der keinen Platz wegnahm. Ich wußte, die Bügelfalten, mit denen ihn der bewundernswerte Liu versehen hatte, waren noch unversehrt und symmetrisch. Ich lege zwar wenig Wert auf Äußerlichkeiten, aber es gibt Gelegenheiten, bei denen mir dies doch amüsant und angebracht erscheint, und ich schmeichelte mir mit dem Gedanken, mein Einzug in Kaschgar werde sich durch ein Maß an modischer Eleganz auszeichnen, das mir um so erstrebenswerter erschien, als man es kaum von mir erwartete.

Ich öffnete meinen Koffer. O unseliger Weitblick! Zum Teufel mit der Eitelkeit! Der Koffer war voller Wasser.

Und nicht nur das. Der feine Staub der Wüste, der durch Ritzen und Spalten stets seinen Weg in unsere Gepäckstücke fand, hatte sich mit dem Wasser verbunden und als dünner Lehmbrei überall verteilt. Eines nach dem anderen nahm ich die durchnäßten Kleidungsstücke heraus und stellte fest, daß außerdem fünf Filmrollen — mehr als zweihundert Aufnahmen — naß geworden und obendrein die mit der Maschine geschriebenen Seiten meines Tagebuchs verklebt waren. Der Anzug, der kostbare Anzug, kam als letzter zum Vorschein. Naß und lehmig mußte er wohl sein. Aber daß er auch hellgrün geworden war — damit hatte ich nicht gerechnet. Die Farbe eines Halstuchs, das ich in Khotan gekauft hatte, war ausgelaufen ... Ich ließ den Jungen kommen, der sich um die Esel zu kümmern hatte, und machte ihm, so gut ich konnte, die Hölle heiß. Unter Tränen gestand er, einer der Esel habe sich in einem Bewässerungskanal hingelegt. Er habe sich nicht getraut, es mir zu sagen. In der anderen Kiste, die der Esel getragen hatte, befanden sich neben weniger wichtigen Dingen unsere Schreibmaschinen. Sie rosteten bereits. Wir holten das Gewehröl heraus und machten uns, den erbärmlichen Jungen in mehreren Sprachen verwünschend, fieberhaft an die Arbeit. Es war wie eine Ironie des Schicksals, daß wir unsere Habseligkeiten wohlbehalten durch so viele Schwierigkeiten gebracht hatten, nur damit sie in vorletzter

Stunde jemand aus bloßer Unachtsamkeit in die Gosse fallen ließ.

Ich mußte mich nun entscheiden, ob ich Kaschgar als Kopfsalat verkleidet oder wie ein Flüchtling von der Teufelsinsel betreten wollte. Für mich gab es auf dieser Welt nur eines, was schlimmer war als ein hellgrüner Anzug, nämlich ein triefnasser hellgrüner Anzug. So griff ich denn betrübt zu Shorts und Alltagshemd und machte mich darauf gefaßt, das Empire zu enttäuschen.

Nach mehr als dem üblichen Ärger bekamen wir schließlich frische Tiere und brachen zur letzten Etappe durch die Wüste auf. Mit der Zeit traten die morgendlichen Unannehmlichkeiten in den Hintergrund. Wir fühlten uns beschwingt, und als wir am Nachmittag die Mauern der Neustadt erblickten, packte uns eine Erregung, die fast schmerzte.

Die Neustadt von Kaschgar ist jedoch sechs oder sieben Meilen von der Altstadt entfernt. Enttäuscht stellten wir fest, daß wir noch zwei Stunden zu reiten hatten. Wir befanden uns jetzt auf einer Autostraße, einer breiten, staubigen Allee, neben der ein einzelner Draht herlief, die Telegraphenleitung von Urumtschi. Wir waren ohne Gefolge und schlecht beritten. Sättel und Zaumzeug waren mit Bindfaden geflickt, und unter der Staubschicht waren unsere Gesichter dunkler als die Gesichter der Leute aus dem Basar, die uns begegneten. Böse Vorahnungen plagten uns. Die Vertreter der Regierung Seiner Britischen Majestät in Fernost sind nicht durchwegs erfreut über das Auftauchen von Reisenden aus dem Landesinneren, die zuerst um Unterstützung bitten und nachher oft genug in alle möglichen Schwierigkeiten geraten. Wir hofften inständig, daß unsere Erscheinung dazu angetan war, solche Befürchtungen zu zerstreuen. »Wenn wir bloß Tropenhelme hätten!« dachte ich. Tropenhelme wären hilfreich gewesen.

Plötzlich erblickten wir vor uns ein Mittelding zwischen einer russischen Droschke und einem englischen Einspänner, gelenkt von einem Offiziersburschen in Khakiuniform mit einem Turban auf dem Kopf. Diese überaus beruhigend wirkende Gestalt galoppierte auf uns zu, überreichte uns ein freundliches Begrüßungsschreiben und lud uns ein, abzusitzen und in dem Gefährt Platz zu nehmen. Das taten wir gern, und im nächsten Augenblick schossen wir in schwindelerregendem Tempo (so schnell waren wir nicht mehr gereist, seit wir die Lastwagen in Lantschou hinter uns gelassen hatten) der Altstadt entgegen. Vorbei an dem gewöhnlichen Wirrwarr der Lehmhäuser, vorbei an den gefiederten Pfählen eines Friedhofs, unter den hohen, geschwungenen Mauern der Zitadelle entlang und bergauf zu einer etwas abseits gelegenen Gruppe von Gebäuden . . .

Jemand ritt uns entgegen: ein hochgewachsener, tadellos gekleideter junger Mann (mit Tropenhelm) auf einem grauen Polopony. Wir hielten an, stiegen aus und schüttelten ihm die Hand.

»Ich bin Barlow«, sagte der hochgewachsene junge Mann. »Der Generalkonsul macht Urlaub in den Bergen. Ich bin froh, daß Sie wohlbehalten hier angekommen sind. Gehen wir hinauf ins Haus.«

Wir fuhren weiter und unterhielten uns mit dem jungen Mann auf dem Pony so bemüht zwanglos und konventionell, daß ich mir wie ein Schauspieler in einer Gesellschaftskomödie vorkam.

»Es tut mir leid, daß wir hier einfach so hereinschneien«, sagte ich. »Aber wir konnten uns nicht früher bei Ihnen melden . . .«

»So unerwartet, wie Sie glauben, kommen Sie gar nicht«, erwiderte Barlow. »Wir hatten Ihretwegen schon eine Anfrage des Außenministeriums.«

Es war neu für uns, daß wir als vermißt galten. Wir waren auf unserer Reise schneller gewesen, als man erwarten konnte, und fühlten uns durch soviel amtliche Fürsorge gekränkt, machten uns zugleich aber auch Vorwürfe wegen der Ängste, die unsere Angehörigen daheim ausgestanden haben mochten. Der Wagen hielt an, und wie in einem Traum traten wir unter einem Torbogen hindurch, über dem Löwe und Einhorn um die Krone kämpften.

»Ich weiß nicht, ob Sie Bier trinken . . .«, sagte Barlow. Bald wußte er es.

Teil VII

Das Dach der Welt

Kaschgar-les-Bains

Den meisten Menschen muß Kaschgar, das vom nächsten indischen Bahnhof fünf oder sechs Wochen entfernt liegt und nur über viereinhalbtausend Meter hohe Pässe zu erreichen ist, als ein Ort in der abgelegensten Barbarei erscheinen. Für uns hingegen bedeutete sein fremd klingender Name die Zivilisation.

Unsere Begeisterung bei der Ankunft kannte keine Grenzen. Etwas entdecken ist herrlich, aber etwas wiederentdecken ist noch schöner. Kaum ein Mensch wird ein Bad je mehr genossen haben als wir, die wir seit fünfeinhalb Monaten keines genommen hatten. Meistens (uns selbst sollte es in Indien so ergehen) vollzieht sich die Rückkehr aus der Wildnis in die Zivilisation in mehreren Stufen — als Übergang, nicht als Sprung aus einem Dasein in ein anderes. Die letzten Etappen mildern den Gegensatz, und ehe man am Ziel ist, haben sich wieder so viele kleine und doch schätzenswerte Annehmlichkeiten versammelt, daß man kaum noch weiß, wie es war, als alle diese Segnungen fehlten.

Doch am Ende unseres Wüstenweges verhielt sich das anders. Gestern noch hatten wir auf der Erde geschlafen, hatten Tee aus Bechern getrunken, klitschiges Brot gegessen, mit Beamten gestritten, waren angestarrt worden, hatten die Hitze des nächsten Tages gefürchtet. Vierundzwanzig Stunden später saßen wir, aller Sorgen ledig, mit einem Longdrink in bequemen Sesseln und blätterten in Illustrierten, während im Hintergrund ein Grammophon spielte. Es war eine wunderbare Erfahrung. Die einfachsten Geräte des zivilisierten Lebens erschienen uns neu und sonderbar. Es war ein köstliches Erlebnis, zum Dinner an einem Tisch Platz zu nehmen, und die Diener, die die Speisen reichten, strahlten wie

Dschinns in einem arabischen Märchen. Auch das Zubettgehen war eine so extravagante Prozedur, daß ich anfangs kaum Schlaf fand.

Vierzehn Tage blieben wir in Kaschgar und lebten wie auf einem Landschloß, vor einem exotischen, nach Art der frühen Spionageromane von John Buchan mit internationaler Melodramatik getönten Hintergrund. Arthur Barlow, der Vizekonsul, hatte mich in Oxford des öfteren als Laienschauspieler auftreten sehen. Aber er war in versöhnlicher Stimmung und bereit, das Vergangene auf sich beruhen zu lassen. Er begegnete uns überaus freundlich, und als nach einigen Tagen auch Colonel Thomson-Glover und seine Frau aus den Bergen zurückkehrten, kam ich zu dem Schluß, daß mir nie größere Gastfreundschaft zuteil geworden war als hier. Das Konsulat war ein angenehmes Haus mit einem hübschen Garten, auf einer kleinen Anhöhe außerhalb der Stadt gelegen. Von der Terrasse hatte man einen Blick über das grüne, mit vielen kleinen Feldern karierte Tal eines Flüßchens und auf die allzu selten sichtbaren Berge.

Auf dieser Terrasse war Mrs. Thomson-Glover im Jahr zuvor angeschossen worden. Sie und die anderen hatten zugesehen, wie dunganische Truppen wilde Haufen von Turkis und Kirgisen verfolgten, die sie soeben aus der zeitweilig von ihnen beherrschten Altstadt vertrieben hatten. Die Soldaten strömten durch das Tal unterhalb des Konsulats, als plötzlich einer von ihnen niederkniete und das Feuer auf die Gruppe der Weißen eröffnete. Er war ungefähr vierhundert Meter entfernt, und nach den gewöhnlichen Maßstäben chinesischer Schießkunst bestand für die Angehörigen des Konsulats keine große Gefahr. Aber dieser Mann war zufällig ein besonders guter oder besonders glücklicher Schütze, und Mrs. Thomson-Glover, die eine besonders furchtlose Frau ist und nicht einmal in Deckung gegangen war, wurde von einer Kugel in die Schulter getroffen. Die ganze Nacht über gärte es in der Stadt. Häßliche Szenen spielten sich vor dem Tor des Konsulats ab, und von den Wehrgängen der noch höher gelegenen Zitadelle wurde das Gelände immer wieder unter Beschuß genommen. Zu den Opfern unter den Konsulatsangehörigen gehörte auch der Arzt, der später an seiner Verwundung starb. Es scheint klar, daß die dunganischen Anführer für diese Übergriffe nicht verantwortlich sind. Sie wurden vermutlich von jenen Elementen in der Provinz organisiert, die den Briten am wenigsten wohlgesinnt sind.

In Kaschgar faulenzten wir schamlos, aßen, tranken, vertrieben uns die Zeit mit Spielen und stellten unseren geduldigen Gastgebern Fragen ohne Ende. In der Stadt grassierte nicht ohne Grund die Angst vor Spionen, und am Abend unserer Ankunft ging im Basar das Gerücht um, aus Khotan sei ein britischer Agent eingetroffen, begleitet von einem als Frau verkleideten Exilrussen. Das traf Kini hart. Aber am nächsten Abend spielten wir beide auch noch Fußball mit der aus Hunzas bestehenden Wachmannschaft des Konsulats, so daß sich jenes Gerücht länger hielt als die meisten.

Die Ausländerkolonie in Kaschgar ist klein, und als wir dort waren, weilten die schwedischen Missionare, die zusammen mit den Angehörigen des britischen Konsulats den nichtrussischen Teil ausmachen, in den Bergen. Die Russen waren ein buntscheckiges, schwer durchschaubares Völkchen. Ihr Konsulat war sehr groß und umfaßte auch eine mit Personal reich ausgestattete Handelsagentur. Kini und ich gingen oft zu ihnen, um in ihrem Swimming-pool zu baden. Sie waren immer sehr nett, wurden aber anscheinend nie recht schlau aus uns.

Die Russen hegen seit langem seltsam abenteuerliche Vorstellungen über mich. In Sibirien gelang es mir einmal, mit Hilfe von viel Wodka etwas über meine GPU-Akte herauszufinden, in der es heißt: »Dieser junge Mann ist der Lieblingsautor der kapitalistischen Aristokratie und hat als Freiwilliger in der japanischen Armee gedient.« Die sowjetische Presse bezeichnet mich ebenso schmeichelhaft wie unrichtig meist als »altgedienten Journalisten«. Aber am besten gefiel es mir, daß der *Daily Worker* bei meiner Rückkehr nach England eine Serie von drei Artikeln über mich brachte, in denen er gegen das, was ich in der *Times* zu den politischen Verhältnissen in Zentralasien geschrieben hatte, zu Felde zog und »die wahren Motive« hinter meiner Reise enthüllte. Leider habe ich nicht ganz begriffen, welches diese Motive waren, denn die Artikel waren nicht besonders gut, und da die Zahl der *Daily-Worker*-Leser, die mein Zeug in der *Times* gesehen hatten, gegen null tendieren dürfte, waren sie auch journalistisch nicht gerechtfertigt. Sie stellten mich als einen finsteren (wenn auch plumpen) Drahtzieher des Imperialismus hin, eine Art Miniaturausgabe von T. E. Lawrence. Es gefiel mir sehr, daß mich mal jemand so ernst nahm.

Wir hatten in Kaschgar ein sehr angenehmes Leben. Abends spielten wir Tennis mit den Russen oder abwechselnd Fußball und Volleyball mit der Hunza-Wache, die aus fünfzehn Leuten bestand, lauter hochgewachsene, kräftige Bergbewohner aus dem Gebiet um die Straße nach Gilgit, die von der Hunza-Kompanie der »Gilgit Scouts« abkommandiert waren und auf ihren Mützen das Abzeichen dieses legendären Regiments trugen, den silbernen Steinbock. Sie waren freundlich, fast wie Kinder, und wir hatten sie sehr gern. Zweimal in der Woche wurde Polo gespielt, organisiert und trotz ihrer Verwundung geleitet von Mrs. Thomson-Glover. Die Hunzas, deren Nationalsport das Polo ist, beteiligten sich voller Elan. Nicht nur mit Ponys, auch mit anderen Tieren war das Konsulat reichlich versehen: Hunde, Tauben, Wildenten, ein junges Kamel und ein Adler, den man von einem kirgisischen Falkner gekauft hatte. Außerdem gab es eine ansehnliche Bibliothek. Man fühlte sich sehr wohl in diesem Haus.

Viel Zeit verbrachten wir mit offiziellen Besuchen. Meine Erinnerungen daran sind verschwommen. Faktisch wurde die Stadt von der Geheimpolizei, den russischen Beratern und dem sowjetischen Konsulat beherrscht, und die meisten Beamten und Würdenträger waren nur Marionetten. Da gab es beispielsweise einen Mr. Kung, eine Art Bürgermeister. Wir hatten soeben die Formalitäten hinter uns gebracht, die einem Besuch bei ihm vorausgingen, als ein gewisser Mr. Hsu aus Urumtschi an seine Stelle trat, so daß wir wieder von vorn beginnen mußten. Haltbarer und weniger farblos war General Liu Pin, der die Garnison in der Neustadt befehligte, ein untersetzter, vierschrötiger kleiner Mann mit einer rundlichen, fröhlichen Frau. Er sprach ein paar Worte Englisch und Russisch, behauptete, in China mit dem Y. M. C. A. in Verbindung gewesen zu sein, trank gern und war kürzlich von Meuterern am Fuß verwundet worden.

Dann war da noch Ma Schao-wu. Er hatte dreißig und mehr Jahre lang verschiedene Ämter in der Provinz bekleidet und war schließlich Taotai von Kaschgar geworden. In den Krisen, die die Stadt während des Bürgerkriegs in bestürzend rascher Folge heimgesucht hatten, war es ihm immer wieder gelungen, sich mit den führenden Gruppierungen gut zu stellen. Doch nachdem wieder Ruhe eingekehrt war, hatte er irgendwie das Mißfallen seiner Herren in Urumtschi erregt, und man hatte versucht, ihn zu liquidieren. Eines Abends, als er mit Frau und Kind zu seinem Haus in der Oase zurückfuhr, war er in einen Hinterhalt geraten. Eine Bande unerkannt gebliebener Angreifer, die sich hinter einer Mauer versteckt hatten, gab aus kurzer Entfernung eine Salve auf den gedeckten Pekingwagen ab. Die verwundeten Pferde jagten die Straße hinunter und prallten wenig später gegen einen Baum. (Die dunklen Flecken an seinem Stamm konnte man noch sehen, als wir in Kaschgar waren.) Aber die Attentäter hatten ihre Absicht nicht erreicht. Das Kind blieb unverletzt, die Frau war nur leicht verwundet, und der alte Mann konnte sich, trotz einer schweren Schußwunde im Bein, in ein Maisfeld retten. Schließlich kehrte er auf einem Esel nach Hause zurück. Man rief einen Arzt, und gegen Ende des Sommers war er wieder genesen. Mit einem selbst für Sinkiang ungewöhnlichen Zynismus tat die Polizei nicht einmal so, als würde sie die Männer dingfest zu machen versuchen, die ihn angeschossen hatten. Es war eine schmutzige Affäre.

Ma Schao-wu war ein zerbrechlich wirkender, freundlicher alter Mann. Mit seinem langen Seidengewand, dem Spucknapf und seiner geschliffenen Pekinger Aussprache erinnerte er sehr an den alten Typus des chinesischen

Beamten. »Ich habe der Regierung Chinas viele Jahre gedient«, sagte er, »zuerst dem Kaiser und später der Republikanischen Regierung von Nanking. Ich habe immer versucht, mein Bestes zu geben. Aber ich muß Fehler begangen haben, obgleich ich nicht weiß, welche — sonst wäre mir dieses Mißgeschick nicht passiert. Ich habe das Gesicht verloren.« Zu seiner Zeit war auch er gewiß ein korrupter Schurke, aber er war mir lieber als die windigen Kungs und Hsus, und irgendwie tat er mir sogar leid. Es hieß, man werde ihn demnächst nach Moskau schicken, und Monate später las ich in irgendeiner Zeitung, Ma Schao-wu, ein hoher Würdenträger aus Sinkiang, sei in Moskau eingetroffen und habe in einem Interview die lügenhaften Behauptungen der imperialistischen Mächte zurückgewiesen, denen zufolge die Provinz unter sowjetischem Einfluß stehe. Es gebe dort keinerlei Anzeichen von sowjetischem Einfluß, hatte Ma Schao-wu gesagt.

Von den offiziellen Unterredungen abgesehen, hatten und brauchten wir wenig Abwechslung. Natürlich gab es immer den Basar. Die Waren, die Architektur, die Atmosphäre waren die gleichen wie in Jarkand, Khotan und Kerija. Aber die Menschen waren nicht ganz die gleichen. Schlitzäugige Kirgisen und bärtige Tadschiken aus den Bergen stolzierten mit einem Anflug von Hochmut zwischen den zurückhaltenden Turkis umher. Hier und da verrieten ein steifer schwarzer Roßhaarschleier und ein buntgestreiftes Gewand eine Frau aus Andischan oder Samarkand. Gelegentlich holperte ein russischer Lastwagen aus Urumtschi herein und trieb die Gruppen von Müßiggängern auseinander, die sich immer auf dem Platz vor der Hauptmoschee versammelten. Noch seltener kam ein russischer »Berater« in langsamem Trott die Straße herunter, auf prachtvollem Pferd, aber nicht in Uniform, sondern wie ein Hinterwäldler gekleidet. Die Wölbung in der Jackentasche, der durchdringende, zugleich ausweichende Blick, die verstohlene Entschlossenheit, die von ihm ausging — alles entsprach den Klischees der Geheimdienstromantik auf das schönste. In Kaschgar fühlte man sich wie am Ende einer ausgestorbenen Wüste, die die Vorposten mehrerer Zivilisationen verschlungen, aber keineswegs verdaut hatte. Man spürte die Nähe einer anderen Macht und anderer Rassen jenseits von Dunst und Gebirge.

Die Szenerie indessen war vertraut, auch wenn die Akteure und das, was sie aufführten, vielfältiger waren und mehr Gewicht besaßen als das, was wir bisher erlebt hatten. Von der Höhe der Stadtmauern erblickte man nur ein Gewirr flacher Lehmdächer, hier und da überragt von dem geschwungenen, dämonenverzierten Dach eines Jamen oder eines Tempels. Durch die staubigen Straßen im Sonnenlicht trotteten Esel, wie man sie so oft hatte trotten sehen, beladen mit grauen Salzblöcken oder mit Futter- und Brennholzbündeln. Brot, Gemüse, Obst, in den offenen Buden zu Haufen getürmt, zogen auch hier die allgegenwärtigen, aber nicht mehr übermächtigen Fliegen an. Der gleiche russische Zucker, das gleiche russische Parfüm, die gleichen russischen Zigaretten und Streichhölzer beherrschten auch hier die Auslagen der ehrgeizigeren Kaufleute. Kamele in langer Reihe stapften durch die Stadt nach Westen und trugen in einer Gangart und einem Tempo, das wir nur zu gut kannten, Wollballen und andere Waren über die Pässe zum russischen Bahnhof von Osch in Andischan. Aber hier gab es einen Unterschied: Die Leitschnüre der Kamele waren nicht an Nasenpflöcken befestigt, sondern an buntverzierten Halftern. Mehr als alles andere verdeutlichte diese Kleinigkeit, daß wir in der Nähe einer Völkergrenze waren.

Flugzeuge über Turkestan

Nur ein Ereignis aus der Zeit, während wir in Kaschgar waren, ist bemerkenswert: die Ankunft zweier sowjetischer Flugzeuge aus Taschkent. Kurz vor unserer Ankunft war in der Oase die Lungenpest ausgebrochen. Ausgangspunkt der Seuche waren angeblich die Murmeltiere auf den Pässen zur Sowjetunion. Beide Konsulate hatten ihre Ärzte den städtischen Behörden zur Verfügung gestellt und gleichzeitig Schutzserum angefordert.

Ich muß hier etwas weiter ausholen und auf eine der amüsanteren Requisiten der Szenerie von Kaschgar zu sprechen kommen: das Funkgerät im sowjetischen Konsulat. Sein Vorhandensein war ein streng gehütetes, aber in der ganzen Provinz allgemein bekanntes Geheimnis. Die Russen hüteten es oder versuchten, es zu hüten, weil sie keine Genehmigung bei der Nanking-Regierung eingeholt und deshalb nicht das Recht hatten, auf ihrem Gelände einen Sender zu betreiben. Die ganze Situation hatte etwas Künstliches, und besonders lustig wurde es immer dann, wenn Briten und Russen einander begegneten. Die Briten bekamen ihre Nachrichten aus der Außenwelt mit der Transhimalaja-Post, und die neuesten unter ihnen waren jeweils die kurzen *Reuter*-Bulletins von der Endstation der indischen Telegraphenlinie in Misgar. Die Russen hingegen bekamen aus Moskau Zeitungen, die nur vierzehn Tage alt und manchmal noch jünger waren. Auch wenn man das Funkgerät höflicherweise unberücksichtigt ließ, bestand also Grund zu der Annahme, daß die Russen besser informiert seien als die Briten. Deshalb fragten wir sie immer wieder nach Neuigkeiten und konnten dann mitleidvoll beobachten, wie sich ihre Gesichter mit Konzentration bewölkten und auch die Finger unwillkürlich mittaten, wenn sie die Tage zurückzählten und sortierten, was sie erst kürzlich durch ihr Funkgerät erfahren hatten und welches die neuesten Nachrichten in vierzehn Tage alten Zeitungen gewesen wären.

Ob sie unter diesen Umständen das Serum ausnahmsweise per Funk in Moskau bestellt hatten, weiß ich nicht. Ihr Nachschub sollte jedenfalls lange vor dem britischen eintreffen, der, auch wenn er mit dem Flugzeug nach Gilgit transportiert wurde, noch mindestens fünfzehn Postläufertage bis Kaschgar vor sich hatte. Außerdem sollte das russische Serum, wie zu erfahren war, den ganzen Weg mit dem Flugzeug gebracht werden. (Die Gebirgsbarriere an der sowjetischen Grenze ist viel niedriger und schmaler als die nach Indien, und ohne Landeplatz zwischen Gilgit und Kaschgar war ein Flug über den Himalaja sehr riskant.)

Die Tage vergingen, doch das russische Serum war immer noch unterwegs. Die Epidemie, von den Ärzten der Konsulate in Schach gehalten, war schon fast abgeklungen, als die sowjetischen Flugzeuge schließlich eintrafen — nur achtundvierzig Stunden vor dem Postläufer, der das Serum aus Indien brachte.

Drei Flugzeuge, so ging das Gerücht, seien gestartet; aber nur zwei landeten in Kaschgar. Sie kreisten lange über der erstaunten Stadt — seltsame, silberne Fremdkörper vor dem ewigen Blau, vielleicht auch ein prophetisches Zeichen am Himmel über Zentralasien. Ein wichtiger chinesischer Würdenträger wollte uns um jeden Preis glauben machen, die Flugzeuge kämen aus Urumtschi. Das war typisch für die plumpe Unaufrichtigkeit der offiziellen Kreise in Sinkiang, die mit einem geradezu krankhaften Eifer alle Anzeichen von sowjetischem Einfluß verleugnen. Das sowjetische Konsulat machte keinen Hehl daraus, daß die Flugzeuge aus Rußland kamen, was schließlich auch ihr gutes Recht war.

Außer Impfstoff brachten sie auch eine Ärztin und zwei Ärzte mit. An unserem letzten Abend in Kaschgar gaben die Behörden teils zu ihren, teils zu unseren Ehren ein Bankett. Eingeladen war für sieben Uhr, aber die Angehörigen des britischen Konsulats, die gegen halb neun erschienen, gehörten zu den ersten Gästen. Die Tische waren in einem Laubenpavillon gedeckt. Früher hatte dieser Pavillon einem reichen Turki gehört, der, wie viele seinesgleichen, aus Kaschgar und vielleicht auch aus dieser Welt verschwunden war.

Wir stiegen aus unseren Wagen und stellten fest, daß der Weg zum Eingang von den versammelten Blasmusikern der Garnison gesäumt wurde. Sie waren zwar weder besonders zahlreich noch besonders gut gerüstet, aber als wir an ihnen vorübergingen, ließen sie aus nächster Nähe ein solches Geschmetter vom Stapel, daß es uns fast den Kopf abgerissen hätte. Trotz der Papierlaternen wirkte der Garten eher kriegerisch als festlich. Bei einem Bankett in Kaschgar kann man nie wissen, was geschieht, deshalb hatten unsere offiziellen Gastgeber vorsichtigerweise ihre Leibwächter mitgebracht. Überall schlenderten chinesische und Turki-Soldaten herum. Überall sah man automatische Gewehre und Henkersschwerter, und wenn die Kellner mit den Speisen sich über die Schultern der Gäste vorbeugten, klopften die Mauserpistolen in ihren Taschen bedrohlich an die Stuhllehne.

Es gab europäisches Essen, und selbst die altenglische Sitte, zur Suppe einen Benediktiner zu reichen, wurde befolgt. Auch Branntwein aus dem Kaukasus wurde ausgeschenkt, aber Kini und ich bemächtigten uns einer Flasche Wodka (auf deren Etikett aus unerfindlichen Gründen *English Bitters* stand) und blieben dabei, denn Wodka ist ein solides, sauberes Getränk. Der Kommandeur der Turkis übte sich natürlich in Abstinenz, aber allen anderen lag dergleichen denkbar fern, und als die Zeit für die Ansprachen gekommen war, herrschte allerseits bereits ein seliges Wohlwollen.

Fast jeder hielt eine Rede, aber die von General Liu Pin gefiel mir am besten. In streitbarem Ton sprach er ein rauhes Chinesisch, und obwohl er sich hin und wieder unterbrach, damit die überall verteilten Dolmetscher seine Ausführungen ins Englische, Russische und ins Turki übersetzen konnten, unterbrach er sich doch nie für lange. Die Dolmetscher jedoch ließen sich hierdurch von der Erfüllung ihrer Aufgabe nicht abbringen, so daß schon bald statt *einer* Rede vier Reden in vier verschiedenen Sprachen gleichzeitig und in rasendem Tempo gehalten wurden. General Liu, der einen grünen Anzug mit Gürteljacke und offenem Kragen trug und dessen Ähnlichkeit mit einem Kunststudenten in einem Opernchor nur durch die gewaltige automatische Pistole beeinträchtigt wurde, die an seiner Hüfte baumelte, warf einen wohlgefälligen Blick auf die friedvolle, gedeihliche Lage der Provinz, dankte beiden Konsulaten für ihre Hilfe im Kampf gegen die Pest und kam abschließend auf Kini und mich zu sprechen. Sowohl den Völkerbund (man wußte, daß Kini aus Genf kam) als auch die Zeitung für den Erleuchteten Verstand der Gelehrten überhäufte er mit einer Fülle herzlicher Komplimente, die selbst deren glühendsten Bewunderern übertrieben erschienen wäre, hätte der General seine Rede nicht mit dem entwaffnenden Eingeständnis beendet, daß er sich nicht im entferntesten daran erinnern könne, was er soeben gesagt habe und warum er es gesagt habe. Woraufhin er mit dem lauten Ruf »Y. M. C. A.« die Tanzfläche erstürmte, unsicher zwar, aber doch mit Schwung. Kini ließ sich nicht lange bitten, bei dieser Stegreifdarbietung mitzuwirken. Ermordet wurde niemand.

In den Pamir

Am nächsten Tag, dem 8. August, machten wir uns auf den Weg nach Indien. Gewöhnliche Reisende brauchen für die Strecke von Kaschgar nach Gilgit ungefähr dreißig Tage, die Postläufer allerdings viel weniger. Von Gilgit sind es dann noch einmal zehn oder zwölf Etappen mit dem Pony bis Srinagar, wo die Autostraße beginnt. Dank der Gastfreundschaft der Thomson-Glovers fühlten wir uns frisch und kräftig und glaubten, wir würden den Himalaja spielend schaffen.

Die Behörden — hinter leutseliger Fassade nur darauf bedacht, uns, wie allen britischen Untertanen, Hindernisse in den Weg zu legen — hatten uns mehrere Tage lang aufgehalten. Zunächst ging es um unsere Ausreisevisa, dann um die Pässe für unsere Ponyleute und schließlich um irgendwelche Zollformalitäten. Aber zuletzt war alles erledigt. Mr. Hsu, der neue Bürgermeister, schickte jedem von uns einen Teppich als Geschenk und gab uns eine aus zwei chinesischen Soldaten bestehende Eskorte mit. Unser bißchen Gepäck wurde auf vier Ponys geladen, und die drei Turkis, die sich um sie kümmern sollten, gaben dem Generalkonsul das übliche, wertlose Versprechen, unseren Interessen treu dienen zu wollen. Mrs. Thomson-Glover dachte großzügigerweise nicht daran, daß sie ihren Haushalt auf der Basis einer einzigen Nachschubkarawane im Jahr bestreiten mußte, und versorgte uns mit einem großen Vorrat an Delikatessen. Ihr Gatte lieh mir einen schönen grauen Hengst, den ich mit seinen besten Empfehlungen dem Mir von Nagar schenken sollte, dessen Gebiet an die Straße nach Gilgit grenzt.

So brachen wir sehr stilvoll auf, wenn auch ziemlich betrübt, denn der Abschied vom Konsulat und seinen freundlichen Bewohnern fiel uns schwer. Nie sind Reisende besser bewirtet worden als wir. Barlow begleitete uns durch den Basar, ehe er sich verabschiedete und umkehrte. Wir zogen weiter, durch einen strahlenden Nachmittag nach Japtschan, denn wir mußten zunächst auf dem Weg, den wir gekommen waren, bis Jangi Hissar zurück, ehe wir endgültig von der Wüstenstraße abbogen.

Es war so heiß wie eh und je. Stockend unterhielten wir uns mit den Soldaten, die uns begleiteten. Der ältere von beiden, Liu, war eine Art Unteroffizier, ein fröhlicher, sympathischer Mann mit sehr breitem Mund. Leider ritt auch er einen Hengst, und meiner, der auf den Namen Wolke hörte und zur Eifersucht neigte, versetzte seinem bei jeder sich bietenden Gelegenheit mörderische Tritte. Lange nach Einbruch der Dunkelheit erreichten wir Japtschan, wo sich zwei Wochen vorher die Tragödie mit meinem Koffer abgespielt hatte. Wir schliefen im Hof eines dürftigen Gasthauses auf einer etwas erhöhten Plattform, über die unerklärlicherweise während der ganzen Nacht eine endlose Prozession von Kröten wanderte.

Am nächsten Morgen stellten wir fest, daß ein Hund das kalte Huhn, eines der Abschiedsgeschenke des Konsulats, gestohlen hatte und daß wir zwei Zeltstangen in Kaschgar zurückgelassen hatten. Obendrein trat Wolke in einem Anfall von Leidenschaft ein Loch in meinen Koffer, für den sich Japtschan als ein besonderer Unglücksort erwies. Allzu weit war es mit dem Stil unserer Abreise also wohl doch nicht her.

Es wurde wieder sehr heiß, und am Ende dieses Tagemarsches ritten wir mit heraushängender Zunge in Jangi Hissar ein. Der Aksakal begrüßte uns mit Sauermilch und Eis, und ich verbrachte den Abend damit, die Turkis abzuwehren, die einen Tag an diesem Ort bleiben wollten. Die beiden Soldaten lachten sich halb tot, als sie entdeckten, daß sich das einzige elende Lokal im Basar Peking-Restaurant nannte. Wie viele der mandschurischen Soldaten Schen Schi-tsais stammten sie aus Schantung und waren sehr viel kultivierter als die grobschlächtigen dunganischen Soldaten, an die wir gewöhnt waren.

In Jangi Hissar bogen wir von der Wüstenstraße nach Süden ab, und mein Tagebuch vermeldet über den nächsten Tag: »... vielleicht der beste Marsch, seit wir die Gobi erreichten«. Er führte uns nach Igiz Jar, einer kleinen Oase auf einem welligen Geröllhang. Von hier aus konnte man trotz des Staubdunstes die Berge sehen. Der Unterschied war beträchtlich.

Früh am nächsten Morgen verließen wir die Wüstenstraße endgültig und gelangten durch ein enges Tal, dessen Ausgang von einem kleinen, verlassenen chinesischen Fort bewacht wurde, in die Berge. Der Talgrund zwischen zerklüfteten Lößhügeln und Felsen war grün, stellenweise sogar üppig bewachsen. Zwischen Pappeln und Aprikosenbäumen standen hier und da kleine Gruppen von Lehmhäusern. Wir mußten den Fluß durchqueren, und dabei ließ Wu, der jüngere unserer beiden Soldaten, seinen klobigen deutschen Karabiner in die reißenden Fluten fallen. In herrischem Ton rief er ein paar Turki-Hirten herbei und befahl ihnen, sich an der Bergungsaktion zu beteiligen. Dabei dirigierte er seine Helfer wie Apportierhunde mit Steinwürfen. Schließlich fischten sie die Waffe aus dem Wasser und zogen, ohne ein Wort des Dankes gehört zu haben, wieder ab.

Wir schafften eine lange Etappe und kampierten schließlich neben einem einsamen Hirtenhaus an einem Ort namens Aktalla. Es war herrlich, wieder in den Bergen zu sein, wo die Luft kühl und das Wasser klar war, wo es keine Fliegen und keine leeren Horizonte gab. Wir errichteten unser Zelt auf festem Boden, und Kini kochte ein großartiges Essen mit Eiern und Zwiebeln. Das Heimweh nach Kaschgar oder nach anderswo war verflogen.

Der nächste Tag war der 12. August. Aber es schien mir unsinnig und vermessen, inmitten von Sechstausendern dem Beginn der Jagdsaison im schottischen Hochland nachzutrauern. Das Wetter war trüb. Die Turkis behaupteten, ein Pferd sei krank, und ließen sich beim

Aufbruch reichlich Zeit. In dieser Höhe gab es keine Bäume mehr, und das Tal hatte sich zu einer Schlucht verengt, in der der Weg oft schwierig war. Einmal kam Wolke auf einem schmalen Felssims ins Straucheln, und ich erlebte einen bangen Augenblick. Einmal, beim Durchqueren des Flusses, tauchte eine der Lasten ins Wasser. Aber in Kaschgar hatten wir unsere Filme in wasserdichten Büchsen verpackt und lebten nun nicht mehr in der ständigen Angst, sie könnten naß werden.

Ich ritt, wie ich seit Tschertschen immer geritten war: in kurzen Hosen. Aber gegen Ende dieses Tagemarsches blies uns ein scharfer Wind aus dem Tal entgegen, und zuletzt war ich vor Kälte ganz steif. Es regnete, während wir unser Lager aufschlugen. Ein wenig niedergeschlagen verköstigten wir uns mit dem halbgaren Fleisch eines verirrten Hammels, den die Turkis unterwegs beschlagnahmt hatten. Als wir uns zur Nachtruhe begaben, ertönte hinter dem Zelt ein Schuß, und während sein Echo an den Felswänden über uns umlief, glaubte ich, die Tatarei wolle uns ausnahmsweise einmal etwas anderes als Eintönigkeit bieten. Es war jedoch nur Liu auf der Pirsch nach eingebildeten Banditen.

Ein neuer Morgen brach an, sehr kalt, aber strahlend. Als wir gerade aufbrechen wollten, kam ein Postläufer durch das Lager und berichtete, weiter oben an der Straße seien Flüsse über die Ufer getreten. Wir zogen los und genossen die Sonne und den schroffen, aber dennoch freundlichen Hintergrund des Pamirs. Wir gelangten nun in eine Gegend, deren wenige Bewohner größtenteils Kirgisen oder Tadschiken sind, und bald begegnete uns eine kirgisische Dame, die fast schon im Übermaß mit Lokalkolorit befrachtet war. Sie ritt nicht nur auf einem Jak, sie trug auch einen der großen, weißen, topfartig geformten Hüte, die für diese Gegend typisch sind. Später begegneten wir dem Vorsteher von Kaschka Su, der nächsten Zeltsiedlung. Er und sein fremdartig wirkender Troß begrüßten uns sehr freundlich. Auf einem Jak, das flinker war als die meisten, ließ er einen Jungen umkehren, damit Vorbereitungen für unseren Empfang getroffen werden konnten.

Kaschka Su bestand nur aus drei Jurten, aber es war ein Kochfeuer für uns vorhanden (was den Brennstoff anging, waren wir wieder auf dem Dungniveau), und gleich nebenan stellten wir unser Zelt vor einer hochromantischen Bergkulisse auf. Liu wollte unbedingt ein Murmeltier schießen, und ich nahm ihn mit auf eine Strafexpedition gegen diese arroganten Geschöpfe. Die Expedition wurde kein Erfolg, aber wir hatten unseren Spaß. Liu tat, als wäre das Ganze nur ein Scherz, aber in Wirklichkeit nahm er die Sache sehr ernst. Seine Schießkünste wurden durch die leidige Angewohnheit beeinträchtigt, daß er vor dem Abdrücken die Augen jedesmal fest zukniff. Trotz eines beträchtlichen Aufwands an regierungseigener Munition hatten die Murmeltiere keine Verluste zu beklagen.

Die Leute des Ortes schlachteten ein Schaf für uns, und da ich einen Bärenhunger hatte, während Kini noch einmal losgezogen war, um den höchsten erreichbaren Gipfel zu stürmen, beschloß ich, selbst zu kochen. Ich bin allerdings von Natur aus ungeschickt und nicht besonders umsichtig, und nachdem ich bereits das Fett in Brand gesetzt und mir die Augenbrauen versengt hatte und beinahe auch noch eine Jurte abgefackelt hätte, war ich froh, als Kini zurückkehrte und das Kommando übernahm.

In diesem Labyrinth menschenleerer, sonnenerfüllter Hochtäler erlebten wir die idyllischste Phase der ganzen Reise. Wir waren gut beritten, auch reichlich mit Proviant versorgt, und von Zeit zu Zeit — vielleicht einmal am Tag — durchzuckte uns (zumindest mich) der erregende, fast schmerzhafte Gedanke, daß wir unserem Ziel inzwischen meßbar nahe gekommen waren. Zum erstenmal durften wir an den weiteren Weg in die Heimat denken; und obwohl Kini, der die Welt viel zu klein ist, lieber endlos weitergereist wäre und obwohl ich an dem Leben, das wir führten, nichts auszusetzen hatte und aus Erfahrung wußte, daß England und *ennui* für mich mehr gemeinsam haben als nur die erste Silbe, verband sich doch eine tiefe Befriedigung mit der Vorstellung, daß wir uns nun endlich jenem Ziel näherten, zu dem wir vor Monaten ohne viel Hoffnung aufgebrochen waren.

Ärger machten uns nur die Turkis und ihre Ponys. Wir hatten fünf Ponys gemietet, eines zum Reiten für Kini und vier für die Lasten. Die Turkis hatten jedoch noch drei eigene Ponys mitgebracht, beladen mit Ballen von bestickten Satteltaschen und ähnlichen Waren, die sie im Basar von Gilgit verkaufen wollten. Ihre Lasten waren schwer, die unseren leicht, und da die Ponys zur Hälfte ziemlich gebrechlich waren und von den Turkis wie immer nachlässig beladen und schlecht behandelt wurden, waren immer wenigstens zwei Ponys arbeitsunfähig, und die anderen litten schrecklich unter wundgeriebenen Stellen. So kam es, daß unseren sorgfältig ausgewählten Ponys die schweren Lasten und den Kleppern unsere leichten Lasten aufgepackt wurden, dergestalt, daß die Karawane nur langsam und — was unserem Seelenfrieden noch abträglicher war — unter Schmerzen vorankam. Unangenehmere Reisegefährten als Unaufrichtigkeit und Grausamkeit gibt es kaum. Beide waren dank der Schliche, deren sich die Turkis bedienten, die ganze Zeit über mit von der Partie.

Angesichts der vor uns liegenden steilen Pässe beschlagnahmten wir in Kaschka Su einige Jaks. Kini und ich wollten sie nicht beschlagnahmen, aber unsere Eskorte bestand darauf. Wir hatten geglaubt, sie wüßten, daß die drückend schweren Lasten Handelsware der Turkis waren. Aber die Turkis hatten die Soldaten hierüber im dunkeln gelassen. Deshalb wurden die Jaks für das Gepäck der Ausländer requiriert, und als ich der Matriarchin des Ortes heimlich etwas Geld zusteckte, bekam Liu das mit und wurde wütend. Ich hatte seine allmächtige Stellung untergraben, und er hatte das Gesicht verloren.

Er und sein Waffenbruder, die bisher bei jeder Etappe die Tiere gewechselt hatten, mußten nun mit Jaks vorliebnehmen, weil es Pferde nicht gab. Für die Chinesen, wie für die Engländer, ist das Jak ein sehr urwüchsiges Tier. Diese Urwüchsigkeit ruft bei den Chinesen eher Verachtung als Neugier hervor, und da das Jak einem

Land angehört, das die Chinesen als ihr Herrschaftsgebiet betrachten, begegnen sie ihm nicht mit jenem leicht snobistischen Respekt, den die abendländische Zivilisation (sehr zu Recht) allem Primitiven zollt. So hockten unsere Begleiter auf ihren zottigen, brummenden Reittieren mit einer Miene distanzierter und zugleich ängstlicher Herablassung: wie zwei Herzoginnen auf einem Karussell.

Wir verließen Kaschka Su und bogen in ein steiles Seitental ab. »Gilgit-*Straße*« ist hier wie überhaupt auf weiten Strecken des Weges ein sehr großes Wort. Auf der chinesischen Seite der Grenze bezeichnet es nur den einzigen, für überdurchschnittlich gelenkige Tiere gangbaren Weg. Ein grober, jeder Laune des Geländes nachgebender Pfad stieg im Zickzack zu steilen Mattenhängen unterhalb der Gipfel auf. Das schräg einfallende Morgenlicht auf den jungfräulichen Wiesenflächen verlieh den Murmeltieren in ihren roten Pelzen einen überraschenden Glanz, den ihr gereiztes Pfeifen nicht ganz verderben konnte. Liu beschoß sie und traf immer die Wiese zwei Meter neben ihren Bauten. Ein streunender Hund, der uns gefolgt war, ahnte, was da gespielt wurde, und rümpfte nur enttäuscht und rachsüchtig die Nase, ohne seine Würde in Gefahr zu bringen.

Wir zogen weiter und immer höher, wie Götter auf dem Dach der Welt. Dann ging es steil abwärts in ein großes Tal, an dessen Ende wir zwei Jurten fanden. Wir rasteten, tranken Milch, wechselten die Jaks und brachen bald wieder auf, weil wir an diesem Tag eine doppelte Etappe schaffen wollten. Eine trockene, gewundene Schlucht führte uns zu einem anderen Paß, den wir auf keuchenden, nach Luft ringenden Pferden sehr langsam erklommen. Der Abstieg auf der anderen Seite war schwierig, und während wir unsere Tiere unter lautem Hufgeklapper ein steiles Bachbett abwärts führten, fragten wir uns nicht zum letzten Mal, wie die Haardt-Citroen-Expedition jemals hatte glauben können, mit ihren Raupenschleppern von Gilgit nach Kaschgar zu kommen. Bei Einbruch der Dunkelheit, nachdem wir zwei schwere Etappen hinter uns gebracht hatten, kampierten wir bei einem Ort namens Tohil Bulung, wo ein paar Jurten standen. Unsere Eskorte traf mit großer Verspätung ein, ziemlich verstimmt und überaus vorsichtig bei jedem Versuch, nach soviel Jakreiten noch irgendwo Platz zu nehmen.

Die letzte Stadt in China

Der nächste Tag war der 15. August. Genau sechs Monate vorher hatten wir Peking verlassen. Wir brachten eine anstrengende Etappe hinter uns, das Tal eines reißenden Flusses hinauf, den wir sechsmal durchqueren mußten. Die Jaks wateten stur und schnaufend, wie Schleppdampfer, durch die Strömung, aber die erschöpften, mit wunden Stellen übersäten Ponys strauchelten hilflos zwischen den umspülten Felsbrocken herum. Für Abwechslung sorgte ein Schwarm Bergrebhühner, den ich erfolglos unter Beschuß nahm. Gegen Mittag gabelte sich das Tal. Wir folgten dem westlichen Ausläufer, der mit zunehmender Höhe breiter wurde und uns schließlich zu einem kahlen Sattel führte, wo drei kirgisische Jurten die Ortschaft Jan Bulak bildeten. Die Kirgisen empfingen uns freundlich, und Kini, die auf der russischen Seite des Tienschan bei diesem Volk gelebt hatte, fühlte sich in ihren Zelten fast wie zu Hause. Die Herzlichkeit, mit der uns diese Leute begrüßten, wurde allerdings ein wenig gedämpft, als Liu meine Krähenflinte unabsichtlich durch ihr Dach entlud. Sie kamen jedoch bald darüber hinweg.

An diesem Abend gab es in dem kleinen Zelt ein Festessen mit Makkaroni und Wodka zur Feier unseres sechsten Monats auf Reisen. Genüßlich erinnerten wir uns an das Durcheinander bei unserer Abreise, die nun in Zeit und Raum schon so weit zurücklag: an die Kostüme und das Blitzlicht auf dem Bahnsteig, an die Erregung der bedauernswerten Smigunows, an unsere wilden Mutmaßungen über die Zukunft . . . Alles das schien zu einer ganz anderen Reise zu gehören, die andere Leute unternommen hatten.

Der Tschitschiklik, mit viertausendfünfhundert Metern der höchste Paß im Pamir, lag noch vor uns, und am nächsten Tag nahmen wir ihn in Angriff. Morgens ritten wir bequem auf dem Grasgrund eines breiten, freundlichen Tals. Überall gab es Murmeltiere, und zum erstenmal sahen wir Lämmergeier — große, weißliche Ungetüme, die wie prähistorische Monster aussahen. Ein Esel, der zu einer vor uns ziehenden Turki-Karawane gehörte, war zusammengebrochen und verendet, und drei oder vier dieser gewaltigen Vögel warteten nun, bis die menschlichen Leichenfledderer mit ihrer Arbeit fertig waren. Die Turkis montierten dem Esel die Hufeisen ab.

Am Ende des Tales ging es dann weniger gemächlich aufwärts, und bald kamen wir in einen großen Talkessel mit einem dunkelgrünen See. Schnee, vom Wind zu Eis gehärtet, panzerte die Gipfel ringsum. Der Paß selbst lag oberhalb einer steilen, abweisenden Geröllhalde, an der sich unsere Karawane nun in mühsamem Zickzack hinaufzuschlängeln begann. Die Turkis stachen die bedauernswerten Ponys mit langen Eisenspießen, die sie eigens hierzu mit sich führten, in die Mitte zwischen Augen und Nüstern. Es floß viel Blut, und obwohl es grausam und barbarisch aussah, erleichterte es den Tieren doch ohne Zweifel das Atmen in diesen Höhen. Auf Pässen machten es unsere Turkis immer so, und nach dem Blut auf den Felsblöcken am Tschitschiklik zu urteilen, war es allgemein üblich.

Auf dem Paß machten wir Rast und blickten zufrieden auf das zerklüftete Labyrinth aus Bergen und Tälern zurück, das nun hinter uns lag. Dann zogen wir weiter, kraxelten aus dem Geröll auf wegsameres Gelände und stiegen in ein ausgedehntes Tafelland ab, in dem viele Jaks weideten. Vom Wind ein wenig geplagt, durchquerten wir dieses Hochtal und schlugen gegen Abend unterhalb eines anderen, kleineren Passes unser Lager auf. Die Turkis hatten seit einiger Zeit miteinander gestritten, und nun kam der faulste, habgierigste und unfähigste der drei zu mir und verkündete mit Tränen in den Augen, er fürchte um sein Leben. Ich rief sie zusammen — den Würdigen, der etwas Russisch sprach, den Zähen, der aussah wie die Karikatur eines französischen Polizisten, und den erbärmlichen Tokhta — und beschimpfte sie nach besten Kräften in drei Sprachen. Sie waren lästige Kerle. Schlecht gelaunt trafen wir Vorbereitungen für unser Nachtlager, und unsere Stimmung wurde nicht besser, als wir entdeckten, daß sich unsere kostbare Worcestersoße in den Beutel mit Turfan-Rosinen ergossen hatte. Wir wurden jedoch ein wenig besänftigt, als einige Tadschiken, wie aus dem kahlen Erdboden gewachsen, plötzlich vor uns standen und uns Milch reichten, bärtige Männer mit Adlernasen, die Hüte trugen, wie sie ganz ähnlich vor ein paar Jahren die *Daily Mail* propagiert hat. Angeblich geht der Urtyp des *Homo alpinus* auf diesen Volksstamm zurück.

Am nächsten Morgen brachen wir unter nicht sonderlich günstigen Vorzeichen auf. Einer von Kinis chinesischen Steigbügeln war entzwei, Liu wurde von seinem Jak abgeworfen und verlor das Gesicht, und Tokhta begann von neuem mit seinem Gezeter. Aber wir erklommen den kleinen Paß ohne Zwischenfall, und nachdem wir eine Zeitlang durch ein flaches Hochtal geritten waren, begann der steile Abstieg durch eine Schlucht in das riesige Pamirbecken, das Sarikol. Es war das schlimmste Wegstück, das uns bisher begegnet war. Einen Pfad gab es nicht, und die Pferde brauchten die Behendigkeit von Steinböcken, um zwischen den Felsbrocken auf dem Grund der Schlucht hindurchzulavieren, in der auch noch ein reißender Bach floß.

Aber wir kamen heil heraus, auf ein ausgedehntes Hanggelände, wo die Sonne plötzlich sehr heiß wurde (wir waren jetzt nur noch in einer Höhe von dreitausend Metern). Von hier ging es leichter als zuvor durch einen Hohlweg weiter abwärts. Wir durchquerten den Oberlauf des Jarkand Darja und sahen schließlich vor uns die weiten Weidegründe des Sarikol oder Tagdumbasch Pamir. Wir waren jetzt nicht mehr weit von Taschkurgan entfernt, über das laut Skrine »Ptolemäus sagt, es sei der westlichste Handelsplatz der Serikê (Chinas)«.

Gegen Abend kam die Stadt in Sicht. Unter den Bastionen eines sehr romantisch wirkenden Forts drängten sich Lehmdächer und Baumwipfel. Ich habe eine Vorliebe für Forts, und dieses, das ausgedehnte Weidegründe unter einer Kette von Schneegipfeln beherrschte, erschien mir hinreißend schön. Die Ebene um den kleinen Basar war mit Pferden und Kamelen getüpfelt, viele von ihnen mit Packsätteln auf dem Rücken, und einige Gruppen von Zelten ersetzten die Vorstadt. Uns gefiel der Anblick von Taschkurgan.

Der britische Aksakal war ein schielender Hindu. Er sprach etwas Englisch und sagte von sich selbst nicht ohne Stolz, er sei »auf der Mittelschule im Jahre 1902 durchgefallen«. Wir quartierten uns in seinem Haus ein und lasen mit Interesse die Empfehlungsschreiben von Reisenden, die er im Laufe langer Jahre im Dienst der indischen Regierung gesammelt hatte. Er war ein reizender alter Herr.

In der Zarenzeit hatten die Russen in Taschkurgan illegal eine Kosakenpatrouille stationiert. Die raffinierteren Bolschewisten kontrollieren den Ort mit Agenten, die ihre Befehle vom nächstliegenden sowjetischen Grenzposten bei Kizil Rabat bekommen. Deshalb hatten wir fast schon damit gerechnet, daß wir in Taschkurgan Ärger bekommen würden. Aber der oberste Unruhestifter war gerade auf der Jagd nach Meuterern in den Bergen, und seine Stellvertreter — ein elender Chinese und ein elender Tadschike — stempelten unsere in Kaschgar ausgestellten Ausreisevisa ohne Murren.

So waren wir am nächsten Tag bereit für die letzten drei Etappen, die uns aus dem chinesischen Territorium hinausführen würden. Nicht bereit waren indessen die Turkis. Wie üblich beantragten sie lautstark und kämpferisch einen Aufschub, und wie üblich zogen sie den kürzeren. Sie hätten kein Korn für die Ponys, hieß es, und kein Brot für sich selbst. Aber solche Sprüche hatte ich in Jangi Hissar schon gehört, und der trotzige Unterton, mit dem sie vorgetragen wurden, klang hohl. Ich sagte ihnen, um diese Dinge hätten sie sich selbst zu kümmern. Korn sei im Basar erhältlich, Brot ebenso. Es werde keine vierundzwanzig Stunden dauern, die Folgen ihres Mangels an Umsicht zu beheben. Ihr Widerstand bröckelte angesichts von entschiedenem Auftreten und Sarkasmus. So heftig die Turkis zuweilen poltern konnten, sie blieben doch leicht zu lenken. Sie beschleunigten die Anlieferung des Korns, ließen sich rasch ihr Brot backen und waren am frühen Nachmittag marschbereit.

Taschkurgan war eine typische Grenzstadt und machte den Eindruck, als lebte es vor allem von Durchreisenden und Auswärtigen. Die wenigen Geschäfte verkauften vor allem Reisebedarf — Seile und Stiefel, Pelzhüte und Lebensmittel, dazwischen Putz und Schmuck, Bonbons und Arzneimittel, wie sie Leute anlocken, denen diese unbedeutende Stadt soviel bedeutet wie Seemännern ein Hafen. Es herrschte wenig Betrieb auf der einzigen Straße, aber wenn man einem Flaneur begegnete, konnte er gut und gern einem halben Dutzend Rassen angehören. Sowjetischer Einfluß hatte mehrere Karawanen nach Indien zum Stehen gebracht, und im besten der armseligen Gasthöfe kampierte verzweifelt und auf unbestimmte Zeit eine große Gruppe afghanischer Kaufleute. Sie alle waren Opfer der aus zielloser Bosheit an den Haaren herbeigezogenen Paßvorschriften. Wir besuchten die Afghanen, und Kini, die sich bei dem verbitterten Affen, der die Rolle des Regimentsmaskottchens spielte, einzuschmeicheln versuchte, wurde zum Dank für ihre Bemühungen gebissen.

Gegen drei Uhr brachen wir unter einem bedrohlichen Himmel auf. Die Eskorte aus Kaschgar hatte ihre Aufgabe erfüllt. Wir entlohnten sie großzügig mit dem Papiergeld, das uns nun nichts mehr nützen konnte und sich schon in Taschkurgan schwer umtauschen ließ, und bekamen zwei Ersatzleute aus der Gegend, einen redseligen Turki aus Turfan, einen *Miles gloriosus* von der windigsten Art, und einen grimmigen, kaum weniger unzuverlässigen Tadschiken mit einem einfältigen Wolfsgesicht wie auf einer gutgemeinten Rotkäppchenillustration.

Kurz nachdem wir die Stadt verlassen hatten, mußten wir den Fluß überqueren, der hier unerwartet breit und tief war. Die Lasten kamen unbeschädigt durch, aber zwei der Männer nahmen ein unfreiwilliges Bad. Es ging schon auf den Abend zu, als wir das andere Ufer erreicht hatten. Deshalb blieben wir die Nacht über bei einem Haus, dessen freundliche Bewohner von unserer Eskorte barsch herumkommandiert wurden. Wir stellten fest, daß die Turkis wieder ihr altes Spiel spielten und Pferde für ihre eigenen Lasten unter dem Vorwand beschlagnahmt hatten, sie gehörten zu unserem Gepäck. Das übliche verdrießliche, letztlich ergebnislose Kriegsgericht wurde abgehalten, wobei die Angeklagten (deren Dienstherr im voraus hatte bezahlt werden müssen) sehr genau wußten, daß sie keine Strafe zu befürchten hatten.

Wir schliefen schlecht in einem Raum voller Menschen und Menschendüfte und machten uns an einem grauen, feuchten Morgen wieder auf den Weg. Nach den strapaziösen, aber oft auch herrlichen Landschaften der letzten Tage wirkte das Flußtal langweilig und eintönig. Nach drei Stunden jedoch sahen wir drei Reiter auf uns zukommen, deren äußere Erscheinung irgend etwas Unvorhergesehenes an sich hatte. Monatelang hatten wir immer wieder Leute aus großer Entfernung auf uns zureiten sehen, und wir wußten instinktiv, daß es mit diesen dreien etwas Besonderes auf sich hatte. Zunächst konnten wir jedoch nicht ausmachen, was es war, wie ja auch ein Jäger nicht immer auf den ersten Blick eine Ente zu bestimmen vermag, die sich durch ihre Art zu fliegen fast unmerklich als Angehörige einer in seinem Revier fremden Art zu erkennen gibt.

Bald jedoch erkannten wir, daß die Köpfe dieser irgendwie absonderlichen Gestalten nicht nur ungewöhnlich groß, sondern auch weiß waren. Und wenige Minuten später unterhielten wir uns mit Europäern, die sehr ausladende Tropenhelme trugen — allerdings so, als hätten sie sich verkleidet. Es waren schwedische Missionare — ein Mann und zwei Frauen —, die zu ihrem Dienst nach Kaschgar zurückkehrten. Von den Tropenhelmen abgesehen, wirkten sie bieder — freundliche, unsensationelle Leute, wie sie einem doppelt willkommen sind, wenn man ihnen am Ende der Welt begegnet. Zufällig hatte ich in der Mongolei einige ihrer Kollegen und Landsleute kennengelernt, und obwohl sie, wie die meisten Leute, denen wir unterwegs begegneten, nicht schlau aus uns wurden, unterhielten wir uns freundlich, ehe wir auseinandergingen. Sie berichteten, in Gilgit warte ein Telegramm auf mich, und diese Nachricht war für mich (der ich ein Spezialist für Vorfreude bin) fast schöner, als es der Empfang des Telegramms selbst je sein konnte. Sie erzählten auch, was weniger erbaulich klang: daß sie bei dem chinesischen Grenzposten Mintaka Karaul einen Tag lang von einem sowjetischen Agenten aufgehalten worden seien. Ihre Pässe seien in Ordnung gewesen, und es habe keinen Vorwand, geschweige denn einen Grund für den Aufenthalt gegeben. Später hätten sie jedoch erfahren, daß ein Bote nach Kizil Rabat, dem nächsten sowjetischen Grenzposten, geschickt worden sei, um ihre Ankunft zu melden und Anweisungen zu erbitten.

Als wir unsere Kümmernisse und Reiseerlebnisse ausgetauscht hatten, tauchte auch ihre Karawane auf — eine lange Kette von Ponys, beladen mit imposanten Kisten, neben denen unsere Effekten geradezu kümmerlich wirkten. Wir gaben ihnen Briefe an unsere Freunde in Kaschgar mit und zogen weiter.

Der russische Agent

Trotz dieses anregenden Zwischenspiels war die Etappe lang und langweilig. Ein kalter Wind erhob sich und unterstrich noch ihre Trostlosigkeit, bis wir am Nachmittag Dafdar erblickten, einen bewässerten, hier und da mit Jurten und Lehmhäusern gesprenkelten Streifen Grünland neben dem Fluß. Dieser Streifen war sehr lang. Die Dunkelheit brach schon herein, und wir waren sehr erschöpft, als wir sein Ende erreichten, wo der Vorsteher des Ortes seine Zelte hatte.

Er und seine Familie bereiteten uns aus dem Stegreif einen sehr freundlichen Empfang. Aber ihre Jurte war zugig, und unsere Mägen waren leer. So erlebten wir einen unerfreulichen Abend, denn die Ponys mit unseren Lebensmitteln und den Schlafsäcken erwarteten wir erst spät. Über dem Warten schliefen wir ein, mehr schlecht als recht eingehüllt in das wenige, was der Haushalt an Textilien zu bieten hatte. Ein wenig Mehl war zu einem Teig geknetet und in der Asche gebacken worden. Trotzdem waren wir noch sehr hungrig, denn während der letzten zehn Meilen des Weges hatten wir ausgiebige Entwürfe für das Abendessen gemacht. Aber wir waren zu müde, um uns zu ärgern.

Wir erwachten, wie wir oft erwacht waren: inmitten von Menschen, die sich im frühen Zwielicht widerwillig zu regen beginnen: abbrechendes Schnarchen, Ausschlüpfen in Tücher und Decken gehüllter, menschlicher Schmetterlingspuppen, das Kollern von Dung, der geräuschvoll aus einem Korb ins Feuer geschüttet wird. Die Familie war arm, und zum Frühstück gab es nur Milch. Unsere Ponys waren noch immer nicht aufgetaucht. Einer der uns begleitenden Soldaten machte sich auf die Suche, und um zehn Uhr kamen sie endlich — mit betrübten Berichten über ein krankes Pferd, über zwei kranke Pferde, über Tokhtas Bauchschmerzen, über einen schneidenden Wind, der sie überrascht hatte. Es komme nicht in Frage, heute noch eine Etappe in Angriff zu nehmen, sagten sie.

Sie waren mindestens so hungrig wie wir. Ich verkniff mir die Schelte und sagte ihnen, sie sollten sich etwas zu essen machen. Wir taten das gleiche, und wenig später ging ich zufrieden und mit vollem Magen zu ihnen hinüber, um festzustellen, daß sie, wie ich gehofft hatte, satt, zuversichtlich und gefügig waren. Dem wimmernden Tokhta (der sich in Taschkurgan überfressen hatte) gab ich ein Abführmittel, das ihn auf den Mond hätte katapultieren können, und machte einen grausamen Witz auf seine Kosten, so daß die ganze Karawane, die eine Stunde zuvor nicht einen Schritt hatte machen wollen, bald in guter Laune aufbrach.

Es war der 20. August. Eine triste Etappe brachte uns nach Paik, das einen Tagemarsch von der chinesischen Grenze entfernt lag. Neben einem Bach, in dem das Gerücht Forellen ausgesetzt hatte, standen hier ein zerfallenes Haus und eine von Opiumrauch erfüllte Jurte, in der wir acht oder zehn schwer einzuordnende Wachsoldaten und Beamte antrafen. Ihre Gewehre waren entweder russischer oder britischer Herkunft. Wir stellten unser Zelt in den Ruinen des Hauses auf, aßen etwas und versuchten den herzzerreißenden Kummer zu begreifen, dem eine der Turkiwachen mit leiser Stimme in einem sonderbaren Sprachenpotpourri nach besten Kräften Luft zu machen versuchte.

Am nächsten Morgen schneite es, und so lautlos, so wenig greifbar, so unversehens wie die Schneeflocken sanken auch Anzeichen bevorstehender Unannehmlichkeiten auf uns nieder. Es kam zu einer Verzögerung bei den Vorbereitungen für den Aufbruch, die unsere Leute nicht mit den üblichen Ausflüchten begleiteten. Ein grimmiger Tadschike in einem Mantel von russischem Schnitt, über dem sich ebenfalls russische Patronengurte kreuzten, stapfte von der offiziellen Jurte zu uns herüber und fragte in verbindlichem, nichts Gutes verheißendem Ton nach unseren Pässen. Ich händigte sie ihm aus und versteckte dann unauffällig mein Tagebuch in den Tiefen meines Schlafsacks. Ich wittere nicht bei jeder Gelegenheit Unheil, aber in den vergangenen sechs Monaten hatte ich einen Riecher für Paßschwierigkeiten entwickelt. Ich kramte auch unseren Goldbarren hervor (für die Hälfte davon hatten wir in Kaschgar Rupien gekauft) und schob ihn in das, was vom Futter meiner Breeches noch übriggeblieben war. Auch Kini versteckte ihr Tagebuch, allerdings nur nachlässig. Wenn es um die Tiere oder die Vorräte ging, witterte sie lange vor mir Gefahr, aber gegenüber dem Treibsand (es gibt kein treffenderes Wort dafür) der asiatischen Bürokratie war sie eher leichtsinnig.

Eine Stunde lang geschah gar nichts. Beiläufige Anfragen unserer Schutztruppe erbrachten ausweichende, aber freundliche Antworten. So trat ich schließlich — ganz argloser Ausländer, der verwirrt, aber seiner Rechte sicher ist — vor das Konklave der Offiziellen in der Jurte. Jemand sprach Chinesisch, ein anderer etwas Russisch, und es dauerte nicht lange, da waren sie mir gegenüber schon im Nachteil. Die Visa aus Kaschgar auf unseren Pässen waren in Chinesisch ausgestellt, das keiner von ihnen lesen konnte. Aber da sie alle inoffiziell einer fremden Macht dienten, gab es nichts, was sie so eifrig bejahten wie die These, daß wir uns noch auf chinesischem

Hoheitsgebiet befänden, wo man schlechterdings nicht mehr verlangen konnte als Visa, die von chinesischen Beamten ausgefertigt waren. Hierauf versteifte ich mich und bekam unsere Pässe schließlich zurück. Unter normalen Umständen wäre nun alles gut gewesen. Aber Rußland ist seinen Dienern ein strengerer Zuchtmeister als China, und nach einigem Nachdenken fiel dem herausgeputzten Tadschiken eine neue Finte ein. Soweit er wisse, hätte ich ein Gewehr bei mir. Ob ich auch dafür einen Paß hätte?

Seltsamerweise hatte ich einen. Zumindest einen für die Vierundvierziger, die ich in Kaschgar zurückgelassen hatte, ein eindrucksvolles, in Peking ausgestelltes, sogar mit meinem Foto versehenes Dokument, dessen Ungültigkeit sie nicht erkennen konnten. Leider mußte ich die Jurte verlassen, um es zu holen, so daß sie Zeit hatten, ihre Strategie abzustimmen. Der Waffenschein, den ich ihnen triumphierend hinhielt, wurde sorgfältig geprüft und zurückgewiesen. Er sei nicht gut, hieß es. Ich bräuchte einen in Turki ausgestellten Paß. Ich würde sie zu ihrem Vorgesetzten am Grenzposten Mintaka Karaul begleiten müssen.

Ich hatte Unheil gewittert, und da war es. Mir fielen die Schweden ein, und ich betete darum, daß wir, wie sie, mit einem Tag Aufenthalt davonkämen.

Die Krähenflinte wurde in aller Form — aber unberechtigterweise — beschlagnahmt, in einen Mantel gewickelt und hinter den Sattel des Tadschiken gebunden. Ich hatte meine Karten gut ausgespielt, wenngleich ohne Erfolg. Doch auch der Tadschike war nervös geworden. Es ist schon verstörend genug, wenn man von seinem Gegner nach Namen und Dienstgrad gefragt wird und zusehen muß, wie er sich beides notiert, aber noch verstörender ist es, wenn sich dieser Gegner beides von einem Dritten diktieren läßt. In kindlicher Bosheit bediente ich mich dieses alten Tricks, und er verfehlte seine Wirkung nicht. Die Beziehungen waren sehr gespannt, als wir nach Mintaka Karaul aufbrachen.

Der Ritt zwischen kahlen Bergen durch ein enges Tal verlief ereignislos. Nur einmal krachten nicht weit entfernt über uns zwei Schüsse, und unsere Begleitung nahm die alten russischen Gewehre vom Rücken. Gegen Ende des Tagemarsches galoppierte der Tadschike voraus, offenbar weil er seine Version der Geschichte als erster loswerden wollte. Trotz unseres lauteren Gewissens beschleunigten auch wir das Tempo und erreichten gegen Abend, nachdem wir den Fluß bei einer Gabelung durchquert hatten, Mintaka Karaul — drei oder vier Jurten auf gutem Weidegrund, nicht mehr als eine Stunde zu Pferd von den Grenzen nach Rußland, Indien und Afghanistan entfernt, der letzte bewohnte Flecken Chinas.

Der chinesische Dienstgrad des für diesen Ort und für Paik zuständigen Mannes war der eines Lan Fu. Er selbst war ein bärtiger, zwischen vierzig und fünfzig Jahre alter Tadschike mit scharfem Blick namens Zamir. Er sprach ein ausgezeichnetes Russisch und besaß daher, wie alle Asiaten, die eine westliche Sprache sprechen, einen doppelten Charakter. Er empfing uns mit größter Höflichkeit in einer geräumigen Jurte, die voller Gewehre hing. Ein Grüppchen interessierter Tadschiken, Afghanen, Turkis und Kirgisen war ebenfalls zugegen.

Wir gaben der Versuchung nicht nach — die besonders groß ist, wenn unversehens eine *Lingua franca* zur Verfügung steht —, sogleich ein Klagelied anzustimmen. In den Augen eines Chinesen wäre ein derart direktes Vorgehen ein Zeichen von unverzeihlich schlechtem Benehmen gewesen, und auch der Tadschike hätte es wohl für einfältig und ungeschickt gehalten. Statt dessen hockten wir uns auf den Boden, tranken Tee und trieben Konversation. Dabei stellten wir fest, daß Zamir zwar tiefsten Abscheu gegenüber dem sowjetischen Regime bekundete und seine Russischkenntnisse mit einigen Jahren Dienst bei den Russen in Taschkurgan während der Zarenzeit erklärte, daß aber der Schnitt und der Sergestoff seiner schwarzen Uniform nur von jenseits der sowjetischen Grenze stammen konnten. Außerdem bot er mir in einer unverkennbaren Packung Machorka-Tabak an, der in Rußland früher allgemein verbreitet war, heute aber nur noch an die sowjetischen Streitkräfte und die Polizei ausgegeben wird.

Nachdem wir uns eine Zeitlang oberflächlich, aber freundlich und ungewöhnlich kultiviert unterhalten hatten, schlug Zamir vor, wir sollten uns zu unserem Quartier begeben. Wir verließen das Zelt, bestiegen die Pferde und galoppierten mit ihm und einem halben Dutzend anderer durch einen Schneesturm zu zwei Jurten am Eingang des Tales, in dem die Straße nach Gilgit in die Höhe führte. Hier bezogen wir die Jurte, die auch von den Postläufern benutzt wird, und als der Tee bereit war und die Hektik der Ankunft sich gelegt hatte, kam ich auf das heikle Thema meines Gewehrs zu sprechen.

Zamir war ausnehmend freundlich. Er entschuldigte sich für den Ärger, der uns entstanden war, und erklärte, sein Untergebener in Paik sei ein ahnungsloser Bauer, der nicht wisse, wie man mit Ausländern umzugehen habe. Aber dieser Mann habe, wie er, Zamir, uns zu seinem Bedauern mitteilen müsse, durchaus rechtmäßig gehandelt. Kürzlich sei nämlich eine Vorschrift erlassen worden, derzufolge alle grenzüberschreitenden Waffenlieferungen (meine arme Krähenflinte!) mit einer von den Provinzialbehörden in Turki und Chinesisch ausgestellten Spezialgenehmigung versehen sein müßten. Ohne einen solchen Paß würde ich meine Waffe nicht aus Sinkiang ausführen können. Es tue ihm leid, aber so sei es nun einmal.

Freundschaftlich erörterten wir diesen Punkt. Warum hatten die Beamten in Kaschgar, die als einzige eine solche Genehmigung ausstellen konnten und die wußten, daß wir ein Gewehr hatten, uns von dieser Vorschrift nichts gesagt? Konnte man bei einer so armseligen Waffe keine Ausnahme machen? Und so weiter.

Es war schwer zu erkennen, welches Spiel Zamir eigentlich spielte. Leicht hätte er sich über die angebliche Vorschrift hinwegsetzen können. Ebenso leicht hätte er sich auf den Buchstaben dieses hypothetischen Gesetzes berufen und uns tagelang aufhalten können, während die Angelegenheit nach Taschkurgan oder sogar nach Kaschgar zurückverwiesen wurde. Unentschlossen und dennoch bedächtig schwankte er zwischen diesen beiden Strategien, als warte er auf ein Bestechungsangebot. Doch auf meine vorsichtigen Andeutungen, daß es an Schmiergeld, wenn gewünscht, nicht fehlen solle, reagierte er überhaupt nicht. Das alles war sehr rätselhaft.

Selbstverständlich waren wir in seiner Gewalt: nicht so sehr wegen des Gewehrs, sondern weil die Turkis, diese tölpelhaften Schurken, ihre drei Ponyladungen in Taschkurgan nicht angemeldet hatten, so daß ihre Papiere absolut nicht in Ordnung waren. Zamir hätte ohne weiteres die ganze Karawane beschlagnahmen können. Aber er blieb umgänglich, charmant, äußerlich hilfsbereit, und irgendwie hatten wir nicht das Gefühl, daß uns ernsthafte Schwierigkeiten bevorstanden. Wir feierten unsere letzte Nacht auf chinesischem Boden mit einem Bratkartoffelgelage und tranken dazu mit Wodka auf die Gesundheit des Generals Tschiang Kai-schek.

Am Paß der tausend Steinböcke

Strahlend und frostig brach der nächste Tag an. Wieder ließen sich die Metallteile an unseren Kameras schwer drehen, und es tat weh, sie anzufassen, genau wie in den Bergen am Kuku-nor. Die Ponys wurden beladen, und auf meine Bitte hielt Zamir den Turkis eine kräftige Strafpredigt, bevor sie aufbrachen. Unsere Begleitsoldaten kehrten um. Unseren Dank und ein mehr als angemessenes Geldgeschenk nahmen sie mit, außerdem auch (wie wir später entdeckten) Kinis Handschuhe und eine Reitpeitsche, an der ich sehr gehangen hatte. Es war eine gute Peitsche mit einem Griff aus dem Horn einer Orongo-Antilope. Sie hatte mich in Basch Malghun, der ersten Ortschaft, die wir in Sinkiang erreichten, ein Paket chinesische Streichhölzer gekostet. Daß sie mir nun in der letzten Ortschaft von Sinkiang gestohlen wurde, war eine Erfahrung, deren Symmetrie mich über die Härte meines Verlustes nicht hinwegzutrösten vermochte.

Die Frage, was mit meinem Gewehr geschehen sollte, war noch immer ungeklärt, und Zamir schien nicht gewillt, noch einmal auf sie zurückzukommen. Als ich ihn schließlich dazu nötigte, setzte er eine Miene auf, die zu besagen schien: Mich schmerzt es mehr als dich — und verkündete, er müsse die Waffe konfiszieren. Er habe sich fast die ganze Nacht mit seinen Kollegen beraten, man habe jedoch keine geeignete Methode gefunden, den gordischen Knoten der bürokratischen Vorschriften zu durchschlagen.

Auch ein Gewehr gewinnt man lieb. Ich bin zwar nicht besonders sentimental veranlagt, aber die Krähenflinte hatte mir viel Vergnügen bereitet, und sie hatte nicht wenig zum Erfolg der Expedition beigetragen. Ich würde sie nicht (in diesem Punkt ergriff mich fast ein heiliger Zorn) irgendeinem hergelaufenen russischen Agenten überlassen.

So warf ich Zamir finstere Blicke zu (etwas anderes konnte ich ihm nicht mehr zuwerfen, denn die Ponys waren schon fast außer Sichtweite) und sagte ihm, er habe kein Recht, das Gewehr zu konfiszieren. Ich würde es als Geschenk an meinen Freund, den Generalkonsul in Kaschgar, schicken. Es könnte mit dem nächsten Postläufer abgehen, begleitet von einem Bericht über die Behandlung, die mir in Mintaka Karaul zuteil geworden sei. Das Duplikat dieses Briefes würde ich von Gilgit abschicken, für den Fall (mehr finstere Blicke an dieser Stelle), daß das Original verlorengehen sollte. Ich zog einen Block hervor und begann zu schreiben.

Ob Zamir nun doch nervös wurde oder ob er aus anderen Gründen nachgab, werde ich nie erfahren. Kaum waren die ersten gehässigen Sätze formuliert, gab er jedenfalls klein bei. Er werde das Risiko auf sich nehmen, sagte er. Mir zuliebe werde er das Risiko auf sich nehmen. Die Bescheinigung aus Peking müsse ich ihm allerdings überlassen und außerdem einen Brief zu meiner Rechtfertigung schreiben. Aber mein Gewehr könne ich bekommen . . . Ich jagte den Ponys nach, kramte den Paß hervor, jagte zurück, händigte ihn aus und verabschiedete mich, ehe er es sich noch einmal anders überlegen konnte.

Mit Mann, Pferd und (wie durch ein Wunder) auch Geschütz marschierte die Expedition auf Indien zu.

Während wir zwischen mächtigen, halb mit Schnee bedeckten Gipfeln, die sich schwarzweiß vor dem dunklen Blau des Himmels abhoben, ein Tal hinauf den Ponys folgten, stieß ein Mann zu uns, der mir schon während der Verhandlungen mit Zamir aufgefallen war, weil seine Miene im Hintergrund immer wieder schweigendes Mißfallen bekundet hatte. Er war ein Hunza von der anderen Seite der Pässe, der mich mit »Sahib« anredete und sich Assa Khan nannte. Seine Kleider und seine Kappe waren aus jenem lockeren, weißlichen, dem weichen Shetland-Tweed nicht unähnlichen Stoff, aus dem die Hunza alle ihre Kleidungsstücke anfertigten, und sein Gesicht wirkte fast nordisch. In Turki — von dem ich mir inzwischen ein paar Brocken angeeignet hatte — sagte er uns, was wir schon vermutet hatten: Zamir sei ein schlechter Mann, er stehe im russischen Sold, und sein Vorgehen in der Frage meines Gewehrs sei völlig illegal gewesen. Assa Khan mit seiner sanften Stimme, seinem leichtfüßigen Gang und seinen guten Manieren gefiel mir, und wir müssen wohl auch ihm gefallen haben, denn er schloß sich der Expedition an und betätigte sich als unser Kammerdiener, wobei er ein aufrichtiges Widerstreben zeigte, irgendeine Entlohnung anzunehmen. Er war einer der nettesten Menschen, die uns auf dieser Reise begegnet sind.

Nicht lange, und wir holten die Ponys ein. Die Turkis hatten einen Esel aufgetrieben, der einen zusätzlichen Sack Mais trug, aber der Esel, nachlässig beladen und nachlässig geführt, hatte den Mais in den Fluß fallen lassen, als die Karawane ihn durchquerte. Unseren Wanderzirkus umgab wieder die gewohnte Atmosphäre aus Verkommenheit, Erschöpfung und Unfähigkeit. Wir hielten an und schimpften, bis sich der Zug wieder in Bewegung setzte. Wegen Zamir waren wir erst spät losgekommen und mußten vor Einbruch der Dunkelheit noch den schlimmsten Paß der ganzen Strecke hinter uns bringen.

Wenig später sahen wir ihn: den Mintaka-Paß, den Paß der tausend Steinböcke, viertausendsiebenhundertfünfzig Meter über dem Meeresspiegel. Ein holpriger Zickzackweg führte an der steilen, mit Felsbrocken übersäten Talwand hinauf. Endlich hatten wir die äußerste Grenze Chinas erreicht.

Es begann zu schneien, als wir den Paß in Angriff nahmen. Die erschöpften Ponys kamen langsam voran, die Turkis stachen sie in die Nasen und luden mehrfach die Lasten um. Ich ließ den trostlosen Trubel der Karawane hinter mir und ging, Wolke am Zügel führend, voraus. Die Höhe machte mir nichts aus, und das Steigen genoß ich sogar. Hier und da lagen bleiche Pferdeknochen am Wegesrand, und plötzlich überkam mich die schmerzliche Erinnerung an Slalom. Ich sah ihn vor mir, wie wir ihn zurückgelassen hatten: völlig ausgelaugt, breitbeinig, mit hängendem Kopf dastehend — und hätte viel darum gegeben, zu wissen, daß er noch am Leben war. Ein Schwarm Schneehühner schwirrte vorüber und verschwand hinter einer Kante. Zwei kleine Vögel, die wie Rotschwänzchen aussahen, schwätzten mit dünnen Stimmchen zwischen den Felsen. Der fallende Schnee war wie ein Schleier, der die halbe Welt verdeckte, das Tal unter mir und die schroffen Gipfel über mir, so daß die kleinen Dinge in der Nähe plötzlich vertraut und auf ungewohnte Weise wichtig wirkten. Kein Laut war zu hören, außer dem Hufklappern des Hengstes auf dem Felsboden und einem gelegentlichen Fluch der Turkis, die sich weiter unten abmühten.

Auf halber Strecke zierte unerklärlicherweise ein Fragment der *Times* den Pfad. Ich hielt dies für ein gutes Omen. Ich konnte jetzt erkennen, daß die Paßhöhe mit vier oder fünf kleinen Säulen aus aufeinandergeschichteten Steinen markiert war, und plötzlich wurde mir klar, daß dies ein besonderer Augenblick war. In weniger als einer Stunde würde sich unser Ehrgeiz erfüllt haben. Die ferne Hoffnung würde Wirklichkeit geworden sein. In weniger als einer Stunde würden wir in Indien sein.

Hinter der Paßhöhe stieß ich auf eine Hütte aus Stein für die Postläufer. Sie stand in einer Schlucht zwischen Geröllhängen, deren Windungen die Aussicht vor mir verstellten. Der Hengst und ich hatten britisch-indisches Territorium erreicht, in dieser Felsenwüste allerdings eher ein symbolischer Vorteil. Ich ließ mich auf der Schwelle der Hütte nieder und rauchte schläfrig und zufrieden eine Pfeife. Es schneite immer noch. Wolke zitterte, stieß mich mit der Nase an und versuchte mir klarzumachen, daß dies keine gute Stelle zum Rasten sei.

Eine halbe Stunde später, angekündigt von den heiseren Rufen der Turkis, tauchte die Karawane hinter der Kante der Paßhöhe auf. Kini berichtete von einem zermürbenden Aufstieg, und die meisten Ponys waren ziemlich erledigt. Aber es war schon spät, und wir zogen unverzüglich weiter durch Geröllfelder in eine Wildnis aus riesigen Felsbrocken und gelangten schließlich über ein feuchtes Wegstück zu einer Felsenplattform, von wo aus wir zum erstenmal nach Indien hineinsehen konnten.

Der Schnee war abgezogen. Auf dem schattigen Grund einer riesigen Mulde unter uns dehnte sich grau und weiß ein Gletscher. Gegenüber strahlten zwei gewaltige Schneegipfel, denen ihr Wolkengefieder gut stand, im letzten Licht der Sonne — ein atemberaubender Anblick.

»Soweit gefällt mir Indien«, sagte Kini.

Nachrichten aus der Heimat

Das Panorama bot den Ponys keinen Trost. Es war schon sechs Uhr, und wir hatten noch einen schwierigen Abstieg vor uns. Als wir weiterziehen wollten, brach ein Pony unter der Warenlast der Turkis zwischen den Felsbrocken zusammen. Zwei andere schienen am Ende ihrer Kräfte. Ich verlor die Geduld mit den Turkis, die die Tiere durch Nachlässigkeit und Unehrlichkeit zugrunde richteten. Wütend darüber, daß sie uns mit den Qualen der Pferde einen Augenblick vergällten, dessen Genuß wir uns weidlich verdient hatten, beschimpfte ich sie in mehreren Sprachen und fühlte mich danach etwas erleichtert. Wir ließen sie dann auf Assa Khans Vorschlag hin zurück und machten uns an den steilen Abstieg zum Fuß des Gletschers. Sollten sie zusehen, wie sie mit der Krise fertig wurden, die sie selbst verschuldet hatten.

Es dämmerte rasch. In dem ungewissen Licht schienen die Pferdeskelette, die hier und da die Felsen zierten, wieder feste Gestalt anzunehmen und sahen aus wie Zebras. Bald tappten wir durch eine mondlose, sternenlose Nacht. Aber Assa Khan kannte den Weg, der diesen Namen nicht verdiente, und zwei Stunden nach Einbruch der Dunkelheit tauchte vor uns aus dem Talgrund eine Steinhütte auf. Wir banden die Pferde an und traten ein.

Wir waren müde, wir froren, wir hatten seit dem Frühstück nichts gegessen, und ich hatte obendrein meine Streichhölzer verloren. So saßen wir bibbernd in der kompakten, zugigen Finsternis, bis Rufe wie von verlorenen Seelen aus dem steilen Hang über uns das Nahen der Turkis ankündigten. Ich ging mit einer Taschenlampe nach draußen, um ihnen zu helfen, und stellte fest, daß es ziemlich stark schneite. Doch schließlich waren alle Tiere wieder beieinander, wurden abgeladen, und jedes bekam seinen Futtersack mit Mais. Wir kochten Tee, aßen Brot dazu und straften die ermatteten Turkis, die die Hütte mit uns teilten, durch Verachtung. Es dauerte nicht lange, bis wir alle auf dem Boden eingeschlafen waren.

Am Morgen schneite es noch immer. Vor dem Aufbruch stellte ich mit der wertvollen Unterstützung von Assa Khan die Turkis zur Rede. Ich sagte ihnen, wir seien nun nicht mehr in China, sondern in einem Land, das zu England gehöre. In Zukunft würden sie unsere Ponys nicht mehr ungestraft mit ihren Lasten zugrunde richten, und wenn sie mir weiterhin Schwierigkeiten machten, würden sie im Gefängnis landen. Nachher blickten sie niedergeschlagen, wenn auch nicht eben reumütig drein, und einige Tage lang gab es weniger Ärger mit ihnen.

Die Stelle, an der die Hütte stand, hieß Gulkoja. Von dort kletterten wir aus einem Felsenkessel heraus, der aussah wie die Unterwelt in den Vorstellungen jener unter unseren Altvorderen, die sich die Hölle als eisigen Ort ausmalten. Ein kaum erkennbarer Pfad führte in ein tiefes, enges, an seinem Boden feuchtes Tal, wo wir zwei munteren Hunzahirten begegneten, die in einer Höhle wohnten. Es war ein grauer, aber angenehm stiller, herbstlicher Tag. Nach sehr kurzem Marsch erreichten wir eine Stelle, wo sich zwei Täler trafen. Weit verstreut standen hier einige Silberbirken und in der Nähe, zu unserer Überraschung und unserer Freude, ein kleines Rasthaus. Reisenden, die aus Indien kamen, wäre es erbärmlich erschienen, denn es ist das dürftigste und letzte seiner Art an der Gilgit-Straße. Für uns aber waren vier Wände gegen den Wind, ein Dach, das dem eben einsetzenden Regen trotzte, ein sauber gefegter Fußboden und (vor allem) eine Feuerstelle mit einem richtigen Kamin der Gipfel des Luxus. Gewiß — als ich Wolke an einen Pfosten der Veranda band, riß er diesen mit einer leichten Drehung des Kopfes unabsichtlich aus der Erde, und der einzige Stuhl brach bei der ersten Berührung in sich zusammen. Trotzdem kamen wir uns vor wie im Himmel und richteten uns mit jener freudigen Erregung angesichts von unverhoffter Geborgenheit in fremder Umgebung ein, mit der Kinder sich in einem Sommerhaus ausbreiten.

Während des übrigen Tages ruhten wir aus. Der treue Assa Khan brachte Brennholz, wir öffneten eine der beiden Konserven, jede von ihnen drei Würstchen enthaltend, die uns Mrs. Thomson-Glover mitgegeben hatte, und Kini kochte ein denkwürdiges Essen. Wir aßen, bis wir fast platzten, und ich stellte fest, daß sich unter den Büchern, die wir in Kaschgar ausgeliehen hatten, auch ein früher Wodehouse befand. Es war nicht der Meister auf dem Höhepunkt seines Könnens, und ich hatte das Buch schon zweimal gelesen; aber es trug dazu bei, daß mir dieser lange Nachmittag in Murkuschi (so hieß der Ort) als einer der wenigen wirklich behaglichen Augenblicke einer Reise in Erinnerung blieb, die mit behaglichen Augenblicken nicht eben gesegnet war.

Auch den nächsten Tag, den 24. August, markierte ein denkwürdiges Ereignis. Unter grauem Himmel zogen wir eine tiefe Schlucht hinab. Das Wetter und die kleinen Silberbirkenhaine, die an feuchten Stellen wuchsen, erinnerten an Schottland. Zwischen diesen grünen Flekken schlängelte sich der Weg umständlich durch Felsen oder lief schräg an steilen Geröllhalden entlang. Im Laufe des Vormittags begegnete uns ein Mann mit einem

Regenschirm, der uns, soweit wir verstehen konnten, aus Misgar entgegengeschickt worden war. Wer ihn geschickt und wie man von unserer Ankunft erfahren hatte, blieb jedoch ein Rätsel.

Gegen ein Uhr sichteten wir Misgar selbst. Geschickt angelegte Bewässerungskanäle auf einem gestuften Felsplateau hatten eine Art Oase geschaffen. Auf kleinen Feldern wuchs spärliche Gerste, und unter Aprikosenbäumen duckten sich flache Lehmhäuser. Vor uns lag der Außenposten einer merkwürdigen, genügsamen Zivilisation.

Aber das Wirtschaftssystem und die Ethnologie der Hunza interessierte uns in diesem Augenblick überhaupt nicht. Misgar war die Endstation der Telegraphenlinie von Indien, und während wir durch die weitläufige Ansiedlung ritten, hörten wir den Wind an dem einzelnen Draht singen. Auf einer sehr unangenehmen Steinbrücke überquerten wir einen tosenden Sturzbach und kamen zu einem Rasthaus, dessen weiße Wände mit gefälligen Stilleben von Mr. Jakovlew, dem Künstler der Haardt-Citroen-Expedition, geziert waren. Drei Mitglieder dieser Expedition hatten sich einige Zeit in Misgar aufgehalten. Wir wurden vom offiziellen Repräsentanten des Mir von Hunza begrüßt, einem untersetzten, energischen kleinen Mann, der etwas Englisch sprach und uns über die Brücke zurück zum Telegraphenbüro führte.

Dem kaschmirischen Beamten, der es leitete, machte sein einsamer, frostiger Posten anscheinend wenig Spaß, jedenfalls freute er sich über fremde Gesichter. Er stellte eine Verbindung nach Gilgit her und ließ sich die dort auf mich wartenden Telegramme durchgeben. Gierig sahen wir zu, wie sein bedächtiger Bleistift das Morsesummen in lesbare Schriftzeichen verwandelte — für uns waren es die ersten Mitteilungen aus der Außenwelt seit sechseinhalb Monaten. Der erregende Moment wurde nur dadurch getrübt, daß es für Kini keine Botschaften gab. Die Andeutungen über mögliche Aufenthaltsorte und Zwischenstationen, die sie vor der Abreise nach Hause geschickt hatte, waren bezeichnenderweise noch unbestimmter gewesen als meine.

Trotzdem kam es uns vor, als wären wir schon fast daheim. Wir kabelten ausgelassene, ziemlich kostspielige Jubeltelegramme an unsere Nächsten und Liebsten. Dann kehrten wir zum Rasthaus zurück, erfüllt von einer Hochstimmung, die mit einem Schlag verflog, als wir zu der Brücke kamen.

Wieder waren die Turkis schuld. Unterwegs hatten wir sie hinter uns gelassen, aber während wir uns in dem Telegraphenbüro aufgehalten hatten, waren sie angekommen und hatten damit begonnen, die Ponys über die Brücke zum Rasthaus zu schaffen. Die Brücke bestand aus zwei Felsplatten. Sie war schmal und durch nichts gesichert, was einem Geländer ähnlich sah. Beladene Tiere hinüberzutreiben, statt sie nacheinander hinüberzuführen, war der Gipfel der Torheit, aber genau dies hatten die Turkis getan. Die Ponys mit ihren ausladenden Lasten stießen einander an, eines von ihnen hatte das Gleichgewicht verloren und war von der Brücke gefallen. Im Nu hatte der Sturzbach es hundert Meter weit abgetrieben, wo es an einem Felsen hängenblieb und unter großen Schwierigkeiten gerettet wurde, wie durch ein Wunder bis auf ein paar Schnittwunden unverletzt. Unnötig zu sagen, daß es ebenjenes Tier war, das unsere Koffer trug: all unsere Kleider und Papiere waren durchnäßt.

Das Maß war voll. Wir beschimpften die Männer, bis wir rot anliefen, und breiteten unsere Garderobe zum Trocknen in der Sonne aus. Dann sagte ich ihnen, unterstützt von dem Kaschmiri aus dem Telegraphenbüro, der den Dolmetscher machte, was ich von ihnen hielt — ausführlicher, als es mir bisher möglich gewesen war. Sie hätten eine kriminelle Fahrlässigkeit gezeigt, sagte ich, und ich hätte von nun an keine Verwendung mehr für sie. Ich suchte mir die vier besten Ponys aus und erklärte den Turkis, morgen würden diese Tiere unsere und nur unsere Lasten tragen und in ihrem Tempo gehen, vor den drei anderen mit den Warenladungen und getrennt von ihnen. Ich würde mir in Misgar zwei Männer nehmen, die sich um sie kümmern und für die Sicherheit unseres Gepäcks sorgen würden. Das war nach einer langen Kette kleiner, entnervender Scharmützel die entscheidende Schlacht. Nach Misgar machten uns die Turkis keinen Ärger mehr.

An diesem Abend, in ungewohnt häuslicher Atmosphäre auf Stühlen sitzend und von einem Kaminfeuer beschienen, schlugen wir uns die Bäuche mit Lapscha voll und brachen die letzte Flasche Kognak an, die wir zum Feiern noch aufgehoben hatten. Von Gilgit waren wir nur noch zehn Tagemärsche entfernt. Wenn wir in Delhi das Flugzeug nahmen, würden wir in ungefähr einem Monat zu Hause sein können, ein aufregender Gedanke.

Am nächsten Morgen packten wir unsere klammen Sachen zusammen, und ich verschenkte meinen Koffer, der sich im letzten Stadium der Auflösung befand, an Assa Khan. Der Mir, der weiter unten an der Straße von unserer Ankunft gehört hatte, ließ uns telefonisch seine besten Empfehlungen übermitteln, und sein Vertreter in Misgar stellte uns zwei Männer als Begleitung, einer von ihnen eine dem Telegraphendienst zugeteilte, berittene Ordonnanz. Mit den vier besten Ponys brachen wir auf, hinter uns die verdatterten, grollenden Turkis.

Südlich von Misgar wird die Straße insofern besser, als der Weg hier von Ingenieuren gebaut wurde und vom Mir von Hunza in Schuß gehalten wird. Allerdings wird auch die Schlucht des Hunza-Flusses immer abenteuerlicher, und obwohl man leichter vorankommt, ist der Weg doch viel gefährlicher als oberhalb von Misgar. Kaum waren wir losgezogen, kamen wir an eine Stelle, wo sich der Pfad in einem abgrundsteilen Geröllhang verlor. Die kleine Karawane stockte und geriet in Unordnung. Die ungeselligen Instinkte von Wolke, die durch die Erschöpfung eine Zeitlang gebändigt oder gemäßigt worden waren, kamen wieder zum Vorschein, und er begann auszuschlagen. Dies war nun weder die Zeit noch der Ort für solche Kapriolen. Kini, die dicht hinter mir war, wurde aus dem Sattel geworfen. Sie kam zwar nicht zu Schaden, aber dies hätte doch leicht geschehen können. Bis zuletzt wurde Wolke, der sich im übrigen tadellos benahm, von solchen Temperamentsausbrüchen immer wieder ausgerechnet an Stellen heimgesucht, wo die meisten anderen Pferde der Schwindel gepackt hätte. Für mich jedenfalls war die Gilgit-Straße alles andere als eintönig.

Jeder, der pittoreske Landschaften liebt, wäre an diesem Tag auf seine Kosten gekommen. Der schmale Weg, gerade breit genug für ein beladenes Packpferd, schlängelte sich an schwindelerregenden Steilwänden entlang, mal zum Flußbett hinab, dann wieder jäh hinauf über die tosenden Fluten. Oft ging es neben uns bis zu dreihundert Meter in die Tiefe. Das Leben als Fußgänger erschien mir unter diesen Umständen angenehmer als das Leben im Sattel.

Nachdem wir zwei hölzerne, mit Stahlseilen stabilisierte Auslegerbrücken überquert hatten, stiegen wir am Nachmittag auf steilem Weg zu dem Dorf Gircha ab, auf dessen flachen Dächern sattgolden die Aprikosen in der Sonne trockneten. Hunza ist wirtschaftlich autark, allerdings nur mit knapper Not: getrocknete Aprikosen sind während einiger Wintermonate das Hauptnahrungsmittel. Wir zogen noch zwei oder drei Meilen weiter zu einem Rasthaus. Zufrieden saßen wir dort unter den gewaltigen, in zartes, stilles Abendlicht getauchten Gipfeln.

Herzlich willkommen

Am nächsten Tag kamen wir durch Khaibar, ebenfalls eine grüne Insel, die mühevolle Arbeit und Erfindungsgabe inmitten von trostloser, grauer Einsamkeit geschaffen haben, und standen nachmittags am Rand des Batura-Gletschers. Eine riesige, schmutziggraue, schrundige, von Brüchen und tiefen Spalten durchzogene Eismasse schob sich in einer breiten Schlucht dem Flußbett entgegen. Am Rand des Gletschers hörte der Weg mit einem Schlag auf. Auf der anderen Seite konnten wir die wenigen Dächer und Baumwipfel von Passu sehen. Sie schienen ganz nah, aber wir brauchten drei Stunden bis zu ihnen. Der Gletscher war ein hartes Stück Arbeit. In dem Gewirr von Rinnen und Spalten mußten wir uns vorsehen und kamen nur langsam voran. Die Pferde rutschten immerfort aus und wischten dabei mit den Hufen die Schicht aus Staub und Geröll auf dem schwarzen Eis weg. Zweimal mußten wir abladen und die Lasten eine Strecke weit tragen. Wüst und geradezu unnatürlich wirkte dieser Ort, als wären wir in eine andere Welt vorgedrungen, in die Ponys nicht paßten und für die sie schlecht gerüstet waren. Von Zeit zu Zeit drangen von unten seltsame Geräusche herauf, Knirschen, Ächzen, Rumpeln.

Aber schließlich hatten wir es geschafft. In einem Wind, der uns mit feinem Sand ins Gesicht stach, marschierten wir hinter Passu einen langgestreckten Gebirgskamm hinauf und kamen schließlich zu einem anderen Dorf. Hier gab es kein Rasthaus, deshalb schlugen wir auf einer kleinen Geländestufe unser Zelt auf. Den ganzen Tag über war uns eine gelbe Hündin nachgelaufen. Sie hatte den typischen Ringelschwanz der verwilderten Hunde Indiens, aber ihre Augen schimmerten golden, und sie war so zutraulich, daß wir sie kurzerhand zum Mitglied unserer Expedition machten und ihr zu ihrem Erstaunen etwas zu essen gaben.

Als wir am Morgen aufwachten, waren die Berge im Bilderrahmen des Zelteingangs vor uns von Sonnenlicht vergoldet. Die erste Hälfte der Etappe wurde durch einen Fluß erschwert, bei dem unsere Leute allerdings noch mehr Schwierigkeiten erwartet hatten, als sie dann vorfanden. Die zweite Hälfte stand im Zeichen eines in der Geschichte unserer Expedition beispiellosen Ereignisses — wir bekamen einen Brief. Wir hatten Gulmit, ein großes Dorf, in dem der Mir von Hunza jedes Jahr einen Teil des Herbstes verbringt, hinter uns gelassen. Der Weg wurde nun ungewöhnlich abschüssig und war an einigen besonders atemberaubenden Stellen sogar mit einem niedrigen Holzgeländer versehen, das zu unserer Sicherheit weniger beisteuerte als zu unserem Seelenfrieden. Wir befanden uns gerade auf einem vergleichsweise harmlosen Wegstück, als uns ein Mann entgegenkam, der sich als Ordonnanz des Political Agent, des Bevollmächtigten der »Gilgit Agency«, also des Bezirks Gilgit, erwies und mir zwei Briefe aushändigte.

Ich gab mir keine große Mühe, Gelassenheit vorzutäuschen, als ich sie öffnete. Der eine stammte vom Political Agent selbst. Er begrüßte uns darin sehr herzlich und teilte mit, daß er zusammen mit Oberst Lang, dem Residenten in Kaschmir, gerade auf einer Reise durch Hunza sei und am nächsten Tag in der Hauptstadt, Baltit, eintreffen werde — eine höchst erfreuliche Nachricht für uns, die wir das gleiche vorhatten. Der andere Brief war von Mrs. Lorimer, deren Gemahl, Oberst D. L. R. Lorimer, früher Political Agent in Gilgit gewesen war und noch immer in diesem Gebiet lebte, um seine Untersuchungen über die hier gesprochene Sprache abzuschließen, die die vergleichende Sprachwissenschaft bisher noch keiner anderen Sprachengruppe definitiv zuordnen konnte. Mrs. Lorimer stellte sich als Korrespondentin der *Times* in der Gilgit Agency vor, beglückwünschte uns zu unserer Reise und schrieb außerdem, die *Times* habe sich meinetwegen Sorgen gemacht.

Diese Mitteilungen aus einer anderen Welt versetzten uns in heftige Erregung. Ich kritzelte eine Antwort an den Political Agent, den ich, da seine Unterschrift keinen Hinweis auf seinen Dienstgrad bot, mit »Sehr geehrter General Kirkbride« anredete, denn China ist nicht das einzige Land, wo man in solchen Fällen gut daran tut, eher hoch zu greifen. (Wie sich später herausstellte, war er Major, aber das schadete nicht.) Dann marschierten wir weiter.

Bald gelangten wir an eine Stelle, wo die Holzbalken, die den Weg an einer besonders heiklen Stelle stützten, teilweise zusammengebrochen waren. Wir mußten abladen, die Ponys nacheinander hinüberführen und die Lasten tragen. Während Kini und ich an einer schattigen Stelle ausruhten und warteten, bis dies geschehen war (das Flußtal war an diesem Tag wie ein Glutofen), zeigte sich Wolke von seiner schlechtesten Seite, als er plötzlich über den Esel herfiel und ihm in den Nacken biß.

Nachdem die Pferde wieder beladen waren, ritten wir weiter, vorbei an einem kleinen steinernen Monument, das der Mir vor vielen Jahren zu Ehren von Kitchener errichten ließ, der ihn einmal besucht hatte und für den der Mir große Bewunderung empfand. Abends erreichten wir Sarat, wo es ein Rasthaus, reichlich Fliegen und wenig sonst gab. Aber Baltit war von hier aus leicht zu erreichen. Wir schrieben den 27. August, den Jahrestag meiner Abreise von England. Zur Feier dieses Tages veranstalteten wir ein Bankett mit Eiern und Kognak. Mir fiel das morgendliche Gewoge der Melonen um die Liverpool-Station ein, die wohlbeleibten Holländer auf der Fähre nach Vlissingen, die karierte Gelassenheit der Landschaft auf der ersten vertrauten Etappe bis Moskau. All das schien viel länger als ein Jahr zurückzuliegen.

Gegen Mittag des nächsten Tages erreichten wir Altit, eine Art Vorort von Baltit. Am Ende des Tales sahen wir den Schneegipfel des mehr als siebeneinhalbtausend Meter hohen Rakaposchi, den Fachleute für unbezwingbar halten. Davor ragte ein wackeres, kleines Fort in die Höhe. Unter ihm spiegelten sich die vorbeiziehenden Wolken zwischen Pappelreihen in einem langgestreckten, kühlen Wasserreservoir. Es war ein hübscher Ort.

Wir ritten weiter und hielten Ausschau nach der wie ein Raubvogelhorst gelegenen Stadt, der wir uns näherten. Zunächst konnten wir sie nicht sehen, denn Baltit liegt in einer Ausbuchtung der westlichen Talseite. Doch bald erreichten wir eine Art Tor auf der Höhe eines Bergkamms. Nebenan lag der Gasthof oder die Karawanserei, wo die Turkis einzukehren pflegten und wo nun auch Kini und ich abstiegen. Aus Kirkbrides Brief wußten wir, daß die offizielle Reisegesellschaft erst in einer Stunde eintreffen sollte, und uns befielen Bedenken, wie sie einen auf der Schwelle eines Hauses befallen, wenn man sich nach dem Klingeln plötzlich darauf besinnt, daß man für halb neun und nicht für acht Uhr eingeladen war. Aber wir waren nicht mehr die Herren unseres Schicksals. Die Nachricht von unserer Ankunft hatte sich schon verbreitet, und bald eilte ein förmlicher, aber um Freundlichkeit bemühter Mann herbei und bestand darauf, uns dorthin zu geleiten, wo der Empfang stattfinden sollte, zu einem Park vor dem Gästehaus des Mir von Hunza. Einige hundert Einwohner von Baltit hockten schon unter den Bäumen, und eine Ehrengarde mit dem silbernen Steinbock der Gilgit Scouts an den Mützen stand in »Rührt euch!«-Stellung vor dem Zugang zum Quartier der Sahibs. Überall wehten Fahnen und Wimpel, und zwischen den Bäumen waren große Spruchbänder mit der ermunternden Aufschrift *»A 1000 welcomes«* ausgespannt. (Wir kamen uns unbefugt vor, als wir zwischen ihnen hindurchgingen.)

So unauffällig als möglich schlängelten wir uns an der versammelten Volksmenge vorbei und huschten eine kleine Treppe hinauf, die zum Gästehaus führte. Ausgestopfte Steinböcke (ihre verkrampfte, breitbeinige Haltung erinnerte mich an die mit Butter beschmierten Jaks und Tiger in Kumbum) verstellten die Aussicht auf die schwindelerregende Arroganz des Rakaposchi. Plötzlich standen wir auf einem schattigen Rasen. Mehrere große Zelte erzeugten durch ihre Symmetrie und die Geborgenheit, die von ihnen ausging, eine Atmosphäre wie auf einer Gartenparty in England. Wir wurden in eines von ihnen geleitet, dem ein Feldbett und ein Waschbecken einen Anstrich von Luxus gaben. Wie Bauern zwischen Kronleuchtern und Lakaien hatten wir das Gefühl, mit jedem Augenblick mehr Boden unter den Füßen zu verlieren. Man gab uns Bücher zum Lesen, Geschenke früherer Reisender für den Mir; eines von Aurel Stein und eines von Theodore und Kermit Roosevelt, die einen Jagdausflug in den Tienschan gemacht hatten. Kaum hatte ich in dem letzteren den folgenden ethnographischen Knüller entdeckt: »Wir sahen« (in Jarkand) »keine Neger und konnten auch keinerlei Einschlag von Negerblut entdecken« — da wurde uns der Tee serviert, mit richtiger Marmelade und richtigem Kuchen.

Inzwischen waren wir mit unseren Nerven am Ende. Seit wir Kaschgar vor drei Wochen verlassen hatten, waren wir ununterbrochen marschiert. Unsere Kleider sahen gräßlich aus, und wir selbst wegen der Sonne nicht nur nicht wie Sahibs, sondern nicht einmal wie Angehörige einer der weißen Rassen. Während Kini die auffälligsten

Risse in meiner ledernen Windjacke flickte, machten wir uns besorgte Gedanken über die beiden distinguierten Vertreter der Regierung von Indien, denen wir hier bald gegenübertreten sollten. Immerhin waren sie zu einem Staatsbesuch in Baltit — mit Uniformen, goldenen Tressen und Abendkleidung zum Dinner ... Wir warteten, während Äpfel aus den Bäumen leise auf den schattigen Rasen plumpsten, und je länger wir warteten, desto nervöser wurden wir.

Endlich drang aus dem Tal das Gemurmel ferner Hochrufe herüber. Diener und Ordonnanzen, die man vorausgeschickt hatte, bahnten sich einen Weg durch die Menschenmenge und eilten die Stufen zum Gästehaus hinauf. Die Ehrengarde nahm »Habt acht!«-Stellung ein und rasselte ihre Exerziergriffe herunter. Ein Gebirgsgeschütz, von dem wir bisher nichts bemerkt hatten, feuerte ganz in der Nähe dreizehn Salutschüsse ab. Nachher mischte sich anschwellender Jubel in die Musikklänge. Ein Labrador jaulte aufgeregt. Er wurde von einem Diener aus Ladakh festgehalten, der mit seinen hohen Wangenknochen und seinen Schlitzaugen in einen anderen Teil Asiens zu gehören schien. Am anderen Ende der Arena unter uns drängte sich die Volksmenge, farbige Banner wurden geschwenkt, die Musik quietschte und schepperte. Ein dicker Spaniel stürmte mit nachschleifender Leine den roten Teppich hinauf und erschien atemlos auf dem Rasen. Der hohe Besuch kam in Sicht.

Der Mir, sehr aufrecht trotz seines hohen Alters, in einer dunkelblauen Uniform mit Turban, ging zwischen zwei Engländern. Beide trugen zu unserer Erleichterung einfache Reithosen. Sie schritten die Ehrengarde ab und kamen dann zu uns herauf.

»Hallo! Schön, daß Sie da sind. Kommen Sie, sehen Sie sich das an!«

Es war alles angenehm leger. Unsere Bedenken verflogen. Wir betraten eine Art Plattform, auf der ein paar Stühle standen, und verfolgten einen kurzen, aber heftigen Tanz, bei dem Männer mit Krummsäbeln und kleinen Schilden herumstolzierten und einander bedrohten, während farbige Banner im Rhythmus herumgewirbelt wurden. Wir hatten das im gewöhnlichen Leben sehr alltägliche, uns jedoch seltsam neu anmutende Gefühl, für unsere Umgebung völlig unwichtig zu sein.

Sahibs

Asien meint es gut mit Reisenden. Die Gastfreundschaft, die uns zwischen Peking und Kaschmir — wenn auch verständlicherweise nicht allzu oft — zuteil wurde, war von der allerbesten Art; und niemand hätte uns die vorletzte Etappe einer zuweilen beschwerlichen Reise angenehmer gestalten können als unsere selbsternannten Gastgeber in Baltit. Wir bekamen zwei Zeltpaläste zugewiesen und wurden, so schien es uns, üppig verköstigt. Vielleicht entsprach der materielle Komfort, den wir genossen, nur dem, was ein Regierungsbeamter auf Dienstreisen als selbstverständlich angesehen hätte. Aber für zwei Menschen, die sich monatelang in der gleichen Bratpfanne gewaschen hatten, war es der reinste Luxus. Dabei war der materielle Komfort ja noch nicht alles. Wir unterdrückten sehr bald den Drang, diese hochgestellten Herrschaften mit »Sir« anzureden, und entdeckten den Humor Kirkbrides, den Charme Langs und die Klugheit beider. Binnen zwei Tagen waren sie für uns wie alte Freunde. Aus unserer mühseligen Reise war plötzlich ein Picknick in bester Gesellschaft bei schönstem Wetter in herrlichster Landschaft geworden.

Der Mir Muhammad Nazim Khan war ein bemerkenswerter alter Mann. Obwohl schon über siebzig, war er kürzlich Vater seines (soweit ich mich erinnere) fünften Sohnes geworden. Seine Augen blickten aufmerksam und listig hinter einer Goldrandbrille hervor. Die breiten Schultern waren nicht gebeugt, und sein gefärbter, zweigeteilter Bart stand mit einer gewissen Entschlossenheit vor. Für einen Herrscher in solcher Weltabgeschiedenheit waren seine Kenntnisse über die aktuelle Lage in Asien und selbst in Europa erstaunlich, und es bestand kein Zweifel, daß er über großen politischen Scharfsinn verfügte. Er hatte sein Amt übernommen, nachdem das

Volk von Hunza, dessen räuberische Neigungen die Geduld der indischen Regierung über Gebühr strapaziert hatten, im Jahre 1891 von Durands Expedition nach Hunza und Nagar unterworfen worden war. (Es gibt eine großartige Schilderung dieses kleinen, aber eindrucksvollen Feldzugs in dem Buch *Where Three Empires Meet* von E. F. Knight, der zu einer Zeit reiste und schrieb, als Sonderkorrespondenten noch nicht ihre ganze Zeit zwischen dem jeweiligen Außenministerium und einer Bar zubringen mußten.) Seit 1891 hat der Mir seine abgelegenen Täler mit Umsicht und Klugheit regiert.

Die Bewohner von Hunza (nicht mehr als vierzehntausend an der Zahl) sind ein ausdauernder, fröhlicher Menschenschlag mit überraschend europäischen Gesichtszügen. Sie gehören der moslemischen Sekte der Ismailiten an, deren weltliches Oberhaupt der Aga Khan ist. Wir stellten fest, was uns nicht recht passend schien, daß viele von ihnen Knöpfe mit einem kleinen geprägten Bildnis dieses Potentaten an ihren Hüten trugen. Ich habe schon erwähnt, daß sie sich ihre wirtschaftliche Autarkie nur mühsam sichern können. Das Weideland ist knapp, der Ackerbau ist begrenzt, weil nur ein kleiner Teil des Landes bewässert werden kann, und entsprechend heikel ist das Gleichgewicht zwischen Bevölkerung, Viehherden, Wasservorräten und anderen Faktoren. Die Frauen und Kinder dieses Volkes sehen sehr gut aus, und es war erfrischend, zum ersten Mal während unserer Reise auf Menschen zu stoßen, die sich vielleicht dank einer stabilen, wohlwollenden Verwaltung freimütig und furchtlos gaben. Fast schien es uns befremdlich, daß wir auf unsere Fragen aufrichtige, informative Antworten bekamen und nach Monaten voller Lügen, Ausflüchte und Propaganda hier Leuten begegneten, die meinten, was sie sagten, und sagten, was sie meinten.

Am Abend nach unserer Ankunft in Baltit wurde zu Ehren des hohen Besuchs auf den Berghöhen im ganzen Tal eine Kette von Freudenfeuern entzündet. Winzige Flammen blinkten in tausend und mehr Metern Höhe vor dem dunklen Himmel und verstärkten noch die wilde Schönheit dieser Gegend. In pyrotechnischer Hinsicht war diese Vorführung nichts Besonderes, aber bergsteigerisch war sie eine gewaltige Leistung.

Wir aßen mit dem Mir und zwei seiner Söhne ein nach europäischer Art zubereitetes Dinner und tranken dazu eine Flasche Champagner, ein Geschenk des Maharadschas von Kaschmir, und einen großartigen, alten Kognak, ein Geschenk der Haardt-Citroen-Expedition. Kini mußte allerlei Neckereien des Mir über sich ergehen lassen. Nach dem Dinner setzten wir uns nach draußen und sahen Tänzen und Pantomimen zu, die bei Flammenschein in einem kleinen Hof aufgeführt wurden. Die besten Nummern waren ein Tanz von vier kleinen Jungen mit Holzpferden — stoffverkleideten Holzgestellen, die sie sich um die Hüften gebunden hatten —, mit denen sie nach mittelalterlicher Manier Pirouetten drehten und herumhüpften, und eine ziemlich ausgefeilte Pantomime, in der ein aufgeregter Sahib mit seinem ungehorsamen Hund Jagd auf Tiger, Steinbock und Adler machte. Das alles wurde mit großer Begeisterung aufgeführt, und uns machte es fast genausoviel Spaß wie den Schauspielern. Als alles vorüber war, zogen wir uns in den ungewohnten Luxus von Feldbetten zurück und schliefen in einer Stille, in der nur noch das leise Rascheln der Blätter über uns und das gelegentliche dumpfe Geräusch eines fallenden Apfels zu hören waren.

Am nächsten Morgen ritten wir in das vier Meilen entfernte Aliabad und frühstückten dort mit Oberst Lorimer und seiner Frau, die uns allerlei Sonderbares über die Hunza erzählten und Licht in die Frage unseres »Verschwindens« brachten. Einige Wochen zuvor hatte Mrs. Lorimer ein Telegramm der *Times* erhalten, das mit dem Satz begann: »Besorgt Schicksal Sonderkorrespondent Peter Failing«. Darin wurde sie gebeten, alles in ihrer Macht Stehende zu tun, um mich ausfindig zu machen. Kurz nachdem diese Botschaft abgeschickt worden war, erreichte die Nachricht von unserem Eintreffen in Kaschgar das Außenministerium in London, und die *Times* teilte Mrs. Lorimer in einem zweiten Telegramm mit, alles sei in Ordnung und sie brauche sich nicht weiter zu bemühen. Unglücklicherweise jedoch kam dieses Telegramm über die Stelle für unzustellbare Briefe bei der Post in Lahore nicht hinaus, und Mrs. Lorimer telegraphierte nach London, Gerüchten in der Gilgit Agency zufolge sei ein Ausländer namens Pebbing oder vielleicht auch Jenning im Anmarsch auf dem Weg über die Pässe. Als sie schließlich die Wahrheit erfuhr und dies wiederum telegraphisch bestätigt hatte, erhielt sie am Tag vor unserem Besuch in ihrem Haus ein weiteres Telegramm der *Times:* »Fleming bereits in Srinagar ...« Srinagar indessen war noch gut vierzehn Tagemärsche entfernt. Ich fing an, mich zu fragen, wo ich mich wirklich befand, oder andersherum: in wievielfacher Gestalt ich unterwegs war.

Nach einem köstlichen, ausgiebigen Frühstück galoppierten wir nach Baltit zurück und kamen gerade noch rechtzeitig zum offiziellen Besuch im Palast des Mir. Zu seiner festungsähnlichen, romantischen Behausung, die hoch über der kleinen Stadt thronte, ritten wir feierlich auf Jaks, vor uns die unermüdlichen, erbarmungslosen Musiker. Es war ein seltsames Gebäude. Treppen, steil wie Leitern, führten in kleine Gemächer und auf eine Terrasse. Im Hintergrund türmte sich ewiger Schnee, und davor erstreckte sich das Tal prachtvoll nach Süden auf den riesigen, in der Sonne schimmernden Rakaposchi zu. Unter uns lag Baltit: eine Stufe tiefer die mit Snyder-Gewehren bewaffnete Ehrengarde, aufrecht vor dem Eingang zum Palast; zwei Stufen tiefer unsere Jaks, die Pferde, das Begleitpersonal in einem Hof; auf der dritten Stufe die ersten flachen Lehmdächer, auf denen die in großen Kreisen ausgelegten Aprikosen wie Goldmünzen schimmerten; und jenseits der sorgfältig angelegten Felder der Fluß, der zwischen sonnenbeschienenen Felsen dem Indus entgegenfloß.

In den sonderbaren, ohne Komfort eingerichteten Zimmern erzeugte allerlei Nippes zwar nicht den Eindruck von Würde, aber immerhin eine gewisse Behaglichkeit. Der Kronleuchter paßte nicht zu Pfeil und Bogen. Vizekönige, Political Agents, Moslemführer, Kitchener, der junge Curzon — sie alle starrten bedeutungsvoll von den Wänden. Dazwischen immer wieder Steinbockhörner.

Mit verbindlichem Zwinkern machte der Mir die Honneurs.

Abends, als es kühler geworden war, wurden wir Zeugen eines Wettschießens, gefolgt von einem Polospiel. Das Polofeld war ein steiniges Gelände, ungefähr vierhundert Meter lang und von einer niedrigen Steinmauer umgeben. Unter den Klängen der unvermeidlichen Kapelle nahmen wir auf einem Podest Platz und erlebten zunächst die Übergabe der offiziellen Geschenke. Dann begann das Vergnügen. Auf einem kleinen Sandhügel wurde eine silberne Zielscheibe aufgestellt, und die Reiter, die kurz hintereinander in vollem Galopp heranjagten, lehnten sich weit aus dem Sattel und schossen einen Pfeil darauf ab. Bei jedem Treffer brachen die Zuschauer in lautes Geschrei aus. Anschließend wurde eine Art Vogel als Ziel in einen Baum gehängt, auf den die Reiter, immer noch aus vollem Galopp, mit Schrotflinten feuerten, wobei sie weniger Geschick zeigten als im Umgang mit Pfeil und Bogen.

Zuletzt folgte die Polopartie. In Hunza und Nagar weist dieses Spiel gewisse Eigentümlichkeiten auf, die man anderswo unorthodox nennen würde. Nicht nur Form und Beschaffenheit des Spielfelds weichen von dem ab, was wir kennen, jede Mannschaft besteht auch aus sechs statt aus vier Spielern. Die Ponys werden nie gewechselt, und das Spiel dauert so lange, bis eine Seite neun Tore erzielt hat. Der Spieler, der ein Tor geschossen hat, nimmt sich den Ball sofort wieder und galoppiert mit ihm unter lautem Geschrei das Spielfeld hinunter. Etwa auf halber Strecke wirft er ihn hoch und schlägt ihn im Flug auf das andere Tor, das nun das gegnerische Tor geworden ist. Aber zu den spannendsten Aktionen kommt es, wenn ein Spieler — das ist erlaubt — den Ball mit der Hand fängt, entweder im Flug oder indem er ihn so gegen die Steinmauer schlägt, daß er ihm in die Hand zurückspringt. Sobald er den Ball hat, braucht er nur noch zum Tor zu reiten, um einen Punkt zu machen, aber da beinahe alle Mittel, außer einem Dolchstoß, erlaubt sind, ihn daran zu hindern, ist dies keineswegs so einfach, wie es klingt. Für die Zuschauer ist dieses Spiel sehr amüsant.

Nach der Rückkehr in das Gästehaus schenkten wir dem Mir eine Flasche Whisky aus dem Keller des Konsulats in Kaschgar, die wir eigens zu diesem Zweck mitgebracht hatten, und er revanchierte sich mit einer weißen Hunza-Mütze und einer reichverzierten Reitpeitsche. Beim Dinner waren er und seine beiden ältesten Söhne Gäste des Residenten, und nach dem Dinner gaben vier jugendliche Tänzer mit völlig teilnahmslosen Mienen eine Vorstellung. Die Hunza-Tänze bestehen großenteils aus einem sonderbaren Geschlurfe, bei dem die Fersen eine mindestens ebenso wichtige Rolle spielen wie die Zehen. Zwei der Jungen waren in rotes Tuch gekleidet, die beiden anderen in grünes; das rote stammte aus Japan, das grüne aus Rußland.

Endlich in Gilgit

Am nächsten Tag, dem vorletzten im August, reisten die hohen Gäste weiter nach Nagar und nahmen uns freundlicherweise mit. Wir packten unsere Zahnbürsten in die Satteltaschen und schickten die Turkis mit den Ponys nach Gilgit voraus. Das kleine, etwa fünzehntausend Einwohner zählende Königreich Nagar liegt auf dem anderen Ufer des Hunza-Flusses. Beide Völker sind von alters her verfeindet, leben aber heute unter britischer Herrschaft gezwungenermaßen im Einvernehmen. Unsere Pferde wurden auf einem Umweg über die mehrere Meilen flußabwärts liegende Brücke geschickt, während wir auf reichgeschmückten Jaks zum Fluß ritten, begleitet vom Mir und seinen Söhnen und von den Musikern. (Wie sehr wünschten wir, sie würden endlich platzen! Oft genug sah es danach aus, aber es geschah nie.) Bevor wir davonritten, zahlten wir Assa Khan aus und nahmen betrübt Abschied von ihm. Wir hatten ihn sehr liebgewonnen.

Wir überquerten den Hunza-Fluß auf einer gewöhnlichen Holzbrücke oberhalb der Stelle, wo ein großer Nebenfluß aus den Nagartälern einmündet. Über diesen Nebenfluß führte eine lange Hängebrücke — drei dicke, aus Zweigen geflochtene Stränge. Auf dem einen, der mit einem Drahtseil verstärkt ist, läuft man, an den beiden anderen hält man sich mit den Händen fest. Trotz des tosenden Wassers in der Tiefe war es nicht beunruhigend. Den Hunden gefiel diese Brücke allerdings nicht, sie mußten in Säcken hinübergetragen werden.

Am anderen Ufer begrüßten uns der Mir von Nagar und seine Söhne unter wilden Salutsalven, die aus einer großen Menschenmenge von den Höhen der Steilfelsen abgefeuert wurden. Der Mir war ein kleiner, schmaler Mann, eine weniger imposante Erscheinung als sein Nachbar in Baltit. Doch seine Söhne in ihren tadellos sitzenden Khakiuniformen sahen sehr gut aus, und einer von ihnen kam mir vor wie der stattlichste Mann auf dieser Erde — ein Held aus dem Roman einer edwardianischen Lady.

Ein Ritt von zwei oder drei Stunden brachte uns zu ihrer Hauptstadt in einem engen, an beiden Enden von Schneegipfeln bewachten Tal. Eine große Menschenmenge war am Poloplatz zusammengeströmt, um uns zu begrüßen. Wieder trat eine Ehrengarde auf, wieder wurden Tänze mit Schwertern und Bannern aufgeführt, und leider traten auch wieder Musiker in Erscheinung. Die Täler von Nagar verlaufen etwa im rechten Winkel zu denen von Hunza und bekommen viel weniger Sonne als diese. Die Menschen sind entsprechend blasser und weniger robust. Sie schienen mir auch weniger freimütig, mürrischer, befangener zu sein. Die Landschaft war nicht ganz so idyllisch wie die von Baltit.

Wie in Baltit überragt der Palast des Mir auch hier die Hauptstadt, und wie in Baltit findet man auch in diesem Palast einen Kronleuchter. Wir blieben zwei Nächte. An dem Tag dazwischen unternahmen wir eine etwas verregnete Expedition zu einem nahe gelegenen Gletscher. Am ersten Abend wurde Polo gespielt — die königliche Familie gegen alle anderen. Polo wurde hier härter gespielt als in Hunza, und sechs der Söhne des Mir (eine Mannschaft wie aus dem Bilderbuch) errang einen allseits bejubelten Sieg. Es folgten Schießvorführungen vom Pferd, zunächst mit Pfeil und Bogen, dann mit Gewehren statt mit Schrotflinten. Auch hierin brachte Nagar mehr zuwege als Hunza. Selbst die Musik war hier noch etwas quälender als dort.

Zum Abendessen wurde kein Alkohol gereicht, denn in dieser Hinsicht hält sich Nagar strenger an den Koran als das Nachbarland. Aber es gab Tänze und Pantomimen bei Feuerschein, und alle neun Prinzen — der jüngste schon im Halbschlaf, der Ärmste — betraten die Tanzfläche und übertrafen die breite Masse bei weitem an Anmut und Beweglichkeit.

In Nagar trennte ich mich widerstrebend von Wolke und übergab ihn mit den besten Empfehlungen von Oberst Thomson-Glover dem Mir. Auch meine gelbe Hündin gab ich weg. Ich hatte sie liebgewonnen. Abgesehen davon, daß sie eine Anzahl Hühner gestohlen und mir den Ruf eines Exzentrikers eingetragen hatte (wozu hängt Sahib sein Herz an einen wilden Hund?), war ihr Betragen immer vorbildlich gewesen. Doch früher oder später mußte ich mich ohnehin von ihr trennen, und da die bevorstehenden Etappen sehr heiß werden würden, war es besser, sie hier zurückzulassen.

Am 1. September verließen wir Nagar und ritten unter der brennenden Sonne an Baltit vorbei nach Süden — über uns der majestätische Rakaposchi mit seinem ewig unerreichbaren, durch (angeblich) unbezwingbare Eiswände geschützten Gipfel.

Die Reise war nun mehr denn je ein Spaziergang. Längst vergangen schienen die Zeiten, da ich im verschneiten Morgengrauen die Pferde gesattelt und beim Beladen der Kamele geholfen, da Kini Hasen ausgenommen und beim Kochen dem zudringlichen Wind getrotzt hatte. Wir hatten keine Arbeit und keine Sorgen. Wie anders war es, wenn man nach einer langen Etappe in einem Rasthaus eine Mahlzeit vorfand, dazu einen Stallknecht, der einem das Pony abnahm, und Wasser, mit dem man sich waschen konnte, und wenn man nicht erst das Zelt aufstellen, die schweren Kisten herumschleppen und Dung für das Feuer herbeischaffen mußte. Wir tranken abgekochtes Wasser, kämmten uns das Haar und kamen uns vor wie Hochstapler.

Wir brauchten drei Tage bis Gilgit. Am ersten übernachteten wir in Minapin. Am zweiten ritten wir an den Ruinen des Forts Nilt vorbei, bei dessen Erstürmung die Handvoll britischer Offiziere in Durands Kolonne nicht weniger als drei Victoria-Kreuze errang. An diesem Abend kamen wir bis Chalt, und am nächsten Tag ritten wir nach einer heißen doppelten Etappe von zweiunddreißig Meilen auf der längsten Hängebrücke Indiens nach Gilgit ein.

Während mehr als der Hälfte des Jahres schneidet der Schnee auf dem Burzil-Paß das Hauptquartier der Gilgit Agency von Kaschmir ab. Gilgit besitzt ein Flugfeld, aber die einzigen Motorfahrzeuge, die je hierhergelangten, waren die Raupenschlepper der Haardt-Citroen-Expedition, und auch die mußten, in Einzelteile zerlegt, über größere Strecken von Kulis getragen werden. Die britische Kolonie ist sehr klein, und unter den abgelegenen Orten Indiens gilt Gilgit als einer der abgelegensten. Wir jedoch hatten, wie schon in Kaschgar, das freudige Gefühl, in die Zivilisation zurückzukehren.

Einen Tag lang waren wir Gäste von George Kirkbride. Die Turkis besuchten uns, lächelnd, unterwürfig, auf die üblichen Geschenke hoffend — sie bekamen keine. Wir beschafften uns andere Ponys, die uns weiter nach Srinagar bringen sollten. Zwei Kaschmiris kümmerten sich um sie. Außerdem engagierten wir einen Hunza namens Wahab als Diener. Er hatte für die unglückliche deutsche Expedition gearbeitet, die am Nanga Parbat in eine Katastrophe geraten war*, und erwies sich als sehr tüchtig. Wir besichtigten nur das Nötigste: das Grab des Forschers Hayward, dessen Ermordung durch Einheimische Newbolt in einem Gedicht so ergreifend geschildert hat; eines der Fahrzeuge der Citroen-Expedition, das in einem Hinterhof vor sich hin rostete; die große, von den Chinesen in Jarkand gegossene Kanone, die die Verteidiger von Hunza mit geringem Erfolg gegen Durands Streitmacht einsetzten.

Am Abend vor unserer Abreise gab George Kirkbride ein Festessen zu unseren Ehren, eine große Veranstaltung und doppelt denkwürdig, weil ein Offizier des »Tank

* 1934 war eine deutsche Expedition (nicht die erste und nicht die letzte) am Nanga Parbat gescheitert. Dabei kamen elf Bergsteiger ums Leben. (A. d. Ü.)

Corps« und seine Frau daran teilnahmen, die gerade eine Urlaubsreise in diesem Bezirk machten. Sie waren auch in Leh gewesen — mit vierundzwanzig Ponys für das Lebensnotwendige. Die Dame, die man im Basar bereits in Strandhosen gesehen hatte, erschien zum Dinner im Abendkleid. Anregend schilderte sie die Strapazen der Reise und berichtete von den Wundern und Merkwürdigkeiten, die ihnen in Leh begegnet waren. »In Ladakh«, erzählte sie, »ernähren sich alle Leute von etwas, das man Tsamba nennt. Es wird aus Gerstenmehl gemacht, und Sie müßten einmal sehen, wie sie es essen. Sie mischen es — mit den Fingern natürlich — in Tee mit *scheußlicher* ranziger Butter und schlingen es dann einfach hinunter. Vom bloßen Zuschauen wird einem schon ganz übel.«

Ich mied Kinis Blick.

Kurz vor dem Ziel

Von Gilgit bis Srinagar sind es zwölf Etappen, aber man kann den Weg auch in weniger als zwölf Tagen schaffen. Ich glaube, Curzon, der allerdings auf zusätzliche Relaisstationen zurückgreifen konnte, hält den Rekord mit sechs Tagen. Wir brauchten acht.

Am 5. September verließen wir Gilgit, nachdem wir uns von Oberst Lang und Kirkbride verabschiedet hatten, die binnen einer Woche für uns mehr geworden waren als besonders freundliche Gastgeber. Wir ritten durch den schattigen Basar hinaus in die grausame Hitze des nackten Tales. Eine langweilige Etappe von siebzehn Meilen brachte uns nach Pari, wo wir zu Mittag Eier aßen und zwei himmlische Flaschen Bier tranken, die man uns in Gilgit aus knapp bemessenen Vorräten großzügig gestiftet hatte. Wir zogen weiter am Westufer des grauen, trüben Indus entlang, den wir nach einer Weile auf einer Holzbrücke überquerten. Mein Pony war dem anstrengenden Marsch nicht gewachsen, und ich ging noch mehrere Stunden zu Fuß, ehe wir lange nach Einbruch der Dunkelheit ein Dorf mit dem hübschen Namen Bundschi erreichten. An diesem Tag schafften wir vierunddreißig Meilen.

Nachdem ich am nächsten Morgen mein Pony gewechselt hatte, ritten wir weiter das Tal hinab, wie gebannt von dem prachtvollen Massiv des Nanga Parbat, das sich weiß schimmernd vor dem Dunkelblau des Himmels abhob. Gegen Mittag bog die Straße vom Indus nach Osten ab, führte in die Astor-Schlucht und in mühsamem Zickzack den Hattu Pir genannten Steilhang hinauf. Abends erreichten wir Muschkin, wo es ein Rasthaus auf einem kleinen Flecken Grün zwischen den Felsen gab.

Kurz nach Sonnenaufgang ritten wir zwischen schönen Kiefern weiter. Der Weg war gut, viel besser als oberhalb von Gilgit, und unsere Reise verlief nun fast ereignislos. Wir begegneten an diesem Tag allerdings vier schwedischen Missionarinnen auf dem Weg nach Kaschgar und unterhielten uns mit ihnen. Sie waren verschleiert und trugen massive Tropenhelme, aber die beiden jüngeren schienen mir für eine Durchquerung des Himalaja etwas zerbrechlich.

Diese Nacht verbrachten wir in Astor, die nächste in Godai und die übernächste nach einer Etappe von dreiundzwanzig Meilen in Sadar Khoti, wo ein kalter Wind wehte und ein langes, ödes Tal zum Burzil-Paß hinaufführte. Er liegt etwa viertausend Meter hoch — kein schwieriger Anstieg. Aber im Winter liegt der Schnee hier so hoch, daß eine Art Krähennest, das am Fuß des Passes zum Wohl der Postläufer errichtet wurde, im Sommer auf seinen Stelzen zwölf Meter über dem Boden schwebt. Während wir den Paß überquerten, pfiffen uns die Murmeltiere zum letzten Mal nach. Auf der anderen Seite stiegen wir in eine tirolerische Landschaft ab. Kaschmirische Hirten hatten ihre schmuddeligen Zelte in saftigem Weideland aufgestellt, und die Berge waren anmutig mit Kiefern und Silberbirken bedeckt. Wir ritten an diesem Tag fünfundzwanzig Meilen und übernachteten in einem einsamen Rasthaus in Peschwari.

Es nahte das Ende unserer Reise, und nach dem Abendessen versprach ich Wahab meine Stiefel. Es waren großartige Stiefel, unvergleichliche Stiefel. Aber trotz der Schuster in Kaschgar waren sie, wie ich zugeben mußte, so gut wie hinüber. Als ich sie am nächsten Morgen zum vorletzten Mal anzog und zuschnürte (eine endlose, lästige Prozedur), sah ich wieder vor mir, wie sie in mein Leben getreten waren. Ein Büro an der Wall Street; eine Einladung zur Wachteljagd nach Alabama; und dann die Stiefel, billig erstanden in einem Laden am Broadway. Ich erinnerte mich, wie ich in der Hochbahn, die die Sixth Avenue hinaufdonnerte, das sperrige Paket beinah liebkost hätte, das für mich eine Woche Erlösung von einem schier unerträglichen Kursus zur Einführung in die Geheimnisse der Hochfinanz bedeutete. Auch ganz neu waren sie schon die besten Stiefel gewesen. Ich hatte in ihnen viel Spaß gehabt. Nach der Taufe in den Sümpfen Alabamas hatten sie sich ihre Sporen auf einem guatemaltekischen Vulkan verdient. Sie hatten Kaninchen aus englischen Brombeerbüschen gescheucht, und der abscheuliche, aber von Schnepfen bewohnte Matsch der Reisfelder in Südchina war ihnen nicht fremd geblieben. So gegerbt, waren sie durch Brasilien gewandert und waren von Narben gezeichnet, wie sie Stiefel in den Dschungeln des Matto Grosso eben davontragen. Sie waren rund um die ganze Welt gelaufen und zwischendurch mit einer japanischen Kompanie bei einer Strafexpedition durch die Mandschurei marschiert. Im schlechtbeschuhten Kaukasus hatte man sie bestaunt und in der winterlichen Mongolei belächelt (weil sie so dünn waren). Allein auf dieser Reise hatte man mich mindestens hundertmal nach ihrem Preis gefragt. Mir bedeuteten sie Freiheit, Ferne, Abgeschiedenheit und auch das Glück, das mir treu geblieben war, solange ich sie trug. Man kann auch nicht in jedem Paar Stiefel monatelang ohne Socken und dennoch unbeschädigt unterwegs sein und dabei manchmal an einem Tag zwanzig Meilen zu Fuß marschieren. In Srinagar schenkte ich sie Wahab und kann doch immer noch nicht glauben, daß sie nicht irgendwo unter meinen Habseligkeiten sind, allzeit bereit zu närrischen Unternehmungen. Ihresgleichen werden wir nicht wieder zu Gesicht bekommen.

Von Peschwari absolvierten wir am 11. September eine Etappe von siebenundzwanzig Meilen und rasteten zwischendurch in Gurez. Hier suchten wir — warum, weiß ich nicht mehr — das Postamt auf und trafen dort einen Brigadegeneral mit einem Dackel, dem eine Anglerfliege ins Ohr geraten war (dem Dackel wohlgemerkt, nicht dem General). Der General lud uns ein, in das Rasthaus mitzukommen, wo wir von einem freundlichen Oberst und seiner freundlichen Frau, die zum Angeln hier waren, herzlich begrüßt wurden. Wir aßen mit ihnen, und nachher saßen wir um einen Kamin, unterhielten uns angeregt und blätterten im *Bystander,* von dessen Seiten uns die verschreckten Gesichter lemurenhafter Premierenbesucher und das affektierte Lächeln irgendwelcher prominenten Schönheiten unwillkommene Kunde von der Welt gaben, die da auf uns wartete. Das beste Mittel gegen Heimweh ist für mich immer noch eine Illustrierte.

Als wir uns gegen Abend von diesen freundlichen Leuten verabschiedeten, drängten sie uns in ihrer Freigebigkeit eine große Forelle auf. Wir ritten rasch noch acht Meilen und kochten sie dann in Koraghbal. Ich glaube, seit fast einem halben Jahr hatten wir keinen frischen Fisch mehr gegessen. Es war unser letztes Lager, und obwohl man *Lager* inzwischen in Anführungszeichen setzen mußte — so gemütlich waren die Rasthäuser, so bequem die einfachen Bettstellen —, hegten wir für unsere Schlafsäcke doch in vieler Hinsicht die gleichen Gefühle wie der Araber im Gedicht für sein Roß.

Wir waren noch sechsundzwanzig Meilen vom Endpunkt der Autostraße in Bandipur entfernt. Ausgelassen und bekümmert zugleich warfen wir am nächsten Morgen den Marmeladetopf über Bord, der über dreitausend Meilen unsere Butter befördert hatte, dazu auch die leere Kakaobüchse, die für uns so manches Lagerungsproblem gelöst hatte, und brachen dann in wunderbar frischer Himalajaluft zu unserer letzten Etappe nach Srinagar auf. Der Weg schlängelte sich fast zu romantisch zwischen Kiefern ein großes Tal hinab. Die Ponykarawanen, die wir in den letzten Tagen häufig gesehen hatten, waren hier zahlreicher denn je. Ein fernes Flair von Handel und Geschäften, ein unhörbares Echo von Marktgeschrei schien von der letzten Bergbarriere zwischen uns und der Ebene herüberzuwehen. Gegen Mittag überquerten wir den Tragbal-Paß, drehten uns noch einmal in den Sätteln um und sahen zurück auf das unentzifferbare Gekritzel der Bergketten, das den schmalen Streifen zwischen nahem Horizont und Himmel füllte.

Wir ritten weiter, und plötzlich lagen vor uns keine Berge mehr. Hinter den dunklen Speerspitzen der nächsten Tannen — noch Meilen entfernt und tausend Meter unter uns — dehnte sich, halb im Dunst verborgen, flaches Land. Wasserreich sah es aus: »eine Landschaft wie das Jangtse-Tal«, heißt es in meinem Tagebuch. Aber vor allem sanft — sanft, üppig, besiedelt und für uns (wenn man von den Nebenwirkungen einmal absah) unerfreulich.

Aber diese Nebenwirkungen waren schließlich die Hauptsache: Briefe von zu Hause, ein richtiges Hotel mit Badezimmer. Im Zickzack ritten wir weiter in die Tiefe. Hin und wieder kam noch mal ein kleiner Ausschnitt der Südflanke des Himalaja in den Blick. Es wurde immer heißer. Bald sahen wir vor uns eine Ansammlung von Häusern — Bandipur und das lange Band der Autostraße. Die erschöpften Ponys stolperten vorwärts. Die Hitze nahm immer noch zu. In unseren Köpfen kreisten Gedanken, die mit der Reise nichts mehr zu tun hatten — Gedanken, mit denen jeder von uns allein war.

Telegraphisch hatten wir von Srinagar einen Wagen bestellt, und schließlich sahen wir ihn kommen — ein winziges Spielzeug, das hinter sich eine unverkennbar künstliche Staubwolke nach Bandipur zog. Wir ritten weiter. Kindliche Hochgefühle lagen im Widerstreit mit Erschöpfung. Tschertschen, Kaschgar, Gilgit — jeder dieser Orte war auf seine Weise wunderbar gewesen. Aber dies war das Ende. In zwei Stunden, in einer Stunde würden wir nicht mehr sagen müssen »So Gott will« oder »Falls nichts dazwischenkommt«. In einer Stunde würde die lange, unwahrscheinliche Reise zu Ende sein.

Kini ritt vor mir, die vertraute Silhouette. Eine Schulter leicht hochgezogen, darüber die Kamera. Ihr Schaffellschlafsack wölbte sich unter den Riemen, mit denen er an den Sattel gebunden war und die sich in dem unwirtlichen Bergland oft so schwer hatten schließen lassen. Die Rückkehr bedeutete Kini weniger als mir, der ich mehr Verbindungen zur Welt und paradoxerweise zugleich mehr Distanz zu ihr habe: eine größere Fähigkeit, ein Leben zu genießen, in dem ich mir nicht selten wie ein Fremder vorkomme, und zugleich mehr Freunde und mehr Möglichkeiten, ein solches Leben zu genießen. Ich wollte, es wäre anders gewesen. Unterwegs freuten wir uns, glaube ich, auf die gleiche Weise über die gleichen Dinge, und es hätte mir gefallen, wenn uns auch das Ende unseres Weges das gleiche Vergnügen bereitet hätte.

Aber es wäre wohl töricht zu erwarten, daß das Leben mit uns und unseren Freunden immer fair umgeht. Auch Kini war immerhin aufgeregt und stolz und neugierig. Wir besprachen das Dinner, mit dem wir unsere Ankunft in Srinagar feiern wollten. Wir besprachen es nicht zum erstenmal, und die Erinnerungen an diese Debatten waren wie Wegzeichen an unserer Route durch die Tatarei: in dem Gasthof von Sining mit den Papierfenstern und der Kohlepfanne, an jenem Abend, als wir erfuhren, daß wir Pässe bekommen würden, hatten wir darüber gesprochen; in dem kleinen Zelt, während der tibetanische Wind die Wände schwellen ließ, hatten wir darüber gesprochen, wenn abends der Optimismus hohe Wellen schlug oder der Reis angebrannt war; und auch in einem Basar am Rande der unbehaglichen Takla Makan bei einem Napf Sauermilch. Immer wieder hatten wir die Speisenfolge erörtert — einer sagte, in Kaschmir gebe es bestimmt keinen Kaviar, worauf der andere erwiderte, Räucherlachs sei für einen solchen Anlaß nicht würdig genug. Und immer hatte die Parole gelautet: »Wir lassen Indien — einfach auf uns zukommen!«

Im Triumphzug

Langsam tauchten wir in das Tal von Kaschmir ein. Eine letzte Spitzkehre, dann lief der Weg gerade weiter. Die Tannen blieben hinter uns zurück, als wir den Rand der Ebene erreichten. Wir sahen Maisfelder, Kinder, die Zeburinder vor sich hertrieben, große, strohgedeckte

Häuser aus Holzbalken und kleinen Ziegelsteinen. Es herrschte eine stickige Hitze. Drei Tage fehlten, sonst wären es genau sieben Monate gewesen, seit wir Peking verlassen hatten. Wir hatten eine Strecke von dreitausendfünfhundert Meilen zurückgelegt, und die ganze Reise hatte jeden von uns etwa hundertfünfzig Pfund gekostet.

Um fünf Uhr überquerten wir die Brücke, die nach Bandipur hineinführt. Der Wagen wartete auf uns, kein vertrauenerweckender Wagen, und der Fahrer war ein finsterer Bursche, aber wir machten uns nichts daraus. Wir sattelten ab, legten uns im Schatten eines Baumes in die grüne Wiese und warteten auf die Packponys. Ein alter Mann trat mit würdiger Miene auf uns zu und erbot sich unverhofft, uns das Haar zu schneiden. Diesen Dienst leiste er allen Sahibs, die aus den Bergen kämen, sagte er und zog zur Untermauerung seiner Behauptung eine Anzahl Lobesbriefe hervor. Aber wir sagten nein, wir würden damit bis Srinagar warten.

Schließlich kamen die Ponys. Die Lasten wurden ihnen abgenommen und im Auto verstaut oder auf sein Dach geschnallt. Als das geschehen war, sah es noch hinfälliger aus als zuvor. Nicht ohne wehmütige Empfindungen schenkten wir den Kaschmiris einige Gegenstände, die uns so lange wichtig und lebensnotwendig gewesen waren, daß wir sie nicht einfach zu Müll degradieren mochten: unseren treuen Kessel zum Beispiel und Kinis rotblauen chinesischen Sattel, der uns den langen Weg von Tangar bis hierher begleitet hatte und der sich nun im letzten Stadium der Auflösung befand. Meinen eigenen Sattel nahm ich mit nach Srinagar — warum, weiß ich nicht.

Dann bestiegen wir das Auto und holperten unter lautem Getöse davon. Die Straße war sehr schlecht, und mehrmals versagte der Motor, wenn es bergauf ging. Im milden Abendlicht fuhren wir am Rand eines großen sumpfigen Sees entlang, in dem knietief Pferde und Rinder standen — ein friedliches, fast heimatliches Bild. Wir fuhren durch zwei oder drei Dörfer, überquerten eine Brücke und gelangten dann auf eine bessere Straße. Es begann dunkel zu werden.

Wie gewöhnlich hatten wir nur eine sehr verschwommene Vorstellung davon, was uns in Srinagar erwarten würde. Wir wußten, daß es in der Welt des Tourismus oft das »Venedig des Ostens« genannt wird, und wir kannten den Namen des größten Hotels. »Sehr ordentliches Haus«, hieß es immer. »Da werden Sie es bequem haben.« Wir stellten uns einen Speiseraum vor, in dem ein halbes Dutzend Offiziere auf Urlaub ihre *Punch*-Hefte an den Gewürzständer lehnte.

Bald kamen wir auf die geschotterte Hauptstraße. Schilder in englischer Sprache tauchten im Licht der Scheinwerfer auf und huschten vorüber. »Srinagar«, sagte der Fahrer und deutete auf die plötzlich mit funkelnden Lichtern bestirnte Dunkelheit vor uns, und wenig später hupten wir uns durch überfüllte Straßen. »Du entkommst mir nie«, verkündete eine Reklametafel, als wollte sie der Zivilisation selbst eine Stimme verleihen, und darunter standen in großen Buchstaben die Namen der Hauptdarsteller, Bergner und Beery. Srinagar war viel größer, als wir es uns vorgestellt hatten.

Das Hotel ebenfalls. Sein imposantes Portal stürzte Kini und mich in Verlegenheit. Unserer abgerissenen, staubigen Kleidung und unserer sonnenverbrannten Gesichter schmerzlich bewußt, schlichen wir hinein und erkannten sofort, daß wir einen ungünstigen Zeitpunkt erwischt hatten. In der Halle versammelte man sich soeben zum Dinner. Nichts war es mit unserem kleinen Speisesaal und den leger abgestützten *Punch*-Nummern. Hier trug man Abendgarderobe. Britisch-Indien, steifleinen und glitzernd, starrte uns erschrocken und voller Abscheu entgegen. Ein Geistlicher mit Oxfordstimme fuhr hoch, als hätte er den Leibhaftigen erblickt. Stille breitete sich aus, und in diese Stille, für alle Versammelten deutlich vernehmbar, fiel das grausame Beiwort: *jungly* — wie aus dem Busch. Wir waren zurück in der Zivilisation.

Nun ging es allerdings nicht mehr darum, jenes spezielle Dinner zu bestellen. Wir würden essen, was wir vorgesetzt bekämen, und ob wir den Mut finden würden, es in der Öffentlichkeit zu essen, war keineswegs ausgemacht. Kleidungsstücke, die nicht zerknittert und nicht verfärbt gewesen wären, hatten wir nicht bei uns.

Durch ein Sperrfeuer schockierter Blicke und murmelnder Mißbilligung schlugen wir uns zur Rezeption durch und bestellten Zimmer. Ein mürrischer Babu antwortete knapp und unkorrekt auf unsere Fragen nach Flugverbindungen und wartender Post (immerhin hofften wir auf die ersten Briefe aus der Heimat seit etlichen Monaten). Sein Benehmen raubte uns den letzten Schwung. »Würden Sie sich bitte hier eintragen?« sagte er.

Ein letzter Versuch, groß aufzutrumpfen, scheiterte kläglich. Beide schrieben wir in die »Anreise von«-Spalte: »Peking« — aber den Babu beeindruckte das nicht mehr, als wenn wir »Poona« geschrieben hätten. Wir wandten uns wieder der befremdeten, feindseligen Halle zu.

»Das war's«, sagte Kini und seufzte. Die Reise war zu Ende.

Über den Autor

Peter Fleming, 1907 in London geboren, gestorben 1971 in Black Mount, Argyllshire, wurde nach dem Herkommen seiner Klasse in Eton und Oxford erzogen. Statt eine ordentliche Karriere einzuschlagen, ergriff er bald die Flucht ins Abenteuer. In den dreißiger Jahren reiste er im Auftrag der *Times* nach Mexico, Brasilien, China, Japan und Rußland. Im Zweiten Weltkrieg zeichnete er sich als Offizier aus. Sein Bruder Ian war der Erfinder von James Bond. Er selbst gilt inzwischen als Klassiker der englischen Reiseliteratur. Seine *Tataren-Nachrichten* haben inzwischen mehr als zwanzig Auflagen erlebt. Er hat zahlreiche andere Bücher veröffentlicht:

Brazilian Adventure. London 1933. (*Brasilianisches Abenteuer.* Berlin 1935.)

One's Company. Erzählungen. London 1934.

The Flying Visit. Roman. London 1940.

A Story to Tell. Erzählungen. London 1942.

Operation Sea Lion: The projected Invasion of England in 1940. An Account of the German Preparations and the British Countermeasures. London 1950.

The Sixth Column. Roman. London 1951. (*Die sechste Kolonne.* Reinbek 1953.)

A Forgotten Journey. London 1952.

With the Guards to Mexico and other Excursions. London 1957.

The Siege at Peking. London 1959. (*Die Belagerung zu Peking. Zur Geschichte des Boxer-Aufstandes.* Stuttgart 1961.)

Bayonets to Lhasa. London 1961.

The Fate of Admiral Kolchak. London 1963.

Auskunft über sein Leben gibt Duff Hart-Davis, *Peter Fleming. A Biography.* London 1974.

Tataren-Nachrichten. Ein Spaziergang von Peking nach Kaschmir von Peter Fleming ist im Februar 1996 als einhundertvierunddreißigster Band der Anderen Bibliothek im Eichborn Verlag, Frankfurt am Main, erschienen.

Das englische Original trägt den Titel *News from Tartary. A Journey from Peking to Kashmir;* es wurde 1936 bei Jonathan Cape in London veröffentlicht. Die vorliegende Neuübersetzung stammt von Reinhard Kaiser.

Die Fototafeln dieses Bandes stammen aus der englischen Erstausgabe.

Das Lektorat lag in den Händen von Klaus-Dieter Baumann.

Dieses Buch wurde in der Buchdruckerei Greno in Nördlingen aus der Korpus Modern Nr. 1 Monotype gesetzt und auf einer Condor-Schnellpresse gedruckt. Das holz- und säurefreie mattgeglättete 100 g/qm Bücherpapier stammt aus der Papierfabrik Niefern. Den Einband besorgte die Buchbinderei G. Lachenmaier in Reutlingen.

1. bis 7. Tausend, Februar 1996. Einmalige, limitierte Ausgabe im Buchdruck vom Bleisatz.

ISBN 3-8218-4134-6. Printed in Germany.

Von jedem Band der Anderen Bibliothek gibt es eine Vorzugsausgabe mit den Nummern 1–999.

OSTASIEN 1935

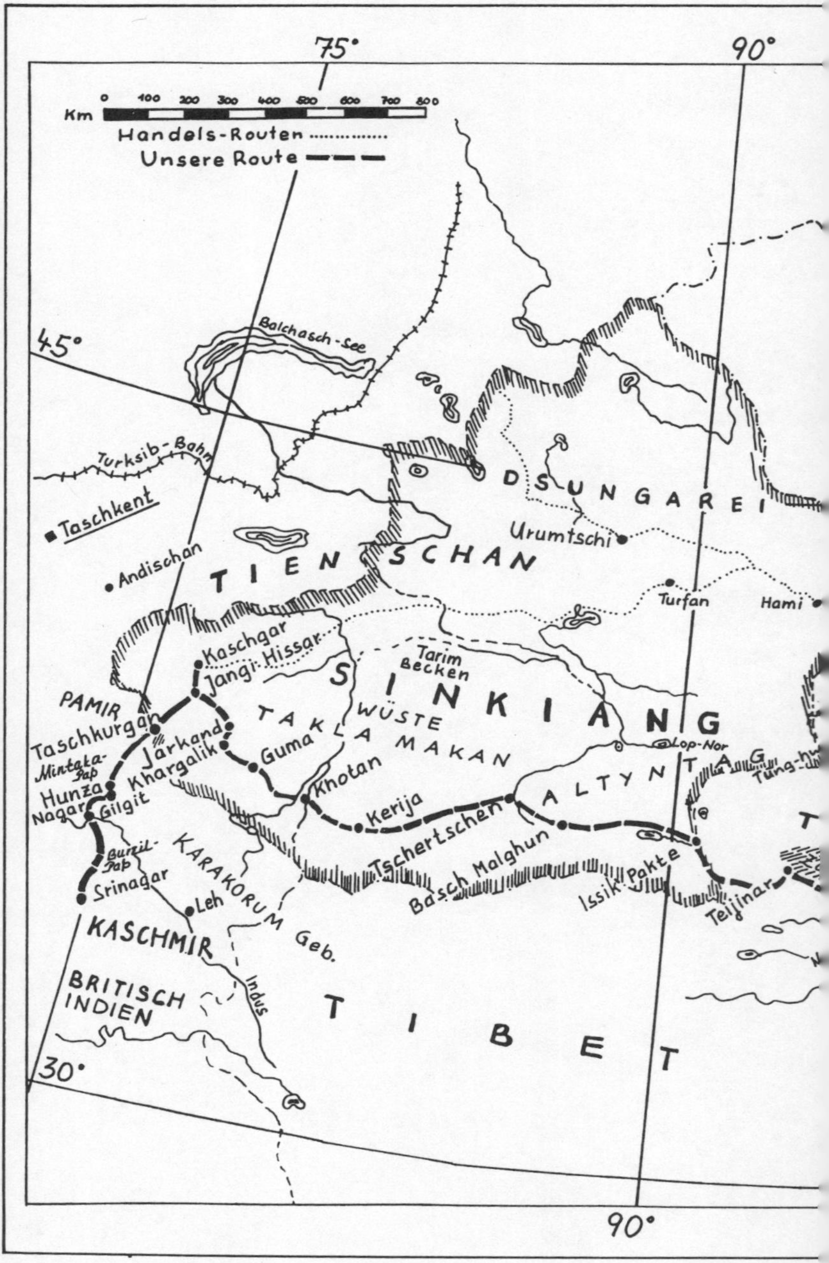